JN065943

田中城 空中写真（南側から）

田中城は熊本県北部，和水町に残る低丘陵の城郭．肥後国衆一揆の戦場として，安国寺恵瓊（あんこくじえけい）や立花宗茂（むねしげ）などの豊臣方の軍勢に城周りを完全に包囲された歴史が判明している．

中世宇土（うと）城 空中写真（宇土市教育委員会提供）

宇土市の中世宇土城は，菊池一族の宇土氏から鎌倉幕府以来の名門名和（なわ）氏へと城主が移った．長年におよぶ発掘調査の成果は，現地での城門や空堀の復元整備にしっかりと活かされている．

八代城跡 本丸空中写真

肥後国で最も新しい城郭，八代城．細川家家老松井氏の居城として，近世城下町八代の「要（かなめ）」であり続けた．その縄張は前身である麦島城のものを引き継いでいるとされる．

佐敷城跡 遠景（岡寺 良 撮影）

八代海を見下ろす絶好のロケーションが自慢の佐敷城は地域のシンボル．コンパクトながら重厚な縄張で城郭ファンの人気が高い．麓から見上げると堂々たる城の風格を一層実感できる．

中津城 空中写真（南から　中津市教育委員会提供）

天正 16 年（1588），黒田孝高（よしたか）・長政（ながまさ）父子は河口にあった在地領主の城を高石垣・水堀を備えた城へ改修した。九州島における近世城郭の出現である．

伐株山城（きりかぶやま） 空中写真（岡寺 良 撮影）

伐株山城は，南北朝時代にも利用された城であるが，天正 14 年に薩摩島津勢に攻められた際にも，玖珠（くす）郡衆たちが籠城した．土塁に囲まれた方形区画や畝状空堀群（うねじょうからぼりぐん）は，その時のものである．

大友氏館 庭園跡

令和 2 年（2020）に 432 年の時をへて甦った九州の雄・大友氏の館跡にあった庭園跡．池・築石・景石などが整備され，ガイダンス施設も併設されている．

岡城 二の丸・三の丸石垣

志賀氏の拠点岡城は、島津氏豊後侵攻の際にその攻撃を退けた難攻不落の城であった．その後中川氏による大改修され，断崖絶壁の上に高石垣が構築された．

九州の名城を歩く

熊本・大分編

岡寺 良・中山 圭・浦井直幸［編］

吉川弘文館

刊行のことば

　現在の九州島の姿かたちができあがった元となったのは今から約九万年前の阿蘇山の大爆発であるが、熊本県と大分県は、その阿蘇を挟んだ九州のほぼ中央部に位置している。旧国で言えば熊本県は肥後国、大分県は豊後国に加え、豊前国の内の二郡を含む領域となっているが、律令制下における国力（大国—上国—中国—下国〈小国〉の順）では肥後国は大国、豊後国は上国であり、九州の中でも有力国としての地位をそれぞれ占めていた。本書では、それら熊本県、大分県に所在する中近世城郭の内、併せて六七城を選び紹介している。

　これら両県の戦国史を語る上で重要なのが大友氏の存在であろう。鎌倉時代以降、特に豊後国においては、守護大友氏の一円支配が確立し、戦国時代末期までその支配が継続している。その大友氏の支配は豊後国一国に留まらず、二一代義鎮（宗麟）・二二代義統（吉統）の代には、豊後に加え、豊前、肥後、肥前、筑前、筑後の「六国の太守」と呼ばれる九州随一の戦国大名にまで成長する。本書に掲載した城の中でも、大友氏が関与したものが数多く見受けられる。また、熊本県内においても、古代以来の名族・阿蘇氏や南朝方の雄・菊池氏など、有力豪族が見受けられるものの、それらもまた大友氏と深くかかわり、さらにはその影響下にあった氏族であると言えるだろう。一方で、天草諸島には「天草五人衆」と呼ばれる国衆がおり、航行を司り、海外とも交易を行った「海賊」でもあり、さまざまな勢力が多様な城郭を築いていた。

しかしながら、天正六年（一五七八）の日向高城・耳川の戦いによって大友氏の没落が顕著となり、島津氏や龍造寺氏が台頭してくると、周辺諸国では、大友氏に反旗を翻す不穏な情勢が生まれてくる。特に肥後国では、国内の国衆たちの要請により、島津氏や龍造寺氏が進攻を始めることとなった。最終的には、天正十五年の豊臣秀吉の九州平定により収束を迎えることになるが、それを機に、佐々、加藤、小西などの新たな大名勢力が入ってくることとなり、その変転ぶりは城の在り方にも如実に表れている。

本書は九州の名城を歩くシリーズの第二冊目として編んだものである。特に本書掲載の両県において、中近世城館の全県版ガイドブックのような性格を有する書籍は、最近ではほぼ見ることができなかった。そのため、待望の一書ということができるのではないだろうか。

本書の発刊を契機に、新たに熊本県・大分県の城の存在や歴史的な重要性を知る方、さらには実際の城の現地を歩く方が一人でも増え、城に対する興味関心や愛着が少しでも増すことになれば幸いである。

令和五年六月

岡寺　良
中山　圭
浦井直幸

目次

熊本県の中近世城郭

中山　圭

熊本県は九州のほぼ中央に位置し、旧国では肥後国の範囲と一致する。県東部は阿蘇山とそのカルデラに代表される山岳が連なり、西部は有明海・八代海の海岸線が卓越する。日本を代表するこの二つの内海は、西に突出する宇土(うと)半島と天草諸島により区分される。また菊池川、白川、球磨(くま)川などの大河川の河口部周辺に大きな平野が広がり、人口の大半は県西部の平野に集中している。

熊本県は全国に先駆けて中世城館遺跡の分布調査に着手し、昭和五十三年（一九七八）に調査報告書『熊本県の中世城跡』（熊本県文化財保護協会　一九七八）が刊行された。その際に確認された県内の城館遺跡は四六三城を数えたが、平成十年（一九九八）には五三三城まで増加した（大田　二〇〇三）。現在もさらに確認事例は増え続けている。

城館の分布自体は玉名・荒尾地区および益城地区が多い。前者は筑後と平野を通じて国境が接する点、小領主が群立していた点がその理由で、後者は阿蘇から山間の街道を通り熊本平野・八代平野へ向かうための交通要衝となる地域であったからであろう。御船(みふね)・甲佐・豊野周辺にも分布が濃密である。また八代(やつしろ)・芦北・天草地域では海に近い丘陵に選地する城郭が多く、球磨盆地では球磨川に沿った分布が見られる。いずれも水上交通との関わりを重視していたことが想起される。

史料上で確認できる城郭については、肥後国では戦国時代のみならず、南北朝時代（一四世紀中葉）の城郭に関する記録が多数ある点が注目される。菊池地域には、南朝方の雄として征西府を支えた菊池氏の本拠があり、これを巡る合戦の記録や同じく南朝方に組していたがその活躍に見合った恩賞が与えられず不平をならした阿蘇大宮司家の恵良惟澄が自分の功績を述べた「恵良惟澄軍忠状」等の記録から、この時期に各地に城郭が構えられ、実際に機能していたことが理解されるのである。一五世紀頃には、南朝方から一転、肥後国守護に任じられた菊池氏の存在が中心ではあったもののその勢力圏は国内全域には及ばず、荒尾に小代氏、人吉・球磨に相良氏、阿蘇・矢部に阿蘇大宮司家、八代に名和氏、天草諸島では天草衆と各地に独立した勢力が割拠し、さらにその多くは内紛を繰り返した。一六世紀に入り、守護であった菊池氏が瓦解するとさらに混迷に拍車がかかり、菊池氏家老衆（隈部・城・赤星）の独立や大友氏の進出を招いた。相良氏は海を求めて、名和氏を追い出して八代に進出した。相良氏に敗れた名和氏は**宇土城（中世）**を拠点としている。天草では国人衆が一揆を結んでいたが、島内で激しく勢力争いを繰り返している。一六世紀後半、北からは龍造寺氏、南からは島津氏が肥後へ侵入してきた。天正六年（一五七八）、日向耳川で島津氏が大友氏を破ったことを契機に、島津氏による北上の勢いが増した。天草衆は早くから島津氏に服属したが、相良氏や阿蘇氏などは戦いを選び、**堅志田城**など各地の城郭で戦いが繰り広げられた。一時は島津氏が肥後一円を領したが、ほどなく豊臣秀吉勢が九州に入り、肥後国は佐々成政に与えられた。成政の統治に不満を募らせた隈部・和仁氏らによって、肥後国衆一揆が発生、**田中城**が戦いの舞台となっている。その後は、相良氏のいる人吉を除く全域が、秀吉の腹心加藤清正と小西行長に二分して与えられ**熊本城**や**宇土城**などの近世城郭が築城されることとなった。さらに関ヶ原の戦い以降は旧小西領を併存し国内の大部分が加藤家の領地となる一方、人吉地方は引き続き相良氏が領し、天草諸島は唐津寺澤氏の飛び地となって江戸時代の藩制へと移行したのであった。

【一三世紀の城館】 鎌倉幕府の成立後、大宰府被官や各地御家人が地頭として補任されると、その拠点として堀で区画した館が整備されるようになった。代表的な存在として、阿蘇大宮司家の居館と目される南郷谷（南阿蘇村）の**二本木前遺跡**・**祇園遺跡**や球磨郡多良木村の**相良頼景館**、菊池氏の初期本拠である**菊之城**などがある。いずれも堀や土塁で区画された武家居館で、発掘調査によって堀の痕跡、掘立柱建物跡や良質な貿易陶磁器などが出土している。一方、この時期の山城の存在については史料上から定かではなく、中世城館の原点は平地の武家居館にあったものと考えられる。

【一四世紀の城館】 先述のとおり、南北朝の内乱により国内諸勢力も南朝方・北朝方に分かれて相争うこととなり、それに伴い山城の運用も行われたことが同時代史料から明らかである。「恵良惟澄軍忠状」を見ても、**南郷城**（南阿蘇村）・津守城（益城町）・合志城（合志市）・甲佐城（甲佐町）・矢部城（**浜の館**カ・山都町）などの城の名前があり、その他の記録からも菊池本城・隈部城（今の**守山城**、以上菊池市）・**山田城**（山江村）・**上津浦城**（天草市）などの存在が知られる。ただし、これらの城跡に現在残る空堀などの遺構は、必ずしも一四世紀のものと限らず、その後の戦国時代に改造されたものもあるので注意を要する。

球磨郡山江村の**山田城**は、縄張の一部（尾根の先端）が九州自動車道の工事範囲となり発掘調査が実施された。その出土遺物はほとんどが一三・一四世紀代のもので、一五世紀以降の遺物が含まれないため、文献記録と整合する南北朝時代の城跡と考えられてきた。しかし近年、調査対象となった曲輪は一四世紀の様相を留めるが、主郭背後の大型堀切(ほりきり)などはその規模や類例から一六世紀代遺構である可能性が指摘されている（鶴嶋 二〇二〇）。各城郭が時代の移り変わりの中で、どのように進化を遂げたのかを、現地で遺構を見ながら考えるのも楽しいものである。

【一五世紀の城館】 一五世紀代は、前後の世紀に比べて城郭に関する記録が乏しく、不分明な点が多い。しかしながら一四世紀に築城された多くの城館は、継続して一五世紀も使用されたものが少なくないであろう。発掘調査を行った城跡では、外器面に雷文(らいもん)を持つ青磁碗が出土すれば、おおむね一五世紀代に機能したことの傍証となる。肥後国守護であった菊池氏の居館と目される**隈府土井ノ外遺跡**では、雷文青磁碗を始め一五世紀代の陶磁器が大量に出土し、守護居館の盛期を伝えている。

【一六世紀前半の城館】 一六世紀代には、守護大名菊池氏の没落とそれに続く阿蘇氏・大友氏の守護家蚕食、相良氏の八代進出と名和氏の宇土への避退、天草島内での抗争激化など肥後は動乱状態に陥る。この時期、山城は激化する合戦に対応するため縄張が広がるとともに、堀切の巨大化や畝状(うねじょう)竪堀群の採用が見られる。後者は従来、肥後国での事例は少ないと考えられていたが、鶴嶋俊彦の精力的な研究により各地の城郭で採用されていることが判明した（鶴嶋 二〇一九b）。**佐敷東の城**や**堅志田城**など、同時に堀切も多用する技巧的な城郭で見られることが多い。

【一六世紀後半の城館】 島津氏が肥後を攻略する過程は、島津氏家老の上井覚兼(うわいかくけん)が記した『上井覚兼日記』に詳しい。阿蘇氏の拠点**堅志田城**や**御船城**、**竹迫(たかば)城**等攻略ルートに位置する城郭がよく出てくる。阿蘇大宮司氏の居城であった**浜の館**（山都町）は天正十三年（一五八五）閏(うるう)八月に降伏するが、この際に慌てて埋めたと推測される華南三彩鳥形水注(かなんさんさいとりがたすいちゅう)などの宝物群が発掘調査で一括して出土している。その居館は礎石建ちであり、一六世紀後半にはすでに礎石建物が利用されていたことが判明している。元菊池氏の家老であった隈部氏の居館である**隈部氏館**（山鹿市）でも庭園を伴う豪奢な礎石建物主殿が残っており、戦国末期の特徴となっている。和水町の**田中城**は主郭を巨大な横堀で取り囲み、さらにその周囲に櫓台や曲輪群を配置する平山城であるが、天正十五年の肥後国衆一揆において小早川秀包ら秀吉軍に包囲攻撃されている。この時の城の様子は「辺春・和仁仕寄陣取図」（二九頁）に描かれており、戦国末期の在地系城郭の姿を伝えるものとして貴重である。荒尾市**筒ヶ岳城**（小代城）は小代氏の居城であるが、一揆鎮圧翌年に吉川広家が改修した記録があり、現在の大規模な縄張はこの折の改修が強く反映したものと考えられている（鶴嶋 二〇一九ａ）。

【近世城郭の出現】　秀吉の九州仕置により、肥後北半および芦北・水俣地域を加藤清正、宇土・八代・天草などの地域を小西行長が治めることになると、清正は**熊本城**・**南関城**・**佐敷城**などを、行長は**宇土城**（近世）や**麦島城**を築城した。甲佐町**陣ノ内城**も小西氏による関与が想定されている。それまでの在地城郭にはない高石垣・天守台などを備えた織豊系城郭の登場である。在地大名である相良氏も**人吉城**（近世）に石垣や瓦を採用し、居城の近世城化を果たしている。織豊系築城技術は、文禄・慶長の役における倭城の普請などによりさらに洗練され、関ヶ原の戦いで小西家が潰えると、小西領を併呑した加藤家はさらに各城郭の巨大化・要塞化を進め、特に**熊本城**は突出した防御力を具備した我が国を代表する城郭へと進化した。天草では寺澤氏が堅牢な**富岡城**を築いた上で、**河内浦城**や**内野河内城**など島内の中世城郭に近世的改修を施して支城網を形成した。元和元年（一六一五）の一国一城でほとんどの支城が破却されたが、例外的に八代の**麦島城**は存続を認められた。しかし元和五年の大地震により倒壊したため、ほど近い位置に八代城が再建されている。

【参考文献】 熊本県文化財保護協会編『熊本県の中世城跡』（熊本県文化財保護協会、一九七八）、大田幸博「肥後の中世城」『熊本歴史叢書三　中世　乱世を駆けた武士たち』（熊本日日新聞社、二〇〇三）、鶴嶋俊彦「続・筒ヶ岳城の構造」『九州の城二』（北部九州中近世城郭研究会、二〇一九a）、鶴嶋俊彦「相良氏と畝状竪堀」『第六回九州城郭研究大会資料集　九州の畝状竪堀の様相と年代』（北部九州中近世城郭研究会、二〇一九b）、鶴嶋俊彦「戦国相良氏の誕生と城郭形成」『中世相良氏の展開と地域社会』（戎光祥出版、二〇二〇）

大分県の中近世城郭

浦井直幸

大分県は九州の北東部に位置し、旧豊前国の一部と豊後国にあたる。山地が多く平野部の少ない土地柄であり、人口は海岸沿いの平野部に集中し、山間部では川筋や盆地に市街地が見られる。北は北豊前、西は筑前・筑後・肥後・南は日向と境を接し、東は周防灘・瀬戸内海など内海に面している。

大分県内には五六九ヵ所の城館跡（推定地含む）が存在するとされている。その分布状況は、県北の旧中津市・旧宇佐市（旧豊前国南部）の比率がもっとも高く、全体の一六％に上る。これはこの地域が豊後国と境を接する「境界の地」であり、県内一の平野部に形成されたムラに多くの城館が存在したことによると考えられている。続いて県南の豊後大野市・竹田市など大野川中・上流域に多く認められる。この地は大友氏の基幹荘園大野荘を抱え、南郡衆と呼ばれるような有力者が台頭した。県西の日田市も比較的頻度が高く、大友氏が豊後国を除国される一六世紀末まで日田八郡老と呼ばれる在地領主がいた。一方、大友氏の本拠地大分市周辺では頻度は低い。他国との境界地（外縁）に多くの城郭が築かれ、外縁と府内の間の要所に拠点的な城郭は存在するものの、中核部周辺は希薄な状態であった。この状況は外縁を突破されると容易に本拠（府内）へたどり着くことのできる危険性をはらんでおり、この不安は天正十四年（一五八六）の島津侵攻により現実のものとなった。

【一四世紀の城館】　南北朝時代、多くの豊前・豊後武士は北朝・南朝に分かれて争った。**伐株山城**（玖珠町）は南朝方の拠点として史料に頻出する。大友氏の拠点**高崎城**（大分市）は、北朝軍の拠点として機能しており、文和四年（正平十年一三五五）南朝方の懐良親王と菊池武光らに攻められている。志賀氏の**鳥屋城**（豊後大野市）も菊池氏に攻められ、花嶽城（豊後高田市）でも両朝の合戦が行われた。**真玉氏館**（豊後高田市）など平地城館では屋形の周囲に堀を巡らせる居住兼防御空間の館跡が存在する。

【一五世紀の城館】　南北朝合一後、全国の守護大名は領地争いなど権力闘争を繰り広げていく。豊後では永享九年（一四三七）頃、大友持直の家督争いに介入した大内氏を主力とする幕府軍が姫岳（臼杵市・津久見市）で激突した。応永三十二年（一四二五）には大友親著とその長子との家督争い（三角畠の乱）も起きている。明応八年（一四九九）には大内氏が豊前国院内の**妙見岳城**（宇佐市）を本格的に整備しており、対大友との対決に備えた。

【一六世紀の城館】　永正十三年（一五一六）、豊後では朽網親満が謀反を起こし、大永六年（一五二六）には佐伯惟治が誅伐されるなどの内紛があった。天文二年（一五三三）、大友義鑑と大内氏が**妙見岳城**で争うが、大内方の佐田氏などの働きにより大友軍は最終的に全面撤退している。反撃に出た大内氏は勢場原（杵築市）まで侵入し大友方と大合戦となり、大友氏は府内へ至るルート上の**鹿鳴越城**（日出町）の整備を急がせている。天文十九年大友二階崩れにより大友義鑑が死去すると、大友義鎮（のちの宗麟）が跡を継いだ。義鎮派は入田氏が籠る津賀牟礼城（竹田市）を攻撃している。その後大内氏の滅亡の機をとらえた義鎮は豊後外へ侵攻。永禄二年（一五五九）、義鎮は豊後・豊前・筑前・筑後・肥前・肥後の六ヵ国を支配下に治め全盛を迎えた。

一方、中国地方では大内氏に替わり毛利氏が台頭。永禄四年、大友氏は毛利氏の門司城を攻撃したが敗北している。毛利氏との争いは毛利軍が筑前から撤退する永禄十二年まで続く。大友氏はこの頃四国方面への備えとして佐伯氏に**烏帽子岳城**（大分市）を整備させている。

【一六世紀後半の城館】 天正六年（一五七八）、大友氏は日向高城・耳川合戦で島津氏に敗れる。大友氏の歴史の中で痛恨の敗北であり、ここから凋落の道をたどることとなる。国外では龍造寺氏、秋月氏が大友氏に叛き、豊後国内でも各地で反乱の火の手が上がった。田原親貫は安岐城（国東市）、佐野鞍掛城（豊後高田市）を拠点に反乱を起こしている。これらの反乱に対し大友氏は**屋山城**（豊後高田市）、**御所の陣**（国東市）、**高井岳城**（日田市）などを整備し対処した。

天正十三年、南郡衆の入田義実、志賀道輝らが島津氏に内応。天正十四年十月、大友義統は反乱鎮圧のため豊前へ出陣。これを察知した薩摩軍は豊後へ侵攻を開始する。**山野城**（竹田市）など大友方諸城を攻め、**松尾城**（豊後大野市）に拠点を置いた。薩摩軍は**岡城**（竹田市）、**角牟礼城**（玖珠町）、宗麟の籠る**臼杵城**（臼杵市）などいくつかの城を落城させることはできなかったが、戸次川原の戦いでは仙石秀久・長宗我部元親ら豊臣方救援軍を破っている。大友府内館南東の要、**鶴賀城**（大分市）も島津軍の猛攻により落城した。大友氏館周辺は島津軍の侵入を受け焼失。大友義統は**龍王城**まで退却している。

【近世城郭の出現】 天正十五年、前年に大友宗麟より救援要請を受けていた関白豊臣秀吉は自ら大軍を率いて九州へ出陣。島津氏は秀吉の大軍の前に降伏した。その後の論功行賞により豊前国六郡は黒田官兵衛に、豊後国と豊前国の**妙見岳城**と**龍王城**の知行分は大友義統に与えられた。黒田氏による豊前国統治は安息に進まず、各地で一揆が勃発した。下毛郡では野仲鎮兼が**長岩城**（中津市）に籠城した。**長岩城**は下毛郡随一の規模を誇り、長大な石塁や馬蹄形（楕円形）の石積みなど珍しい遺構が残り全国的に著名である。**長岩城**の北東にある中津市・上毛町・豊前市にまたがる雁股城は、**長岩城**と同類の石塁が築かれており、**長岩城**の支城と考えられる。黒田氏は**長岩城**など抵抗する領主の城郭を次々と攻め落としていく。一方、中間氏や秣氏のように黒田氏に早くから内応した者もいた。

黒田氏は一揆鎮圧後、領内に支城網を築いた。**平田城**（中津市）には重臣の栗山善助を置き、主要部の塁線を石垣に改修した。**高森城**（宇佐市）には官兵衛の弟の利高を入れ、宇佐平野部の抑えとした。幅一〇㍍を越える堀を二重に設け、要所の塁線を屈曲させ見事な張り出し部を構築する。豊後と境を接する宇佐郡の**佐田城**（宇佐市）は母里太兵衛に預けた。**佐田城**は主郭部を方形とし、その周囲を規格性の高い横堀で囲繞している。この他、近年行われた中津市教育委員会による中近世城館確認調査により、新たに織豊系の城郭がいくつか確認されており、今後の研究が期待される。また、折れを有する横堀を主要部に全周させる特異な形状の**光岡城**（宇佐市）についても織豊系の技術が導入されている可能性がある。

文禄二年（一五九三）、大友吉統（義統）は豊臣秀吉により朝鮮出兵時の失態を咎められ豊後国を除国されてしまう。替わりに豊後国には豊臣家の旗本や有力大名が入部する。竹中氏の高田城（豊後高田市）、筧氏の富来城（国東市）、熊谷氏の安岐城（国東市）、中川氏の**岡城**（竹田市）、福原氏の**府内城**（大分市）、毛利氏の**角牟礼城**などである。**佐伯城**（佐伯市）は近年文禄期の石垣が発見され注目されている。

【一七世紀の城館】　慶長五年（一六〇〇）の関ヶ原の戦いは九州の勢力圏を大きく変更させた。当時中津にいた黒田如水（官兵衛）は豊後国の西軍勢力を破竹の勢いで破り、旧領回復を狙い豊後へ上陸していた大友吉統を石垣原(いしがきばる)の戦いで破った。如水・長政の功により黒田氏は筑前国へ加増転封(てんぽう)となり、替わりに豊前国は細川忠興(ただおき)に与えられた。細川氏と黒田氏は関ヶ原合戦時は友好的関係であったが、年貢徴収の始末に端を発し関係が悪化したという。互いの領地が接する箇所に支城を構築するなど緊張状態が続いた。細川氏は**一ツ戸(ひとつど)城**（中津市）、**杵築城**（杵築市）、**龍王城**（宇佐市）などを石垣造りの城へ大規模に改修している。中間氏の**一ツ戸城**は、山岳の本丸部、山麓の二ノ丸部に石垣・櫓台(やぐらだい)をもつ堅城である。これらの城の石垣石材に残る矢穴は、サイズなどに共通性が認められる。細川氏の影響下にある石工の移動・施工などが指摘できる。この他、**永山城**（日田市）、**日出城**（日出町）、**臼杵城**（臼杵市）など、この頃新たに入部した大名の手により各持城は近世城郭へと姿を変えていった。元和元年（一六一五）、幕府はいわゆる一国一城令を発布した。これを受け細川氏は**中津城**の存城は求める一方、その他の城は徹底的に「わらせ」（壊し）ている。大名など有力者が自由に城を造ることができる時代はここに終焉を迎えた。

【参考文献】大分県『大分県史中世篇Ⅰ』（一九八二）、『大分県史中世篇Ⅱ』（一九八二）、『大分県史中世篇Ⅲ』（一九八七）、大分県教育委員会『大分の中世城館　第三集・第四集』（二〇〇三、二〇〇四）、浦井直幸「龍王城跡・龍王陣屋跡石垣の矢穴調査」『九州考古学第九五号』（二〇二〇）

●熊本県名城マップ

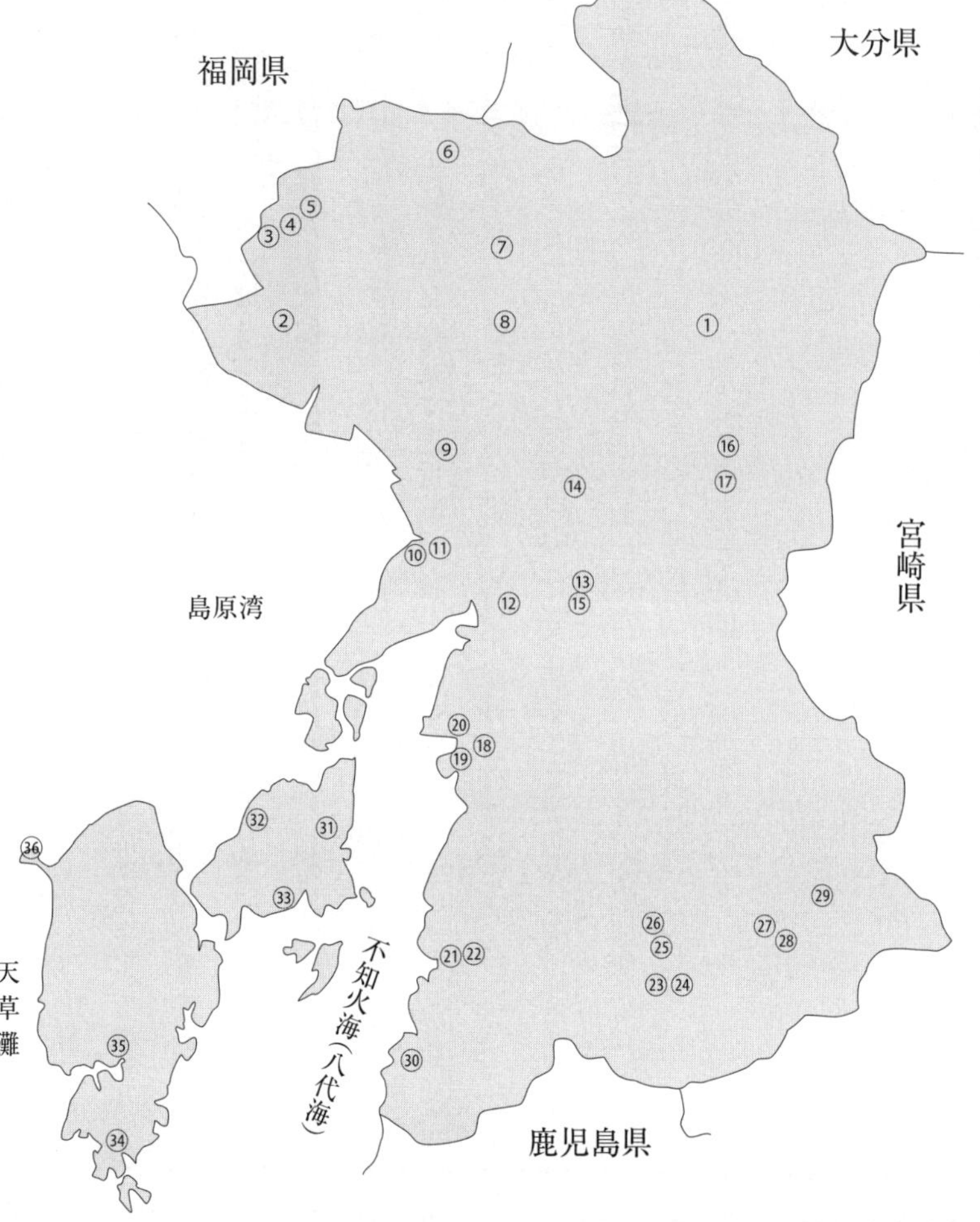

〈熊本県〉

①二本木前遺跡・祇園遺跡・南郷城
②筒ヶ岳城
③南関城(鷹ノ原城)
④藟嶽城(大津山城)
⑤田中城
⑥隈部氏館・猿返城・米の山城
⑦菊之城・守山城・隈府土井ノ外遺跡
⑧竹迫城
⑨熊本城
⑩中世宇土城
⑪近世宇土城
⑫豊福城
⑬陣ノ内城
⑭御船城
⑮堅志田城
⑯浜の館・岩尾城
⑰愛藤寺城(矢部城)
⑱古麓城
⑲麦島城
⑳八代城
㉑佐敷城
㉒佐敷東の城
㉓近世人吉城
㉔中世人吉城
㉕高城
㉖山田城
㉗永里城
㉘上村城
㉙相良頼景館
㉚水俣城
㉛内野河内城
㉜上津浦城
㉝棚底城
㉞久玉城
㉟河内浦城
㊱富岡城

〈大分県〉

37 中津城
38 平田城
39 長岩城
40 一ッ戸城
41 光岡城
42 龍王城
43 妙見岳城
44 佐田城
45 高森城
46 屋山城
47 真玉氏館
48 御所の陣
49 杵築(木付)城(臥牛城・勝山城)
50 日出城
51 鹿鳴越城
52 高崎城
53 府内城
54 大友氏館
55 鶴賀城
56 烏帽子岳城
57 角牟礼城
58 伐株山城
59 永山城
60 高井岳城
61 松尾城
62 鳥屋城
63 臼杵城
64 栂牟礼城
65 佐伯城
66 岡城
67 山野城

熊本

堅志田（かたしだ）城Ｂ郭の遺構

●南郷阿蘇大宮司の本拠地

二本木前遺跡・祇園遺跡・南郷城

〔所在地〕南阿蘇村中松・久石
〔比　高〕南郷城＝一〇〇メートル
〔分　類〕二本木前遺跡・祇園遺跡＝平城、南郷城＝平山城
〔年　代〕二本木前遺跡・祇園遺跡＝一二～一四世紀、南郷城＝一四～一六世紀末
〔城　主〕阿蘇大宮司氏
〔交通アクセス〕二本木前遺跡・祇園遺跡＝南阿蘇鉄道「中松駅」下車、徒歩二〇分、または九州自動車道「熊本IC」から県道二八号線経由四〇分。南郷城＝JR豊肥線「立野駅」から南阿蘇ゆるっとバス「四季の森温泉」停留所下車。

中松駅
南阿蘇鉄道
二本木前遺跡
祇園遺跡
白川
39
南阿蘇ゆるっとバス
「四季の森温泉」
28
0
500m
南郷城

【阿蘇大宮司氏の居館跡・二本木前遺跡と祇園遺跡】 鎌倉時代の歴史書『吾妻鏡』の治承五年（一一八一）の記事に、平家にそむいた菊池隆直に追随した者として「南郷大宮司惟安」の名前が見られる。阿蘇大宮司氏は鎌倉時代、南郷の地に館を構えていた。その居館の位置は長く不明であったが、平成六（一九九四）～八年にかけて発掘調査が行われた二本木前遺跡・祇園遺跡において、一二～一三世紀の区画堀・建物跡が多数検出された。また磁州窯鉄絵壺・黄釉や三彩の盤・墨書陶磁器など貴重な貿易陶磁器が大量に出土したことで、大宮司館に比定され、その場所が明らかになった。両遺跡は距離的に一〇〇㍍程度しか離れておらず、出土遺物の年代も重複するため、一体的な遺跡と評価される。これらの発掘調査は圃場整備に伴うものであったため、現在は地表面に顕著な遺構は見えにくいが、二本木前遺跡の調査地南側・西側には居館外周の空堀の痕跡と思われる段落ちを確認できる。調査地周辺からは、眼前に阿蘇山の中岳や烏帽子岳を望むことができ、この雄

●—二本木前遺跡

大な景観は往時の阿蘇大宮司の勢力をほうふつとさせてくれる。

【南郷城】　二本木前遺跡・祇園遺跡から南へ約一・二キロほど離れた山塊にある山城。原尻集落南西の「城山」の丘陵に残る。南郷城は、南北朝期に活躍した阿蘇氏庶流の恵良惟澄が、暦応三年（一三四〇）に足利尊氏から大宮司職に任命された坂梨孫熊丸を破った城として知られている。祇園遺跡は一四世紀半ばまで継続していたことが調査から判明しているので、南郷城は大宮司館の詰の城であった可能性が高い。やがて阿蘇大宮司は本拠地を矢部（山都町）の浜の館へ移したと考えられるが、南郷城はその後も阿蘇氏の重要な城郭として、天正年間（一五七三―九二）に島津氏に落とされるまで機能した。

●―二本木前遺跡

　城の遺構は、丘陵ピーク部に二連の平場による主郭がみられ、その周囲を帯曲輪でまとめ、さらにその段下において、南から西へ横堀と土塁を廻して防御機能を高めている。

　城跡へのアクセスは原尻集落の原尻神社からさらに南へ道を進み、迂回気味に城跡南側の尾根筋に取りついてから北上するとアタックしやすい。

【参考文献】熊本県文化財保護協会『熊本県の中世城跡』（一九七八）、熊本県教育委員会『二本木前遺跡』（一九九八）、熊本県教育委員会『祇園遺跡』（二〇〇〇）

（中山　圭）

●―南郷城遠景

●―南郷城

●肥後国屈指の大規模城郭

筒ヶ岳城（つつがたけじょう）

〔所在地〕荒尾市上平山・平山・府本、玉名市三ツ川
〔比　高〕約四七〇メートル
〔分　類〕山城
〔年　代〕築城年不明〜一六世紀末
〔城　主〕小代氏、吉川氏
〔交通アクセス〕九州自動車道「菊水IC」から三〇分。

【立　地】 標高五〇一メートルの筒ヶ岳（小岱山）の山頂部とその周囲の峰々を城地として使用している。熊本県内では数少ない峻険な高山に縄張された山城であり、またその遺構規模・防御性も、美里町堅志田城と並んで、屈指のレベルを誇る。

【歴　史】 筒ヶ岳城の城主小代氏は、関東御家人であったものが野原荘の地頭職を得て、蒙古襲来への備えのために荒尾に入り、以後、定着することになった。肥後の有力国人領主として成長し、戦国期には、詫摩氏出身の菊池家当主菊池武包が、大友氏の介入で菊池を追われた際、小代重忠の支援を得て筒ヶ岳城で挙兵した。その際、筒ヶ岳城は阿蘇氏の甲斐親宣（宗運の父）に攻められ、小代方と四ヵ月にわたり長く激戦が続いたとされる。その後、重忠・実忠は大友方として活躍し、大友家の肥後経営を支えた。

島津氏家老上井覚兼の日記によると（新名 二〇二一）、天正十二年（一五八四）九月二十六日、島津勢が筒ヶ岳城の腰に構えられていた臼間野氏の陣屋を破り、数百名を討ち取ったと記されている。その三日後、小代親泰は人質を出し、島津氏に降伏している。

天正十六年には吉川広家が筒ヶ岳城に入り、城の普請を行ったとの記録があることから、現在の城郭遺構には吉川氏により改修されたものも存在すると考えられる。

【城郭の構造】 城郭遺構は、南北に走る山稜線を利用し、およそ七〇〇メートルにおよぶほど長大なものである。その構造を詳しく分析した鶴嶋俊彦の調査成果を参考に構造をみてみよ

う。主郭である曲輪Ｉａは長さ五八メートル・幅二〇メートルほどの規模で、西側は切岸ではなく野面積みの石積が残る。自然石を利用した石積みながら、石のサイズは幅八〇センチ以上のものも利用されており、あるいは吉川氏時代の遺構の可能性も考えられる。曲輪下の西側と南側は二重の堀切で遮断するが、堀の規模も、県内の他の城郭に比べて大きい。南側二重堀切のうち、Ｉａ側の堀と土塁は末端が切岸側に屈曲し、横堀状に変化させている。

●―筒ヶ岳主郭石積

南側の曲輪Ⅱは曲輪南半分に高さ二メートル程度の土塁をＵ字形に設ける。土塁の南直下には再び、間に土塁を持つ二重堀切を施しており、曲輪Ⅲとの遮断を図っている。曲輪Ⅱ東側の段下には、三条の竪堀がみられる。

曲輪ⅢはＩａやⅡのように明瞭な削平は行われず、斜面状の地形を残した曲輪となっている。やはり南側に堀切を置き、さらに南の尾根筋との遮断をしているが、それだけではなく、西側の段下に平面がＳ字状に変化する横堀と土塁が残っている。曲輪Ⅲは削平がされず、建物の建築などには不向きな空間でありながら、その周囲をほとんど空堀で防御される堅固な構造となっており、馬出の機能を有していた可能性が指摘されている（鶴嶋　二〇一九）。つまり曲輪Ⅱ・Ⅲは筒ヶ岳城の大手口であった。

曲輪Ｉａから北側は、尾根伝いに進むと岩盤を削った小曲輪Ｉｃの先に、大規模な堀切があり、その先に曲輪Ⅳがある。幅一五メートル程度の比較的小さな平坦面であるが、北西側の尾根には腰曲輪を連続させ、その先を堀切で遮断する。東直下には南北両斜面に竪堀を配置する。

曲輪Ⅳから東側へ進むと曲輪Ⅴがある。ⅣとⅤの通路にも数本の堀切がある。曲輪Ⅴでは平場の北から西側に削りだしの土塁状高まりを残し、また曲輪下の西側から南側にかけては幅一〇メートル程度の帯曲輪を構築し足場をまとめている。曲輪Ⅴから北側は細い尾根道が続くが、その先にある曲輪Ⅵで

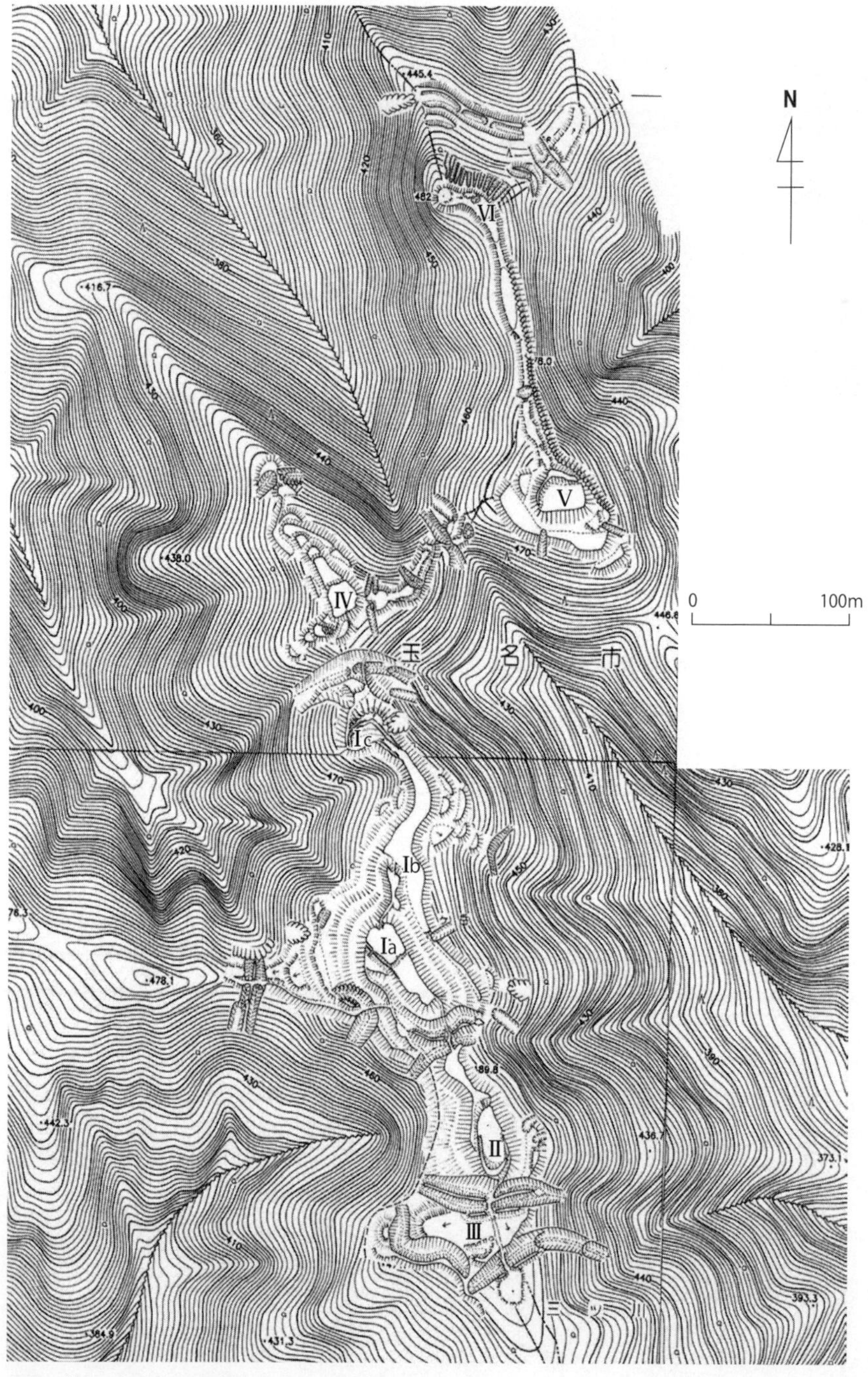

●—筒ヶ岳城全体縄張図（出典：鶴嶋 2019）

は、北側斜面に一〇条の畝状竪堀群が確認されている。城内のほとんどの尾根線で堀切が複数投入され、またひとつひとつの規模も大きい。高山でありながら、相当な土木量がみられ、これほどまでに執拗に防御性を高めた城郭は、熊本県内には稀有である。また、曲輪Ⅲの馬出なども在来の技術ではないため、特に曲輪Ⅰaから南側は吉川広家による改修による遺構が顕著と考えられている（鶴嶋　二〇一九）。

●—筒ヶ岳城堀切

【城跡までのアプローチ】　筒ヶ岳は、荒尾市・玉名市・南関町の境界になる山で、さまざまな方角からの登山が可能だが、今回は西側からのアプローチを紹介する。荒尾市府本の府本宿町簡易郵便局付近から自動車で東へ直線的に進み、梅尾城跡・小岱焼五喜窯などの脇を通過して、中腹まで至る。つきあたりから北方向へ曲がりくねった山道を進むと、約一・二㌔程度で、「筒が岳城跡・針の耳登山口」と記した木製標識があるので、そこから徒歩で山へ入る。約四〇分ほど山を登ると筒ヶ岳頂上の城跡の遺構にたどり着く。登山道には、ハイカーも多くみられるので、あいさつを心がけて城を訪れたい。

【参考文献】　大田幸博「中世城」『荒尾の文化遺産』荒尾市史別編一（荒尾市史編集委員会編、二〇〇三）、鶴嶋俊彦「続・筒ヶ岳城の構造」『九州の城二』（北部九州中近世城郭研究会、二〇一九）、新名一仁『現代語訳　上井覚兼日記二　天正十二年（一五八四）正月～天正十二年（一五八四）十二月』（ヒムカ出版、二〇二一）

（中山　圭）

●破城～埋められた城の記憶～

南関城（鷹ノ原城）

〔所在地〕南関町関町字城原
〔比　高〕約五〇メートル
〔分　類〕平山城
〔年　代〕一五九九年～一六一五年
〔城　主〕加藤美作
〔交通アクセス〕九州自動車道「南関IC」より車で三分。または新幹線「新大牟田駅」から車で一〇分。

【南関城の普請】　藟嶽城（大津山城）を廃して南関城を築くのは、『南関紀聞』によると慶長五年（一六〇〇）であり、当時の城代加藤美作の願いにより、加藤清正がそれを許したとなっている。しかし、慶長五年、関ヶ原の戦いのあと肥後、豊後あわせて所領高五四万石の大大名となった清正は、この前年ごろから熊本城の普請や、境目の番城の強化にとりかかっており、南関城の普請もこのころ始まったと推測される。

南関城は、南関町大字関町字城原にある東西に長くのびる標高一〇〇メートルの台地を四本の堀切が分断し、東から二の丸、本丸、三の丸という配置となる。同時に豊前街道に沿って短冊形地割を持つ町屋群からなる城下町を形成した。

【発掘調査での検出遺構】　平成九年（一九九七）度から本格的に城跡の全容を解明すべく年次計画を立て、平成二十四年度まで一六年間にわたり調査が実施された。平成十年度調査では、本丸西側の堀切を調査し、破壊された石垣を検出した。その破壊された石垣の石材は堀切の底に敷き詰められ、分厚く土で覆われていた。城が破壊される以前には高さ一二メートルを超える高石垣が、本丸の周囲に築かれていたことが判明した。

それ以後、本丸の北西隅において横矢掛りを有する隅櫓台跡、本丸の東西二ヵ所で虎口跡を検出した。西虎口跡、東虎口跡は、両方とも通路の両側を石垣で固め、二度の折れを伴い、櫓門を有したものと推定される。

●―南関城跡城域図（出典：南関町教育委員会 2013，地形図に加筆）

●―南関城と藟嶽城（南関町教育委員会提供）

●—本丸西側の破壊された石垣（出角部）（南関町教育委員会提供）

二の丸東端部では、折れを伴う破壊された石垣が検出され、三の丸には井戸跡や小規模な空堀跡などが検出されている。

【南関城の破城】 南関城跡は、築城開始からわずか一五年ほどで、元和元年（一六一五）の一国一城令により破城されたといわれている。さらに、本丸西側石垣の調査において、出隅部付近の瓦片や栗石を含む土層（破却時の土砂）より、寛永十三年（一六三六）から水戸で鋳造が開始された「古寛永」が出土している。単純に元和の一国一城令によって破城されたのではなく、少なくとも寛永十三年以降のある時期に再度破却が行われたことが判明した。天草・島原の乱の後（寛永十五年）に国内の廃城を再調査し、破却の不十分な城は再度破却に及んでいることから、本城跡も同時期に二度目の破却が実施されたと想定される。

南関城跡の特徴的な破城の痕跡とは、石垣を壊しその石材を一つひとつ運んで、空堀の底一面にびっしりと敷き詰めて、土で覆い隠していることである。片付けながら石垣を壊すということは、より下方まで壊すことを意図した方法であり、単なる見せかけではなく、本気で城を破壊するという気合の入ったやり方を意味する。南関城跡における破城は、石垣の上部だけを崩して済ませるというような生易しいやり方ではなかったのである。

【参考文献】 木島孝之『城郭の縄張り構造と大名権力』（九州大学出版会、二〇〇一）、森山恒雄「加藤清正の領国支配と南関地域」『南関町史 第八巻 通史上』（南関町、二〇〇六）、坂本重義『南関町文化財報告 第一三集 南関城跡（鷹ノ原城跡）V』（南関町教育委員会、二〇一三）

（遠山　宏）

●肥筑国境を固める関ノ城

藟嶽城（つづらだけじょう）（大津山城（おおつやまじょう））

〔所在地〕南関町関東字城平
〔比　高〕約一九〇メートル
〔分　類〕山城
〔年　代〕一六世紀代
〔城　主〕
〔交通アクセス〕九州自動車道「南関IC」より車で三分。または新幹線「新大牟田駅」から車で一〇分。

【藟嶽城の位置】　藟嶽城（大津山城）は、福岡県境付近の、熊本県玉名郡南関町北部に位置する。九州縦貫自動車道南関インターチェンジの東側に、円錐形状にそびえる標高二五六メートルの大津山山頂部に築かれた山城である。

　大津山の語源は、古代官道の駅家「大水（おほむつ）」にあるとされる。『平家物語』の一節に、寿永二年（一一八三）に八月に都落ちした安徳天皇や平家一門が大宰府にあった際、都から供奉してきた菊池隆直（たかなお）が「大津山の関あけてまいらせん」と称して肥後に帰り、なかなか帰参しなかったとある。この大津山の関は、大津山の西麓にあったとする説が有力とされる。近世には、参勤交代の道である豊前街道も大津山の西麓をとおり、古代から交通の要地である。

【代わりゆく城主】　藟嶽城は、南北朝時代にはすでに存在し、観応元年（一三五〇）「三池頼親（よりちか）軍忠状」（『三池文書』）では、九月二十九日の玉名郡の肥猪（こえい）原の合戦に続き、「十月一日、関城御合戦之時、以親類・若党等攻入于当城西城戸口、令追落之次第御見知畢」とある。この時の城主は不明であるが、『古城考』には、応永年間に大津山氏がこの地に土着し、城主になったとある。藟嶽城は、肥筑国境を固める重要な城で、時勢に応じ大津山氏以外にも城主が存在する。

　天文十九年（一五五〇）、大友氏が肥後から筑後に勢力を広げると、大友義鎮（よししげ）は腹臣の小原鑑元（おばらあきもと）（宗惟）を関城の城代（南関城督）として肥後に送り、肥後・筑後の反大友の動きを監視させた。弘治二年（一五五六）、鑑元が義鎮に対し叛

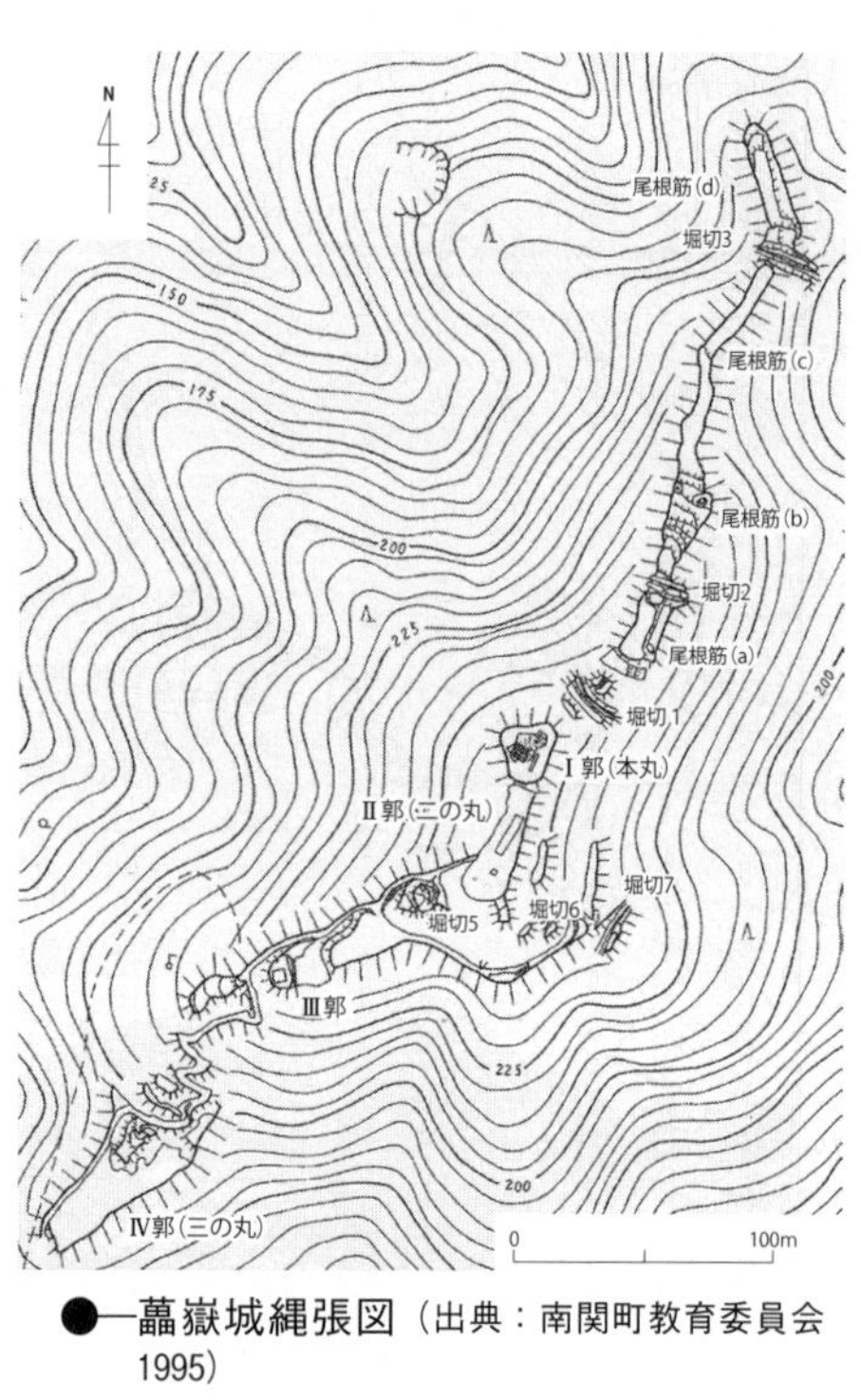

●—蕳嶽城縄張図（出典：南関町教育委員会 1995）

意があるとして討取られると、大津山氏が城主に復活したようである。しかし、天正六年（一五七八）～九年頃には、肥前の龍造寺隆信が肥後北部に進出すると、一門の龍造寺家晴が南関の城代となる。天正十二年、龍造寺隆信が島津氏に討取られると、島津の支配下に入り、再び大津山氏が城主となる。

天正十五年、豊臣秀吉の九州統一後に肥後国の領主となった佐々成政（さっさなりまさ）は、家臣佐々藤右衛門を城代としている。肥後国衆一揆平定後、天正十六年、加藤清正の代になると熊本城の支城に取り立てられ加藤清兵衛直政が、城代に任命された。慶長四年（一五九九）に加藤美作守正次が城代となると、南関城（鷹ノ原城）の築城により蕳嶽城は廃城となる。

【蕳嶽城の縄張】 城跡は、西麓の大津山阿蘇神社がある古町を向いた造りとなっている。山頂部分は二段からなる削平地からなり、上段のⅠ郭（本丸）には礎石列が残り礎石建物が存在していた。下段がⅡ郭（二の丸）となる。Ⅰ郭・Ⅱ郭には一部石垣が残る。南西側に下る尾根筋には、Ⅱ郭直下に堀切（ほりきり）があり、さらにⅢ郭、Ⅳ郭（三の丸）と平場がある。一方、城の裏側である北東側に下る尾根筋には平場はなく、これを断切る堀切が三ヵ所残る。特にⅠ郭直下の堀切は、大規模な造りの二重堀で岩盤を大きく掘り窪めてある。

南西側斜面は三つの平場が造成されたのに対し、北東側は尾根を四条の堀切で分断されており、好対照的な縄張となっている。

【参考文献】 大田幸博『南関町文化財報告第二集 蕳嶽城跡』（南関町教育委員会、一九九五）、大田幸博「兵どもが夢の跡—南関の中世城址」『南関町史 第八巻 通史上』（南関町、二〇〇六）、大城美知信「室町・戦国期の南関と大津山氏」『南関町史 第八巻 通史上』（南関町、二〇〇六）

（遠山　宏）

●肥後国衆一揆の最終激戦地

田中城

〔国史跡〕

〔所在地〕和水町和仁
〔比　高〕約四七メートル
〔分　類〕平山城
〔年　代〕一四世紀半ば～天正十五年（一五八七）十二月
〔城　主〕和仁氏
〔交通アクセス〕九州縦貫自動車道「南関IC」から車で五分。

【田中城の地形】　田中城の北から東側には、福岡県境から続く山並みが延びており、この裾部に小田・田中という二つの集落がみられる。城の約二〇〇メートル西側を北から南方向に和仁（わに）川が流れており、この流域に発達した水田地帯を臨むように、和仁川と並行して舌状の台地が延び、この台地の根元を断ち切ることにより独立した丘陵を形成して城としている。城の総面積は約七・八ヘクタールである。

中央部に約一七〇〇平方メートルの平坦な一画を造り出して主郭となし、その周囲に約一～一・五メートルの段差をつけて、西側を除く三方に幅約一〇～五〇メートルの曲輪を設けている。さらに、これより約一〇メートル下がったところに、空堀（からぼり）を巡らすことにより北・南・西の三ヵ所に、以前から地元で物見櫓（ものみやぐら）と呼ばれている高台がある。

主郭下方の西から西南にかけては、やや広めの平坦面が形成されているが、他方は狭い平坦面が数段造られている。特に西側から北

●—田中城空中写真（南から）（和水町教育委員会提供）

西部にかけては凝灰岩の岩盤がほぼ直立する崖面が続いている。

これまでの調査成果として、主郭から一四棟の掘立柱建物跡や柵列跡、西側捨て曲輪から柵列・柱穴・堀跡、南側の弾正屋敷跡から掘立柱建物跡の一棟と井戸跡を検出している。西側の平坦地からは、大小からなる柱穴を確認、いずれもほぼ平行に並んでおりその列は二三列を数え、連棟式兵舎跡と思われる。西南部（裏鬼門）からは、宗教的な施設である石龕を二基と凝灰岩の切り石場を検出している。出土遺物は、土師器・青磁・白磁・染付・陶器などがあり、古いもので一二世紀代があるが、多くは一六世紀代である。

【歴　史】　田中城の築城は定かではないが、現段階で確実な最古の記述とみられているのは、広瀬文書の暦応三年（一三四〇）十一月十日大宰小弐が中村弥五郎に宛てた手紙の中にある「肥後國凶徒等楯籠同國鰐城候之由……」であるといわれている。また、城の西側斜面には、『肥後國誌』に「岩地蔵傍ニ文明三年（一四七一）三月ト銘アリ　里俗云此地蔵ハ田中城ノ岩壁ニアリ……」とある。閻魔大王を中心にして左右に各三体の地蔵が彫られた一尊六地蔵があり、城の安泰を祈願して彫られたものと思われる。

落城は、安国寺恵瓊が佐々成政に宛てた天正十五年（一五八七）十二月七日付けの『安国寺恵瓊書状』（熊本県史料）に「一昨日落去候」「辺春事、忠義仕候間」とあることから、辺春氏の裏切りで十二月五日に落城したことがわかる。このことから少なくとも約二五〇年は存続していたと思われる。

田中城の城主は和仁氏であるが、天文十九年（一五五〇）の大友義鎮書状にある「和仁弾正忠」とあるのが現在のところ初見である。当時、菊池氏の勢力に属していたが菊池氏が滅びると大友氏に降り、天正十二年龍造寺氏の支援を得た田尻氏にいったんは落城させられるが、同年十月には島津氏に降り本領を回復している。その後豊臣秀吉の九州侵攻の際は、本領を安堵されるが、天正十五年佐々成政の検地に抵抗して起こった肥後国衆一揆に加担し、姉婿の辺春親行とともに田中城に立て籠ったが、豊臣秀吉軍の兵糧攻めにあい籠城すること約四〇日、辺春氏の裏切りにより城主和仁親実は討たれ、落城したといわれる。

【辺春・和仁仕寄陣取図】　山口県立公文書館の毛利家文庫から、当時の城攻めの絵図が発見され、日本最古の城攻め絵図といわれている。

絵図の中央に、柵や深い堀をめぐらした上に、櫓を立てた防備厳重な田中城の姿が西側からみたように描かれ、和仁氏、辺春氏の陣も区別されている。田中城の周囲には二重の柵が立てまわされ、四方の丘の上などに陣を取った攻撃陣の諸将の名と、城からの距離も記載されている。小早川秀包（毛利元就の末子で、小早川隆景の養子）・安国寺恵瓊・鍋島直茂・立花宗茂などの豊臣秀吉側の大名の名がわかる。また、絵図には二ヵ所の「仕寄」（攻め口）が描かれ、攻撃の主方向が示されている。兵糧攻めと直接攻撃を併用する作戦とみえる。

そして左半分には文字が書かれている。豊臣秀吉軍の陣所の周囲は五十町、それぞれの陣所と城との距離は三・四・五町、仕寄は四口で、芸州衆が一口・肥前衆が一口・立花が一口・筑紫が一口と記載してある。絵図には仕寄は二つだけ図示されているが、残りの二つは示されていない。

さらに「軍中法度」（作戦の間、軍の中で守るべき禁令）も書き込まれてある。一、喧嘩の禁止、味方同士で喧嘩はしてはいけない。一、押買の禁止、商人たちを脅して、安く品物などを買うことをしてはいけない。一、この戦の采配は安国寺恵瓊と小早川秀包の二人が指揮をとるので勝手に戦ってはいけない。陣地の構築などの工事も同様に二人の指示に従うこと。この陣取図に描き記された内容は、今の田中城跡の地形が似ているため、当時のまま変わっていないことがわかる。

●―田中城縄張図（作図：益永浩仁）

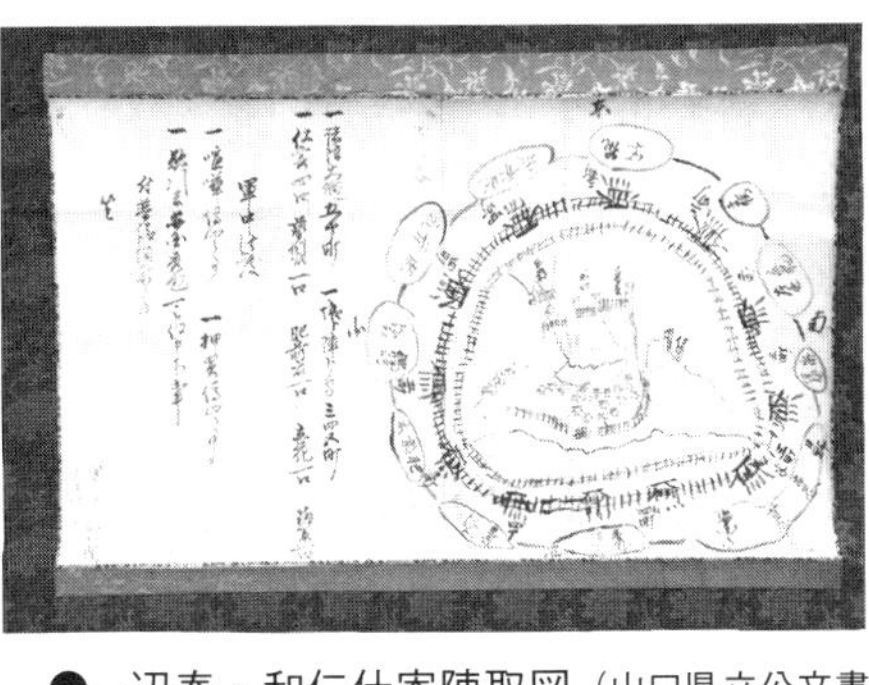

●―辺春・和仁仕寄陣取図（山口県立公文書館所蔵）

【参考文献】三加和町教育委員会（現・和水町教育委員会）『田中城跡』Ⅰ～Ⅻ（一九八七～一九九七）

（益永浩仁）

●肥後国人隈部氏が構えた館と山城

隈部氏館・猿返城・米の山城

〔国史跡（隈部氏館跡）〕

〔所在地〕隈部氏館＝山鹿市菊鹿町上永野
猿返城・米の山城＝山鹿市菊鹿町
〔比　高〕―
〔分　類〕館・山城
〔年　代〕一六世紀第４四半期
〔城　主〕隈部親永
〔交通アクセス〕九州自動車道「植木ＩＣ」から車で約三〇分で隈部氏館、他二城は隈部氏館から徒歩九〇分。

猿返城
隈部氏館
米の山城
乙皇神社
0　1000m

【隈部氏館の概要】　中世肥後の国人隈部氏が、熊本県の県北菊池市と山鹿市の境界の稜線上に、平常起居していた隈部氏館と、その詰の城である猿返城と米の山城を築いたとされる。隈部氏館は平成二十一年（二〇〇九）七月に国指定史跡となった。

館は山腹中の平坦部に築かれている。館の後背は丘陵が迫り、南南西方向が正面だと思われる。登城道から館内に脚を踏みいれると、右手に土塁に囲まれた平坦地があり、ここは馬屋跡と伝えられる。左に堀切をみつつ、ゆるやかな傾斜をすすむと、正面は野面積みの高さ二・一メートルの石垣がゆく手を阻む。石垣に沿って右折すると、すぐまた左へ折れ、石の階段を数段登ると、館の主体部へ到達する。これは桝形であり、在地でみられない虎口は織豊系城郭の影響がみられるが、本格的な石垣はみとめられない。構造的にみても、中世から近世への過渡期のものと考えることができるだろう。

主体部は、昭和五十年（一九七五）の環境整備の際の発掘調査で、三棟分の礎石建物跡と室町期の作庭と思われる庭園が、ほぼ完全な状態でみつかった。館跡は昔から地元上永野地区の共有地であり、この館跡に登ることを地区の人たちは「舘上がり」といっていたらしい。共有地であることや、高所であることなどが幸いして、当時の遺構が現在までのこったと考えられる。

南側の建物１は七間×五間ともっとも規模が大きく、礎石もすべて原位置を保っていた。対面所ではないかと考えられ

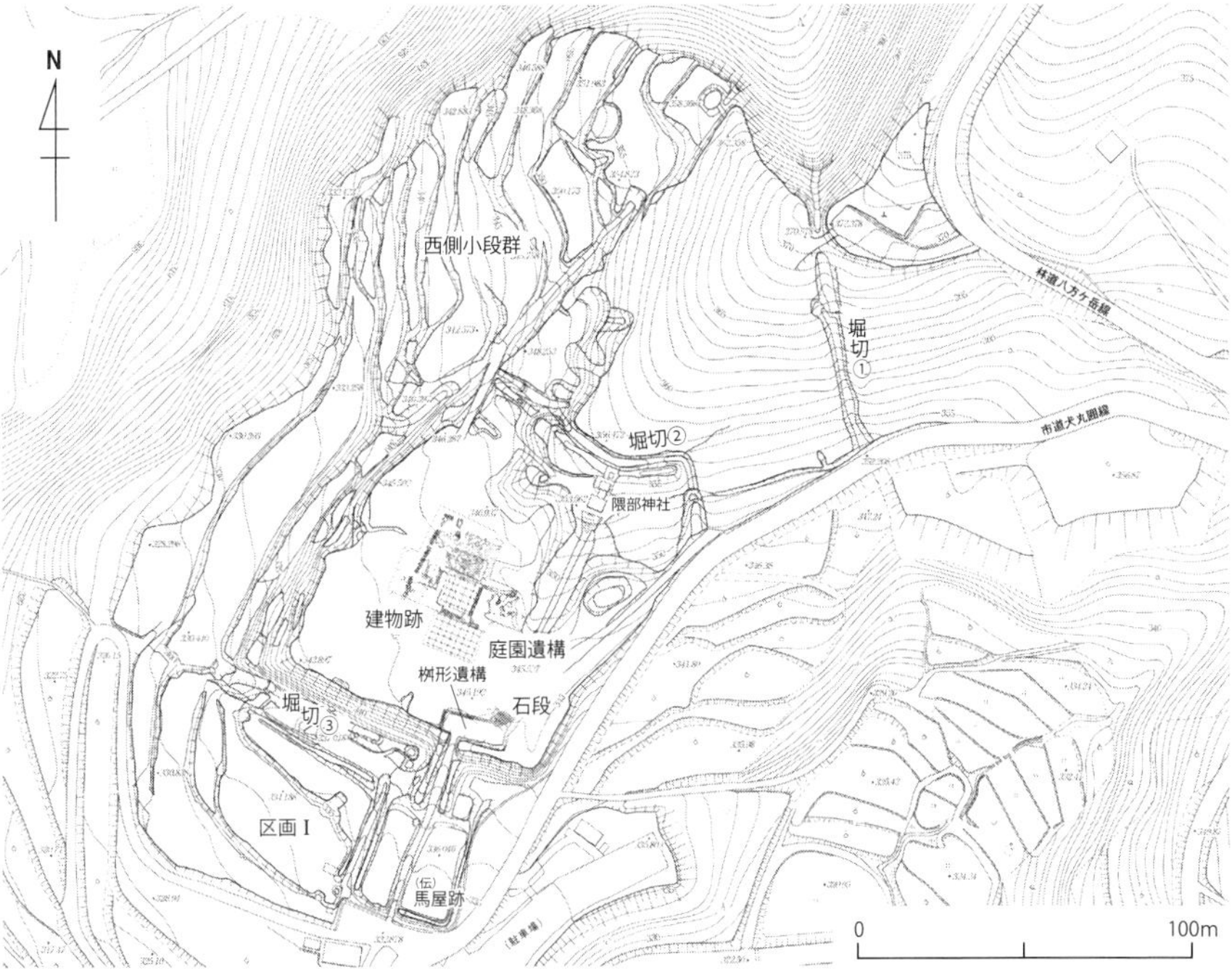

●―隈部氏館全体図実測図（出典：山鹿市教育委員会 2009）

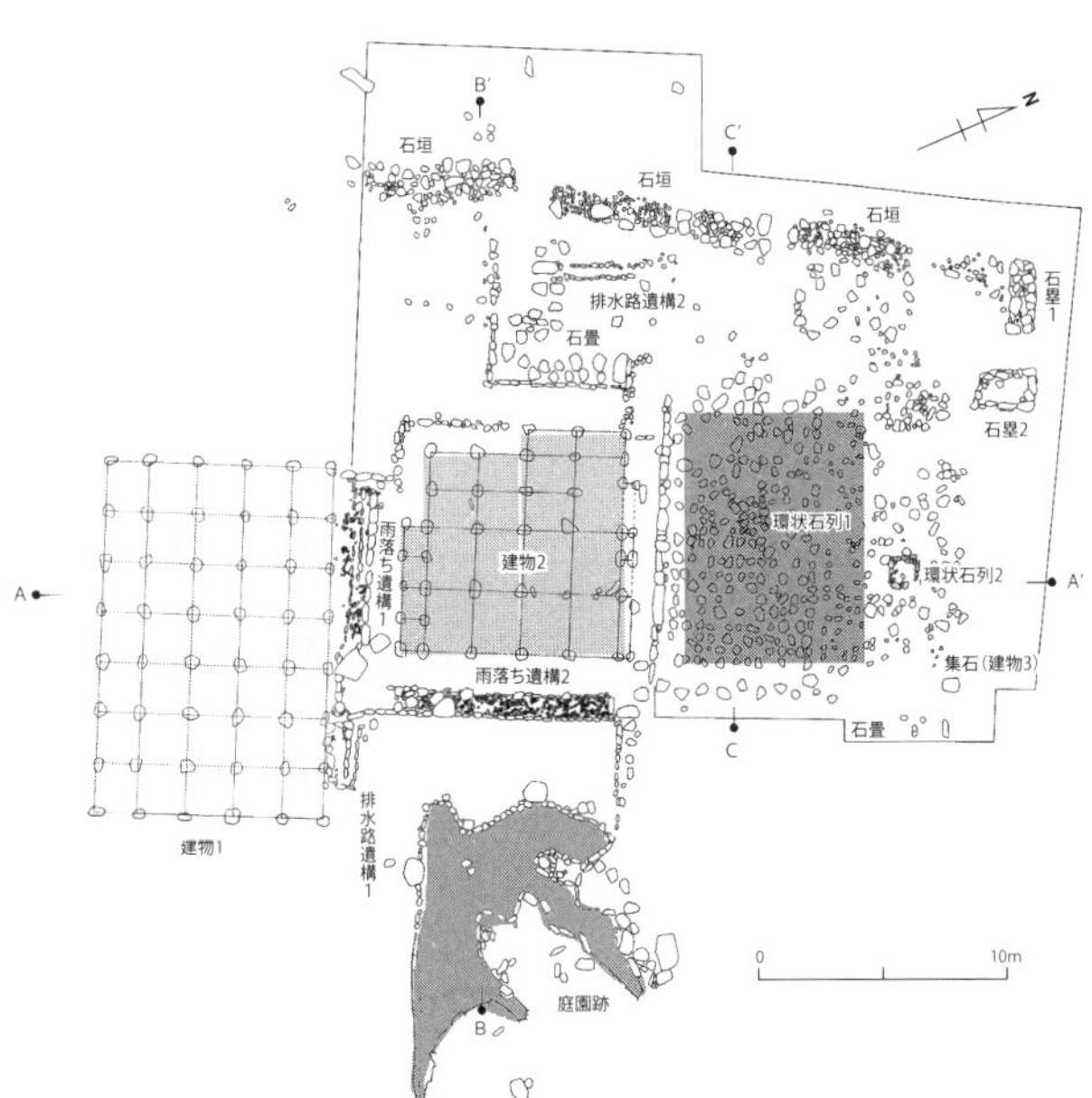

●―隈部氏館建物跡・庭園実測図（出典：山鹿市教育委員会 2009）

る。北東側の建物2は、四間×五間と推測される。東側をのぞく三方に縁側がめぐっていたと考えられ、茶室ではないかと想定される。縁石を配し床面に小石を敷きつめた雨落ち遺構と排水路遺構がみつかっている。建物2の北側には、建物3が存在したことが推測される。この一帯は石畳や排水路遺構、環状石列がみつかり、北から東にかけて石塁（せきるい）が残存して

●―隈部氏館の建物跡（山鹿市教育委員会提供）

方形に区画されていたことがわかる。

建物2の南東側には庭園跡がみつかっている。この庭園跡が隈部氏館の大きな特徴である。全体が掘りくぼめられた池が主体であり、東端は傾斜を巧みに利用して奥行きを持たせている。深山の渓谷を二ヵ所に形づくり、渓谷からの流水が淀みをもった情景を模している。使われた庭石は、人手で持ちこむことができる程度のサイズであり、名石などではなく手近にあるものを利用したと思われ、そのことにより全体的に質素な印象を与える。建物2と庭園跡はセット関係であり、建物2が館の中心的な建物であったことが想定される。

【猿返城の概要】 隈部氏館から北東方向を見上げると、南北に連なる峰が眼に入る。奥の峰が猿返城と伝えられている。

城に関連する遺構は山頂部付近にみとめられる。北側は切りとおした崖となっており、こちらから攻めることはほぼ不可能であろうと思われる。山頂部は北東—南西方向に長軸を持ち、北西側に長さ六〇メートル、高さ一・四メートルの尾根を利用した土塁と推測される遺構がみとめられる。明確な遺構はこれのみであるが、山頂部自体が非常にせまく、よじ登ることすら困難な絶壁の北側に面しており、本当に土塁としての機能があったのか疑問である。この他、山頂部南側の一段低い曲輪状の先端部の端にも低い土塁状の高まりがめぐるが、遺構かどうかは不明である。また南の峰への稜線の削平は、竪堀（たてぼり）と伝えられている。猿返城については当時の記録がなく、いつ築かれたものか不明であり、遺物もなく伝聞に頼るところが大きい中世の山城だと思われるが、隈部氏館の後背を護ると同時に物見の場、いざという時の詰の城ではなかったかと考えられる。

【米の山城の概要】　米の山城は隈部氏館から東北東に約二キロ離れた、北西方向からの稜線上の端の高まりに築かれている。米山城などとも呼ばれている。主郭部は登り口のない急傾斜の山頂部に位置する。山頂部は長円形の平坦部で、東側に長さ二五メートル、高さ一・二メートルの土塁らしき高まりがある他、周縁は三〇センチ程度の土盛りがめぐる。この土盛りは、植林などの理由による整地の排土の可能性があり、当時のものかどうかは不明である。

●―米の山城の石積み（山鹿市教育委員会提供）

山頂部へとりつくあたりの南端から南東方向にかけて、数十メートルにわたって低い石塁がのこる。人頭大からひとかかえもある自然石を積んだもので、最大幅二メートル、高さはもっとも高くても現地表面から一メートル弱である。城の等高線にそって周縁を囲繞（いにょう）しているわけでなく、高まりに向かって直線的に延びる。積み方に規則性はなく、大小の石材を積み上げて石塁としている。そのため、ところどころ石材の崩落もみとめられる。米の山城一帯は後世の杉の人工林であり、管理がなされており、この石塁については、いつ築かれたものかは不明である。石塁の内側は緩やかな傾斜、開けた空間が存在し、南西方向に二折れする掘り込み式のカギ形虎口が設けられ、ここが進入路と思われる。

【米の山城の戦い】　天正七年（一五七九）三月、薩摩の新納（にいろ）武蔵守らが米の山城、隈府城、城山城、日渡城の四城を攻めた。このとき、米の山城は多久宗員（たくむねかず）がこもっていたとされる。この戦いにおいて、天嶮に依る多久勢はよく防戦したため、薩摩軍は早急に攻め落とすことをあきらめ、兵糧の欠乏を待ち、攻囲して籠城戦となった。ある日薩摩軍が攻め寄せた際、宗員は桶に白米を入れさせ、城壁の上に馬を数頭並べると、攻め寄せた薩摩軍の兵士に向け「薩兵の大将に物申さん。貴軍は長囲の計をとらるるならんも、我等は此處数年間兵糧には事かがぬだけの用意はなし居り候」といいはなちつつ、部下に命じて桶をかきまぜさせ、馬の背よりどっと流させた。これを見て、薩摩軍は兵糧が充分であると思い、容易に落城させることはむずかしいと考えて軍を引いたと伝えられる。これが城名の由来ともいわれる。

米で馬を洗うという説話は、籠城戦で水の手が絶たれた守兵が城にはまだ水が豊富にあると攻め手をあざむくために、白米を馬の洗い水に擬すという、全国でみられる白米伝説の一形態と思われる。真偽はともかく、米の山城は稜線の端部に位置する小城であり、蓄えることができる兵糧にも限度がある。薩摩軍の攻囲を受けて二年以上も落城しなかったことは、一見米の山城が難攻不落の堅城のようにも感じられるが、おそらく何らかの手段で兵糧を入手できていたと考えるのが自然であろう。

広義的には隈部氏館が城の本体で、猿返城と米の山城は立地から隈部氏館の詰の城であろうと考えられる。両城は稜線沿いに行き来できることから単独ではなく、連動して防衛の機能を持っていたのではないだろうか。隈部氏館の後背の丘陵地一帯はこの他、虎口城や八ヶ岳城などがあったと伝えられており、互いの山城が連結して外敵に備えていたものと思われる。

【隈部氏について】 隈部氏館とその詰めの城である猿返城と米の山城を築いたとされる隈部氏は、赤星氏、城氏とともに肥後守護菊池家の三家老の一家として知られる。祖は大和源氏の出身の宇野親治と伝えられ、親治は保元の乱（一一五六年）後、菊池に下ると子孫は菊池家の家臣となり、六代持直のときに隈部姓を名乗ったとされる。当初、菊池の白木あるいは西迫間に居していたが、後に隈部氏館のある永野に移ったとされる。

戦国時代、肥後守護であった菊池氏の力が衰えると、三家老家が台頭してくる。二二代能運が守護の座を追われた後、阿蘇大宮司家の武経、大友氏の義武らが肥後守護となるなど混乱がつづいたが、大友氏に従う形で三家老をはじめとする旧菊池家臣が肥後北部を支配し、一応の安定がはかられたようである。このころ、隈部家の当主親永が隈部氏館に居していたと思われるが、武家儀礼に則った建物群や庭園など格式のある館を建てることができる高い権勢を持っていたのであろう。しかし三家老家は、やがて勢力を争うようになる。親永は肥前の龍造寺氏を手引きし、大友氏の配下として隈府の守山（隈府）城に入っていた赤星道半を追い払った。これにより親永は隈部氏館から移り、守山城主となったと考えられる。親永は豊臣秀吉の九州平定後、肥後を拝領した佐々成政の検地に抵抗して国衆一揆の発端となるなど、戦国末期の肥後の動乱の中心人物であったといえよう。

【近世の隈部氏館について】 中世文書に隈部氏館の記述はない。江戸時代の『肥後國誌』では隈部氏館を猿返城とし、猿返城は城床と記述している。隈部氏館の名称は、県指定の後に整理されたものである。

江戸時代、熊本県の大半は細川家の所領であった。隈部氏館の南側は菊鹿平野が開ける。細川家の記録永青文庫にのこされている『隈部氏館略図』では、後背の山や眼下の菊池川、内田川、木野川や集落の名が記されている他、熊本市の金峰山、さらに雲仙普賢岳まで描かれている。文政十一年（一八二八）には細川家一二代斉護が館跡を見学しており、隈部氏が途絶えた後も、旧跡として知られていたことがわかる。

【アクセス】 隈部氏館は現在は整備され、登城道付近まで車で行くことができる。登城道に沿って桜の樹が植えられており、春には幻想的な桜色のトンネルとなる。

猿返城は隈部氏館にほど近い二股の集落から林道をすすみ、人工林中の登山道を登っていく。登山道は猿返城と猿返山山頂を結ぶ稜線上に至る。だが登山道の入り口はわかりにくく、ルートも人気がなく険しい。山頂部に至るには、北東の稜線から延びる急斜面を這い登らなければならず、それ以外の面から登るのは困難である。

米の山城は主郭部のすぐ下まで林道が整備されているものの、普通車で近づくことは不可能である。主郭部である山頂部へは道らしい道はなく、藪をかきわけてよじ登らなければならない。

猿返城と米の山城は、秋には八潮と呼ばれる紅葉がみごとな稜線で行き来が可能である。地図上では他に林道が存在するようであるが、現地を踏査したかぎりほぼ藪であり、ルートとして使うのはむずかしいと思われた。訪れるためには十分な下調べや、山に慣れた者に同行してもらうなど、安全に配慮する必要があるだろう。簡単に訪れることができない城である。

【参考文献】 熊本県教育委員会『熊本県の中世城跡』（一九七八）、菊鹿町教育委員会『隈部氏館跡』（一九九三）、菊鹿町教育委員会『菊鹿町史』（一九九六）、山鹿市教育委員会『隈部氏館跡Ⅳ（総括集）』（二〇〇九）、鶴嶋俊彦「肥後中世の城郭の到達点」（二〇一八）

（阿南　亨）

●激動の中世を駆け抜けた菊池氏の館と城

菊之城・守山城・隈府土井ノ外遺跡

〔菊池市文化財（菊之城跡・守山城跡）〕

〔所在地〕菊之城＝菊池市北宮、守山城・隈府土井ノ外遺跡＝菊池市隈府
〔比　高〕—
〔分　類〕館・山城
〔年　代〕一一世紀後半～一六世紀第４四半期
〔城　主〕菊池氏、赤星氏、隈部親永
〔交通アクセス〕JR鹿児島本線「熊本駅」から車で約五〇分。

【菊池氏について】　熊本県北部を流れる一級河川菊池川流域は、古代より装飾古墳が全国でもっとも集中するなど、歴史的な背景を有する。河川、地方の名称である菊池は、中世豪族菊池氏に由来する。菊池氏は一一世紀後半から約四五〇年間にわたりこの地を支配し、蒙古襲来時の活躍や、南北朝期に九州における南朝方の中心勢力として戦ったことで名高く、古典『太平記』にも登場する。室町時代には肥後守護職も務めた。本書では菊池氏の当主に関連する菊之城、守山城、隈府土井ノ外遺跡を紹介する。

【菊之城の概要】　菊之城は菊池川上流の菊池市北宮に所在する市指定文化財である。延久二年（一〇七〇）、初代則隆が築いたと伝えられ、通説では守山城へ移る前の本城であったとされるが、実際は平野部に築かれた館であったと考えられる。菊池古城、深川城とも呼ばれる。菊池川から北に約二〇〇㍍離れた、ゆるやかに傾斜する河岸段丘上の端部に位置し、主郭部と推測される区画は周囲よりも一段高い。この地を本拠とした理由として、菊池川の水運に目をつけたとする説が有力である。

平成二十三年（二〇一一）度から複数回にわたって、菊之城とその周辺の実態解明を目的として、菊池市教育委員会が確認調査を実施している。主郭部と目されている箇所のトレンチ調査では、一三世紀代の大量の土師器、青磁や白磁などの輸入陶磁器、風炉や天目茶碗など茶に関連する器材が出土しているほか、区画溝と掘立柱建物跡、意図的に土器を埋

めたと考えられる土坑（どこう）が検出され、館の存在をうかがうことができる。令和元（二〇一九）、二年度の菊之城周辺の調査では、河川に向かって階段状に河原石が敷きつめられた港湾施設ではないかと考えられる遺構がみつかっている。一部ではすり鉢状に川原石が敷きつめられ、複数回の修復がされていた。これは小舟を接岸するためではないかと思われる。さらに川原石を岸壁とした淀みも確認され、これは河川を引き込んだ舟だまりのような施設ではなかったかと思われる。これら一連の遺構により、現在の菊池川よりも北西側の菊之城に近接した付近に当時の河道があり、そこに面して川港があった可能性がある。中世当時から水運が盛んであったと思われる。

さらに菊之城周辺には上市場（かみいちば）・下市場（しもいちば）の字名がのこり、川沿いに市場があったと推測されることや、一族の当主を大願主とする神像が奉納されている北宮阿蘇神社が近隣にあることなど、中世の景観をうかがうことができる。

菊之城に居を構えていたのは、菊池氏が中世豪族として形成されていく時代にあたると考えられる。

【守山城の概要】 現在は菊池氏が祀られている菊池神社に、守山城が所在していたとされる。神社敷地内の資料館脇には、菊池本城本丸跡と刻まれた石碑が建っている。雲の上城、隈府（わいふ）城とも呼ばれる。市指定文化財である。

守山城は北からつづく丘陵の先端に位置し、直下に菊池の中心である隈府の街並みを見下ろす。遺構として、現在菊池神社の建造物のある山頂部から北に一段下がった曲輪状の平坦部に、J字状にめぐる土塁（どるい）状の遺構がのこる。土塁が構築されたことにより、内側に巨大な空堀（からぼり）状の空間が形成されている。土塁の高さは最大で約三メートル、土塁上の平坦部の幅は最大で約七メートルを測り、人が歩行することができるほどの大規模なものである。明確な遺構としてはこれのみであるが、土塁の外側は険しい斜面となっていることや規模から、これが中世の城に伴う防御設備かどうかは疑問視される。

守山城の北側の深い谷をはさんだ丘陵には、雲上宮（くものえぐう）と伝えられる場所がある。江戸時代の文献『古城考』では将軍宮御座館之跡と記され、南北朝期、南朝方であった菊池氏が招いた後醍醐天皇の皇子征西将軍懐良（かねなが）親王が御座所にしていたとの伝承がのこる。

【隈府土井ノ外遺跡の概要】 菊池市隈府市街地内に所在する県立菊池高校が現在地にあたる。隈府は現在も菊池市の中心であるが、室町時代には守護所が置かれ、長く肥後の政治の中心であったとみられる。そのため隈府の歴史的役割を読み解くことは、肥後における中世史を理解するためには不可欠である。

平成十七、十八年度に県教育委員会により発掘調査が実施され、北西—南東方向の二重の堀跡を持つ方形の規格を持つ

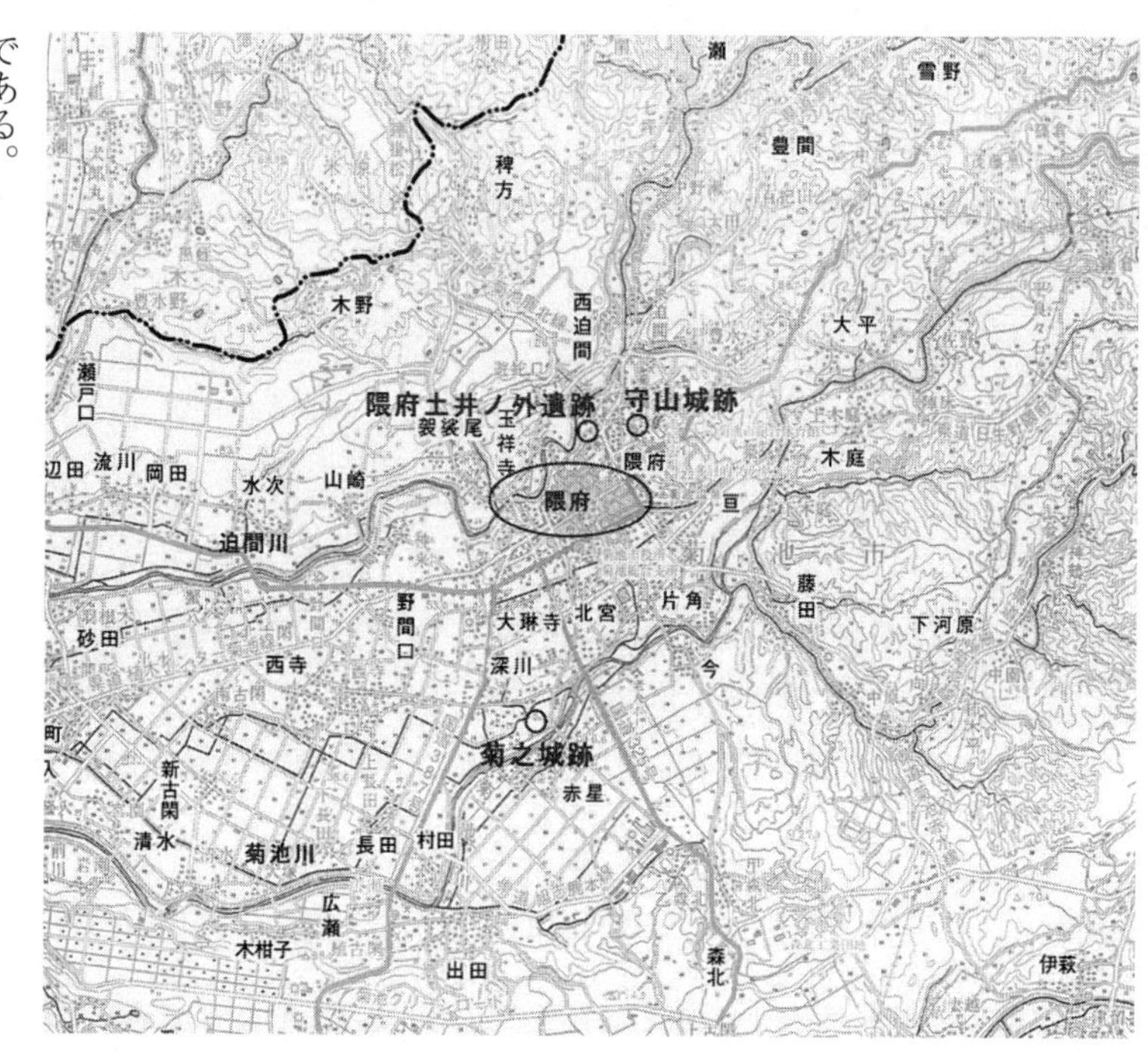

●—菊之城・守山城・隈府土井ノ外遺跡

館であることが確認されている。外側の堀は九〇〜一〇〇メートル四方、内側の堀は五九メートルの規模を持つと推測される。この二条の大型の堀により区画された敷地内に、多くの掘立柱建物や柵列、井戸、土器だまりなどがみとめられた。この堀は現在の市街地内の道路とほぼ整合しており、当時から隈府の街並が整備されていた可能性を示す。遺構内出土遺物から、遺跡は一四世紀後半から一五世紀前半にかけて存続したものと考えられる。九州における南朝方の中心であった一五代武光(たけみつ)の時代から、南朝方の劣勢、さらに南北朝の合一後、守護職として権威をふるい、やがて衰退していく時期にあたり、南北朝の争乱の時期は、すでに館としての規格は確立していたことが判明した。

守護町隈府に所在することから、一族当主の館であった可能性が指摘されていたが、発掘調査で判明した規模、出土遺物などから、それを証明することは困難であった。しかし近年の中山圭の研究で、隈府土井ノ外遺跡で出土した輸入陶磁器などの奢侈(しゃし)品が、一乗谷朝倉氏遺跡など守護クラスの遺跡で出土したものと遜色ないものであり、菊池氏がこれらに比肩する格式や経済基盤を持っていた可能性が示されている。今後は広域的、継続的に調査を行って成果を蓄積し、慎重に検討してみる必要があるだろう。

●—菊之城（中央の石碑の建つ高まりが主体部と考えられる）

隈府土井ノ外遺跡の周辺では、守山城直下の市民広場や県北広域本部敷地内の確認調査で、現在の街並みに整合する溝状遺構などがみつかっている。さらに隣接して、院馬場の字名が現在ものこる。院馬場は「犬追う物」からきた地名といわれ、館や城の周辺や都市の中枢部に置かれる事例が多いことから、隈府に館があったことの傍証になるだろう。これらのことから、隈府土井ノ外遺跡自体は、菊池氏の館との断定はできていないが、周辺にさらに規模の大きい館が存在した可能性がある。

守山城や隈府土井ノ外遺跡の時期は、肥後守護としての地位が確立した、いわば後期菊池時代ということができるだろう。

【菊池の城館の動静】 通説では初代則隆が一一世紀後半に菊之城に居を構え、その後一六代武政の時代（一四世紀後半）に本城は守山城に移ったとされるが、守山城は詰の城であり、当主の館は隈府土井ノ外遺跡、もしくはその周辺が候補としてあげられる。

菊池の城については、文献資料からもうかがうことができる。『小代光信軍忠状』などの建武三年（一三三六）の菊池での合戦の記録で菊池山城、菊池渡山合戦の記述があり、これが守山城ではないかと考えられている。『恵良惟澄軍忠状』などによれば、南北朝期、菊池陣城（本城）が北朝方の合志幸隆に占拠されたことが記されており、これが菊之城である可能性が高い。

南北朝時代も後半に入り、優勢となった北朝方が菊池周辺に迫ってくると『今川了俊書状』で陣の城（菊之城）と

●―菊池15代武光公騎馬像（後背の山が守山城）

（隈）目の城（守山城）、『深堀時久軍忠状』などでも菊池陣城（館城）と隈部城（守山城）が記され、菊池之城と守山城が併存していたことがわかる。このように両城は菊池氏の重要な軍事拠点として、長く存続したものと思われる。城名については文献ごとに異なるが、弘和二年（一三八二）の『菊池武朝申状写』中に守山城の記述がみられる。

南北朝合一後は、肥後守護職となった菊池氏は肥後・筑後にまで影響を持つほど権勢を誇り、隈府はその本拠地として当時から賑わいをみせていたと考えられる。発掘調査で茶の湯に関連する輸入陶磁器などがみつかったことがその証で、連歌の会が催されていたことも記録にのこり、その地位にふさわしい高い文化水準にあったことが推測される。

しかし、菊池氏の権威は徐々に衰えていく。二二代能運が一族の宇土為光に守護の座を追われた後、阿蘇大宮司家の武経、大友家の義武らを当主として迎えることとなる。その後は三家老隈部、赤星、城氏をはじめとする旧菊池家臣が肥後北部を支配し、大友氏がそれをとりまとめる形で安定がはかられたようである。このころ大友氏の力を背景とした赤星氏が守山城主であったが、隈部親永は赤星氏を合瀬川の戦いで破ると、肥前の龍造寺氏を手引きし、守山城の赤星道半を追い払った。これにより親永は守山城主となり、肥後北部の国人は、多くが龍造寺氏の支配下となった。一方、隈本城（のちの熊本城）主であった城氏は大友氏に見切りをつけ島津氏と結び、龍造寺隆信の戦死後、肥後は島津氏の肥後侵攻を受けることとなる。肥後に攻め入った島津氏との講和の際、親永は隈府の安堵を条件に入れている。これは守護所の権威への執着であったのではないだろうか。このように、三家老の争いは、そのまま九州での覇権を争う大友氏や龍造寺氏らの代理戦争の態をなしていたといえよう。このように肥後北部の政治の中心であった菊池の本城守山城であったが、後には一国一城令が発せられることになるので、いずれは破却の運命からは逃れられなかっただろう。

一方、中世後半になると菊之城についての記録は途絶える。中世の館程度の城館が、もはや軍事拠点として価値を持たなかったと考えられる。江戸時代になり、菊池十八外城という支城群が定められた際、菊之城も名を連ねている。これは城と館が混同してとらえられているのではないかと思われるが、実態は不明である。

【菊池の城館の現在】　菊之城は現在では城としての構造を充分にうかがうことはできないが、菊池川を南にのぞむ高台に石碑が建てられている。

明治になり、菊池氏の活躍が再評価されたことにより、守山城跡に一二代武時（たけとき）、一三代武重（たけしげ）、一五代武光を主祭神とする菊池神社が建てられた。現在、周辺は公園化され、三〇〇〇本の桜が植えられ、春には丘陵一帯をあざやかに彩る。

隈府土井ノ外遺跡は、発掘調査後に高校の校舎が建てられ現存しないが、一部調査をせずに保存をしている。また調査で検出された館の堀と思われる溝状遺構の断面を剥ぎとり、校舎内で見学できるようにし、体育館横の駐車場に堀のラインを表示している。

以上、中世菊池氏に関する三つの城館を紹介した。いずれも遺構を残さない中世の城および館であり、近世以降の整備により、石碑や説明板が建てられているものの、当時の情景をしのぶことはむずかしい。菊池における中世の城は、発掘調査がすすんでおらず、実像は伝承などに負うところが大きい。しかし江戸時代には文献に城跡の記録があることから、菊池氏が途絶えた後も、中世の記憶が完全に失われたわけでなく、人々によって語りつがれていたのではないかと考えられる。

【参考文献】　熊本県教育委員会『熊本県の中世城跡』（一九六八）、菊池市史編さん委員会編『菊池市史』上巻（一九八二）、熊本県教育委員会『隈府土井ノ外遺跡（伝菊池氏館跡）』（二〇〇九）、阿南亨「肥後国菊池における中世城館の再検討」（二〇一四）、菊池市教育委員会『中世菊池氏関連遺跡群確認調査概要報告書』（二〇二〇）、中山圭「菊池氏関連遺跡『隈府土井ノ外遺跡』の輸入陶磁器に関する研究」『菊池一族解體新章』巻ノ二（二〇二一）

（阿南　亨）

お城アラカルト

菊池十八外城の実像

阿南　亨

「矢筈ヶ岳のふもとには　鬼とりひしぐもののふ（士）のすみし昔のかたみとて　今なおのこる十八城」

かつて菊池で口ずさまれていた菊池十八外城の歌である。南北朝期に活躍した菊池氏の本城守山城を護るため、四方の要地に築かれたとされる支城を、こう呼びならわしている。これらはいずれも中世のものであり、石垣や天守閣は存在しない土の城であるため、現在では痕跡をみとめることはむずかしい。また遺構が確認されていない城、立地上あきらかに館と思われる城、文献のみにみられる城などが混在しており、伝承に頼るところが大きく、実像はとらえがたい。

菊池十八外城は江戸時代後半、菊池の国学者渋江松石が『菊池風土記』中で唱えたものである。もっと多くの城があったが、きりがよく十八城におさまったものと考えられる。戦乱の世は遠い日々となった頃、地元では一族を顕彰する動きが活発化したようだ。顕彰碑を建て、墓所を整備した。大店の商人が書き継いだ『嶋屋日記』という記録に、亡くなった菊池当主の年忌のことをたびたびみることもできる。一族や城のことは、地元で大切に伝えられていたのだ。

やがて明治となり、菊池氏は忠臣の鑑として再評価されるようになる。昭和十九年（一九四四）には『菊池千本槍』という映画が上映されている。菊池千本槍とは一三代武重が考案したとされる槍の原形で、戦時中に護り刀として持たれていた。主演は市川右太衛門（戦前戦後の時代劇スター。「旗本退屈男」が当たり役）。ちなみに原作は菊池寛で、この人物もルーツは菊池氏ともいわれている。映画を記念して城跡と伝えられていた場所に石碑が建っており、それを根拠に菊池十八外城は昭和四十年代に市指定文化財となっている。

このように、菊池十八外城は現代まで語りつがれている。今も私たちが在りし日の城の存在をうかがうことができるのは、江戸時代からつづく伝承と顕彰のおかげであろう。菊池の人々にとって菊池氏は郷土のヒーローであり、彼らが拠ってたった城は今もその象徴なのである。

熊本

●大規模な惣構えを持つ城

竹迫城（たかばじょう）

〔合志市史跡〕

〔所在地〕合志市上庄字城山
〔比　高〕約二〇メートル
〔分　類〕丘城
〔城　主〕竹迫氏、合志氏
〔交通アクセス〕熊本電鉄「御代志駅」からレターバス「合志市役所」下車、徒歩二〇分。または、JR豊肥本線「光の森駅」からレターバス「合志市役所」下車。

【城の歴史】　竹迫城跡は、合志市上荘（こうししかみのしょう）の標高九二メートルの独立丘陵に立地する城跡である。

鎌倉時代の初め、中原師員（もろかず）が地頭職として下向し、竹迫を名乗り、竹迫城を築くと伝わる。南北朝時代に大津真木（おおつまき）に下向した佐々木長綱は、合志を名乗った。南朝方であった菊池氏の領域に接し、北朝方から軍事上重視されていた合志氏は、南北朝時代の戦乱が収まると菊池氏の家臣となり、隆岑（たかみね）は、永正七年（一五一〇）、竹迫氏に代わり竹迫城に入城する。

菊池義武（よしたけ）と大友義鑑（よしあき）の対立において合志氏は、天文十九年（一五五〇）の騒乱で義武側につき、この騒乱では竹迫氏の姿はみられないことから天文十九年の間に肥後を離れると考えられる。天正十二年（一五八四）、龍造寺氏が竹迫城を包囲し、親為と親重の交代を条件に降伏。天正十三年、島津氏の調略によりついに親重は降伏した。島原の乱の翌年、寛永十五年（一六三八）幕府より破城の命令が下り、細川藩によ

●―竹迫城（北東より）（合志市教育委員会提供）

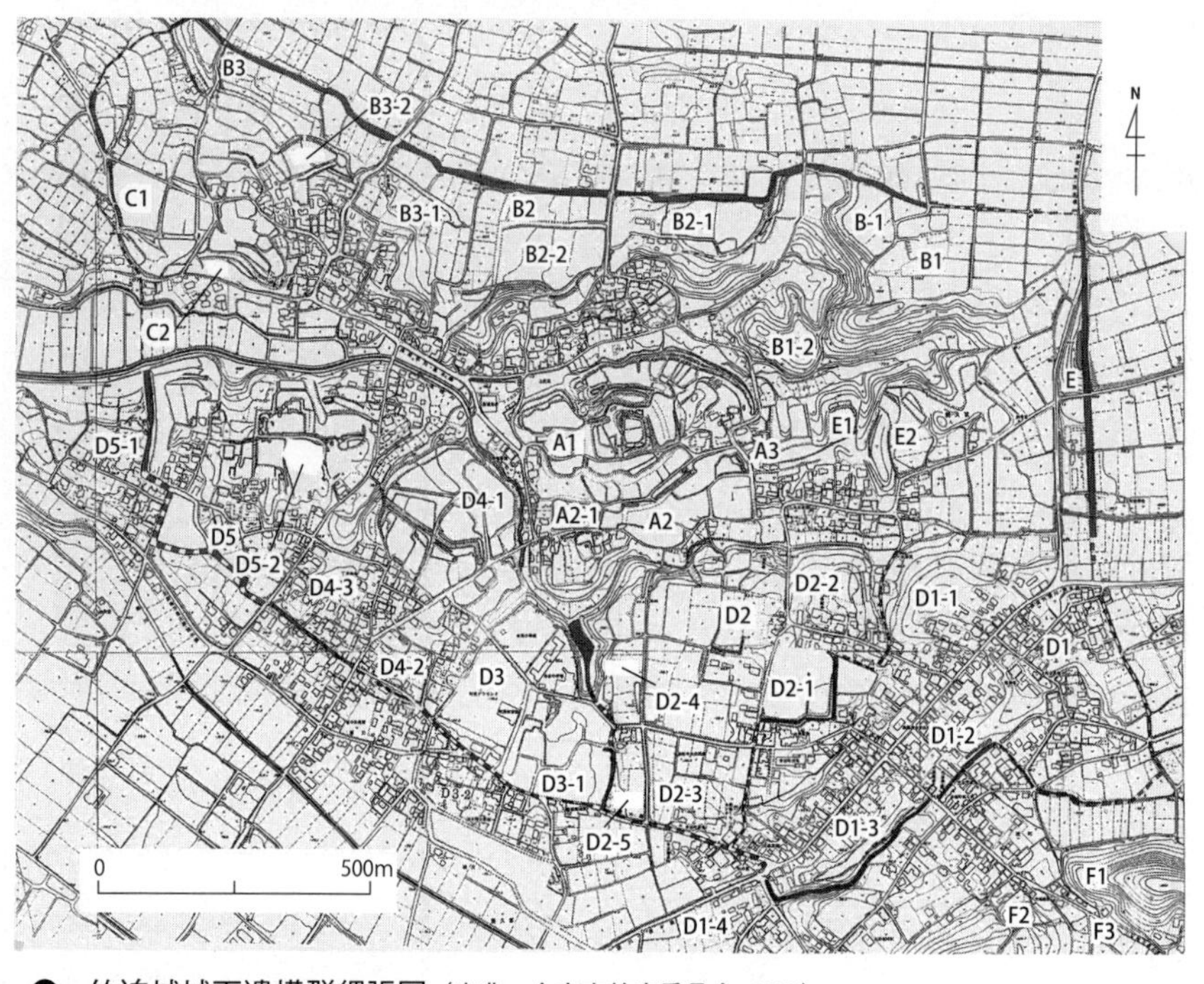

●—竹迫城城下遺構群縄張図（出典：合志市教育委員会 2007）

って堀などを埋めたと記事があり、著名な城郭であったことが指摘されている。

城名については、正式に竹迫城と城を指す一次史料はない。南北朝時代の「合志城」は住吉付近を指すようであり、戦国末期には竹迫城を『上井覚兼日記(うわいかくけんにっき)』に「合志之城」とみえる。『肥後国誌』では「竹迫城」・「蛇ノ尾城」とあり、他に「合志竹迫城」・「上之荘城」・「穴の城」などがある。

【城の構造】 竹迫城跡は現在、公園整備が行われ市民の憩い(いこい)の場となっている。周辺は深い谷に囲まれ、南北約二〇〇メートル、東西約四〇〇メートルの独立した丘陵に築かれている。主郭は、標高九二メートル、東西三八メートル・南北四八メートルを測る。北西側に幅四メートル、深さ〇・七メートルの横堀が残る。北側に残る堀跡は、幅約一八〜三〇メートル、深さ約八メートルを測り、良好に残っている。その外側に同規模の堀跡が両端に一部、みることができる。東側の現在、二ヵ所ある通路の間の広場には以前、堀が存在したことから三重の堀が巡っていたようである。

西側斜面には、腰曲輪(こしくるわ)と考えられる平場三段と通路を兼ねた縦堀が認められる。さらに西側の芋扱川(おこぎ)に面した段丘面には、周囲高さ五〜六メートルの切岸(きりぎし)とした曲輪がある。城の南東側の麓には、「ビゼンクジ」（A３）があって、領主館との伝承が残る。竹迫城の最終築造年代は、発掘調査や文献が乏しく、はっきりしないが合志氏が合志郡の拠点城郭とした時期の一六世紀代と考えられる。

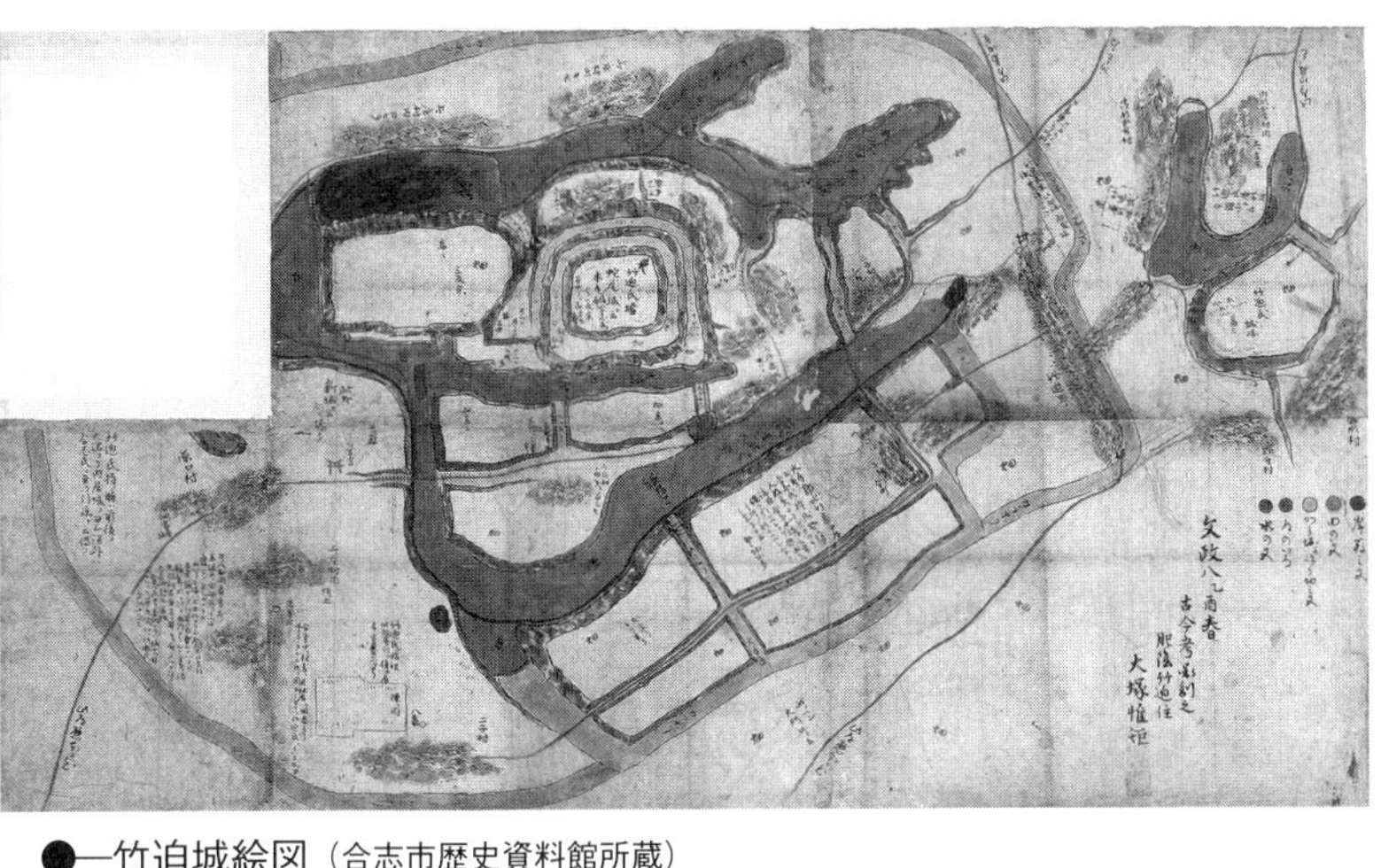

●—竹迫城絵図（合志市歴史資料館所蔵）

【城下を囲む堀と土塁】

竹迫城を中心に城下の周囲五・九キロにわたって堀と土塁が巡る惣構えは、竹迫城絵図（上図）にも描かれているように、防御を意識した塁線の屈曲や横矢掛かりの折れを伴う構造をもっている。竹迫城惣構えは、文献などから島津氏に降伏する直前の天正十二年頃と推測する。

惣構えは、北側（B2−1）の「ジンヤマ」に直線の堀（幅一二メートル）が里道となっている。その東側で屈曲する箇所（木瀬遺跡）は、土塁（幅八メートル・高さ二メートル）と堀（幅一〇メートル・深さ二メートル）が認められる。さらに東側の住吉往還側には、圃場整備により地形が改変されているが地名で「セイロウ」と呼ばれる箇所があって当時、井楼があったことを示唆している。北側の中央に「ナカシンボリ」（B2）と呼ばれる箇所は一部、圃場整備により改変されるものの堀（幅約一〇メートル）の地割をみることができる。竹迫城までの距離が近いこの付近（B2・B2−2）は、惣堀の内側に堀が存在し、三重の堀が確認でき、堅固に防御しようとした意図が伺える。「揚土」（B3−2）には、里道があってその名残を留めている。その北西にある竹林（B−3）には、長さ一〇〇メートルにわたり堀と土塁が明瞭に残存する（高さ四メートル、幅五メートル）。

北西部の惣堀（C−1）に「伝竹迫城見張り所」があって道路沿いに細い畑の地割が存在する。その東側の竹林には、東西五四メートル×南北九〇メートルの堀に囲まれた空間が存在し、駐屯地であったと推測する。さらにこの東に隣接した丘陵には、寺崎遺跡が存在し、頂部に幅三メートルの堀や土塁によって三区画が認められることから城郭であった可能性が指摘されている。塩浸川右岸は、谷部となっており惣堀の痕跡は確認が困難であるが塩浸川左岸の竹林に惣堀（D5―1）が明瞭に残存する。この惣堀は、規模が大きく、幅一五メートル、深さ八メートルを測ることから、開析谷を利用し、守備が手薄な谷部を堅固にしたのではなかろうか。また、陣ノ内遺跡発掘調査で確認された一五～一六世紀の時期が考えられる二条の堀は、調査区の東西にかつて存在した堀と繋がっていたものと推測され、北側の苧扱川からなる東西二七〇メートル×南北二三〇メートルの範囲が区画された屋敷跡（D3）と推定された。原口新城跡（D4―1）の築造時期については、その一郭の発掘調査において一五～一六世紀の遺構が確認されている。防御性の高い城館であったと考えられる原口新城跡に伴う屋敷跡が「陣ノ内」と捉え、竹迫氏に関係した屋敷跡と推定される。陣ノ内遺跡は、一六世紀（天文期以降）、清寿院の敷地に変わると考えられる。「大門口」（D1―4）から直線に竹迫城へ延びる道は、大手道であり、「城戸内」（D―2）は、絵図において「家臣団屋敷」であった推察の記述がみられる。

南東部の惣堀（D1―3）は、竹迫町を包括するように「シンボリ」と呼ばれる鶴川が存在する。その内側に土塁が付随する。

西部の惣堀は、細い畑の地割線が直線に延び、住吉往還を囲う。「バヤンボリ」（E）は、竹林に堀と土塁が明瞭に残存する。この住吉往還と惣堀が交差する付近では、住吉線の法面工事の際に堀の断面が確認されている。「ホカドン」（E1）の地名からは、客殿が存在した可能性がある。

【竹迫城惣構え】 竹迫城惣構えの規模は、在地領主としては突出しており、家臣団の屋敷・寺・町・村が混在する城下を囲うものであった。

発掘調査や文献から明確に結論づけるのは早急であるが天正十二年に島津氏による肥北の制圧される中、山鹿氏と三池氏が合志氏を頼る記事から周辺の在地小領主が避難し、協力して惣構えを築造したこともあり得るのではなかろうか。

竹迫城の惣構は、守護や大名が都市を取り囲む内容とは異なるかも知れないが在地領主である合志氏が築造したのであれば、全国的にも稀有な事例となる。また、竹迫の住民層と協力してこの惣構が構築されたのであるとすれば、地方の戦国期の城郭史のみならず当時の社会を知る上で貴重な遺構群といえる。

【参考文献】鶴嶋俊彦・青木勝士・大山智美「陣ノ内遺跡」第V章　文献等補足調査（合志市教育委員会、二〇〇七）、米村 大「合志郡の領主　竹迫氏・合志氏の拠点城郭　竹迫城」『九州の中世Ⅲ』（高志書院、二〇二〇）

（米村　大）

●加藤清正が築いた城

熊本城〔国特別史跡〕

〔所在地〕熊本市中央区本丸地内ほか
〔比　高〕約三〇メートル
〔分　類〕平山城
〔年　代〕一六世紀代～幕末
〔城　主〕加藤氏、細川氏
〔交通アクセス〕「桜町バスターミナル」から徒歩約一〇分。

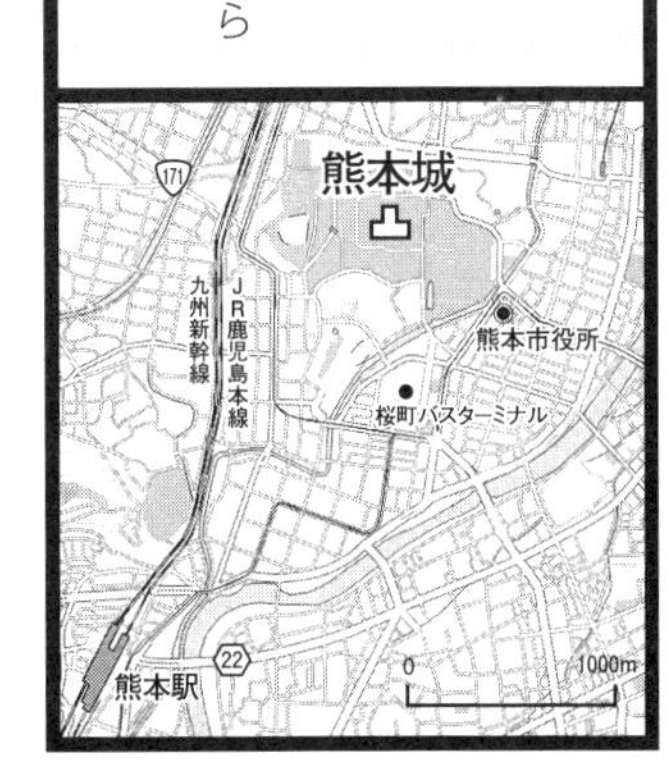

【位置と環境】　熊本城は、熊本市域のほぼ中央に位置する。京町台地南端の、茶臼山と呼ばれる小丘陵全体にわたって築かれた城郭である。京町台地は、約九万年前に噴出した阿蘇火砕流によって、火山灰と軽石が厚さ四〇メートル以上も堆積することで形成された。やがて京町台地は白川水系の坪井川・井芹川によって開析され、北から熊本平野にのぞむ南北に細長い地形となっている。

【熊本城の歴史】　熊本城は、加藤清正によって築かれた城である。熊本城が文献に登場するのは、南北朝時代である。肥前国松浦の大嶋堅と大嶋政の永和四年（一三七八）の軍忠状にみえる「隈本城」が初出で、県立第一高校付近の推定が定説化している。熊本城跡遺跡群内での端緒は、応仁年間（一四六七―六九）に出田秀信が茶臼山の東側一帯に千葉城と呼ばれる城を築いたことに始まるとされる。その後、明応五年（一四九六）に鹿子木親員（寂心）が築き、城親冬が天文十九年（一五五〇）に入城したという隈本城の城域は、第一高校から国立病院敷地内一帯と想定される。茶臼山周辺は中世から城が築かれた要所であった。九州を平定した豊臣秀吉は、天正十五年（一五八七）六月に佐々成政へ肥後一国を与え、隈本城を居城とするための改修を命じた。しかし、任命後すぐに領内の国衆が検地に反発して一揆を起こし、秀吉は一揆を生じさせた罪で成政を切腹させた。成政に代わり、肥後北半国の領主となったのが加藤清正である。天正十六年に肥後国に入った清正は、天正十八年頃から中

●—熊本城周辺の航空写真（熊本城総合事務所提供）

世の隈本城を石垣づくりの城に大改造していく。城には天守や櫓・御殿が建てられ、城と同時に城下の整備も進められた。のちに茶臼山全体を取り込んで現在の熊本城が築かれると、元の城は「古城」と呼ばれるようになった。慶長三年（一五九八）豊臣秀吉の死去と朝鮮出兵からの帰国を契機として、慶長四年、清正は茶臼山丘陵全体を取り込んだ新城の築城を開始した。茶臼山頂上部でまず天守の石垣（現在の大天守台）が築かれ、それを土台に天守の建築が始まった。翌年十月にほぼ完成し、天守の姿は大天守のみで、清正の死後に小天守が増築された。

その後、寛永九年（一六三二）加藤氏の改易に伴って細川氏が豊前小倉より入国した。江戸時代を通して、細川氏によって熊本城は維持管理されてきた。明治維新を迎えると、明治六年（一八七三）に、鎮台の本営が熊本城に置かれた。明治十年の西南戦争の際は主戦場の一つとなり、大小天守や本丸御殿などの本丸中心部の大半の建物が焼失した。その後、鎮台（陸軍）が城内主要地の管理を行い、明治二十二年の地震被害や老朽化に伴う石垣・建物の修復を陸軍が行った。昭和三十年（一九五五）に特別史跡に指定されており、現在は宇土櫓をはじめ一三棟の建造物が国指定重要文化財建造物に、五七・八ヘクタルが特別史跡に指定されている。

【石垣の変遷】　熊本城の石垣は、石垣表面の観察と、文献資料の検討により七期に大別することができる。

城内でもっとも古い石垣は「古城」で確認でき、熊本城石垣一期：天正十八～十九年頃に築かれたと考えられる。隅角部は算木(さんぎ)積みではなく、築石部は非方形の石材を用い、横方向に目地が通らない。石材正面には平らな自然面を多用する。熊本城石垣二期：慶長四～五年頃の石垣は現在、熊本城天守閣が所在する茶臼山頂付近で確認できる「新城」の石垣である。隅角部は算木積みではなく、重箱積みで、築石部は非方形の石材を用い、横方向に目地が通らない。一期との大きな違いは石材正面で、平らな目地自然面も使用するが、割面の使用が多くみられる。熊本城石垣三期：慶長十一～十二年頃の石垣は城域の東側、重要文化財の平櫓(ひらやぐら)から田子櫓付近で確認することができる。隅角部は算木積みで、築石部は非方形の石材を用い、横方向に目地が通らない。石材正面は平らな自然面と割面混在である。熊本城石垣四期：慶長十六年～元和年間（一六一一―二四）頃の石垣は小天守石垣などで確認することができる。隅角部が算木積みで、築石部はサイズ不統一の方形石材を用い、築石数石分で横方向に目地が通る。石材正面は割面主体となる。熊本城石垣五期：寛永二（一六二五）～九年頃の石垣はいわゆる「二様の石垣」の新石垣などで確認することができる。隅角部は算木積みで、築石部がサイズ統一の方形石材が用いられ、石垣面全体で目地が通る。石材正面は割面主体となる。加藤清正死去直前から息子忠広によって築かれた石垣である。熊本城石垣六期：寛永九～明治四年頃に築かれた石垣で加藤家の次に城主とな

●—熊本城石垣１期　古城石垣（南面）（熊本城総合事務所提供）

●—熊本城石垣２期　大天守石垣（西面）（熊本城総合事務所提供）

●—熊本城石垣４期　小天守石垣（西面）（熊本城総合事務所提供）

●—熊本城石垣５期　二様の石垣新石垣（南面）（熊本城総合事務所提供）

●—宇土櫓（北西から）（熊本城総合事務所提供）

る細川家によるものである。熊本城石垣七期：近代に築かれた石垣で旧日本陸軍によるものである。

【重要文化財建造物】 熊本城には宇土櫓・田子櫓・七間櫓・十四間櫓・四間櫓・源之進櫓・東十八間櫓・北十八間櫓・五間櫓・不開門・平櫓・長塀・監物櫓があり、櫓一一棟、櫓門一棟および長塀の計一三棟の国指定重要文化財建造物が存在する。二の丸地区に位置する監物櫓以外は本丸地区に位置する。

【平成二十八年熊本地震の被害】 平成二十八年（二〇一六）四月十四日、十六日に最大震度七の地震が二度にわたって熊本地方を襲った。熊本城は国指定重要文化財建造物一三棟すべてが被災し、石垣が五〇ヵ所で崩落、地盤の沈下・地割れは七〇ヵ所におよぶ甚大な被害を受けた。もっとも大きな被害を受けたのが石垣である。熊本城の石垣全体の約一割が崩落し、約三割の石垣で膨らみなどの変状が確認された。被害を受けた石垣は過去に修理された箇所であることを確認している。現在は平成三十年三月に策定した「熊本城復旧基本計画」に基づき、復旧を進めている。

●—天守閣周辺被害状況（北東から）（熊本城総合事務所提供）

【天守閣の復旧】 「熊本城復旧基本計画」では基本方針として、平成二十八年熊本地震からの復興のシンボルである天守閣の早期復旧を掲げており、平成二十九年四月に復旧工事が本格化し、建物と石垣の復旧が同時進行で進められた。大天守外面石垣には地震による大きな損傷はみられない。昭和

●—天守閣復旧状況（北東から）（熊本城総合事務所提供）

三十五年の天守再建時に築かれた出口の外側石垣は崩落している。大天守穴蔵石垣は北・東・南面で崩落し、西面も大きく変状していた。大天守穴蔵石垣は明治二十二年の熊本地震でも大きな被害を受け、現在地上に露出している大部分は積み直しされている。小天守石垣は西・東面の外面石垣で小規模であるが崩落がみられる。特に東・北面の変状は大きい。小天守穴蔵石垣もほとんどが崩落している。小天守穴蔵石垣も明治二十二年の熊本地震で大きな被害を受けて積み直している箇所が広範囲に広がる。大天守・小天守の石垣において、地震被害を大きくしている原因の一つが明治十年西南戦争直前の火災である。この火災で本丸御

●—百間石垣崩落状況（北東から）（熊本城総合事務所提供）

●—特別見学通路から天守閣を望む（南から）（熊本城総合事務所提供）

殿、大天守、小天守などの建造物が焼失し、石垣も焼損した。焼損により石材が剥離、破断している石材が多い。復旧工事の中で、発掘調査や石垣解体調査などを行い、その成果を石垣の積み直しに反映させた。崩落した石材についても過去の写真などを頼りにできる限り被災前の位置へと積み直した。焼損した石材についても西南戦争という歴史の証拠であることから補修して使用することとした。そして、令和元年（二〇一九）六月に石垣の積み直しが完了した。

天守閣は外観を被災前の状態に復旧する一方で、地震の教訓を踏まえて制振ダンパーやブレース設置などによる耐震補強・安全対策を行い、将来の災害にも備えた。さらにエレベーターの設置などバリアフリー化にも取り組み、誰もが最上階からの眺めを楽しむことができるようになった。さらに展示・内装の刷新にも取り組んだ。令和三年六月より公開を開始した。

【復旧過程の公開】 熊本城の復旧は長期にわたるため、震災からの「復旧」と安全な「公開」の両立を可能とする特別見学通路を建設した。特別見学通路は空中回廊とすることで、被害状況や今後城内で進む石垣や建造物の復旧過程を安全に見学しながら通行できるのはもちろん、通路下を重機や車両が通ることができるようになる。特別見学通路は令和二年六月より公開が開始された。約六メートルの高さから城内を見学できるという今までにない新たな視点が生まれた。熊本城の復旧後は解体する予定のため、見学通路上から熊本城を眺めることができるのは復旧期間中だけである。

【参考文献】熊本市『特別史跡熊本城跡保存活用計画』（二〇一八）、熊本市『特別史跡熊本城跡総括報告書調査研究編』（二〇二〇）、熊本市／熊本日日新聞社『復興熊本城　Ｖｏｌ・四　天守復興編Ⅲ　令和二年度上半期まで』（二〇二〇）、熊本市／熊本日日新聞社『復興熊本城　Ｖｏｌ・五　長塀編　令和３年度上半期まで』（二〇二一）

（嘉村哲也）

お城アラカルト

加藤清正の町づくり

嘉村哲也

加藤清正入国直後の隈本城（古城）では井芹（いせり）川を西に付け替え、古町南端に石塘（堤防）を設けて白川と分離し薩摩街道としていた。慶長四年（一五九九）の新城築城後に町屋が拡大して新町ができ、さらに慶長十二年頃には本丸の完成に至ったが、すぐ南では白川の蛇行が城下を分断しており、洪水が起こる危険性もあった。蛇行していた白川は、慶長十五年までに河川改修をして直線化し、外堀の役目を果たし、旧流路の大部分が埋め立てられて城下に取り込まれ、一部は坪井川となって内堀の役目を果たした。清正の死後、息子・忠広に引き継がれた。この一大土木事業による町づくりが、現在の熊本市街地の原型となっている。

平成二十八年（二〇一六）熊本地震以降に被災した石垣、建造物復旧設計の資料採取のための地質調査を数多く行っており、表層の盛土の下に旧河川堆積物が確認され、地質調査成果からも白川の流路が蛇行していたことを示す。

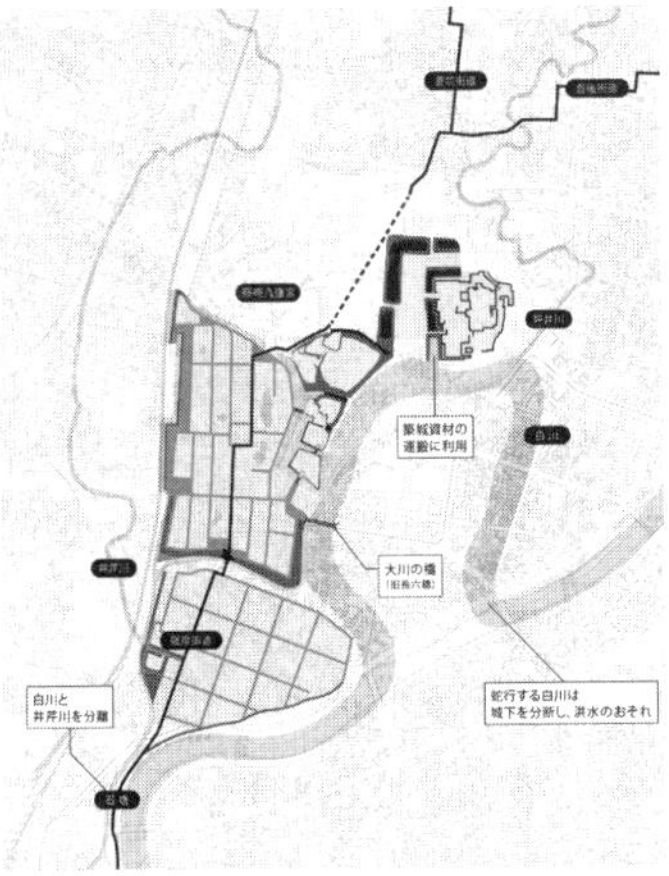

【参考文献】『復興熊本城』別冊天守閣完全復旧記念熊本城天守閣常設展示図録（熊本市／熊本日日新聞社、二〇二〇）

●—慶長 10 ～ 12 年（1605 ～ 07）頃
※平成 26 年成作，熊本市全図 1：10,000 に作図）

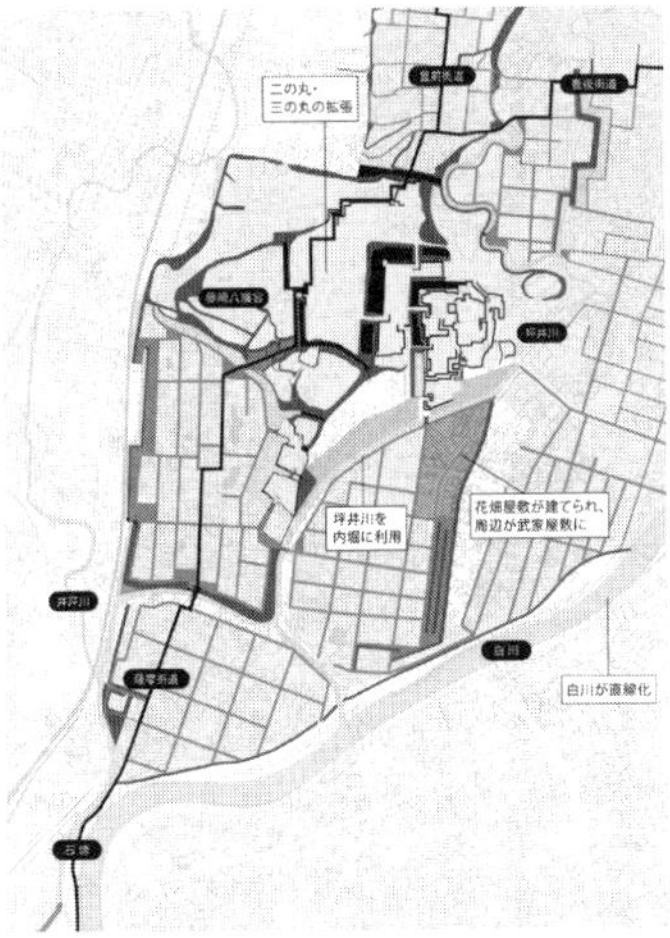

●—慶長 15 ～ 17 年（1610 ～ 12）頃
※平成 26 年成作，熊本市全図 1：10,000 に作図）

●発掘調査で判明した宇土氏・名和氏の拠点

中世宇土城（ちゅうせいうとじょう）

〔国史跡〕

〔所在地〕宇土市神馬町
〔比　高〕約三五メートル
〔分　類〕平山城
〔年　代〕一四〜一六世紀
〔城　主〕宇土氏、名和氏
〔交通アクセス〕ＪＲ鹿児島本線「宇土駅」下車、徒歩二五分。または、九州自動車道「松橋ＩＣ」から車で二〇分。

宇土駅
JR三角線
57
宇土市役所
JR鹿児島本線
中世宇土城
297
0
1000m

【中世宇土城主・宇土氏と名和氏】　中世宇土城跡は、中世における宇土郡の在地領主であった宇土氏や名和氏が地域支配の本拠とした平山城である。宇土市街地から南西へ約一キロに位置しており、本城跡から東へ三〇〇メートル離れた低台地上には、キリシタン大名小西行長（こにしゆきなが）が築城した近世宇土城跡がある。宇土半島基部は古くから交通の要衝であり、戦国期には中世宇土城を中心に各地の拠点をつなぐ重要な道が存在していた。

宇土氏は守護菊池氏の一族とされる在地領主で、宇土を本拠として宇土郡一帯を知行した。宇土荘の根本領主ないし荘官に出自を持つと考えられる。史料上に初めて現れるのは、宇土荘を本拠とした宇土高俊（たかとし）で、正平三年（一三四八）、征西将軍懐良（かねなが）親王を宇土に迎え入れており、南朝方として活動した人物であった。

南北朝の合一後も宇土氏は引き続き本拠を維持したとみられるが、一五世紀後半以降、宇土氏をめぐる情勢は大きく変化した。有力国人領主であった宇土為光（ためみつ）は、菊池氏全盛期の肥後・筑後守護の菊池持朝（もちとも）の子で、宇土忠豊の養子となって宇土氏の家督を継承した。当時の肥後国内においてその政治的位置は高く、文亀元年（一五〇一）、菊池氏直轄領家臣団の内紛に伴って失脚した菊池能運（よしかず）に変わり、菊池氏重臣らの推戴により数年にわたって守護の地位にあった。ところが、同三年、相良（さがら）氏や阿蘇氏らの協力を得た能運は、為光とその一族を殺害。これによって宇土氏は滅亡した。

●―空から見た中世宇土城（宇土市教育委員会提供）

その後、宇土城に入ったのは名和顕忠である。名和氏は代々伯耆国長田邑（鳥取県西部）を領した有力武家であり、名和氏と肥後とのつながりは鎌倉幕府滅亡の際の勲功として名和義高が八代荘の地頭職を拝領したことに始まる。正平十三年（一三五八）、義高の甥である名和顕興は、名和氏一族の本国での劣勢を背景に八代へ移住し、南朝方として活動した。以後、八代を中心として南北に勢力をおよぼしたが、文亀四年、名和顕忠は本拠地である古麓城（八代市）を菊池氏や相良氏によって追われ、最終的には宇土氏滅亡後の中世宇土城に入ることとなった。

顕忠が宇土城を本拠としてからも八代の相良氏との間に争いが絶えず、相良領と名和領の境目である豊福領（宇城市松橋町）をめぐり幾度となく領土紛争を繰り広げたことが、相良氏が八代に進出していた期間の記録史料である『八代日記』から知ることができる。豊福領の帰属は、長享元年（一四八七）から永禄八年（一五六五）まで、八〇年足らずの間に名和氏と相良氏との間で九回も入れ替わっており、その攻防の激しさをうかがわせる。豊福は、名和氏の宇土、阿蘇氏の益城、相良氏の八代と三つの郡の境目に位置するとともに、隈本から宇土・八代を経て葦北・薩摩へと通じる道沿いにあって海にも近く、交通と流通の要衝だったことが当地をめぐる争奪の背景と考えられる。

名和顕孝が当主であった天正十五年（一五八七）、豊臣秀吉の九州平定によって宇土城は豊臣軍の攻撃を受け、顕孝は城を明け渡した。同年発生した肥後国衆一揆の後、秀吉は顕孝を筑前小早川領内に召し抱えるよう小早川隆景に指示し、これによって名和氏と宇土との関係は断たれた。

国衆一揆翌年の天正十六年、小西行長は、肥後南半部（益城・宇土・八代・天草の四郡）の領主として入国。その翌年には、新城の築城（近世宇土城）に着手していることから、旧城（中世宇土城）は、新城の完成までに廃城となったと考えられている。

【中世宇土城跡の立地と縄張】 熊本県中部から天草諸島に向けてのびる宇土半島の基部地域に位置し、熊本平野南部の通称「西岡台」と呼ばれる独立丘陵（標高約三九メートル、東西約七五〇メートル、南北約四〇〇メートル）に立地している。西岡台頂上部からは熊本平野を一望することができ、大変眺望に優れているが、古くから宇土における支配者層の地域支配や統治の拠点として極めて重要な場所であったことがうかがえる。

このことを如実に示すように、城の主郭部分に大規模な壕を巡らせた九州最大級の古墳時代首長居館が存在したことが発掘調査で判明している。一方、眼下の低台地上には同時期の一般民衆の集落が展開しており、当時の階層社会を居住地の立地によって示すかのような光景が広がっていた。古墳時代に支配者層の拠点として機能していた場所が、約一〇〇〇年後に再び地域の統治拠点として重要な役割を果たすことになるのである。

中世宇土城跡の主たる曲輪は、西岡台頂部の東西に並んだ二つの高位部に所在する。東側の曲輪（標高約三八メートル）は「センジョウジキ」（千畳敷）と呼ばれており、城郭遺構の密集度やそのあり方から主郭に位置付けられる。曲輪の規模は、東西約五〇メートル、南北約六五メートルで東側に虎口があり、曲輪の周囲を人工的に削って急峻な地形（切岸）を造り出している。これに加えて横堀（約二三〇メートル）が囲繞しているが、地山整形の土橋によって虎口から曲輪へと出入りしていたことが発掘調査で確認されている。千畳敷周辺には帯曲輪と切岸が階段状に連続配置されるが、千畳敷北半部ではこの連続する帯曲輪と切岸を分断するような状態で放射状に延びる竪堀が存在したことが発掘調査で明らかとなった。

一方、西側の曲輪は「サンノジョウ」（三城）と呼ばれ、標高約三九メートル、東西約六五メートル、南北約三五メートルの規模がある。千畳敷と同様に曲輪周囲を削って急峻な地形を造り出すものの、周囲を囲繞する横堀や竪堀は確認されておらず、三城と直下の帯曲輪の高低差も千畳敷ほどではない。三城の周囲も千畳敷と同様に、切岸や帯曲輪を階段状に連続配置して防御性を高めている。

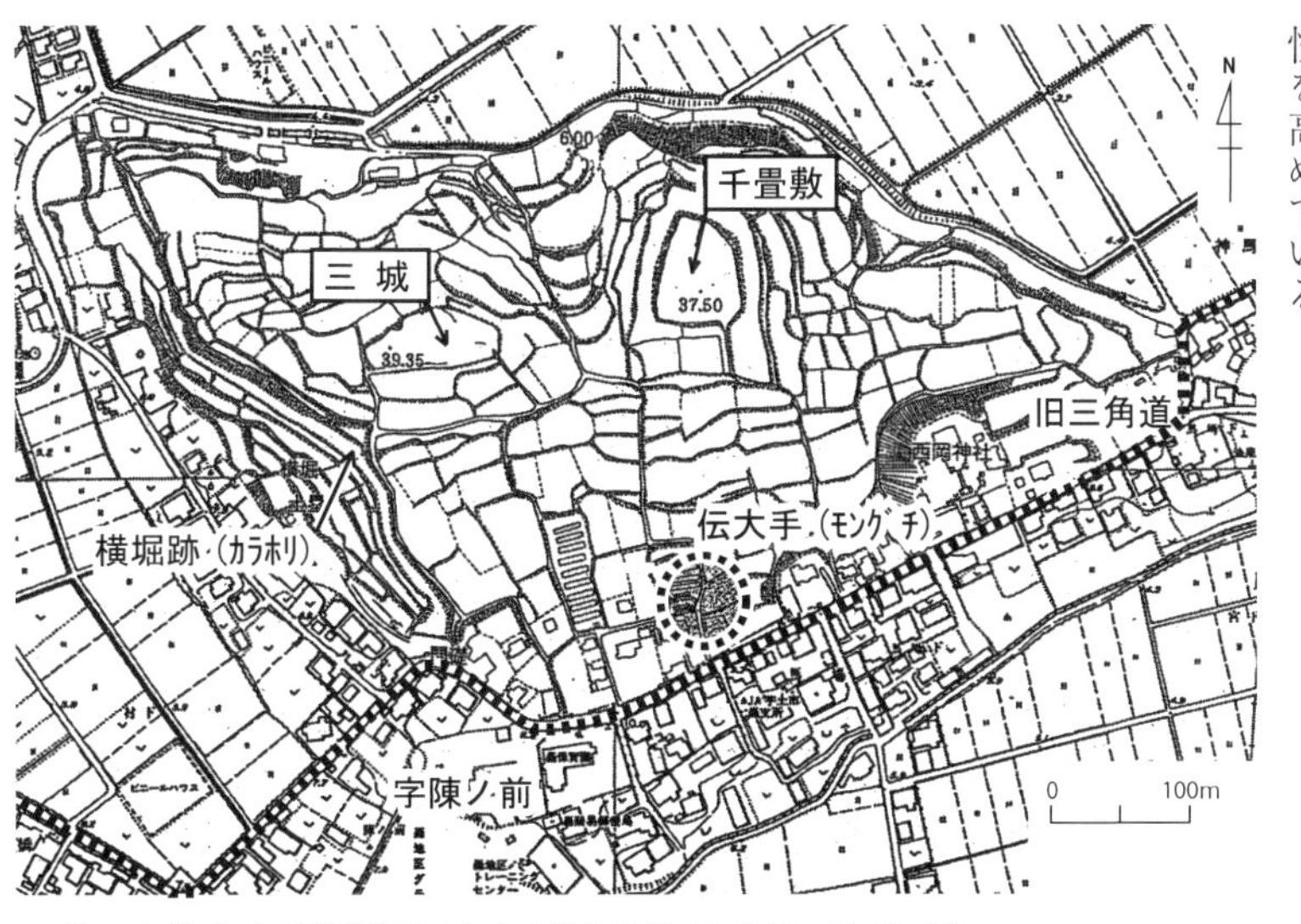

●—中世宇土城縄張図（宇土市教育委員会作成図に筆者加筆）

西岡台の西側には、南北方向に配置された大型の横堀と土塁（どるい）が残存している。この堀は地元で「カラホリ」と呼ばれており、現況規模は長さ約三一〇メートル、幅約一〇～一五メートル、深さ約五～七メートルであるが、近年の発掘調査の結果、土砂によって二～三メートル程度埋没していることや、さらに北側に延びる可能性が高いことが判明している。また、カラホリ南端付近の発掘調査で、堀底に側溝と門礎とみられる巨石が出土しているが、この地点は中世以来の古道「三角道（みすみみち）」と交わることから、平時には堀底道として機能した可能性がある。

西岡台の北側は急峻な斜面であるのに対し、南側は傾斜が比較的緩やかであり、広い平場と大きな切岸が階段状に連続する地形をなしている。麓には上述した三角道が東西方向に延びており、千畳敷や三城と三角道を結ぶルート上には、地元で「モングチ」と呼ばれる場所があり、中世宇土城の大手と伝えられている。また、西岡台南西麓には陳ノ前遺跡（弥生時代～中世）がある。「ジンノマエ」（陳ノ前）という字名からも城に関連した遺跡であろう。

このように、西岡台南側や麓一帯は、地形や字名、中世遺跡が存在することから、宇土氏や名和氏の一族や家臣団の居住地がこの付近に存在した可能性が高く、領主居館の有力な候補地にもあげられる。なお、上述したカラホリは、東側に隣接する曲輪（三城）だけでなく、西岡台南側一帯の守りを意識したかのように配置されており、いわゆる「惣構え」的なあり方を示している。

【中世宇土城跡の発掘調査】 計二九次（令和三年〈二〇二一〉現在）にわたる発掘調査の結果、掘立柱建物跡、城門跡、柵列跡、虎口跡、横堀跡、竪堀跡など、数多くの遺構が確認されるとともに、中世の土器・陶磁器を中心とする遺物が大量に出土した。

千畳敷とその周辺では、一四世紀から一六世紀に比定される多数の掘立柱建物跡が重複した状態で検出されている。虎口は平面形が「L」の字形で、人々の往来によって生じたとみられる路面の硬化や城門跡が確認されている。さらに、虎口付近からは、城の生命を断ち切る際に行われる儀礼的行為「城破り」に用いられたとみられる五輪塔や宝篋印塔などの石塔残欠が大量に出土した。おそらく西岡台周辺の墓地から城破りを目的に運ばれて、虎口付近に投棄されたと推測される。

千畳敷の横堀跡では、堀普請の途中で中止されたために残ったとみられる掘削単位「小間割り」の痕跡を確認した。本遺構の出土遺物の下限は、おおむね一六世紀後半から同末頃であることから、横堀はこの頃に普請を開始したものの途中で中止され、まもなく廃城となった可能性が高い。また、千畳敷周辺では複数の竪堀跡および竪堀状遺構を検出したが、これらは面的に連続する竪堀が配置される「畝状竪堀群」とは様相が異なる。なかでも千畳敷北東側と北西側の竪堀は幅約一〇メートルと大型で、千畳敷の横堀と比較して約二倍の規模がある。

三城とその周辺の発掘調査では、掘立柱建物跡、門跡、道路跡、柵跡などが検出されている。ただし、三城の掘立柱建物群の密集度は、千畳敷にくらべて顕著ではない。三城への出入口付近には柵を伴う城門跡と南方面に延びる道路跡が検出されているが、この道は西岡台南側に存在したとみられる領主や家臣団などの居住地へと通じていたと考えられる。

千畳敷や三城などで出土した主な遺物として、大量の土師質土器（かわらけ）や擂鉢・火鉢などの瓦質土器、備前焼・瀬戸焼などの国産陶器、中国製の白磁・青磁・染付や華南三彩、タイや朝鮮半島製の陶磁器などで、おおむね一三〜一六世紀代のものである。

千畳敷周辺の調査では、かわらけが大量に出土しており、実に出土品の九〇％以上の割合を占める。かわらけは、饗宴の場で使用された盃や食前具であることから、当主が来客との接見やさまざまな武家儀式を執り行うための主殿的な建物が千畳敷に存在した可能性を示す。さらに千畳敷では全国的にも出土例が少ない金箔を施したかわらけが出土しているが、これは正月や元服などの特別な儀式に使用されたと考えられており、当時の京都を中心とした武家儀礼が地方まで浸透していたことを示しているといえよう。

また、貿易陶磁器のうち、白磁については景徳鎮窯系や福建産などの中国製が大半であるが、李朝白磁が少ないながらも出土している。また、青磁は龍泉窯系が九割以上を占めるが、同安窯系青磁がわずかに出土しており、時期は一三～一六世紀代と比較的年代幅がある。染付は一五世紀後半から一六世紀代が中心であり、景徳鎮窯系が約九割を占めるが、一六世紀後半頃の福建省漳州窯系染付も若干出土している。

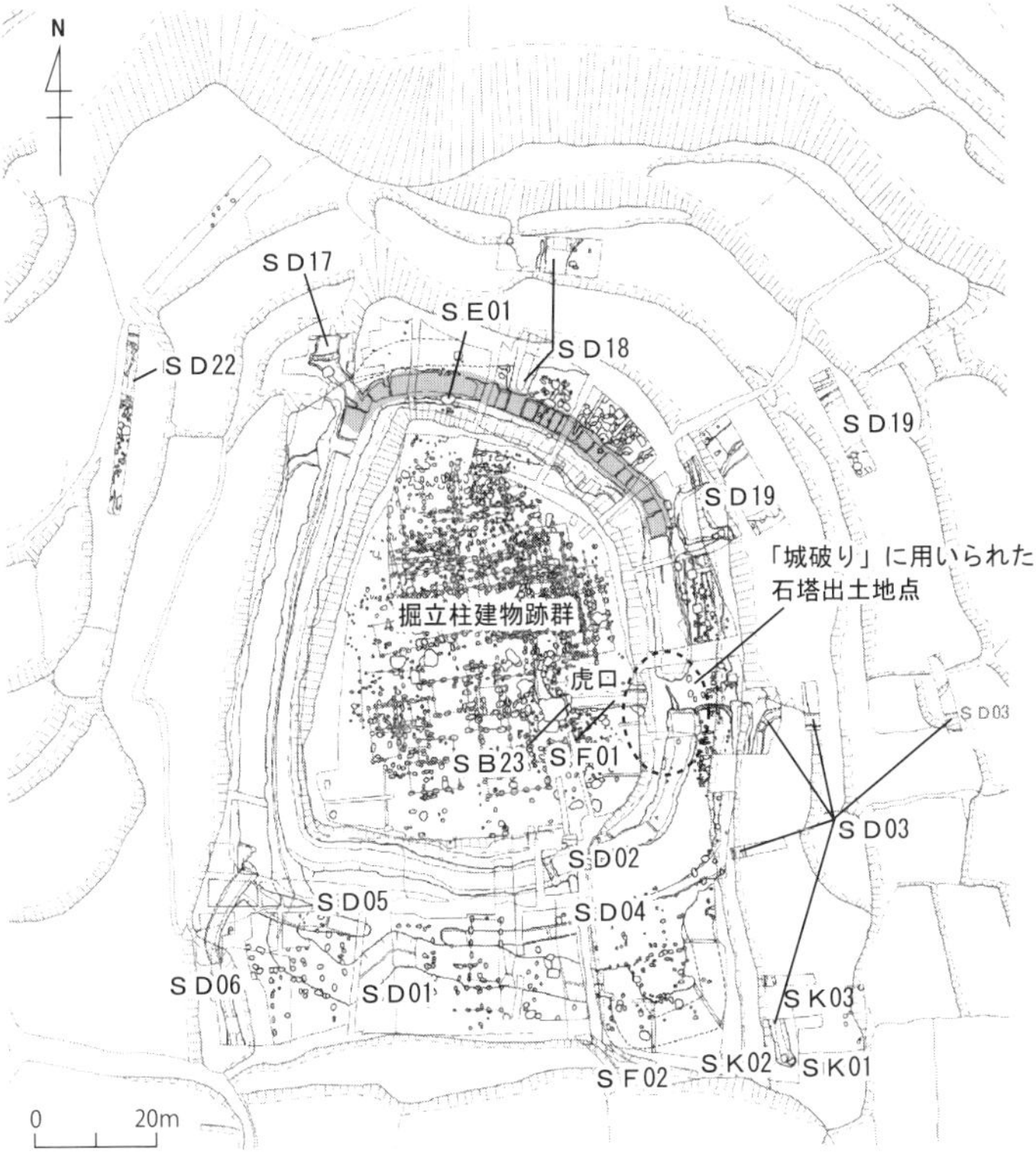

【古墳時代】壕跡：ＳＤ01（首長居館を囲む）
【中　　世】城門跡：ＳＢ23
横堀跡：ＳＤ02～ＳＤ06　※ＳＤ03は竪堀としても機能（千畳敷東側）
竪堀跡および竪堀状遺構：ＳＤ17～ＳＤ19・ＳＤ22
井戸跡：ＳＥ01
土坑墓：ＳＫ01～ＳＫ03
通路跡：ＳＦ01～ＳＦ02

●―千畳敷遺跡配置図（宇土市教育委員会作成図に筆者加筆）
※アミ掛け部分は千畳敷を囲む横堀の未完成区間。

【未完成の堀と城破りは何を物語るか】　中世宇土城跡の発掘調査で特に重要な発見は、千畳敷の横堀が未完成であったこと、虎口周辺で「城破り」の痕跡を確認したことの二点である。いずれも城の末期から廃城までの状況を示す痕跡であり、その歴史的評価については、当時の政治情勢から次のように考えることができる。

●―千畳敷虎口付近で大量に出土した石塔（宇土市教育委員会提供）

まず、千畳敷を囲む横堀の普請が未完となった理由は、九州平定に対する急場の備えとして掘削されたものの完成までいたらず、名和顕孝が豊臣方に城を明け渡した結果とみるのが妥当であろう。出土遺物の年代からもこの点は裏付けられる。

また、城破りについては、使用された石塔の出土部位ごとの数量差が顕著な点に注目したい。出土した大量の五輪塔のうち、空風輪（くうふうりん）が五割を超えるのに対し、地輪（ちりん）は一割にも満たず、明らかに割合に差がある。これに対し、小西行長が築城した近世宇土城では、石塁などの城郭施設に地輪が大量に使用されている点は示唆的である。城破りの実施主体者は、名和顕孝に代わって新たに領主となった小西行長の可能性が高く、新城の築城に伴い、当時の城破りの作法に基づき西岡台の旧城を廃城にしたのではなかろうか。石材として利用価値が高い地輪は城破りに使用せず、新城普請用の石材として転用したと想定できるのである。

このように、中世宇土城跡は、九州平定を経て近世へと時代が移り変わる様子が総合的にパッケージされており、肥後における戦国末期から近世初頭頃の目まぐるしい政治的・社会的動向を理解するうえで重要な城郭と評価できよう。

なお、現在も史跡整備事業が継続されており、発掘調査で確認された城門や堀、建物跡などの遺構が整備されるとともに、案内・解説サインが設置され、城の歴史や発掘調査の成果などを現地で知ることができる。

【参考文献】宇土市教育委員会『宇土城跡（西岡台）』本文編　宇土市埋蔵文化財調査報告書第一集（一九七七）、宇土市教育委員会『宇土城跡（西岡台）』Ⅸ　宇土市埋蔵文化財調査報告書第二九集（二〇〇七）、宇土市教育委員会『宇土城跡（西岡台）』Ⅹ　宇土市埋蔵文化財調査報告書第三一集（二〇〇九）

（藤本貴仁）

近世宇土城（きんせいうとじょう）〔宇土市史跡〕

●小西行長が築城、加藤清正が改修

〔所在地〕宇土市古城町
〔比高〕約一五メートル
〔分類〕平城
〔年代〕一六世紀末～一七世紀初頭
〔城主〕小西行長、加藤清正
〔交通アクセス〕JR鹿児島本線「宇土駅」下車、徒歩二〇分。または、九州自動車道「松橋IC」から車で二〇分。

【近世宇土城跡の歴史】　キリシタン大名小西行長（こにしゆきなが）は、永禄元年（一五五八）に大坂の堺の豪商小西隆佐（りゅうさ）の子として京都で生まれ、豊臣秀吉の側近として水軍を率いて活動した。肥後国衆一揆後の天正十六年（一五八八）、宇土・益城・八代等の肥後南半部（約一四万五〇〇〇石）の領主として宇土に本拠をおいた。入国翌年に近世宇土城の築城を開始したとされ、城下の整備にも着手するとともに、麦島城（八代市）や愛藤寺城（矢部城、上益城郡山都町）など、各地域に拠点となる城郭を築いて城代を置いた。その間、文禄・慶長の役（一五九二～九八）で先鋒として二度にわたり朝鮮に侵攻した。慶長五年（一六〇〇）、西軍に属した行長は関ヶ原合戦で敗れ、京都六条河原で処刑された。

一方、西軍に属する大友氏攻めのため豊後国に向かっていた加藤清正（きよまさ）は、阿蘇で大友氏敗戦の報を受けた後、宇土へ軍勢を進めた。行長の弟・小西行景（ゆきかげ）をはじめとする軍勢は宇土城に籠城したが、約一ヵ月後に落城。行景は自身の命と引きかえに家臣の助命を求め、清正はこれを許諾。後に行景は切腹した。

行長旧領を引き継いだ清正は、宇土城に並河金右衛門、続いて中川太郎平を城代に置き、自身の隠居所とするために大規模な改修を行ったが、慶長十六年に死去。翌年には、宇土城は幕命により破却され、寛永十四年（一六三七）の島原の乱後にも徹底的に破壊された。

【立地と縄張】　本城跡は、宇土市中心部から南へ約一キロに位

●―近世宇土城跡航空写真（昭和30年代撮影写真に筆者加筆，宇土市教育委員会提供）

置する。城跡最高位（標高約一六メートル）の低台地に幅約二〇メートルの内堀で囲まれた本丸があり、この内堀を隔てて本丸西側に二ノ丸、同南側に三ノ丸がそれぞれ配置される。これらを幅約三〇～四〇メートルの大規模な外堀が取り囲む求心的で堅固な縄張で、城域は東西約五五〇メートル、南北約五〇〇メートルにおよぶ。また、かつて二ノ丸の北側は「瓢箪渕（ひょうたんぶち）」と呼ばれる船入が存在したとされ、そこから緑川へと通じる運河があったと伝えられている。

本丸北側の古城町字塩田付近や城から西へ五〇〇メートルほど離れた神馬町字馬場下付近には、家臣団屋敷が形成され、特に塩田家臣団屋敷は、個々の屋敷地が碁盤の目状に溝で仕切られて整然と区画されて

●―本丸西側の石垣（宇土市教育委員会提供）

いたことが、明治期地籍図の分析や発掘調査の成果で明らかとなった。南北に延びる数条の道路間の距離は約七二メートルであり、四〇間単位で計画的に区画されていたことをうかがわせる。

本丸や内堀の発掘調査の結果、大量の瓦や国産および中国製の陶磁器などが出土した。また、小西時代と加藤時代に普請されたとみられる二時期の遺構の重複が確認され、本丸の

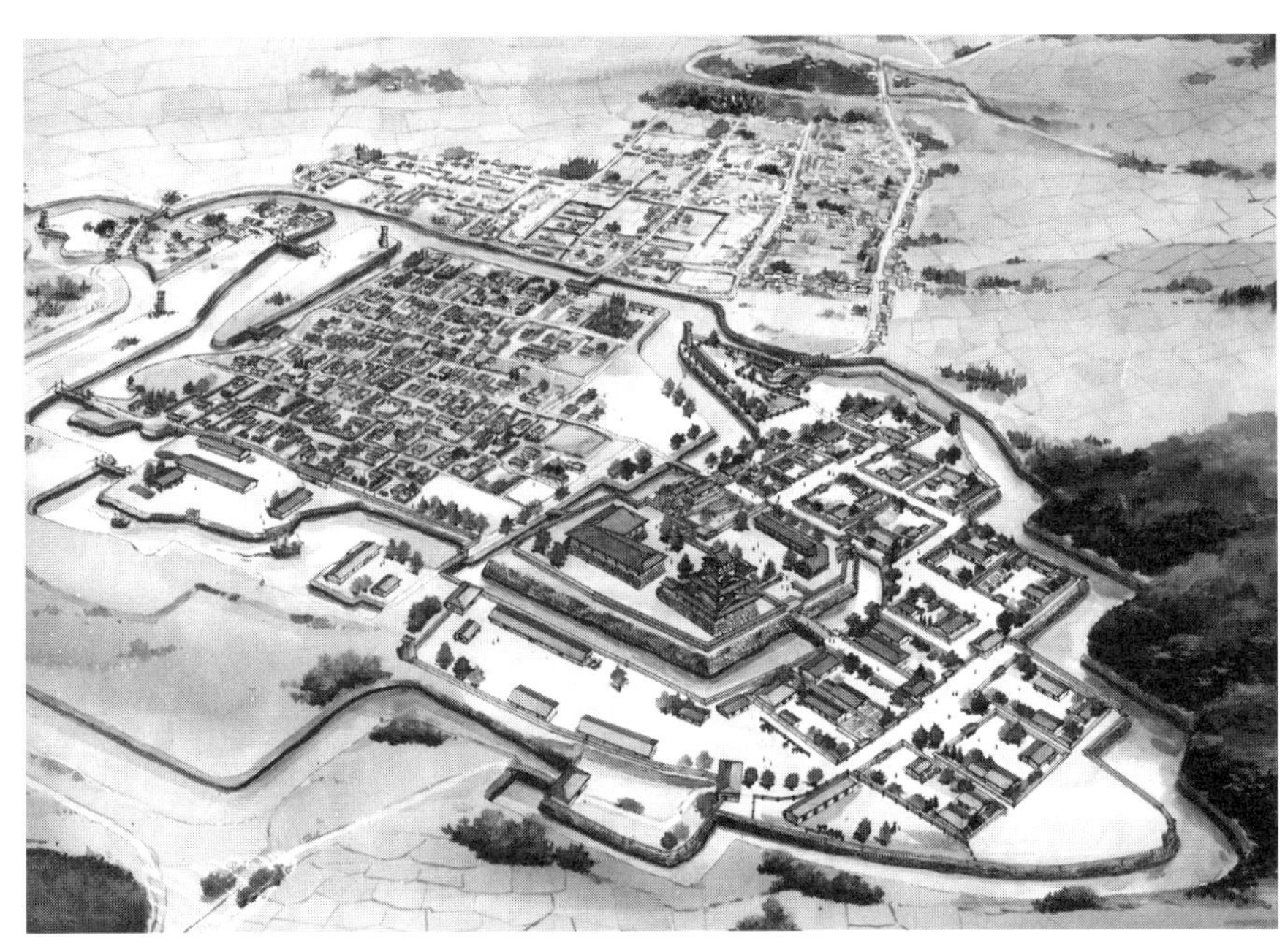

●―近世宇土城と城下の想像図（宇土市教育委員会提供）

小西時代の城郭遺構は加藤時代の改修に伴う盛土や石垣によって完全に埋めこまれたことが判明した（宇土市教育委員会 一九八五）。本丸の一部で確認できる打込みハギの石垣は、加藤時代の改修に伴うものである。なお、小西行長の銅像が建つ本丸は現在公園化されており、二ノ丸は墓地、三ノ丸は県立宇土高等学校や住宅用地となっている。

【近世城下町の出現】 宇土を本拠とした小西行長は、宇土城の築城だけではなく、城下の整備も併せて実施したとみられる。現在、宇土市街地がある城の北東側の本町筋や新町筋などの幹線道間の距離は約一一〇メートルであることから、一町（約一〇八メートル）を基準として町割りが計画的に実施されていたことがうかがわれる。城下の東に位置し、水運の要衝と考えられる宇土川（船場川）を改修するとともに、宇土川沿いには、宇土城や城下を守るための外構として石ノ瀬城を配置しており、城下の整備においても極めて高い計画性がうかがえる。このような状況から、行長入国後の宇土の地において、大名の権力が貫徹し、身分秩序を具現化した近世城下町が短期間のうちに出現したと評価できる。

【参考文献】 宇土市教育委員会『宇土城跡（城山）』（宇土市埋蔵文化財調査報告書第一〇集、一九八五）、藤本貴仁「宇土城（近世）」『定本熊本城』（郷土出版社、二〇〇八）

（藤本貴仁）

●名和氏・相良氏の係争地に立地

豊福城

〔宇城市史跡〕

〔所在地〕宇城市松橋町豊福
〔比　高〕約一〇メートル
〔分　類〕平城
〔年　代〕一六世紀
〔城　主〕名和氏、相良氏、小西氏
〔交通アクセス〕ＪＲ鹿児島本線「松橋駅」徒歩五〇分。または、九州自動車道「松橋ＩＣ」から車で一〇分。

【豊福城跡の立地と歴史】　豊福城跡は、宇城市街地から南東へ約三キロの段丘上（標高約一五メートル）に立地する。豊福は宇土・益城・八代三郡の境目にあたり、薩摩街道沿いで海にも近く、古くから交通の要衝であった。戦国期には、当該地域の知行をめぐって、宇土を拠点とした名和氏と八代に進出・拠点とした相良氏が領土紛争を繰り広げ、長享元年（一四八七）から永禄八年（一五六五）までの約八〇年間、名和氏と相良氏との間でその帰属が九回も入れ替わった。このことは、両者の領域支配にとって当地が極めて重要な場所であったことを如実に示している。

豊福における中世城郭の文献史料上の初見は、『八代日記』大永七年（一五二七）四月二十四日条の「相良刑部大輔方豊福下城」という記事で（稲葉 二〇〇七）、この頃には城が確実に存在していたことがわかる。天正九年（一五八一）の相良氏の島津氏服属後も豊福城は機能しており、天正十一年以降の阿蘇氏との合戦において島津方の宿として使用されたという（『上井覚兼日記』）。

【豊福城跡の縄張】　本城跡は標高約一〇メートル前後の平野部に位置しており、推定規模は東西約二七〇メートル、南北約三五〇メートルである。主郭の平面形は、東西に長い長方形状で、東西約五〇メートル、南北約二五メートルの規模を有し、南側を除く三方は幅約二〇～三〇メートルの内堀が配置されている。昭和四十九年（一九七四）のゲートボール場整備による主郭の地形改変で多量の遺物が出土したという。主郭南側には本丸の倍ほどの広さの曲輪が位置し、主郭を囲む内堀北側には、東西約一九〇メートル、南北約一七〇メートルの外郭が存在する。これらを幅約三〇～四〇メートルの外堀が全周する堅固な構造である。なお、詳細不明であるが、城にはかつて石垣が存在したとされ、付近の干拓築堤に石垣の石材が利用されたという。

●—豊福城跡縄張図（出典：鶴嶋俊彦 2005）

【小西行長による築城か】　豊福城跡の南東約一キロには、竹崎城跡（標高七五メートル）があり、発掘調査で土師質土器（かわらけ）、瓦質土器、中国製陶磁器（青磁・白磁・染付）などが出土した。また、豊福城跡の東約五〇〇メートルの長伝寺山は、宅地造成で地形が改変されているが、以前は標高四八メートルの眺望に優れた高台で、頂部は一〇〇×三〇〇メートル程度の平坦地が存在した。その西側斜面にある相良氏ゆかりの長伝寺跡には、相良義滋と相良晴廣の供養塔などの石塔群があり、周辺斜面にも竪堀とみられる遺構が残存している。

これらの城跡について分析した鶴嶋俊彦は、竹崎城跡を初段階の豊福城とし、続いて天文四年（一五三五）に相良氏による長伝寺山における新城の普請を想定した（鶴嶋　二〇〇五）。また、豊福城は平野部の海岸近くに立地しており、大規模な堀で防御された城の構造は、相良・名和・島津の築城技術には認められないことや、近世宇土城の縄張との類似から、文献記録は未見であるが、小西行長により築城された織豊系城郭の可能性を指摘している。

【参考文献】鶴嶋俊彦「戦国相良氏の八代支配と城郭形成」『ひとよし歴史研究』第八号（人吉市教育委員会・人吉市文化財保護委員会、二〇〇五）、稲葉継陽「室町・戦国期の宇土」『新宇土市史』通史編第二巻（宇土市、二〇〇七）

（藤本貴仁）

●肥後国で突出した規模を持つ中世城

陣ノ内城

〔国史跡〕

〔所在地〕甲佐町大字豊内字陳ノ内ほか
〔比　高〕六四メートル
〔分　類〕平山城
〔年　代〕一七世紀前半以前
〔城　主〕小西行長
〔交通アクセス〕甲佐町役場から徒歩四〇分。

【陣ノ内館跡から陣ノ内城跡へ】　昭和五十三年（一九七八）に熊本県教育委員会より中世城郭の悉皆調査報告書が刊行された。それ以来、本遺跡は現地に堀や土塁などが良好に残ることが注目され、昭和五十五年に江戸時代の文献史料から阿蘇大宮司の館跡である「陣ノ内館跡」として初の甲佐町指定文化財になった。その後、甲佐町が平成十四年（二〇〇二）から継続的に発掘調査や関連史料調査などを実施した結果、遺跡は阿蘇氏の拠点が置かれた場所に築城された織豊系城郭であることが明らかになった。そこで、令和元年（二〇一九）度より遺跡の名称を「陣ノ内館跡」から「陣ノ内城跡」に変更した。

【陣ノ内城跡の構造】　陣ノ内城跡は甲佐岳から延びる尾根の先端部にある標高一〇〇メートルの平坦地上に立地しており、麓との比高は六四メートルである。

現在の陣ノ内城跡は、約一・九ヘクタールの平坦地の東側と北側を堀と堀の内側に沿った土塁が方形に区画している。堀は直線を基調として東端で直角に折れ、北端では鉤型に折れている。その規模は長さ四〇〇メートルを超え、最大幅は二〇メートル、深さは五メートルの巨大なものである。その内側に沿った土塁の規模は長さ二七〇メートルを超え、幅は一五～三〇メートル、平坦面からの比高は五メートルになる。この土塁は「あげつち」と呼ばれており、堀を掘った時の土砂を積み上げて造られたことが発掘調査によってわかっている。

一方、発掘調査の結果、平坦部の南側と西側で埋没していた堀や土塁、虎口（こぐち）などがみつかっている。なお、これらの遺構は現在すべて埋め戻されている。

堀は直線を基調として西隅で直角に折れて、南側中央でも北側に屈曲していた。この堀は現在みられる東側と北側の堀にはつながっていない。堀の規模は長さ二七五メートル、最大幅八・五メートル、深さ二・七メートルであった。堀の内側にも土塁が造られていたが、一九世紀以降にこの土塁を崩して南側と西側の堀を埋め立てたことがわかっている。そして、堀と土塁がつながらない北西と南東は虎口と考えられ、「きどまる」の地名が残る南東隅には幅二・四メートルの硬く締まった面（硬化面）がみつかっている。

●―陣ノ内城遺構全体図

●―陣ノ内城より甲佐町を望む（甲佐町教育委員会提供）

このように、陣ノ内城跡は「堀と堀の内側に沿った土塁が明瞭に残り、その規模は発掘調査で確認されたものを含めると、東西二一〇メートル以上、南北一九〇メートル以上の北西と南東に虎口をもつ方形の城跡」であることが明らかになった。

【謎の城　陣ノ内城跡】　陣ノ内城跡の築造時期や城主などに関する一次史料はみつかっていない。そのため、江戸時代の史料を基に中世に甲佐を治めた阿蘇氏の館とされてきた。しかし、近年の城郭研究の進展から現存する大規模な堀や土塁が阿蘇氏の館に伴う

●―陣ノ内城に残る堀と土塁

施設とは考え難くなり、築造時期や城主などは謎とされていた。

平成二十年以降の発掘調査や関連史料調査によって、この城の規模や構造は、中世の阿蘇氏の城館をはるかに凌ぎ、一六世紀末から一七世紀前半の中国産の輸入陶磁器が出土していることから、陣ノ内城跡の築城時期は、豊臣系大名が肥後国を治めた以降と考えられた。この場合、築城は佐々成政(さっさなりまさ)、小西行長(ゆきなが)、加藤清正(きよまさ)によると考えられるが、豊臣系大名として初めて肥後国を治めた佐々成政は実質半年で失脚したことや、肥後国を治めた加藤清正の城が載る慶長九年（一六〇四）～十二年頃の『肥後国絵図』には陣ノ内城が載っていないことに加えて、陣ノ内城のように本丸を直線的で屈曲した堀を用いて明確に区分する構造は、他の小西行長の城郭にも共通することから、小西行長による築城と考えられた。

このように、陣ノ内城跡は肥後国内でも突出した規模を持つ城郭であることに加えて、小西行長が関ヶ原で滅亡した後の加藤・細川氏の統治の時に使われなかったために、小西行長の城郭を現在まで良好に残す貴重な城郭といえる。

【水陸交通の要衝に築かれた城】 陣ノ内城は、緑川の流れが急流から緩やかになる河川交通の出発点に位置し、陸上交通では小西行長の本城の宇土城（宇土市）と支城であった矢部城（愛藤寺城　山都町）を結ぶ領国内の中継地に築城されている。小西行長は、宇土城を起点とした領国内の統治をより安定させるためにこの地に陣ノ内城を築いたと考えられる。また、小西行長の城郭の多くが海や河川に近い場所にあり、行長が水上交通網を重要視していたことが窺える一方で、正保元年（一六四四）～三年の『肥後国絵図』では、支城が宇土城を起点にした道路で結ばれていたことも明らかになっている。この道路は現在まで続いており、宇土郡や益城（ましき）郡、八代郡を結ぶ陸上交通の重要なルートであったと考えられる。また、陣ノ内城がある「甲佐」は、矢部を本拠に阿蘇郡や益城郡を治めた阿蘇氏にとっても熊本平野への進出口となる重要な場所であった。南北朝時代の「恵良惟澄（えらこれずみ）軍忠状」では「甲佐獄」や「甲佐城」、戦国時代の『上井覚兼（うわいかくけん）日記』では「甲佐の栫（かこい）」が確認できる。陣ノ内城を直接明確に記した一次史料は未確認だが、陣ノ内城が立地する甲佐が要所であったことは明らかである。また、発掘調査では阿蘇氏が統治していた時期の中国産の輸入陶磁器が出土するので、陣ノ内城には阿蘇氏の拠点が置かれていたものと考えられる。

これらのことから、城跡のある場所は水陸交通の要衝に所在し、有力者によって継続的に利用された可能性があることがわかっている。

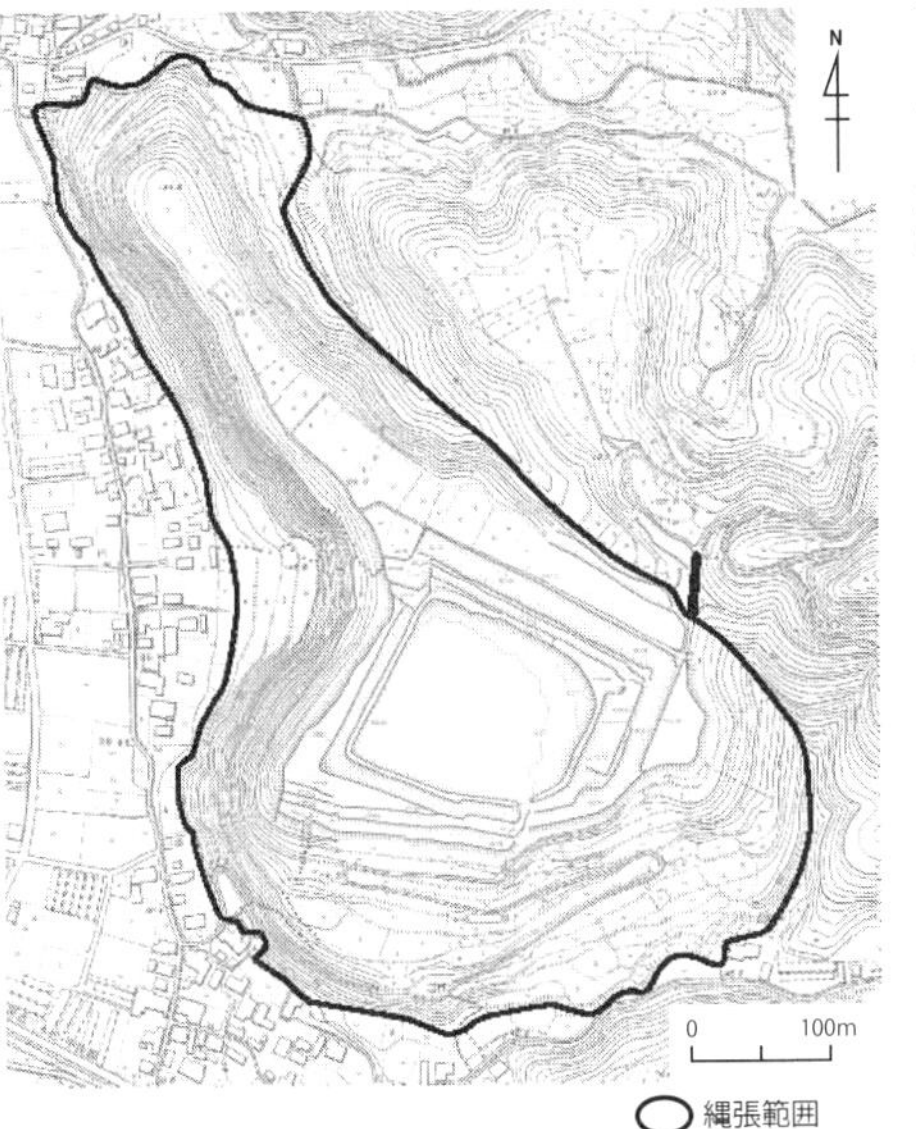

●―陣ノ内城縄張範囲図（出典：甲佐町教育委員会 2015）

【戦国時代からの支配の転換期の城】 小西行長の城郭はいずれも戦国時代の領主やその有力家臣の城に選地している。陣ノ内城の南二〇〇メートルには阿蘇氏の家臣の城である松尾城（甲佐町指定文化財）があり、陣ノ内城と松尾城の関係は従来の領主の城に隣接した場所に、これまではみたことがない直線的な塁線を縄張とした巨大な城郭を築城し、新たな統治体制への移行を強く意識させる統治手法の好例といえる。それは旧勢力の統治地域を治める際に小西行長のとった領国統治の手法で、小西行長が豊臣政権の中枢の大名であったことも考慮すると、豊臣系大名が新たな領国に入部した際の統治の在り方の一つを示していると考えられる。

【参考文献】甲佐町教育委員会『陣ノ内館跡』（二〇一五）、甲佐町教育委員会『陣ノ内城跡―総括報告書―』（二〇二〇）（上高原　聡）

●肥後屈指の名将・甲斐宗運の城

御船城（みふねじょう）

〔所在地〕御船町御船
〔比　高〕二〇メートル
〔分　類〕平山城
〔年　代〕一四世紀～一六世紀末
〔城　主〕御船氏・甲斐氏
〔交通アクセス〕熊本バスセンターから熊本バス（K2-5系）砥用学校前行き「城山公園」下車、徒歩二分。または九州自動車道「御船IC」から約一〇分。

【立　地】　上益城郡御船町の中心部にある「城山」と呼ばれる丘陵地が城跡。すぐ脇には御船川が流れている。周辺の地名として「上囲」「下囲」があり、いかにも九州らしい。広大で肥沃な熊本平野の東南端に位置し、矢部方面と熊本を接続する交通の要衝に位置している。

【城の歴史】　貞和元年（一三四五）の恵良惟澄軍忠状に「凶徒筑後三郎寄来味木庄御船城之間、官軍等出向、致太刀打合戦」と御船城をめぐる合戦の記録があることから、一四世紀半ばには築城されていたことがわかる。また、南北朝時代に名将今川了俊から「簡単には落とせない城」と評価されている。戦国時代は主に阿蘇氏家臣の御船氏が在城していたが、天文十年（一五四一）に島津氏に通じたために、阿蘇惟豊の命を受けた甲斐宗運に討たれ、以後、城は宗運に与えられた。宗運はまさに大黒柱として軍政両面で阿蘇氏を支えてきたが、天正十三年（一五八五）七月に宗運が亡くなると、甲佐の陣ノ内城などが島津方に破られ、嫡男甲斐親乗が城を捨てたため、島津義弘が入城している。「吹敷や、い

●―御船城遠景

く千里まで秋の風」とは御船天神の前で開催された勝利祝いの連歌会で義弘が詠んだ発句であった。

【城の構造】 丘陵上部の曲輪（くるわ）は半島状の細長い形状で、長さ約一五〇メートル、最大幅約五〇メートル程度の単郭である。南端に土塁（どるい）状の高まりが残るほかは、堀などの防御遺構は確認できず、シンプルな形態である。北側の先端部が緩やかに傾斜して微高地となっており、本来の主郭の可能性が考えられる。現在は天満宮の祠と古城碑がある。天満宮には菅原道真に加え、宗運も合祀されているといわれている。曲輪は公園化されており、散策しやすい。中央西側には「宗運門」と名づけられた復元建物風の門が整備されている。

【参考文献】 東京大学史料編纂所『大日本古記録　上井覚兼日記　下』（岩波書店、一九五七）、磯村幸男・阿蘇品保夫・三木靖編『日本城郭大系第一八巻　福岡・熊本・鹿児島』（新人物往来社、一九七九）

（中山　圭）

N
30
20
0
100m

●—御船城縄張図（作図：岡寺 良）

●—御船城主郭

●技巧的な縄張技術が光る国指定史跡

堅志田城〈国史跡〉

〈所在地〉美里町馬場
〈比　高〉九〇メートル
〈分　類〉山城
〈年　代〉大永三年（一五二三）?～天正十三年（一五八五）
〈城　主〉阿蘇惟豊、阿蘇惟前、西左衛門尉
〈交通アクセス〉九州自動車道「松橋IC」から二〇分。

【立　地】 九州山地の北西端、水晶山などを有する支脈から東へ谷を挟んだ字城山の峻険な峰を利用して城が造られている。主郭となるA郭の標高は約一九〇メートルで、北へ続きながら下る尾根筋や西・南の各尾根などの広範囲に城郭遺構が残存している。北側の麓には、「栫」と呼ばれる集落があり、旧来から城に付随した集落であったのだろう。「栫」という言葉は島津氏家老『上井覚兼日記』など九州の戦国期史料に頻繁にみられ、砦などの意味を持っている。その栫集落のさらに北には国道二一八号線が通り、東へ進めば、阿蘇氏の本拠であった矢部浜の館へ通じている。堅志田付近は、北には甲佐、西には松橋を見据え、南西の谷合道を行けば、八代の北側にも出ることができる交通の要衝であり、阿蘇大宮司氏にとっては領域西側の支えとして重要な城郭であったと考えられる。

【築城年代】 相良氏の日記『八代日記』には、大永三年（一五二三）、薩摩へ逃亡していた阿蘇惟前が姿をみせ、四月三日「勢田尾（に）城取」したと記されている。この勢田尾城が、堅志田城のこととされている。この記事から、史料上の築城は、一五二三年と推定される。ただし、発掘調査の出土遺物には、一四・一五世紀の輸入陶磁器などもみられるので、実際には、それ以前から城の機能を有していたようである。

【阿蘇惟前・惟豊の抗争と相良氏の関与】 堅志田に入った阿蘇惟前は、浜の館の阿蘇惟豊と同族で対立しており、勢力の

●―堅志田城B郭の遺構明示

安定を図るため、天文二年（一五三三）相良長唯（義滋）と婚姻し同盟が成立した。天文三年から、たびたび相良方の使者が堅志田城に行くなど親密な交流がうかがえる。天文九年には長唯自身が堅志田城に赴くこともあった。この年十二月、堅志田城に「芦北人数（衆）」が番立として入城しており、相良氏の軍勢が実際に堅志田城に配置されていたケースもあったことがわかる。天文十年からは、「裳衆」（「裳」は原文ではウ冠）という名称の在地勢力による積極的な攻勢にさらされている。おそらく矢部の惟豊が支援する勢力であろう。その間、城の惟前方では、惟前自身が赴いたり西勘解由などを相良氏に送っており、相良氏に支援を要請していたものと推測される。相良氏もその依頼に応え、八代勢を派遣するなどの対応がみられた。

しかし遂に、天文十二年の五月八日、堅志田城は落城し、阿蘇惟前は八代へ亡命。惟豊方が占領した堅志田城から八月末には早速「境目和談之使僧」が来ており、惟豊もまた相良氏とは事を構えたくなかったようであった。以後、天正十一年（一五八三）頃の島津氏による攻撃まで、記録はほとんどみられず、阿蘇惟豊・惟将の城郭として機能したのであろう。

【忍びをはねかえした城】　上井覚兼の日記（新名　二〇二〇）によれば、天正十一年九月十七日、島津方の拠点となっていた八代から、堅志田城を攻めるにあたって、まず忍び衆三〇人が午後六時頃出陣し、堅志田城をかく乱する手はずになっていたようである。覚兼や伊集院忠棟の手勢は月が出るのを

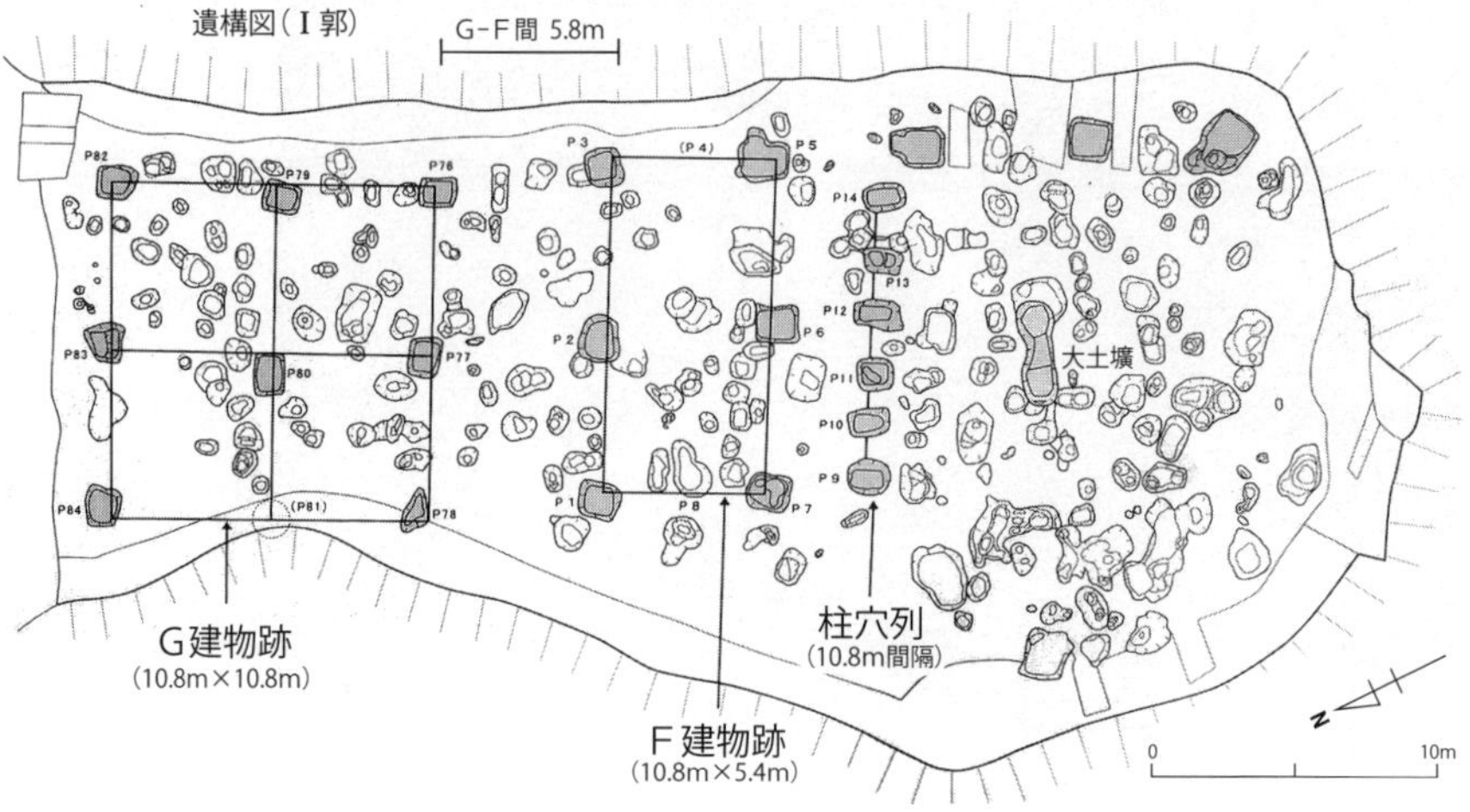

●—A郭検出遺構の状況（「堅志田城跡・整備サイン」より）

待ってから出陣している。事前に城内に潜入した忍び衆による攻撃の合図を受けてから、覚兼らが城攻めをする予定だったようだが、合図のかわりに夜明け頃に鉄砲の音が聞こえてきたため、作戦は失敗と判明し、中止となった。この作戦がきっかけで、阿蘇大宮司氏と島津氏が手切れとなり、覚兼らは「神敵」となることを嫌った当主義久の不興をかっている。堅志田城は、忍者をも寄せ付けなかった鉄壁の城であった。

【花之山陣と堅志田城の落城】 島津氏は一筋縄でいかない堅志田城を攻めるために、花之山に陣城を築いた（宇城市豊野町）。その遺構は広大であったことが、岡寺良の最新研究で明らかになりつつあるが（お城アラカルト二四六頁参照）慎重な見方もある。天正十三年八月、阿蘇方堅志田城・隈庄の軍勢がこの陣城を攻め落とした。しかし、この攻撃により、おそらくは堅志田城の守備がゆるみ、逆に島津勢は翌閏八月十三日に堅志田城を攻めて、これを落城させた。

【城郭の構造】 主郭であるA郭は城内で最大の曲輪であり、堅志田城の中枢であったのは間違いない。A郭からは四方に稜線が連なり、麓の栫集落に向かうもっとも長い尾根には、C郭の他、さらに小段を連ねている。D地点に顕著なように、その間にも堀切による遮断が行われている。またA地

●—堅志田城全体縄張図（出典：鶴嶋俊彦 2015，郭名加筆）

点北東の急傾斜の尾根先端には端部を取り囲むように竪堀群が密に配置され、多数の兵員が登れないように工夫されている。

A郭南半の段下は帯曲輪でまとまり、その東に続くB郭はその先端に堀切とやはり連続竪堀がみられる。帯曲輪西側の尾根伝いはこれも複数の堀切で遮断し、背後からの侵入を防ぐ構造をみせている。このようにみると、堅志田城A郭周辺は執拗なまでに空堀を配し、尾根への介入を許さない縄張になっているといえよう。これだけの防御性を有する城郭は、他に筒ヶ岳城程度である。堅志田城は時限的であれ、阿蘇惟前の居城であ

●—堅志田城畝状竪堀群

り、またそこには常に惟豊という折り合えない存在があった。そのような緊張性が、これだけの縄張を創出したのであろうか。

A郭から南へ谷部を挟んでみられる丘陵では、堀切のあるE地点から東へ延伸する支脈にも遺構が残っており、堅志田城の一部である。ただし、その立地から、主郭A郭などとの連続性は希薄で独立性の高い曲輪と評価される。平面三角形のH郭を主体に、北・東・西の尾根をすべて堀切で遮断するが、最大の特徴はH郭南下の緩斜面に設けられた畝状竪堀群である。H郭東西を仕切る堀切は、それぞれに南側に堀の先端を伸ばして、下段にまで達している。この下段は幅約二〇メートルの平場になっているが、その平場での移動を制限するように、一三本の竪堀を連続して掘りこんでおり、畝状竪堀群となっている。その姿は圧巻である。

鶴嶋俊彦は浜の館はじめ阿蘇氏領域に、技巧的な竪堀群などがみられる例が皆無であることから、相良氏による技術導入と推定、芦北衆や八代衆が堅志田へ支援に来ていた天文九〜十一年頃にH郭に駐留し普請したものと評価している。一方、岡寺は畝状竪堀群が整然としている点からも、天正十三年段階の島津氏への阿蘇氏側の対策の可能性も排除できないとの見解に立っている。県内で数少ない畝状竪堀群の評価を巡っては、九州全体の同遺構のあり方との比較も交え、今後の研究深化が注目される。

【発掘調査】 堅志田城では二〇次を越える発掘調査が実施され、主郭A・B・C郭などの各曲輪で掘立柱建物跡や曲輪端の柵列柱穴などが検出されている。また、A郭とC郭を断ち切る小堀切には、冠木門が設けられていたことも判明している。

【復元整備】 北側の主郭であるA郭や東南に張り出したB郭などを主体に、建物跡の遺構明示と遺構解説板の設置、また柵列の復元などの史跡整備が実施されており、発掘調査の成果を理解しやすくなっている。また、この周辺は散策ルートも整備されているが、大雨の影響で崩落している場所もあり、注意を要する。

【参考文献】 美里町教育委員会編『堅志田城跡国指定記念シンポジウム報告書　堅志田城　戦国乱世の山城が語るもの』（二〇〇九）、鶴嶋俊彦「熊本県堅志田城跡の構造」『九州の城』（北部九州中近世城郭研究会、二〇一五）、新名一仁『現代語訳　上井覚兼日記　天正十年（一五八二）十一月〜天正十一年（一五八三）十一月』（ヒムカ出版ほか、二〇二〇）

（中山　圭）

●阿蘇大宮司の居館

浜の館・岩尾城

〔所在地〕山都町　浜の館＝城平、岩尾城＝城原
〔比　高〕浜の館＝約八メートル、岩尾城＝約三〇メートル
〔分　類〕浜の館＝城館、岩尾城＝丘城
〔年　代〕一六世紀
〔城　主〕阿蘇氏
〔交通アクセス〕九州自動車道「熊本ＩＣ」から（嘉島ＪＣＴ経由）「山都中島西ＩＣ」を出て車で約二〇分（約三五キロ）。

【阿蘇氏の由来】　阿蘇氏は、古代より肥後一宮である阿蘇神社の大宮司職の権威を背景とした在地領主の出自で、社領である阿蘇郡、甲佐（現益城郡甲佐町）、健軍（熊本市東区）、郡浦（宇土市）にある末社領を中心とした肥後中部一帯を勢力下とする。一六世紀後半、大友氏に属した阿蘇氏は、島津氏の侵攻が本格化した天正十三年（一五八五）に降伏、ほどなく大宮司は本拠である浜の館から目丸山中へ逃亡する。天正十五年、九州征伐により下向した豊臣秀吉にわずかな所領を安堵されるが、領主勢力としては終焉となる。

【立　地】　浜の館と岩尾城が所在する山都町矢部地区一帯は、益城郡宅部郷に属し、鎌倉時代を通じて北条氏の被官が代官職を務め、一四世紀中頃、南北朝の騒乱に乗じた阿蘇氏が勢力下に収める。当時、阿蘇氏は二派に分裂しており、北朝方が根拠地とする南郷谷、西側に広がる南朝方の甲佐社領との中間に位置し、勢力拡大を企図する南朝方の有力武将であった恵良惟澄により実効支配下に置かれた。浜の館が所在する現浜町一帯は、阿蘇南外輪山上の駒帰峠を経て南郷谷に至る南北の経路と矢部より緑川中流域の平野部に至る東西の経路が交差する要地である。浜の館は、現熊本県立矢部高校に位置した城館で、北から南へ緩やかに傾斜する丘陵端に立地する。南側を流れる五老ヶ滝川（轟川）は、一七世紀に付け替えが行われており、それ以前は高校の西側で北へ大きく蛇行し、一帯は氾濫原であったと考えられる。一九世紀に成立した『矢部風土記』では、「地形水浜なるをもって居館の

●—浜の館と岩尾城の位置関係（山都町教育委員会提供）

所浜の御殿、浜の御所などといえり」とある。岩尾城は、浜の館の南、五老ヶ滝川を挟んだ丘陵上にあり、その位置関係から「詰め城」と位置付けられる。相良氏の史料である『八代日記』においては、天文二十一年（一五五二）「矢部惟豊岩尾城火事」の記事があり、従二位に昇叙され最盛期を現出した阿蘇惟豊の本城であったことが知られる。

【構　造】　浜の館は、矢部高校の校舎改築工事に伴い、昭和四十八年（一九七三）から五十二年にかけて、二回の発掘調査が実施されている。敷地の平面形は、南北約一四〇メートル、東西約二一〇メートルのやや隅角の丸い方形を呈していたと思われ、現在の校舎、体育館の敷地全面とほぼ重なる。丘陵と地続きとなる北側には、昭和五十年代まで東西方向に堀切の痕跡がみられたほか、周囲には土塁と堀の存在が想定されている。館の敷地内は、東半部が西半部に比べて二メートル程度低く、以前は内部を区画する土塁の痕跡も存在した。東半部では、「対面所」に比定される礎石建物跡三棟のほか、泉水遺構が検出されている。注目されるのは、泉水北側の汀線に沿って土坑二基が確認され、内部より三彩鳥型水差をはじめとする一六世紀代の華南三彩をはじめ、白磁置物などの輸入陶磁器、玻璃製坏、黄金薄板など計二一点の祭祀用具と推定される宝物が出土したことである。これらは、昭和六十一年に「肥後阿蘇氏浜御所出土品」として国の重要文化財に指定されている。また、西半部においても掘立柱建物が検出され、三度の建替があったことが確認されている。出土遺物は、輸入陶磁器が多量に含まれており、一五世紀後半から一六世紀代のものが主体である。その点は文献史料からも首肯でき、浜の館の成立は、少なくとも南北朝以来分裂していた両派の合一を果たした阿蘇惟忠以降と考えられている。

岩尾城は、浜の館を望む丘陵に位置し、三方を五老ヶ滝川に囲まれた連郭式の丘城で、各所に城郭に由来する地名が残る。近世の水田開発や用水路の建設、現代の公園整備など改変を受けており、どの程度原形を留めているか不明である。

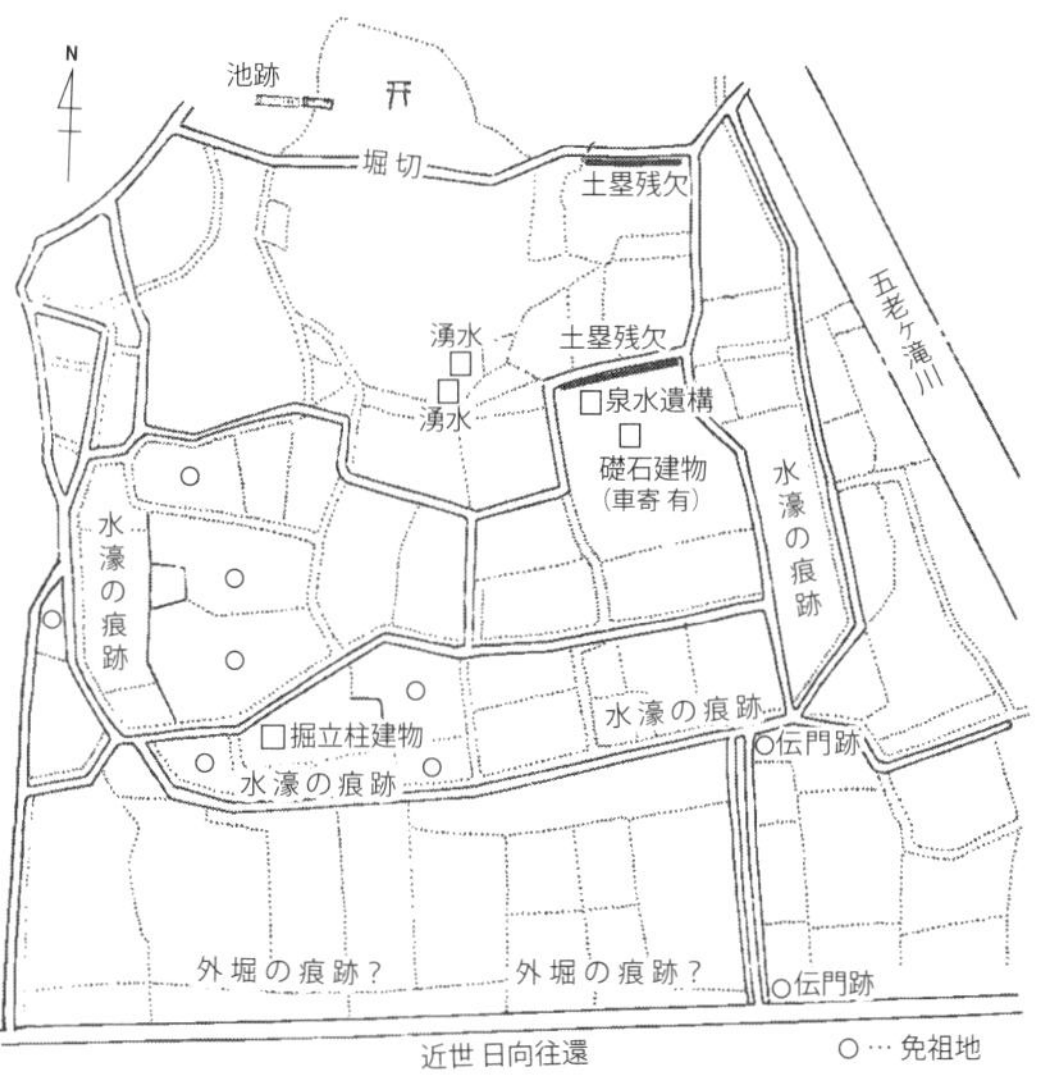

●—明治期の地籍にみる浜の館の構造

●—浜の館出土 華南三彩鳥型水差（山都町教育委員会提供）

丘陵頂部一帯には「本丸（字名）」、主郭の東南裾に「三ノ丸（微小地名）」、唯一地続きで鞍部となる東側に独立した「出丸（微小地名）」、主郭の西南方向の尾根を「二ノ丸（字名）」の地名が伝わる。塁線は、自然地形を活かしたもので、各郭の規模は大きく帯曲輪が幾重も連続する形状をなし、三ノ丸を除いて主郭に対する独立性が強い。本丸と二ノ丸をつなぐ鞍部には二条の堀切が残るが、北側に位置するものは後世の改変を受け、中半で途切れている。本丸から北東へ延びる尾根は、「大手（微小地名）」につながり、途中に虎口の存在が想定される。昭和五十年公園整備に伴い、本丸南側裾部の平坦面において試掘調査が実施されており、断面形が台形状で幅約三・五メートルの土塁が検出されたほか、土師皿片、刀子、炭化米が出土している。

【参考文献】熊本県教育委員会『濱乃館』熊本県文化財調査報告書第二一集（一九七七）、『熊本県の中世城跡』熊本県文化財調査報告書第三〇集（熊本県文化財保護協会、一九七八）、『日本城郭体系』第一八巻 福岡・熊本・鹿児島（新人物往来社、一九七九）

（西　慶喜）

●緑川上流域の織豊系城郭

愛藤寺城（矢部城）

〔所在地〕山都町白藤
〔比　高〕約二五〇メートル（緑川より）
〔分　類〕山城
〔年　代〕一六世紀中葉～一七世紀初頭
〔城　主〕阿蘇氏、結城弥平次、長尾豊前善政、加藤万兵衛
〔交通アクセス〕浜町より車で県道一八〇号南田内大臣線を津留方面へ約五キロ。

【城の由来と位置】　城名にある「愛藤寺」は、阿蘇氏にゆかりのある天台宗の寺院名であったと伝わるが、詳らかでない。城の存続していた加藤期の史料では「矢部」の城との記載があることから、「矢部城」の呼称が適当と考えられる（以下、「矢部城」とする）。この城は、江戸時代末期に建設された通潤橋が農業用水を送る白糸台地の南端、甲佐町陣ノ内城を経て川尻に至る一級河川緑川に面する丘陵上に位置する。「肥後国絵図（慶長国絵図写）」では、阿蘇氏の居館である浜の館が所在する浜町一帯から矢部城を経て、緑川を東に沿って中流域に至る経路がみえることから、緑川上流域の拠点としての性格をうかがうことができる。

【城の変遷】　城域の東側一帯に顕著に残る中世城的な色合いの濃厚な堀切や地形に沿った塁線を成す曲輪は、後継の豊臣大名である小西行長や加藤清正などの所産とは考えにくく、当初の築造は阿蘇氏のものと推測されている。天正十六年（一五八八）の肥後国衆一揆後から慶長五年（一六〇〇）の関ヶ原合戦までの間は、小西行長領の支城となる。城代には、肥後入国以前より著名なキリシタン武将で知られた結城弥平治が配され、天正十五年の伴天連追放令下にもかかわらず、活発な布教活動が展開される。イエズス会関係史料において、城内に司祭館などの宗教施設の存在が言及されており、それらを示唆するキリシタン瓦が表採されている。関ヶ原合戦ののち加藤清正領の支城として引き続き機能し、日向方面への境目の城としての役割を担うこととなり、石垣を伴う改

修が行われる。清正の死後、息子忠広への代替に伴い、慶長十七年幕命により破却され廃城となる。

【構　造】　城の構造は、「本丸」と呼ばれる天守台を伴う石垣が全周する曲輪を中心とする南西部、「二の丸」と呼ばれる最高所の曲輪を中心として三方に派生する丘陵上に曲輪、堀切、竪堀などが連なる北東部に大別される。本丸に残る石垣は、加工度や隅角部の角石稜線を丸く収めるなど、加藤清正が直接関係した城郭にみられる特徴的な技法が確認される。同様に、城域北端に近い「城門」の微小地名が伝わる東側に櫓台があり、その裾部で本丸と同時期の石垣が確認されている。「城門」を挟んで西側には、馬出の機能が想定される方形状の曲輪もあり、櫓台と一体となった虎口の存在が推定できる。加藤期における様相は、本丸を主郭とし、「二の丸」一帯に残る旧状の曲輪群を与力衆の屋敷地として利用しつつ、唯一地続きとなる北端に石垣を伴う櫓台と虎口を設けて防御性を高め、引き続き旧城域を利用したと考えられる。曲輪の微小地名には、「屋敷」や文献史料にその名がみえる与力を付したものも伝わる。

これまで、矢部城での発掘調査は実施されておらず、加藤期以前の様相は明らかでないものの、北東部の中核をなす最高所の曲輪は、盛土による造成の可能性も指摘されており、小西氏の城郭の様相を知るうえでも今後本格的な調査が待たれる城郭である。

●―矢部城空中写真（山都町教育委員会提供）

●―キリシタン瓦（表採資料）（山都町教育委員会提供）

【参考文献】　木島孝之『城郭の縄張り構造と大名権力』（九州大学出版会、二〇〇一）、山都町教育委員会『矢部城（愛藤寺城）測量調査報告書』山都町文化財調査報告書　第三集（二〇一二）

（西　慶喜）

●名和氏と相良氏が領有を争った中世八代城

古麓城

〔国史跡（八代城跡群）〕

〔所在地〕八代市古麓町
〔比　高〕約一四〇メートル
〔分　類〕山城
〔年　代〕建武元年（一三三四）頃―天正十五年（一五八七）
〔城　主〕名和氏、相良氏、島津氏
〔交通アクセス〕ＪＲ鹿児島本線「八代駅」から二・二キロ。

【城の歴史】　古麓城は中世八代城の別称であり、八代平野に流れ出た球磨川の右岸に近接した飯森山、丸山、古麓山の山頂および尾根筋状に点在する山城群の総称である。標高は約九〇～一四〇メートル程度の東西約八〇〇メートル×南北約九六〇メートルの範囲にかけて、名和氏時代に築かれたと考えられている伝飯盛城跡、相良氏時代に築城・拡張されたと考えられている伝新城跡・伝鷹峰城跡・伝丸山城跡、伝鞍掛城跡が点在している。

八代は、平野を西流する球磨川と、その入江に存在する中世以来の良港・徳淵の津により、肥後南部の河川交通・交易の拠点であった。また、相良領国、そして薩摩へ至る陸路の要衝でもあった。そのため、中世より八代を介在する交易の利をめぐって領有が争われ、中世以来近世に至るまで継続して八代城が築かれた。このうち、中世の八代城を、古麓城と呼んでいる。

古麓城の詳細な築城時期は不明であるが、建武元年（一三三四）に後醍醐天皇から名和義高が八代荘の地頭職を賜り、翌建武二年に代官として内河義貞を派遣している。古麓城の文献の初現は『阿蘇文書』正平三年（一三四八）であり、代官の派遣後に築城したことがうかがえる。

『武雄神社文書』によると、明徳二年（一三九一）には、北朝方の今川了俊が古麓城を攻撃し、南朝方の名和顕興を降伏させたことが記されている。

文明十五年（一四八三）には、名和顕忠が領国の一部を相良氏に割譲したが、相良氏の薩摩侵攻中に名和氏が武力で奪回するも、文明十六年に相良為続が城を落城させ、八代は相良氏の所領となった。明応八年（一四九九）に一旦名和顕忠が八代に復帰するも、文亀元（一五〇一）年には再度相良長毎が高田城を拠点に八代を攻略したため、名和氏は中世宇土城に移り、以後八代は相良氏の領するところとなった。

●—古麓城空中写真（八代市教育委員会提供）

相良氏の記した『八代日記』によると、天文三年（一五三四）閏一月には、相良氏によって鷹峰城の築城が始まり、二月には在城している様子がうかがえる。

古麓城の整備を進めた相良氏であったが、天正十年（一五八二）に島津氏が肥後に侵攻し、城は島津義弘に預けられ、島津氏家臣の平田光宗が八代に駐留することとなった。これ以降、古麓城を中心とする八代は、島津氏の肥後における拠点となった。

天正十五年、大友宗麟の要請による豊臣秀吉の九州攻めの結果、島津氏は豊臣軍に押されて退却し南下、四月十九日に豊臣秀吉は古麓城に入城し、数日間滞在し、この時城内でキリスト教宣教師のルイス・フロイスと面会、フロイスは『日本史』に古麓城から眺めた八代の風景を記している。九州攻め後、豊臣秀吉は九州の国割を行い、肥後は佐々成政に宛行われたが肥後国衆一揆の責を問われて切腹、肥後南部の宇土・益城・八代・天草は小西行長に宛行われた。

小西行長は城代として小西美作行重（小西末郷）を古麓城に入城させたが、行長は新たに徳渕の入江と球磨川に囲まれた麦島に新しく織豊期八代城、後の麦島城を築き、古麓城は廃城となった。

【城の構造】 古麓城の範囲内において、平場、切岸のほか、現在までに四重堀切一カ所、二重堀切二カ所、堀切一三カ所、竪堀一三カ所、土橋一一カ所の遺構が確認されている。

・伝飯盛城

伝飯盛城は名和氏が築城した城であり、球磨川東岸から立ち上がる急峻な山腹上に展開する城跡で、伝新城、伝丸山城、伝鷹峰城とは「にべ谷」と呼ばれる谷で隔てられている。城跡には「本丸」「二ノ丸」「三ノ丸」の郭名が残されており、「本丸」南側には古麓城内最大の堀切一ヵ所が残る。観音山と呼称される山頂から東の球磨川に向かって延びる尾根筋にも堀切一ヵ所が確認でき、この尾根筋の先端には「大書院跡」の伝承が残る箇所が存在する。

なお、伝飯盛城の全域は果樹園となっており、所有者の方の許可なく立ち入ることはできない。

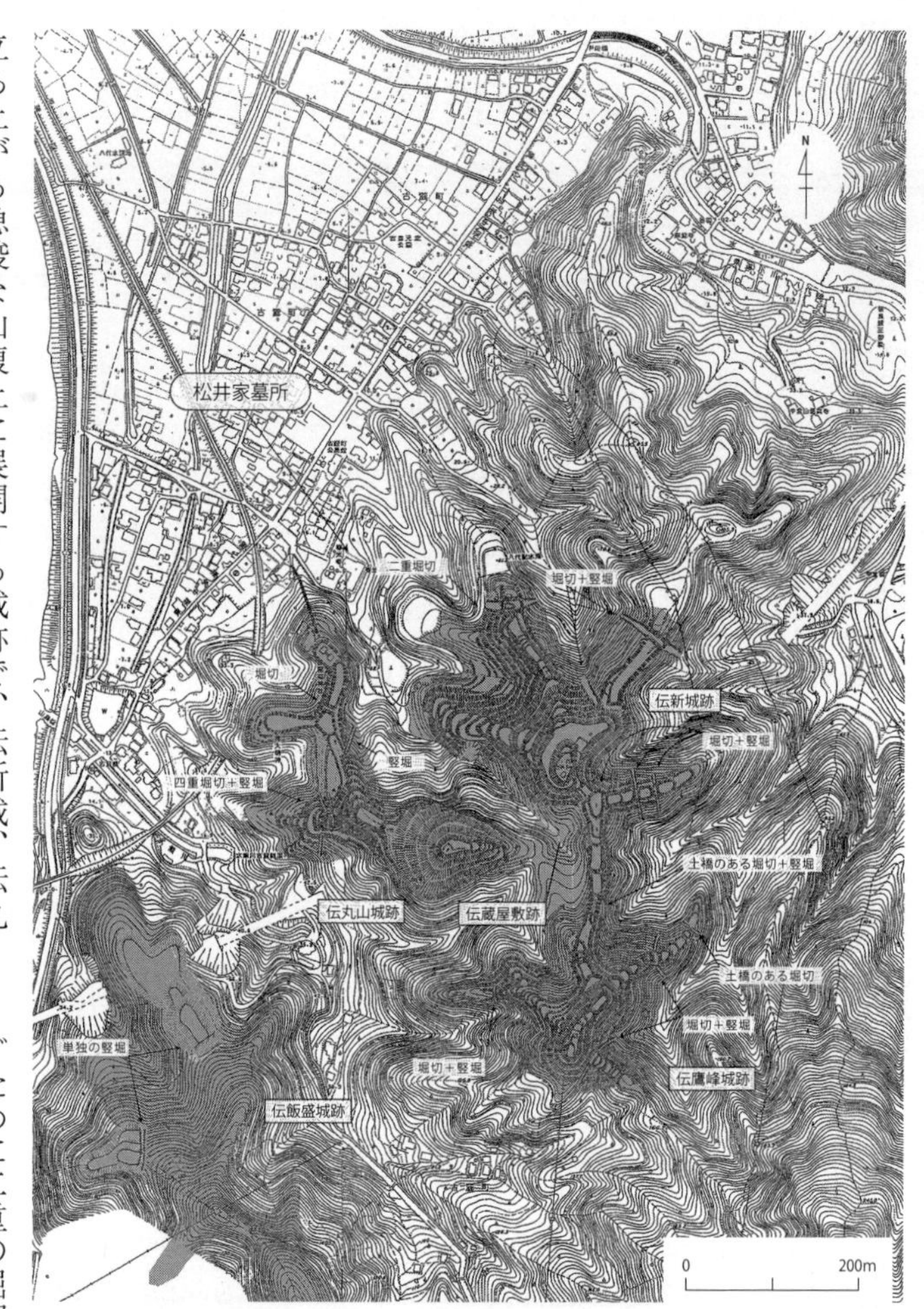

●—古麓城縄張図（出典：八代市教育委員会 2013）

・**伝新城**

相良氏が築城した伝新城は郭の北側と東側を堀切と竪堀で防御され、郭の南側尾根筋を通じて伝鷹峰城、伝丸山城とつながっている。伝新城は古麓城の中でもっとも広い平場を持ち、西側麓下には「陣内」という字名が残され、古麓城の中心となる郭と判断される。

城北西端は城下町からの侵入を防ぐために二重の堀切が設けられており、城の北東側は水無川からの侵入を防ぐために尾根筋状に二ヵ所と、堀切と竪堀の組み合わせで防御している。この堀切と竪堀の組合せは古麓城跡内でもっとも規模が大きな遺構である。城跡南東から東に延びる尾根城には、堀切と竪堀の組み合わせたものを三ヵ所配置している。城西側に延びる尾根筋は複数の平場が展開しているが、堀切などは確認できず、この尾根筋が麓からの登城口と伝えられている。

伝新城最上部には二段に成形された平場が存在しており、確認調査を実施したところ、掘立柱建物の柱穴と推定される土壙（どこう）が検出されている。また、新城主郭部の平場を確保するため、山裾部分に盛土を施して平坦にし、主郭部分を南側に拡張した痕跡も確認されている。

伝新城は公園化されており、水無川沿いまたは麓の春光寺（松井家墓所）からのぼることができる。また、城北側の堀切の箇所には橋が架けられており、堀切の規模を体感することができる。

・伝丸山城

伝丸山城は郭の東側の尾根筋を介して伝新城および伝鷹峰城とつながっている。城西側の尾根筋は城下町からの侵入を防ぐため、四重の堀切と竪堀を組み合わせた強固な防衛ラインを設定している。

城北西側の尾根は城下町からなだらかに傾斜するものであり、ここからの侵入を防ぐため、堀切一ヵ所と竪堀一ヵ所を設け、段々に連なる複数の平場を配置している。伝丸山城の中心となる平場は四重の堀切などの防御遺構よりやや離れた標高の高い個所に位置しており、城西側麓下には「御内」という小字名が残っている。

・伝鷹峰城

伝鷹峰城は、『八代日記』の中で天文三年に相良長唯（ながただ）によって「たかの峯城取鍬立」が開始された「鷹峯城」に比定される城である。伝鷹峰城は郭から北側に延びる尾根筋を介して伝新城および伝丸山城とつながっており、城北東側の尾根筋は侵入を防ぐため、堀切と竪堀の組合せ一ヵ所と、中央に土橋を付した堀切一ヵ所で防御している。

城南東側に延びる尾根は堀切と竪堀の組合せ一ヵ所と切岸で防御されており、城西側の尾根も堀切と竪堀の組合せ一ヵ所で防御している。土橋の保存状態は良好で、肥後の中世城郭の構造をよく現している。

伝鷹峰城跡の大半は民有地と国有林で、急峻な地形でもあり、遺構を見学するのは困難である。

【参考文献】 高野茂『戦国時代の肥後の諸相～大友氏・相良氏・島津氏』『熊本歴史叢書3』（熊日出版、二〇〇三）、八代市教育委員会『古麓城跡　麦島城跡　八代城跡』八代市文化財調査報告書第二九集（二〇〇六）、八代市教育委員会『八代城郭群―古麓城跡、麦島城跡、八代城跡、松浜軒、平山瓦窯跡―』八代市文化財調査報告書第四五集（二〇一三）

（山内淳司）

●元和の地震で崩壊した織豊期八代城

麦島城

〔国史跡〕

〔所在地〕八代市古城町
〔比　高〕四メートル程度
〔分　類〕平城
〔年　代〕天正十六年（一五八八）～元和五年（一六一九）
〔城　主〕小西氏、加藤氏
〔交通アクセス〕ＪＲ鹿児島本線「八代駅」から三キロ。

【城の歴史】　天正十五年（一五八七）の豊臣秀吉による九州攻めとその後の国割、そして肥後国衆一揆後に、肥後南部の宇土・益城・八代・天草をあてがわれた小西行長は、中世八代城（古麓城）に小西美作行重（小西末郷）を城代として置いたが、行長は球磨川下流の徳淵の津を抱く麦島に、新城を築いた。この城が織豊期八代城、後に麦島城と呼ばれる城である。

行長は、天正十六年頃に麦島城の築城を開始したと考えられている。『清正勲績考』の梅北一揆の条によると文禄元年（一五九二）もまだ普請の途中であったようだが、本丸部分の石垣など、城の主要部分は完成し、縄張や城内の大半の建造物も完成していたと考えられている。

その梅北一揆とは、小西行長が文禄の役に参戦し朝鮮半島で戦っている時に、島津氏家臣であった梅北国兼などが一揆を勃し、加藤清正の支城であった佐敷城（熊本県芦北町）を落城させた後、小西領国まで侵攻して麦島城を攻撃するも小西側の抵抗に遭い撤退し、後に鎮圧された一揆である。

秀吉の死去に伴い、慶長の役が終わると、慶長五年（一六〇〇）に関ヶ原の戦いが起こった。ともに肥後を治めていた行長と加藤清正は東西に分かれ、行長は石田方（西軍）に、加藤清正は徳川方（東軍）に参戦した。西軍は破れて行長は安国寺恵瓊とともに処刑され、行長の本城であった宇土城は十月十四日に、支城の麦島城は十月十七日に加藤氏に接収され、城代・加藤正方が麦島城を預かることとなった。

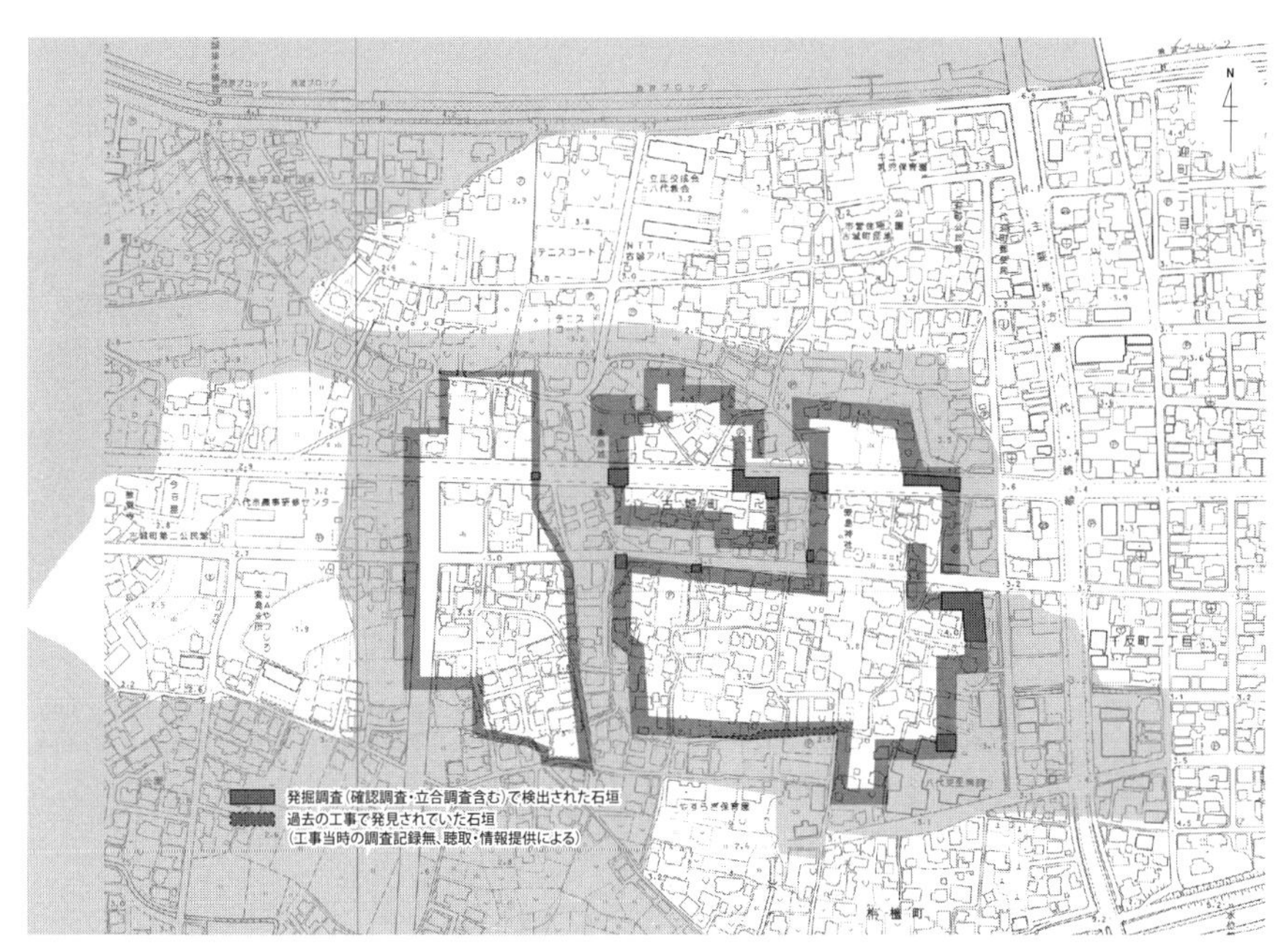

●―小西時代の麦島城跡復元縄張図（出典：山内 2010）

加藤氏の支城となった後、麦島城は本丸を中心に改修されることとなった。麦島城は熊本城を中心とした加藤氏の本城―支城体制に組み込まれ、佐敷城、水俣城ともに隣国島津氏に対する牽制、「境目の城」として機能した。この頃に制作された『慶長肥後国絵図（写）』には肥後国内の一三ヵ所の城が描かれており、麦島城は熊本城と並んで外観三階建ての天守と付櫓、石垣を持つ城として描かれている。

加藤氏が清正から忠広へ代替わりをした慶長十七年には宇土城、水俣城、矢部城などが破城となり、大坂夏の陣後の元和の一国一城令では、加藤氏の本城である熊本城と支城の麦島城以外の城跡は破却された。ここに肥後熊本藩の一国二城体制が確立し、加藤氏改易後に入国した細川氏時代をとおして明治維新まで一国二城体制が継続することとなる。

しかし、麦島城は元和五年（一六一九）三月に発生した地震で崩壊し、新たな城は麦島の地に再建されることなく、元和八年に徳淵の津対岸の松江の地に移転された。

【城の構造】　元和五年の地震で崩壊した後、麦島城は埋め戻されて、昭和四十年（一九六五）代頃には城跡は市街地化されていた。その後、平成（一九八九―二〇一九）に入って都市計画道路建設などの公共事業や民間開発、下水道管埋設工事などにより本丸の石垣や本丸御殿などの発見が相次いだ結

●—麦島城小天守石垣

果、次第に城の構造が判明してきた。

麦島城は本丸を中心に、東西南北約四〇〇メートル四方の平城である。本丸は東西約一三〇メートル、南北約一二五メートルを測り、北西隅に大天守と小天守が連結して配置されている。本丸の東側には逆L字型に二の丸が展開し、本丸西側には幅約五〇メートルの堀を挟んで三の丸が配置されている。二の丸の東側には城下町が広がっている。

●—麦島城小西時代の石垣

麦島城は、本丸、二の丸、三の丸ともに総石垣造の城で、八代海の小島で産出される石灰岩の自然石を用いて野面積みで築かれている。石垣上面と隅角部は後の地震とその後の破却で失われているが、本丸石垣は高さ約七メートル以上であったと考えられる。

発掘調査によって、小天守には金箔鯱瓦や、行長が朝鮮半島から持ち帰った「隆慶二年」銘滴水瓦と「万暦十二年」銘滴水瓦などが葺かれていたことがわかっている。本丸中心には四間×一一間ほどの本丸御殿が設けられており、桐紋鬼瓦が葺かれていた。

関ヶ原の戦い後に城主となった加藤氏によって麦島城の本丸は改修を受けており、小西時代の石垣の外側に加藤時代の石垣が新たに築かれていた。しかし、これまでのところ二の丸および三の丸の改修は確認されておらず、小西時代のままであったと考えられている。

二の丸と城下を隔てる堀跡からは、元和五年の地震で倒壊したと考えられる平櫓が当時の姿のままで発見されており、小西時代の平櫓の構造がよくわかる資料である。

●―麦島城出土平櫓

発掘調査終了後に遺構は埋め戻されたが、本丸部分は現在でも周囲より一段高くなっており、特に大天守は麦島地区でもっとも標高の高い場所であり、その規模を体感することができる。かつての堀跡は現在でも水路として残されており、石垣推定箇所は周囲と比べて高くなっており、麦島城全域を散策することができる。

なお、城跡近くの麦島コミュニティセンターのロビーでは、麦島城を紹介するパネル展示とともに、発掘調査でみつかった瓦類や平櫓の部材も展示されている。また、二の丸に所在する八代シルバー人材センターのロビーでは、平日限定であるが、発掘調査でみつかった石垣の露出展示を見学することもできる。

【参考文献】八代市教育委員会『麦島城跡―都市計画道路建設に伴う発掘調査―』八代市文化財調査報告書第三〇集（二〇〇六）、富田紘一編『定本 熊本城』（郷土出版社、二〇〇八）、山内淳司「肥後南部における小西系城郭の構造―麦島城を素材として―」『肥後考古学会八〇周年記念大会資料集』肥後考古学会（二〇一〇）、八代市教育委員会『八代城郭群―古麓城跡、麦島城跡、八代城跡、松浜軒、平山瓦窯跡―』八代市文化財調査報告書第四五集（二〇一三）

（山内淳司）

●一国一城令発布後に築かれた近世八代城

八代城

〔国史跡〕

〔所在地〕八代市松江城町
〔比　高〕約二〇メートル
〔分　類〕平城
〔年　代〕元和八年（一六二二）～明治三年（一八七〇）
〔城　主〕加藤氏、細川氏、松井氏（城代）
〔交通アクセス〕ＪＲ鹿児島本線「八代駅」からまちバス（右回り）乗車、「八代宮前」停留所下車、バス停正面。

【城の歴史】　元和五年（一六一九）三月に発生した地震で麦島城が崩壊すると、城主加藤忠広と城代加藤正方は江戸幕府の許可を得て、城の再建にとりかかった。しかし、再建箇所は麦島ではなく、徳淵の津の対岸の松江に再建することとなった。再建は、翌年二月から始まり、元和九年二月に竣工した。この城が近世八代城、現在の八代城である。かつて、本丸正門の欄干橋の擬宝珠には「元和八年二月吉日」銘が刻まれていたが、令和三年（二〇二一）の橋の改修を期に保存のために取り外されて、八代市立博物館未来の森ミュージアムに寄託されている。

城の再建から一〇年を迎えた寛永九年（一六三二）六月に加藤忠広は改易となり、十二月には豊前国から細川忠利が肥後熊本藩に入国した。八代城には藩主の父・忠興（三斎）が入城し、治めることとなった。

しかし、寛永十八年に忠利が死去し嫡男光尚が藩主となると、正保二年（一六四五）五月に八代城代で忠興の四男である立孝が死去、同十二月には忠興も死去したことから、細川家筆頭家老の松井興長に八代城は預けられ、これ以降明治の廃城まで松井家が城代を務めることとなった。

寛文十二年（一六七二）二月に火災により大天守、小天守などが消失し、翌年大天守を除いて再建された。その後も八代城は幾度となく火災や石垣の孕みなどに襲われ、寛政九年（一七九七）十月にも火災に襲われて再建された小天守や本丸御殿が焼失し、翌年に再建された。

●—八代城本丸空中写真（八代市教育委員会提供）

明治維新後の明治三年（一八七〇）に、八代城は廃城となった。

廃城の翌年に八代城は陸軍用地となったが、同年末に八代県が新設されることとなり本丸跡に県庁が置かれた。八代県は明治六年に廃止されて白川県（現在の熊本県）に吸収され、同年に本丸跡の大書院の中に代城校（代陽小学校の前身）が設けられ、明治十年の西南戦争の際には代城校に野戦病院がおかれた。

西南戦争後、明治十三年に本丸跡に懐良（かねなが）親王を顕彰する官幣中社・八代宮を設置することとなり、同十六年に社殿が落成、翌年に神霊鎮座の大祭が執り行われた。この時に本丸南側の石垣の一部を撤去して橋を架け、参道が設けられている。大書院は昭和十四年（一九三九）頃に二の丸跡に移築され、さらに同三十四年に市営駐車場東側に再移築されていたが、同六十一年二月に火災で焼失した。

北の丸跡には、明治十四年に松井康之と興長を祭神とする松井神社が建てられて、同四十年に郷社に列せられた。二の丸跡には、昭和二十三年に八代総合病院が開院、同四十七年には八代市役所が二の丸跡に移転し、現在に至る。

八代城は、平成二十六年（二〇一四）三月に、古麓城、麦島城、平山瓦窯跡、松井家墓所（春光寺）とともに、国史跡

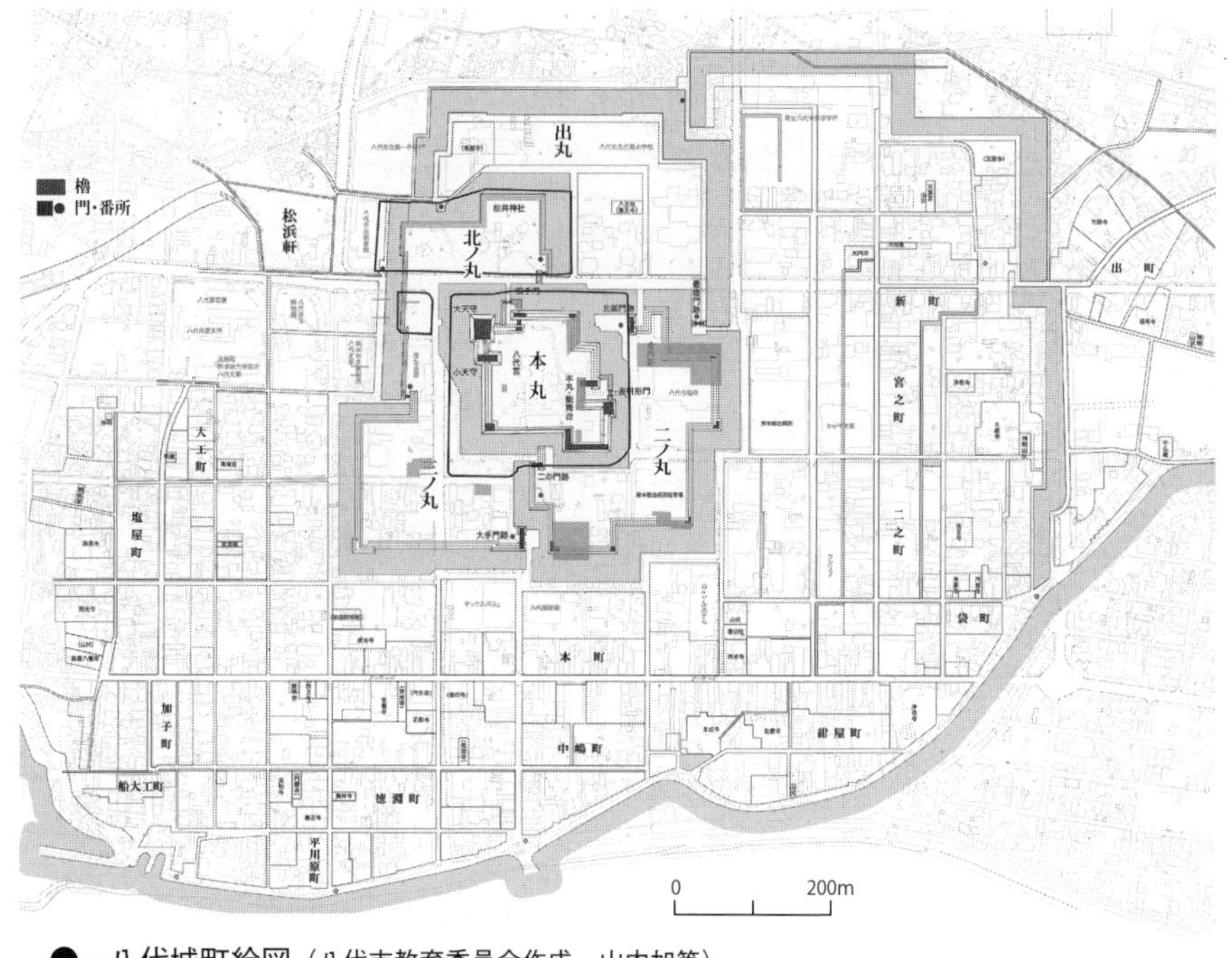

●—八代城町絵図（八代市教育委員会作成，山内加筆）

「八代城跡群　古麓城跡　麦島城跡　八代城跡」に指定された。その後、平成二十八年熊本地震で本丸廊下橋門の石垣の一部が崩壊したため、翌二十九年から三十年にかけて保存修復が行われた。

そして、令和四年（二〇二二）に、八代城は築城四〇〇年を迎えた。

【城の構造】　八代城は本丸を中心に、二の丸・三の丸・北の丸・出丸が配置され、城下をめぐる外堀として開削された前川と、総構えの石垣で囲まれた平城である。当時の八代城を描いた絵図面として、幕府が正保元年に各藩に命じて作成させた『肥後国八代城廻絵図』がある。絵図中には、総構えの外から城下町に入り、城下から大手口を抜けて三の丸へ、三の丸から二の丸、二の丸から欄干橋を渡り本丸桝形の高麗門に至る登城路も朱線で明記している。ただし、同絵図では城内の建造物が白壁で表現されているが、一般財団法人松井文庫が所蔵する『二階櫓眺望之図』では城内の建造物はすべて黒色の下見板張りとして描かれている。昭和六十一年まで現存していた本丸御殿の大書院は下見板張りであり、城内の建造物は『二階櫓眺望之図』に描かれているとおり、実際には下見板張りであった。

八代城は東西二七五間（五〇〇メートル）、南北三二〇間（五八二メートル）、総構えの規模は東西九一〇間（一六五五メートル）、南北五七〇間（一〇三七メートル）である。加藤時代の八代城の縄張は、基本的に現在の城跡の縄張と同じである。元和七年～寛永九年頃に作成されたと推定される『八代城・八代町絵図』（熊本県立図書館所蔵）は創建時の八代城の縄張を伝える史料であり、絵図によると本丸西北端に五層の天守および二層の小天守がそびえ、北東隅には三階櫓、埋御門、冠木門が設けられていた。しかし加藤時代に本丸御殿や能舞台が築かれていたか不明である。二ノ丸には侍屋敷や番所など、三の丸には冠木門と松木口が設けられていた。城下町は八代城の南側および東側に展開し、麦島から移転した中島町、宮之町、本町などが広がっていた。

●—八代城大天守・小天守石垣

細川忠興時代の八代城は加藤時代の縄張を基本としつつ、本丸御殿および能舞台などが新たに設けられたと考えられ、松井氏が八代城代を務めるようになると、本丸一帯に三十間櫓、宝形櫓、九間櫓、唐人櫓などが設けられたと考えられている。

現在、八代城は地上に本丸石垣と北の丸石垣、二の丸石垣の一部が保存されている。石垣は隅角部と、第二期積み直し箇所を除いて麦島城同様に石灰岩を用いた野面積みの石垣であり、大天守で約一五メートルの高さを測る。

石垣以外の本丸の遺構は地表面下に保存されており、本丸に鎮座する八代宮境内では本丸井戸跡や、加藤氏築庭と考えられている枯山水の庭もみることができる。北の丸には細川忠興が築庭した庭の一部が残されており、同所にあった数寄屋の礎石の一部もみることができる。

【参考文献】富田紘一編『定本 熊本城』（郷土出版社、二〇〇八）、八代市教育委員会『八代城郭群—古麓城跡、麦島城跡、八代城跡、松浜軒、平山瓦窯跡—』八代市文化財調査報告書第四五集（二〇一三）、八代市教育委員会『国史跡「八代城跡群 古麓城跡 麦島城跡 八代城跡」八代城跡保存修復報告書—平成二八年熊本地震による被災と保存修復—』八代市文化財調査報告書第四九集（二〇一八）、八代市教育委員会『八代城跡二の丸 平成二八年度熊本地震で被災した八代市役所本庁舎の建て替えに伴う発掘調査』八代市文化財調査報告書第五一集（二〇二〇）

（山内淳司）

●肥薩国境を抑える境目の城

佐敷城

〔国史跡〕

〔所在地〕芦北町大字佐敷・花岡
〔比　高〕約八五メートル
〔分　類〕山城
〔年　代〕一六世紀末〜元和元年（一六一五）
〔城　主〕加藤氏（城代加藤重次）
〔交通アクセス〕肥薩おれんじ鉄道「佐敷駅」下車、徒歩二〇分。

【城の立地】　佐敷城跡は熊本県の南部、不知火海（八代海）に面する葦北郡芦北町大字佐敷および花岡に位置する。葦北郡は海岸部まで山が迫り、海岸線は沈水性の標式的なリアス海岸が形成される反面、海岸平野の発達は悪い。天然の良港である佐敷湾奥に位置する佐敷は、佐敷川沿いに細長い谷底平野を有し、古代には西海道西路の佐色（職）駅が設置され、中世以降は鹿児島へ向かう薩摩街道と人吉・球磨方面へ通じる人吉街道（相良往還）がこの地で分岐するなど、肥後南部における水陸交通の要衝であった。佐敷城跡は、地元で城山（標高八四・五メートル）と呼ばれる丘陵一帯に位置する。

城山は九州山地の末端部にあたり、南東方向から流れてきた佐敷川は城山北側で大きく屈曲し、河口部で湯浦川と合流して佐敷湾に注ぐ。築城当時、城山は佐敷湾に突き出た半島状の地形であったが、西側山裾は、一八世紀後半の干拓で陸地化されている。

【中世と近世、二つの佐敷城】　佐敷城が初めて文献で確認されるのは、至徳二年（一三八五）二月四日付渋谷重頼軍忠状（入来院家文書）にある「楯籠佐敷之城」で、一八世紀編纂の『肥後国誌』は建武二年（一三三五）に八代古麓城主名和氏の一族が城代であったとする。また、戦国時代、肥後南部三郡（球磨・葦北・八代郡）を領した相良氏の動静を記した『八代日記』享禄二年（一五二九）七月六日条には、相良氏内紛により「佐敷落城」とある。『肥後国誌』以降、多くの史書がこれら中世文書に登場する「佐敷城」が近世佐敷城へ発展

●—佐敷城空中写真（芦北町教育委員会提供）

したとし、城の位置を同じであるとしてきた。しかし近年は、近世佐敷城とは別位置にある兼丸城や佐敷東の城が中世佐敷城に比定されている。

【城の歴史】　近世佐敷城の築城年代は不明であるが、加藤清正が肥後半国の領主として入国した天正十六年（一五八八）以降と考えられる。重臣の加藤重次が城代を勤め、清正とともに朝鮮半島に従軍していた文禄元年（一五九二）、島津家臣の梅北国兼に城を一時占拠される梅北の乱が発生した。乱の顛末を記した『井上弥一郎梅北一揆始末覚』には、「本丸」、「追手之門」、「座敷一間」など記され、この頃には完成していたと考えられる。

慶長五年（一六〇〇）、関ヶ原の戦いの余波として島津軍が佐敷城を攻撃したが、撃退している。その後、有力支城として整備されるが、元和元年（一六一五）の一国一城令により、鷹ノ原城・内牧城とともに廃城となり、破却された。

加藤氏改易後の寛永十五年（一六三八）、幕府は天草・島原の乱に対する戦後処理の一環として、九州の各大名に古城の調査と破却を命じ、同年六月七日付けの戸田氏銕宛細川忠利書状では、「佐敷・みな俣と申両所、古肥後守時城御座候を割申候つる、堀も埋申石垣は勿論崩候へとも、端々ニ石之見へ申候所少ハ御座候（中略）それも石をのけさせ申候

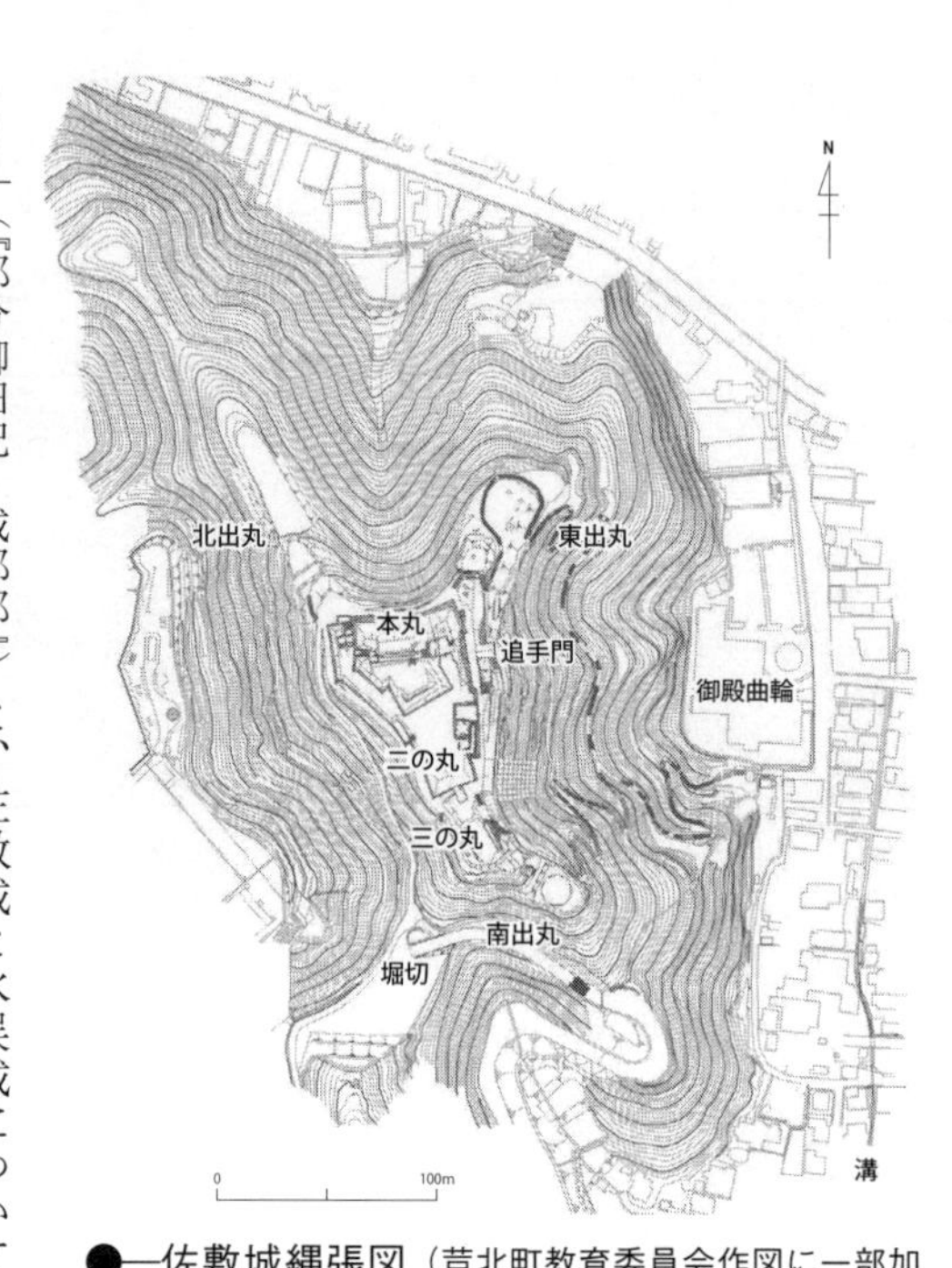

●—佐敷城縄張図（芦北町教育委員会作図に一部加筆）

……」（『部分御旧記　城郭部』）と、佐敷城と水俣城について前領主の加藤氏による破却が不十分であったため、改めて石垣を取り除いたことを報告している。

【城の構造と石積み技術の変遷】　主郭部は総石垣造りで、山頂の本丸から階段状に二の丸、三の丸を南側に配置し、帯曲輪と虎口で各曲輪を連携している。発掘調査では大量の瓦片が出土し、石垣上に瓦葺き建物が建ち並ぶ様が想像される。一方、北西、北東、南東に派生する尾根上に置かれた出丸には、主郭部近辺以外に石垣はみられない。尾根続きの南側は堀切で遮断し、城域をコンパクト化している。城下町と薩摩街道が通る東側が大手で、主郭部は桝形虎口と櫓門を備えた城門を東側に重層的に配置している。東側山裾の御殿曲輪を囲むように石垣と堀が出土し、曲輪を中心に家臣団の屋敷が山裾一帯に配置され、町人居住地とは溝で分断されている。

石垣は、石材や積み方の違いからⅠ～Ⅲ期に分けられ、築造技術の進歩を一体的に確認することができる。Ⅰ期は、周辺に豊富な石灰岩などの自然石主体で勾配も緩く、地形に沿って積まれている。Ⅱ期は石灰岩などのほか安山岩の粗割石を用い、本丸や追手門では板石による鏡積みが確認されている。隅角部は算木積みの形を取っていない。Ⅲ期は安山岩の割石を用い、石積みは目地が通った布目積みで、隅角部は完成された算木積みである。塁線は直線的で複雑に折れ、勾配もⅠ、Ⅱ期に比べ急である。

Ⅰ期の築造時期は不明だが、Ⅱ期は共伴して朝鮮半島系瓦が出土しており、関ヶ原の戦い以前と考えられる。Ⅲ期は慶長十二年銘入軒平瓦がみつかっている。本丸南側や二の丸南側などではⅢ期石垣の裏込め石（栗石）中からⅠ、Ⅱ期石垣が出土し、改築時に古い石垣の外側に新たな石垣を築き、曲輪の拡張や通路の付替えを行っている。

【多様な出土瓦】 鬼瓦（飾り瓦）の種類が多く、「天下泰平国土安穏」銘鬼瓦をはじめ、桐、桔梗、隅立角など家紋に関わるものや、龍や鯱（しゃちほこ）、魚、鳥、鹿角（しかづの）、三日月を象ったものもある。慶長十二年銘入軒平瓦は、水俣城でも同笵瓦が出土しており、加藤領内の支城整備時期を示す貴重な資料である。

●—佐敷城追手門完掘状況（芦北町教育委員会提供）

朝鮮半島系瓦は表面にタタキ痕、裏面には布目痕が顕著に確認され、年号を表す干支である「壬午」の文字入り平瓦も出土している。軒丸瓦の文様は光芒線状と蓮華文状の二種類あり、このうち光芒線状文様瓦は慶尚左兵営城（韓国・蔚山（ウルサン）広域市）出土瓦と同笵で、蔚山籠城戦後に持ち帰った可能性がある。清正の家紋である桔梗紋入滴水瓦は、朝鮮の瓦工人が日本国内で焼いた可能性が高い。

【二度の城割】 石垣隅角部にもっとも顕著に破壊の痕跡がみられ、特に出隅部分では角石が根石近くまで除去されている一方、入隅部分の残りは良い。直線的な面では上部が平均的に崩されていた。通路および城門は、崩した石垣の石材と栗石で覆われ、特に城門の石段踏石は途中から除かれていた。追手門では、「天下泰平国土安穏」銘鬼瓦が瓦溜り最下層から完全な状態で出土し、丁寧に据え置かれたことが判明した。この鬼瓦手前の石段踏石一個のみが外されており、廃城儀礼存在の可能性を示すものとして注目される。本丸西側虎口出土の桐紋入鬼瓦も同様に出土している。

また、破城で崩された栗石内から寛永通宝（かんえいつうほう）が出土した。この寛永通宝は、寛永十三年以降に鋳造された「古寛永」で、肥後北端の鷹ノ原城でも古寛永が出土しており、肥後国内の破城の推移を示す手掛りとなるかもしれない。

【参考文献】芦北町教育委員会『芦北町文化財調査報告書第二集 佐敷城跡』（二〇〇四）、高正龍「蔚山慶尚左兵営城と熊本佐敷城の同笵瓦—豊臣秀吉の朝鮮侵略と「朝鮮瓦」の伝播（二）—」『東アジア瓦研究』第四号（東アジア瓦研究会、二〇一五）

（深川裕二）

●相良氏葦北郡支配の拠点城郭

佐敷東の城（さしきひがしのしろ）〔芦北町史跡〕

〔所在地〕芦北町大字花岡・乙千屋・宮浦
〔比　高〕約一六〇メートル
〔分　類〕山城
〔年　代〕一六世紀前半～後半
〔城　主〕相良家臣東氏
〔交通アクセス〕肥薩おれんじ鉄道「佐敷駅」下車、徒歩六〇分。

【城の立地】　佐敷東の城は、佐敷城から佐敷川を挟み東に一・二キロほど離れた城山（じょうやま）（標高一五九・三メートル）山上に位置する。佐敷城がある城山（しろやま）とは表記が同じであるが、読みで区別されている。明和九年（一七七二）作成の『芦北郡佐敷之図』には「古城山」とある。

城の西側山裾にある花岡古町遺跡からは、多くの掘立柱（ほったてばしら）建物とともに宋、明時代の輸入陶磁器や古銭が多数出土している。『八代日記』に登場する「佐敷八町」、「佐敷之市」と想定される。

佐敷は球磨（くま）地方から不知火海（しらぬいかい）への玄関口かつ天草方面への出撃基地で、相良（さがら）氏当主は人吉（ひとよし）と佐敷を結ぶ人吉街道（相良往還（おうかん））を通り、佐敷を発着港に人吉と八代を行き来し（佐敷通）、また島津氏など他勢力との外交交渉の場となるなど重要な拠点であった。

【城の歴史】　大永年間（一五二一―二八）～享禄年間（一五二八―三二）の相良氏内紛を相良長唯（ながただ）（義滋（よししげ））が収拾すると、享禄三年（一五三〇）に相良家奉行は芦北衆に城誘（しろこしらえ）を依頼しており、築城時期はこの頃と考えられる。麓の宮浦阿蘇（みやのうらあそ）神社（じんじゃ）には天文二年（一五三三）に「大壇那（おおだんな）藤原朝臣長唯（ながただ）」とともに「當代官藤原武秀」「當城人駄藤原千代松丸」が神像を奉納しており、城主と伝わる相良家臣東藤左衛門、新左衛門親子の可能性がある。東藤左衛門は永禄十年（一五六七）に大口の戦いで討ち死している。

天正九年（一五八一）に相良氏は北上する島津氏に葦北郡

割譲を条件に降伏、島津氏は宮原景種を佐敷地頭とした。天正十二年の沖田畷の戦いでは島津義久本軍が駐留している。天正十五年四月、豊臣秀吉の九州平定により景種は隈庄（熊本県熊本市南区）で戦死し、同月二十一日付けの小早川隆景宛の秀吉書状では、「薩摩国堺さしきの城責致、其近所ニ陣取候、當地御普請等出来候間……」と城は落城し、佐敷城が新たに築城されると廃城となった。

【城の構造】佐敷城の三倍超の広大な城域を持ち、最高所で城域南端にある曲輪Ⅰ（一の丸）を軸に、北と北西方向それぞれに尾根が延び、この尾根に挟まれた迫地形（曲輪Ⅶ）が曲輪Ⅰ直下まで続く馬蹄形の地形を成している。一帯の斜面は深い谷に浸食され、谷は麓の集落からの登城道となっており、南側の栫集落、北西側の乙千屋集落、東側の宮浦集落へ続いている。『肥後国誌』に栫集落は城主、城士の日常の居住空間で、乙千屋集落は城主東藤左衛門の子乙千代丸の館があったことを地名由来とする、と記されている。

曲輪Ⅰを主郭とし、標高一四〇～一六〇メートル間に各曲輪が並列的に配置される群郭式城郭の特徴を持つ。曲輪Ⅰは東西一五メートル、南北約五〇メートルの削平地で、切岸が施された曲輪の周囲を帯曲輪が巡り、西側の帯曲輪は

●—佐敷東の城縄張図（芦北町教育委員会作図に一部加筆）

●—佐敷東の城畝状竪堀群

曲輪Ⅱ、Ⅲへの通路となっている。帯曲輪の直下、南と南西の尾根にはそれぞれ三重の堀切があり、さらに南尾根には主郭から約三〇〇メートル離れた、栫集落を見下ろす支峰端部に主郭側へ三重の堀切を配した出城的な曲輪Ⅷが置かれている。

北西尾根には栫集落からの登城道が西側斜面に通じ、曲輪Ⅱ（二の丸）および登城道両脇の小曲輪群が対応している。尾根の先端、曲輪Ⅲは三の丸と呼ばれ、北側尾根に幅四～八メートルの大堀切を三重に巡らし、南側尾根にも二重の堀切を配している。

曲輪Ⅰ～Ⅲと曲輪Ⅳ、Ⅴに挟まれた迫地形の曲輪Ⅶには素掘りの水路が流れ、乙千屋集落からの登城道が通じている。水の手的空間であった可能性がある。曲輪Ⅴの北には幅八メートル、長さ七〇メートル、高さ三メートルにおよぶ二重の城内最大の大堀切がある。

東側から通じる宮浦集落からの登城道の備えは曲輪Ⅳ、Ⅵで、登城道が城内に繋がる鞍部に面する曲輪Ⅳは自然石の石積みによる曲輪造成が認められる。曲輪Ⅵの東側には五本の竪堀が連続する畝状竪堀群があり、これらは相良氏による新しい築城技術の導入を示している。

【参考文献】鶴嶋俊彦「中世相良氏の佐敷城」『ひとよし歴史研究第三号』（人吉市教育委員会・人吉市文化財保護委員会、二〇〇〇）

（深川裕二）

●中世城郭の面影を残す近世城郭

近世人吉城（きんせいひとよしじょう）

〔国史跡〕

〔所在地〕人吉市麓町
〔比　高〕約三〇メートル
〔分　類〕平城
〔年　代〕一六～一九世紀
〔城　主〕相良氏
〔交通アクセス〕JRえびの高原線「人吉駅」下車、徒歩一五分。または、九州自動車道「人吉IC」から車で五分。

【相良氏の居城】　鎌倉時代、人吉荘の地頭となった相良氏は南北朝内乱を経て球磨郡を統一、勢力を拡大した。戦国時代になると本拠地球磨郡のほかに葦北郡と八代郡も治めて肥後国の南半を領域として、薩摩国大口や日向国の真幸院も支配、天草にも軍団を派遣するなど大きな影響力をもっていた。

しかし、薩摩島津氏の北上に伴い芦北・八代の領土を失い、さらに豊臣秀吉の九州平定により球磨郡のみに減じられて二万二〇〇〇石を領して、近世大名としてその命脈を保ち続けた。

その相良氏が、文明年間とされる築城期から幕末まで一貫して居城としたのが人吉城である。

なお、人吉城には「繊月城」、「三日月城」の別称があるが、これは、鎌倉時代とされる築城の際に三日月文様のある奇石が出土し、霊石として祠に納めた伝承に由来する。この奇石は、「繊月石」として市指定文化財となっている。

【土の城から石垣造りの城へ】　天正十七年（一五八九）、のちに初代人吉藩主となる相良長毎は、統治の拠点として新たな人吉城を計画し、中世人吉城の城郭域のうち、「内城」と呼ばれていた区画を近世の城へと改修した。シラス台地の自然地形を活かした山城であった中世人吉城から、球磨川に近い部分に、石垣造りの近世人吉城として改修し、織豊系城郭化が進められたのである。

しかし、近世城郭としての人吉城は中世人吉城の縄張を色

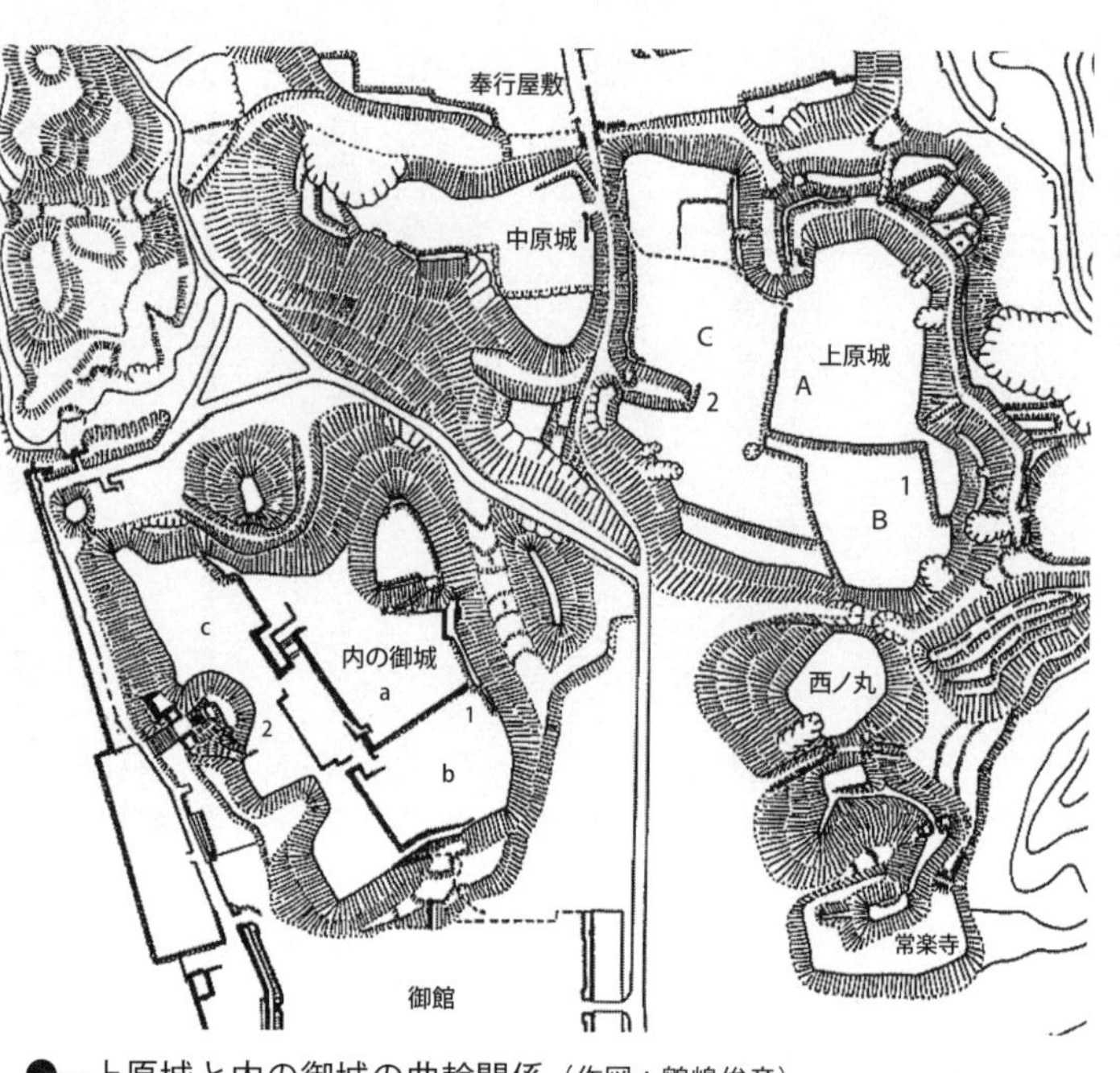

●—上原城と内の御城の曲輪関係（作図：鶴嶋俊彦）

濃く残したものとなっている。

中世人吉城の「高高城」の主郭である曲輪Aは、近世城域の曲輪aに対応する。主郭の西側に位置する一段低い曲輪Bは、曲輪bと、曲輪A・Bの北側に位置して両曲輪をつなぐ回廊的な役割も果たす曲輪Cは曲輪cと対応する。登城口も曲輪C、曲輪cの北側にそれぞれ配置される。

この縄張構造の近似は千田嘉博により指摘され、「近世人吉城中心部は、中世人吉城プランを忠実に踏襲することでつくり出されていた」と評価された。

このように中世城の縄張を踏襲しながらも、主要塁線には、石垣や桝形虎口といった近世城郭の要素を取り入れながら改修は進められた。

相良家史『探源記』によれば慶長三年（一五九八）には「御館三方之石垣」の普請が行われ、慶長六年には「御本丸・二の丸・櫓・御門が成就」したという。

球磨川沿いに廻らされた石垣は、慶長十二年から寛永十六年（一六三九）まで普請が続けられた。当初、岩下御門まで普請する計画であったが、「世上色々風聞故」大手門から先は中断され、以後に大きな石垣普請は行われなかった。人吉城の石垣から、石材や加工、積み方にさまざまな技術を観察することができるのは、長い期間をかけて普請が続けられたことによる。

【城の構造】 本丸・二の丸・三の丸への登城口は、曲輪cに設けられた平入虎口「御下門」で、三の丸へ続く城道は大きく屈曲し、上方の三の丸から側射ができる桝形虎口に似た構

●—近世人吉城地形図（出典：人吉市教育委員会 2011 に加筆）

造となっている。

二の丸と三の丸とを繋ぐ櫓門であった「中ノ御門」を抜けると石垣により囲まれた空間となり、三方から頭上攻撃にさらされる迎撃強固な桝形虎口となっている。

二の丸は、現在植林による杉林となっているが、江戸時代初期、「高城」と呼ばれて城主の住む御殿が建てられ、周囲の石垣上には土塀が立ち、見張りのための番所が置かれた。

慶長十七年には島津家久（いえひさ）が人吉城に赴き、この御殿で相良長毎の饗応を受けた記録があるなど、他大名らとの饗応・接待の場として活用されている。

三の丸には石垣を設けず自然の崖を城壁とし、「竹茂かり垣」と呼ばれる竹を植えた垣で防御していたとされる。

「高城」の東背後のさらに高まった独立した丘陵を本丸と呼んでいる。本丸は、いわゆる天守台に相当するが、他の近世城郭にみられるような天守が存在せず、二階建ての護摩堂（ごまどう）や御先祖堂、太鼓屋、山伏番所が建てられていた。

寛永三年、本丸に五階建ての櫓を建てる計画で三階まで完成していたが「三階以上の物見櫓（ものみ）は叶わぬとの風聞」により三階部を取り払い、二階建ての護摩堂として建造したという。

「外輪」と呼ばれた本城の西に位置する平場には、藩主の居宅である「御館」がおかれ、御館のさらに西側にあたる「西外曲輪」は、藩士の屋敷地として家格や役に応じて構成された。屋敷地の構成は近世の絵図史料にみることができるが、発掘調査で一六世紀前半以前の遺物がほとんど確認されないことは、「外輪」が近世人吉城を構築する際に整備された城域であることを示している。

近世人吉城は、球磨川とその支流である胸川を自然の外堀とし、川側からの入口として大手門を設けた。また、川に面していない南側は、搦手（からめて）の城門として岩下門を設けている。

【川の城】 球磨川は外堀の役割だけでなく、年貢や物資の輸送に欠かせない水運としても利用された。川沿いの石垣には大小の門を設けて船着き場が置かれたが、その中で最大の門が「水ノ手門」で、幕末まで人吉城の北の城門として機能した。門の規模は、三間で、御番所と茅葺屋根の船蔵があった。周辺には米蔵が置かれ、発掘調査では、「御用米」「免田納米」「上村納米」といった木札が出土していて、球磨川上流の免田や上村（ともに球磨郡あさぎり町）から年貢米が水運を利用して運びこまれていたことがわかる。

一方で、球磨川による水害にたびたび見舞われたことが史料から確認されている。水害による城の破損は、そのつど修理が行われた。正徳二年（一七一二）の「水の手角の水位一丈五尺二寸（約四・六メートル）」、元文四年（一七三九）の「大手門西石垣崩」、宝暦五年（一七五五）の「大手門内並びに城外小路町方面舟にて往来し人を助る」といった記録があるが、ほぼ毎年といっていいほど洪水に見舞われており、川の城ならではの歴史である。

【相良家の御家騒動と謎の地下室】 徳川家康が江戸幕府を開き、将軍を中心とした幕藩体制が確立し始めた江戸時代初期、全国諸藩で御家騒動による内乱が頻発する。相良家もまた同じであった。

内乱の舞台となったのは「西外曲輪」の北半で、この事件の起こった場所が「御下」と呼ばれていたことから、「御下の乱」と呼ばれている。

この内乱の経緯は、第二一代相良頼寛（よりひろ）が家臣、相良清兵衛（せいべえ）が主君に従わず独自の支配をしているとして主君の側から徳川幕府老中に訴えたことに始まる。

清兵衛が幕命で江戸に召喚されている間に、清兵衛の養子犬童（いんどう）半兵衛を中心とする一派の与力侍一〇人ばかりが集まり七、八〇人が清兵衛屋敷に立て籠った。相良家側は立て籠りをやめるよう説得したが、使者を殺害する暴挙にでたため、内乱となった。

乱は寛永十七年七月七日早朝に始まりその日のうちに、相良家側により鎮圧された。首謀者であった犬童半兵衛は一族ともに命を失い、さらに乱に加担した侍・山伏・内侍ら併せて一二一人が自殺または殺害された。

この内乱により家数八〇ほどが焼失したとあり、この乱による焼土層が発掘調査により確認されている。

清兵衛と内蔵助の屋敷跡が発掘調査された際、絵図でそれぞれ「持仏堂」「蔵」と書かれている箇所から地下遺構が発見された。二つの地下遺構は、地下への石段の降り口をもち、内部は、黒色の玉石を敷き詰めた地下空間となっている。水を溜める方形大型の石積みが供えられ水の中に降りられるよう石段が設けられた構造となっている。

●—発見された清兵衛屋敷地下遺構

二つの地下遺構は、相良家史書には記録として残らず、造られた目的や用途は不明で、謎を秘めた遺構となっている。

【幕末から現在まで城の利用】　文久二年（一八六二）に発生した城下が火元の寅助火事と呼ばれる大火は、城内にも飛び火し、主要な建物がほとんど焼失する大惨事となった。その再建は大坂商人や薩摩藩からの借金によって行われた。

この大火により御館の北側に位置する石垣上の長櫓は焼失したが再建せず、従来の石垣を約四メートル嵩上げするという工事で対応された。この石垣増築は石垣の天端に、平たい直方体の切石を外側に突き出させた「はね出し」工法を使って行われた。慶長期に築かれた旧来の石垣上に幕末に出現した技術である「はね出し」石垣をさらに積み上げた例は類例がなく、人吉城ならではの風景となっている。

明治二年（一八六九）からは、御館の南半分が藩庁として使用され、武家屋敷も兵伝習所や洋学場、武器庫に改修され、時局の変化に対応した施設の拡充がなされた。

【史跡の整備】　廃藩置県以後は、櫓、門、蔵などの建物は立木とともに払い下げられ、城郭としての遺構は石垣のみとなった。明治十三年には、御館の跡地に相良神社が建立された。

●—はね出しのある石垣

石垣のみとなっていた西外曲輪は、絵図や文献、古写真、発掘調査の成果をもとに角櫓、多門櫓、長塀が忠実に復元されている。また、継続的に発掘調査が実施されており、その成果は地表面に礎石を復元するなどの遺構表示している。

発見された二つの地下室遺構は現地保存を図っており、相良清兵衛屋敷跡で発見された地下室遺構は史跡人吉城跡のガイダンス施設である人吉城歴史館内で中に降りて水を湛えた状態を見学することができ、江戸時代当時の雰囲気を追体験できるような工夫を行っている（令和二年七月豪雨の影響により人吉城歴史館は休館中）。

【参考文献】千田嘉博「人吉城の構造」『史跡人吉城跡保存管理計画書　第二版』（人吉市・人吉市教育委員会、二〇一一）（岸田裕一）

●シラス台地を城郭化した相良氏の城

中世人吉城（ちゅうせいひとよしじょう）

〔国史跡（上原城）〕

〔所在地〕人吉市上原町・富ケ尾町
〔比　高〕約四〇メートル
〔分　類〕平山城
〔年　代〕一五世紀後半～一六世紀
〔城　主〕相良長続・相良為続ほか
〔交通アクセス〕ＪＲえびの高原線「人吉駅」下車、徒歩一五分。または、九州自動車道「人吉ＩＣ」から車で五分。

【築城時期】　中世城郭としての人吉城は、シラス台地に展開される大規模な群郭式城郭で、上原城、中原城、下原城、原城外廻り、西の丸、内城と呼ばれる六郭からなる。

江戸時代に編纂された相良家史『南藤蔓綿録』によれば、もともと、この地には平頼盛の代官、矢瀬主馬佑がいたが、建久九年（一一九八）、源頼朝の命で遠江国相良荘から下向した相良家初代相良長頼が矢瀬氏を滅ぼして入城し、人吉城の修築を行ったとされる。

『南藤蔓綿録』は江戸期の編纂物で、この修築の話の信ぴょう性には疑問があるが、相良家一二代相良為続宛てに出された文明二年（一四七〇）の書状に「人吉御城」の記載があることや、上原城と中原城の発掘調査で、主に一五世紀から一六世紀の陶磁器が出土していることから、一五世紀中には城としての体裁を整えていたのは明らかである。

【城郭の構造】　中世人吉城は、その後の近世城域（内城）も含めて城域としていたが、その主体部は近世人吉城の背後に位置する丘陵上に大規模に展開されている。大きく三つの曲輪群で構成されており、相互はそれぞれに独立して上原城・中原城・下原城と呼ばれている。上原城は標高がもっとも高く主郭を有する曲輪群として存在し、次いで中原城、下原城と下がる。

上原城はA・B・Cの曲輪からなり、Aが最高所を占める。発掘調査では掘立柱建物や礎石建物、半地下式建物のほか、幅三メートルの薬研堀の堀切で曲輪Aと曲輪B・Cとが明確

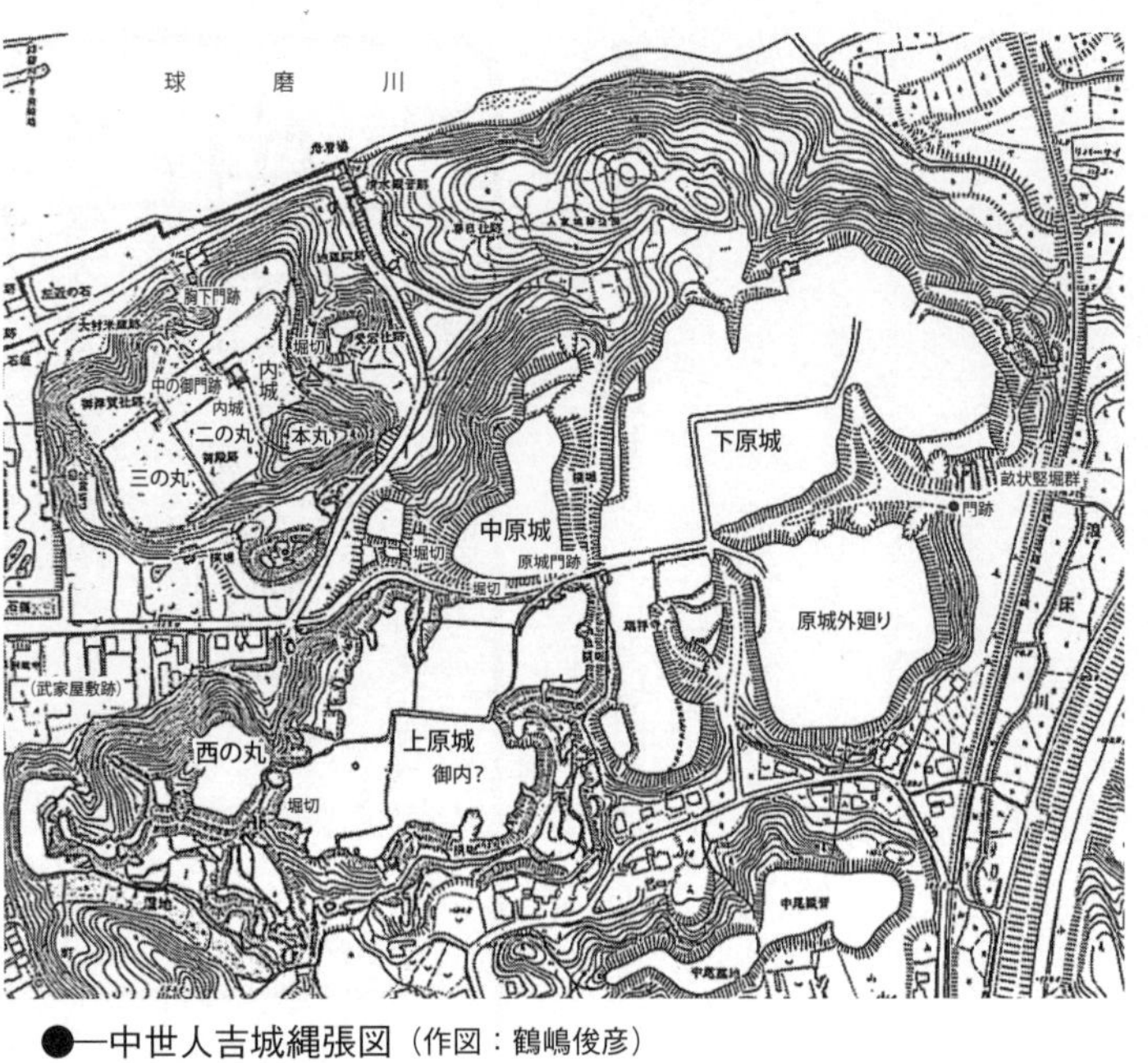

●—中世人吉城縄張図（作図：鶴嶋俊彦）

に区画され、主郭に相当した重要な曲輪であることが確認された。

上原城の北に位置する中原城は、上水道配水池設置のため一部消滅しているが、曲輪西端を区切る堀切や、曲輪北端の帯曲輪も旧状を良く残している。中原城の東を区切る横堀は非常に大規模で、中原城の北端から上原城の東端まで包むように延びる。堀の東側には土塁が設けられ、上原城と中原城を一体的に守っていて、中原城が上原城に準じて、重要な曲輪群であったことを示している。

下原城は、上原城と中原城の東に広がる曲輪群で、もっとも上原城に近い部分は奉行屋敷と伝えられるが、大部分は人吉衆の屋敷地となっていた。

城域への入口にあたる下原城東側の南斜面では以前から畝状空堀群の存在が確認されていた。近年、赤色立体地図の成果により中原城東側斜面でも畝状空堀群が発見されている。

南側と西側では急峻なシラス台地の崖を天然の要害とし、主郭を有する上原城を位置させ、他方では大規模普請による土地改変とを組み合わせ広大な城域を造り上げた中世人吉城は、相良氏の築城技術を現代に伝えている。

（岸田裕一）

【参考文献】鶴嶋俊彦「原城（中世人吉城跡）第一次発掘調査報告」『ひとよし歴史研究 第一六号』（人吉市、二〇一一）、人吉市教育委員会『中原城跡』（二〇二〇）

●史料に登場しない「まぼろし」の城郭

高城（たかじょう）

〔山江村史跡〕

〈所在地〉山江村山田乙字本城
〈比　高〉約四〇メートル
〈分　類〉山城
〈年　代〉一五世紀後半～一六世紀前半
〈城　主〉永留（相良）長続か
〈交通アクセス〉九州自動車道「人吉IC」から一般道路を右に出て車で約一キロ、「合戦峰公民館」付近。

【地名から推測された城郭】　高城は、山田川を眼下にのぞむ狭い丘陵上に所在する。中世の史料のほか、後世の編纂物にもその姿を現さない「まぼろしの城郭」である。

熊本県が実施した中世城跡緊急調査により、「本城」「城」などの字名の調査から城跡の存在を推測、一帯をつぶさに踏査したところ、丘陵を堀切（ほりきり）により独立させた八つの郭からなる城郭が確認された。高城の城名は、地元で城跡地の一帯を「高城」と称していることによる。

九州縦貫自動車道建設に伴い実施された発掘調査により、Ⅱ、Ⅲ、Ⅳ、Ⅶ郭で発掘調査が行われ、その「まぼろし」の実態が明らかとなった。

【高城の縄張と発掘調査の成果】　高城は、八つの郭からなる群郭式城郭である。シラスの丘陵を幅一〇メートルほどの横堀で寸断することで各郭を形成している。

開発により消失したⅡ・Ⅲ・Ⅳ郭を除いて、土塁（どるい）などが比較的良好に残っており、地表面から城の縄張が容易に観察できる。

最高所となるⅠ郭は、南北三六メートル、東西三八メートルの平面形三角形状を呈した緩斜面で、北辺から東辺にかけて土塁がL字状に残り、一段下がった南北方向に帯曲輪（おび）が配置される。

Ⅰ郭と堀切によって区切られるⅦ郭は、地形を平坦化して構築した不整形な平面となる。郭群の中でもっとも広く、北側は堀切底から比高二メートルもの大きな土塁を備えて防御性が高い郭となっている。Ⅶ郭の東側には矢倉台状の地形が付属す

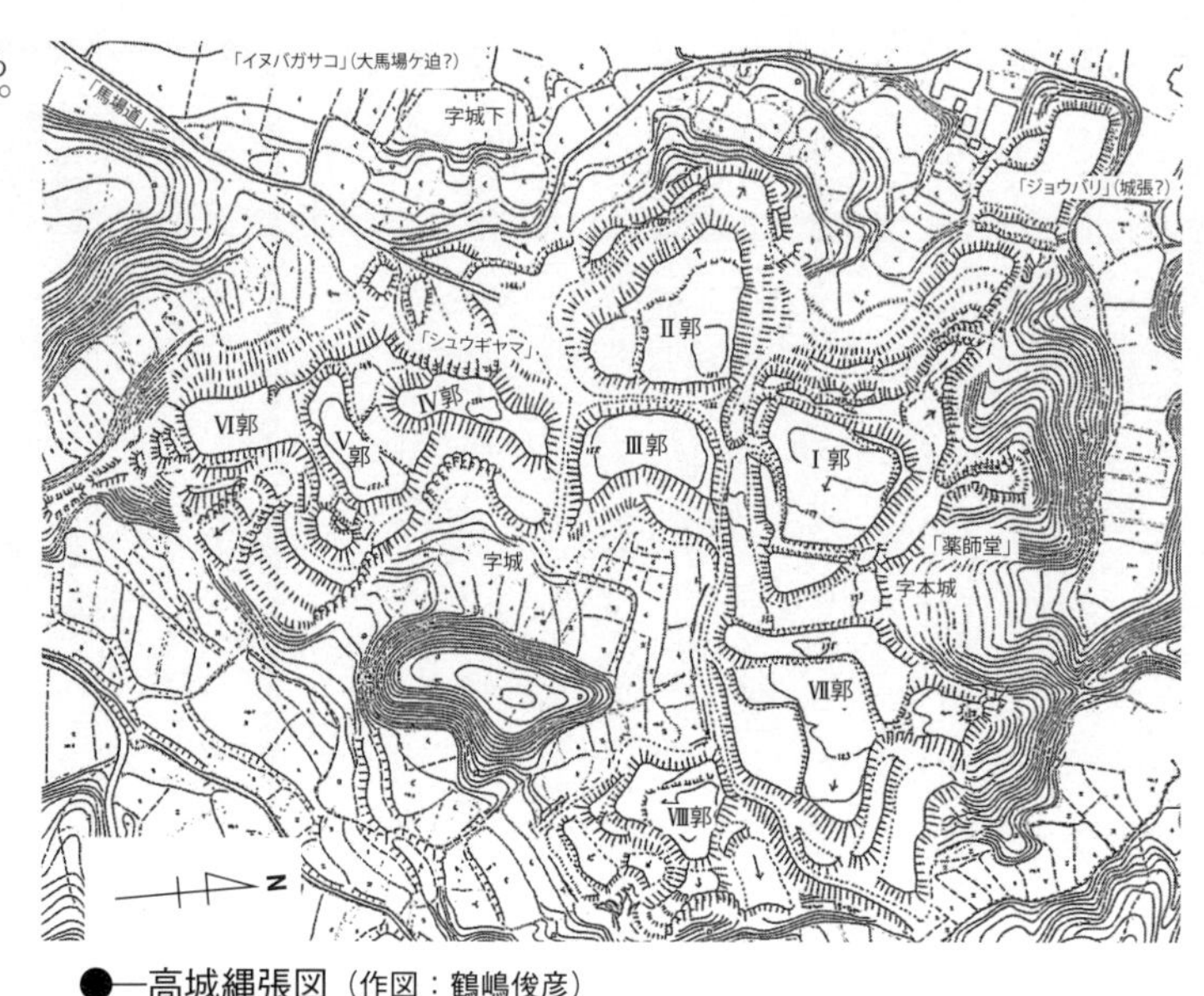

●—高城縄張図（作図：鶴嶋俊彦）

る。

I・II・III・VII郭に対して、南側に位置するIV・V・VI郭は、切岸を廻して急斜面とする。

発掘調査では、IV・V・VIの各郭で掘立柱建物が確認され、貿易陶磁器やかわらけ、擂鉢、火舎（火鉢）、すり鉢、ひき臼といった多種多様な遺物が出土した。

遺物は大半が、一五世紀後半から一六世紀前半に限られることから、高城は、きわめて短期間に存続した大規模な城郭であることが判明した。

各郭で確認された建物跡は、規模の大きなものではないことから、「簡易な兵舎や小規模な倉庫」（熊本県教育委員会一九八八）と推測しているが、IV郭を、衆議（寄り合い）を示唆する地名「シュウギヤマ」と伝えるように城主や家臣らが集住していたことをも想像させる。

【城の現況】高城は史跡としての整備は行われていないが、合戦峰公民館に案内板が設置されている。最高所にあたるI郭は、栗の植林が行われているため、見学する際には地元の方々に対する承諾が必要である。

高城の南西は、現在、「合戦峰」の集落が開かれ、集落から城に至る道は「馬場道」と称される。「馬場道」の延長上には「合戦峰跨道橋」が渡されており、橋上からは北にI郭、南にV・VI郭、北東にVII郭を望むことができる。

【参考文献】熊本県教育委員会『高城跡』（一九八八）、鶴嶋俊彦「戦国相良氏の誕生と城郭形成」稲葉継陽・小川弘和編『中世相良氏の展開と地域社会』（二〇二〇）

（岸田裕一）

●猛攻に耐えた要害堅固な山城

山田城(やまだじょう)

〔山江村史跡〕

〔所在地〕山江村山田甲字大王谷
〔比　高〕約九〇メートル
〔分　類〕山城
〔年　代〕一四世紀
〔城　主〕少弐頼尚（城代：平河左近允・相良定頼）
〔交通アクセス〕九州自動車道「人吉ＩＣ」から、山江村まで約五分。山江村歴史民俗資料館から西へ徒歩一〇分。

【南北朝の内乱】　後醍醐天皇の南朝と足利尊氏が光明天皇を擁立した北朝とが対立した南北朝内乱期、球磨郡内でも人吉の相良定頼（北朝方）と上球磨の国人の一人である多良木の相良経頼（南朝方）らが、山田城をめぐる攻防戦を展開した。この頃、人吉球磨郡域では、いくつかの城郭が築城され、「山田城」も初めて史料に登場する。

興国元年（一三四〇）三月には、人吉相良家当主相良長氏の子息祐長が相良経頼らと同心したことが露見し、長氏は祐長を義絶、譲渡した所領を「悔返し」した。このことに反発した祐長は山田城に立て籠る。祐長の動きに連動して、郡内の南朝勢力の士気も高揚、山田城、木上城（球磨郡錦町木上）が抗争の拠点となった。

山田城を所領としていた少弐頼尚は人吉相良氏に軍勢を督促した。

興国元年八月六日に荒猪倉城、木枝城、村山城を攻め、九日に祐長が立て籠る山田城へ押し寄せた。相良経頼は孤立した山田城の支援のため、十日に伊藤八郎とともに築地原（球磨郡あさぎり町免田）に討って出たが、人吉相良氏は兵を築地原と山田城の二手に分け、攻めさせた。

築地原合戦は人吉相良氏の勝利に終わり、経頼は本拠の多良木へ退いた。一方、祐長は築地原での多良木勢の敗北にもめげず、山田城を持ちこたえたが、八月十九日に城の放棄を決断、人吉相良氏は山田城の奪還に成功した。「山田城合戦」と呼ばれる、一〇日間にもおよぶ山田城の攻防戦は、山田城がいかに強固な山城であったかを物語る。

【山田城の構造】 山田城は標高およそ二三八メートル前後の山に築かれた山城で、周囲は三方が切り立った急崖となっており、丘陵頂部の細い尾根筋を遮断する形で区画された四つの曲輪からなっている。

特徴的なのは、Ⅰの曲輪からⅢの曲輪にかけて、幅が最大で一〇メートルもあるⅤ字状に鋭く刻んだ二重の大規模な堀切で、その防御性は極めて大きい。

一方Ⅲ曲輪とⅣ曲輪の間には、比較的小規模な幅数メートルの堀切も確認される。

堀切の規模の相違は「不連続な二時期の普請を想定させる」（鶴嶋 二〇二〇）との指摘もあるように、城郭の存続期間の相違によるものか、用途の違いによるものなのか、考慮する必要がある。

最高所となるⅢの曲輪は、ほとんど整地されておらず自然地形に近いが、東西に一メートルの比高差をもつ帯曲輪状の平場となり、井戸跡と伝えられる直径二メートルの凹地がある。

それぞれの曲輪自体は狭いことから、大規模な兵の駐屯地ではないが、交通の要所を抑えた、要害堅固な城郭である。

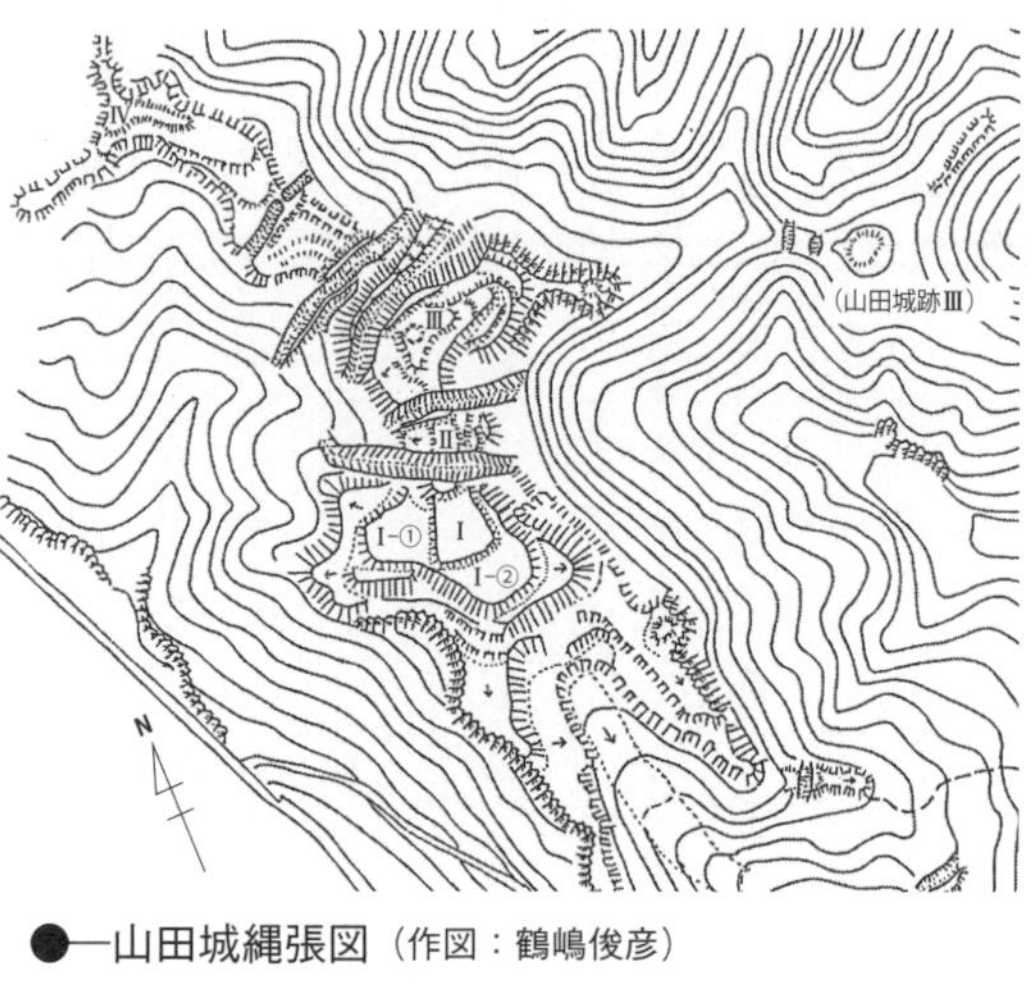

●—山田城縄張図（作図：鶴嶋俊彦）

●—大規模な堀切

【参考文献】 熊本県教育委員会『山田城跡』（一九八九）、『山江村誌 歴史編（二）』（山江村、一九九八）、鶴嶋俊彦「戦国相良氏の誕生と城郭形成」稲葉継陽・小川弘和編『中世相良氏の展開と地域社会』（二〇二〇）

（岸田裕一）

●社寺を取り込んだ境目防衛の拠点

永里城（ながさとじょう）

〔あさぎり町史跡〕

〔所在地〕あさぎり町上字湯龍庵水口
〔比　高〕約一四〇メートル
〔分　類〕山城
〔年　代〕一五世紀前半（永禄頃改修）
〔城　主〕永里氏、岡本又二郎、落合加賀守
〔交通アクセス〕九州自動車道「人吉IC」から国道二一九号線、あさぎり駅前交差点を右折し、県道四三号線を経由して車で三〇分。

【城の立地と歴史】　永里城は人吉盆地の左岸、球磨川の支流である宮川内川の東側に位置し、標高三八一メートルの山頂部（花牟礼山）に立地する。相良氏本城の人吉城までの距離は約一五キロを測り、北東一・二キロには上村城がある。

永里氏による築城とされ、南北朝期には永里彦次郎の居城であった。文安五年（一四四八）、相良氏の庶家であった永留長続は、相良氏の内訌を制し、相良惣領家を継承する。永里氏はこの内訌で滅亡した多良木相良家側に味方したことから以後没落することになる。それ以後の永里城は、地頭岡本又二郎や落合加賀守が領することになる。

城の記録を『八代日記』に探せば、大永六年（一五二六）五月十六日「永里落城」「永里方退出」とある。この騒動の背景も相良一族の内訌がある。それは相良一族である瑞堅と永里城主落合氏らが、相良氏当主である相良長唯と上村頼興らによって、永里城を攻められるというもので、結果、落合氏は退去、瑞堅は近くの金剛院で自害したという。

【城の構造】　永里城は一五世紀前半に築城され、その縄張は、標高三八一メートルの主郭から主軸尾根と三本の派生尾根上に展開する。尾根筋には小規模な小段を階段状に作り出しており、小段造成の多さは相良氏の中世城跡の中でも群を抜いている。登城口とされる北西部には、三×三間の仏堂形式の礎石跡が発掘調査によって確認されている。報告書によれば、この仏堂の建築は一六世紀前半とされ、その廃棄状況は周辺の五輪塔とともに破却状態を留めているとされ、『八代日記』

に記載された大永六年の「永里落城、永里方退去」の痕跡ではないかと推測している。

その後、相良氏が島津氏との対決に備え、八代から人吉に本拠を移し領国の防衛線を再編し始めたといわれる永禄五年（一五六二）から同七年頃に、永里城は防御機能を向上させる改修がなされる。それは、側面の直線的な横堀の構築や、中央尾根の先端に配置された石塁と横堀にみることができる。石塁と横堀を多用するという防御遺構は、球磨郡内では唯一のもので、永禄四年の球磨郡への鉄砲伝来が影響している可能性が示唆される。

人吉盆地への侵入口である永里城の麓には、永禄七年貫通の球磨郡と真幸（現えびの市）を結ぶ「真幸通用道（八代日記）」が推定されており、中腹部以下の城郭遺構と関と推定される対岸の土塁囲みの方形空間が軍事道とともに隣国への進軍を想定した前線基地として追加整備されたものと鶴嶋俊彦は指摘している。

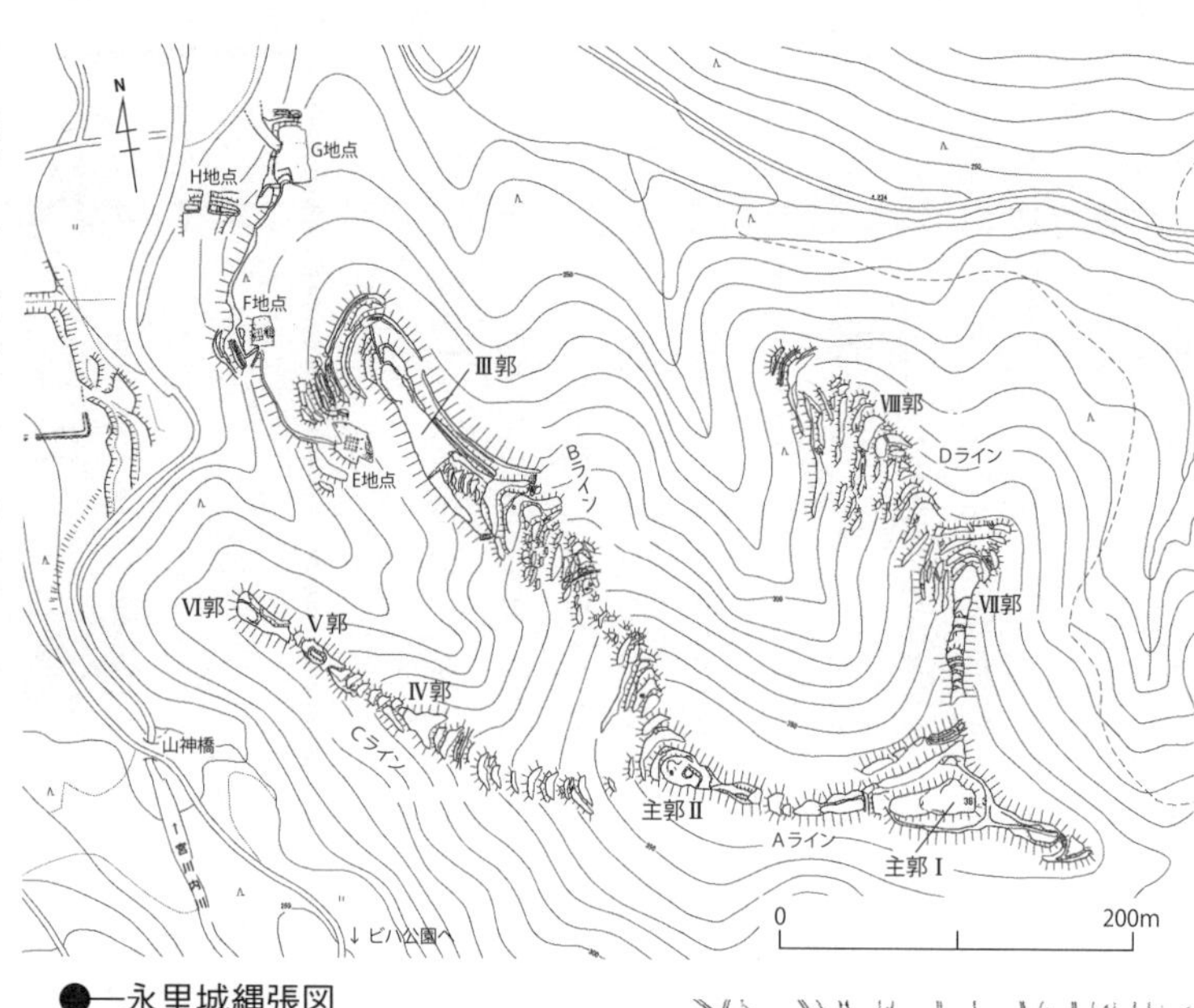

●―永里城縄張図
（『永里城跡Ⅲ』をトレース・編集）

●―永里城北西部中腹以下の縄張図（作図：鶴嶋俊彦）

【参考文献】あさぎり町教育委員会編『永里城跡Ⅲ』（二〇〇四）、鶴嶋俊彦「戦国相良氏の天草外交と城郭」『ひとよし歴史研究第一二号』（二〇〇九）

（永井孝宏）

●畝状竪堀群を配する相良氏の城

上村城

〔あさぎり町史跡〕

〔所在地〕あさぎり町上西谷水城山
〔比　高〕約七〇メートル
〔分　類〕山城
〔年　代〕一五世紀中頃～永禄年間まで
〔城　主〕上村相良家、犬童美作（相良清兵衛）
〔交通アクセス〕くま川鉄道「あさぎり駅」から車で一〇分、徒歩約三〇分。

【城の立地と歴史】　上村城は人吉盆地の中央、球磨川左岸の断層崖丘陵部に立地する。上村相良家の縁の地であり、谷を挟んだ城跡東側には上村相良家の五輪塔群が残る。

　上村相良家は球磨相良氏初代の長頼の四男、頼村を祖とする。上村家は相良氏が戦国大名へと成長する過程において大きな影響を与えた一族である。球磨郡統一の契機となった文安五年（一四四八）の内訌では、相良氏の庶家であった永留長続が相良惣領家を継承する。長続はその統一過程で、「永里之山城」を攻撃、このとき長続方であった「上村之城」は隣国日向国真幸院の北原勢に攻められている。その後、上村直頼は長続の娘と婚姻し、長続嫡子の為続の次男頼廉を養子とするなど、相良本宗家との関係を深めていく。

　次に、大永四（一五二四）～六年の相良家の内訌の際には、上村頼興の援助を受けた長唯が人吉城主となり、頼興は嫡子為清（のちの晴広）を長唯の後継に据えることに成功した。しかし、頼興の死去を契機とした、弘治三年（一五五七）から永禄二年（一五五九）までの「上村雑説」といわれる内乱は、相良義陽方が反対勢力を駆逐する結果となり、以後、相良本宗家を頂点とした直属家臣団からなる権力構造が確立する。

　『八代日記』は、弘治三年八月十四日に「上村馬場破候」、九月二十日「上村落去」と、上村家の没落の過程を記録している。その後、上村城は犬童伝心美作（のちの相良清兵衛）が、地頭となったとされる。

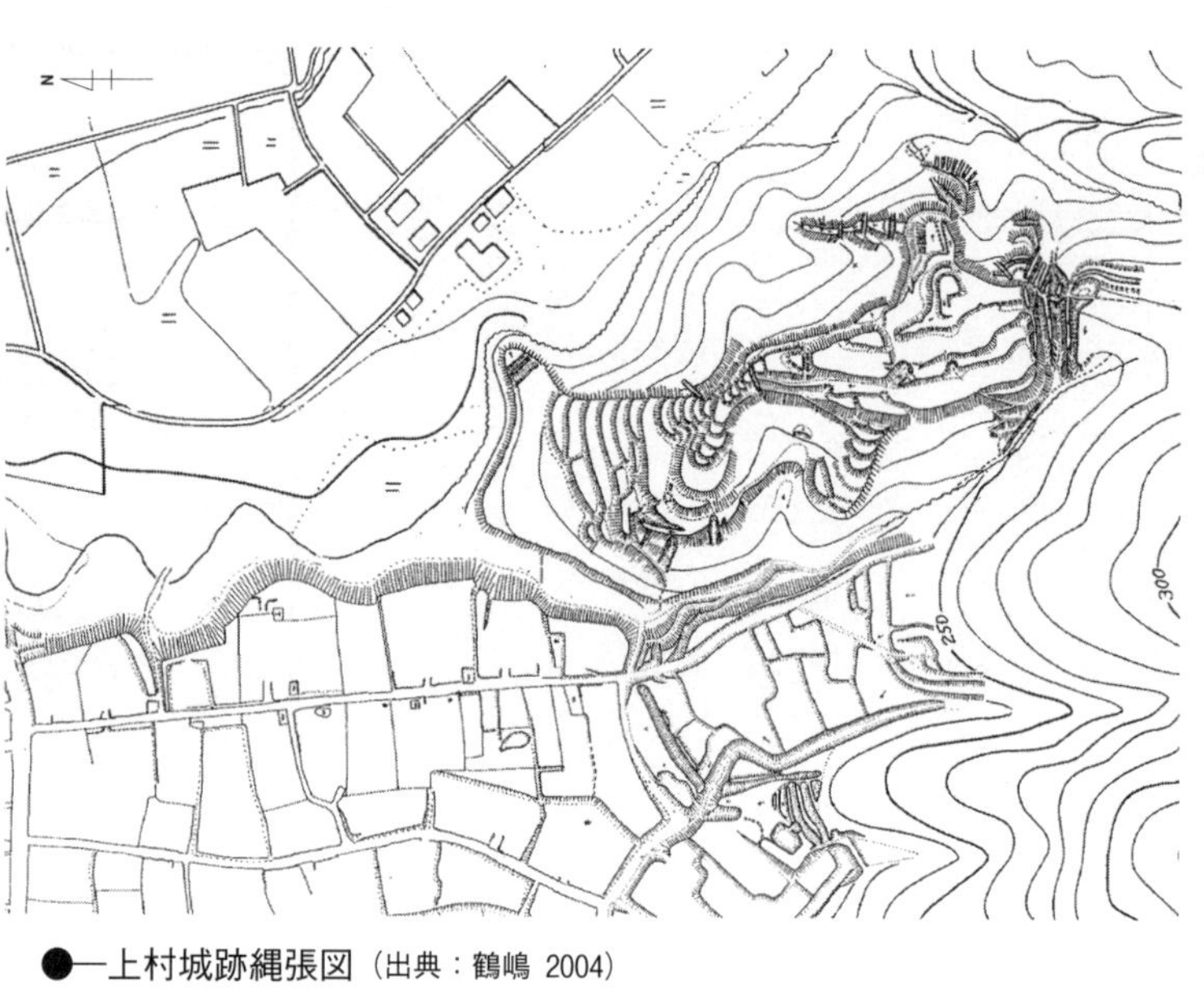

●—上村城跡縄張図（出典：鶴嶋 2004）

【城の構造】　上村城の縄張は上村頼興によるものとされ、築城時期は天文年間（一五三二—五四）であるという。上村城の縄張の特徴は、主郭背後の山地と連接する鞍部の東西斜面に構築された畝状竪堀群である。鞍部をS字に土橋状に残し、西側斜面に三条の密着した規模の大きな竪堀群を配し、東側斜面には六条の竪堀を配置している。採用された畝状竪堀群利用の遮断施設は、弘治三年（一五五七）の久木野城修築の際に応用したものと考えられている。

主郭には壇状の自然地形が残され、そのまま北側に土塁状に延び区画している。主郭西側には、大きく削平された三段の曲輪群が、主郭東側の派生尾根には、四条の堀切と一条の竪堀によって遮断しつつ、さらに東側谷に向かって九条の畝状竪堀群を配置している。

主郭から北側へは階段状に小規模な曲輪を配し、麓集落へと向かう緩斜面には、階段状の腰曲輪が隙間なく設けられている。麓側からの進入口は外桝形状の虎口となっている。

【惣構の遺構】　上村城の麓集落は南北六五〇メートル、東西三二〇メートルにおよび、「麓馬場」「天神口馬場」「神通馬場」「鉄砲小路」といった道が残る。このように、上村城と麓集落は、戦国期の歴史的景観を今なお色濃く留めている。

＊注釈　大日本古文書家わけ『相良家文書』は〔相—号〕と記す。

【参考文献】　鶴嶋俊彦「肥後国球磨郡上村城跡」『あるく中世№一六』（二〇〇四）

（永井孝宏）

●川湊を備えた相良多良木家の居館

相良頼景館（さがらよりかげやかた）

〈多良木町史跡〉

〔所在地〕多良木町大字黒肥地字蓮花寺
〔比　高〕〇メートル
〔分　類〕居館
〔年　代〕鎌倉時代
〔城　主〕多良木相良家
〔交通アクセス〕くま川鉄道「東多良木駅」下車、徒歩五分。

【遺跡の立地と歴史】　相良頼景館跡は球磨郡多良木町に所在する球磨川に面した館跡である。館跡の五〇メートル下流には蓮花寺跡、また北に五〇〇メートルには永仁三年（一二九五）銘の阿弥陀三尊を安置する青蓮寺阿弥陀堂がある。そもそも相良氏は、遠江国蓮華王院領相良荘を本貫とする御家人であった。『歴代　嗣誠独集覧』によれば「頼景公其前御当地居住始ハ多良木蓮花寺ノ上ニ大川端、今東ノ前ト云御屋敷也」とあり、頼景の居住地を「東ノ前」とする。また、相良頼景の多良木下向を建久四年（一一九三）とするが、この年代設定には、家史編纂の基となった天文五年（一五三六）「沙彌洞然長状」（相三一九号）の時点には、すでにシナリオは成立している。

「球磨郡田数領主等目録写」（相二号）に記載される公田の中に没官領「多良木村百丁」が設定され、これを相良頼景が領知し、その嫡子長頼が元久二年（一二〇五）に人吉荘地頭に補任（相三号）されることから、相良氏の球磨郡支配は人吉盆地の東西両端から出発する。以後、彼らを祖とする多良木と人吉の両相良家は領家側の権限を侵食しつつ、多良木村を足掛かりに九州各地に所領を獲得し本格的に領域支配を強めていく。このような歴史的背景から、伝頼景館跡の由来地である方形居館は、在地階層社会の一つの象徴であったといえる。

【館の構造】　球磨川河川改修に伴い、昭和四十九（一九七四）・五十年にかけて熊本県文化課による発掘調査が行われ

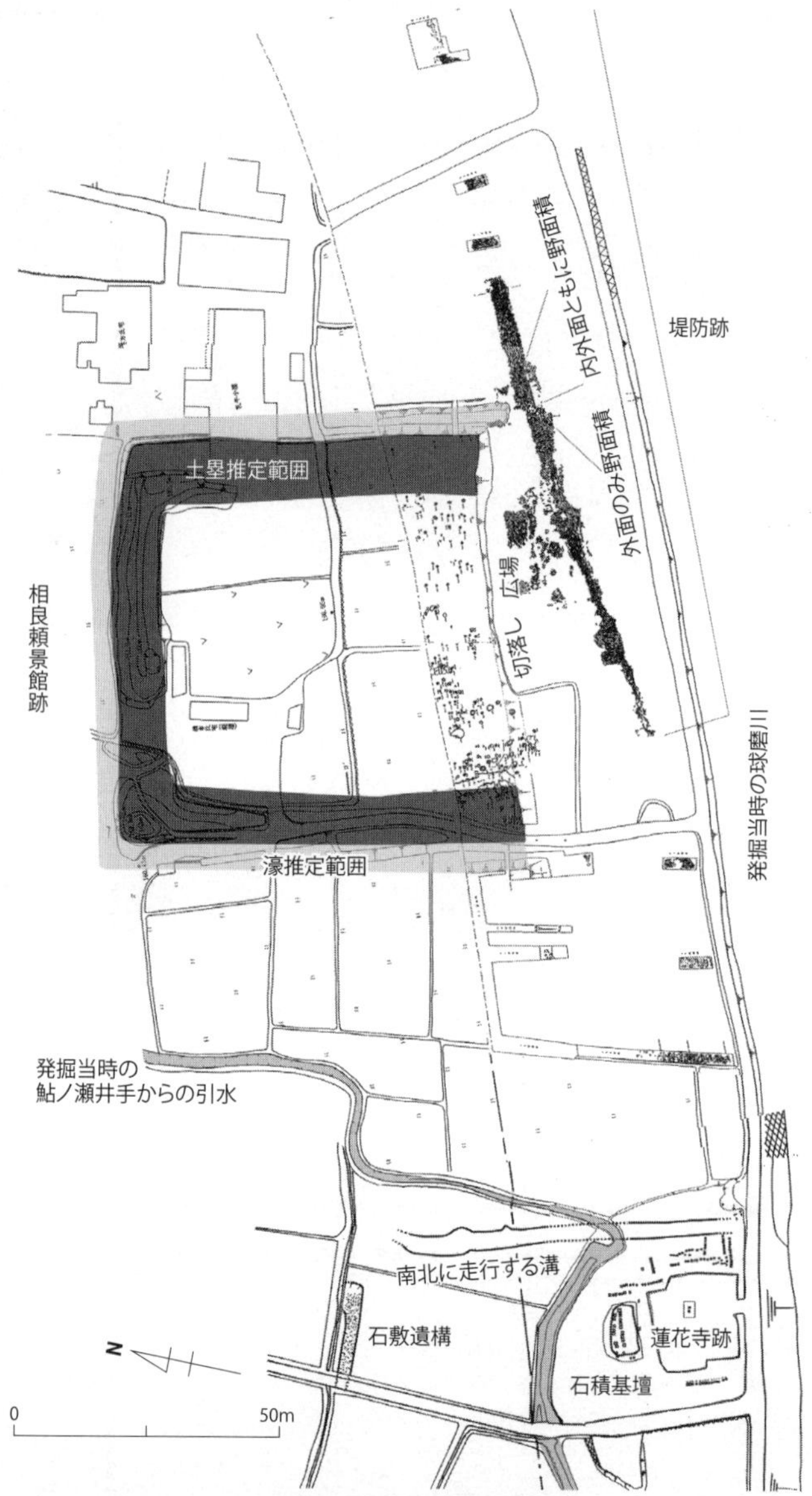

た。館は球磨川に面した南側を除く三方に、現在でも土塁(どるい)の痕跡が確認できる。土塁内側の広さは東西五四メートル、南北六〇メートルを測る。土塁の外側には濠が巡り、昭和期の調査で確認された濠は幅六・三メートル、濠底幅二メートル、深さ二メートルの規模である。開放された館南側は河川と並行するように、大規模に基面整形および盛土造成され、調査の結果、護岸遺構ともいえる石積堤防が確認された。報告書ではこの護岸構築を、館内の土地利用面積の飛躍的な拡大と評価している。確かに「川原石を人工的に配石した集石状もしくは石敷状遺構」を有する空間が形成され、石敷状遺構の一部は石積堤防とつながっていたという。

●—蓮花寺跡・相良頼景館跡遺構配置図　土塁および濠跡復元図（『蓮花寺跡・相良頼景館跡』掲載図に加工）

石積堤防は球磨川と並行し、川沿いに検出され、その延長は約一六五メートルにおよぶ。最上流部分から館跡南側までは比較的丁寧な積み方で、東側外濠の延長部分のみ内外面が野面積(のづら)みとなっている。館前面から西側にかけては盛土基面の斜面に貼り付けるように円礫を敷設した構造で確認されている。土塁に囲まれた内部は、整地が行われており、土師器(はじき)廃棄遺構や多くの柱穴もこの整地層上面から形成されている。

主な出土遺物は、土師質土器を中心に貿易陶磁器、瀬戸や常滑などの国産陶器が出土している。なかでも、頼景館跡として特徴的な出土遺物としては、青白磁梅瓶・瀬戸梅瓶・瀬戸卸皿・緑釉盤・高麗青磁といった奢侈品が出土している点で、館の機能は一三世紀後半から一四世紀にピークがあるものと思われる。

●—熊本県調査時の球磨川に面した石積堤防跡（多良木町提供）

【蓮花寺跡】　蓮花寺は嘉禎元年（一二三五）に多良木相良家頼氏の創建伝承が記録にみえる。昭和三十五年に笠塔婆(かさとうば)が発見され、文永六年（一二六九）頼氏（上蓮）の逆修供養として、頼氏の嫡子頼宗が建立したという趣旨の紀銘が記される。家史によれば、文安五年（一四四八）の多良木相良家の滅亡とともに廃寺、永正十一年（一五一四）に相良氏一三代長毎(ながつね)によって再興される。検出された石積基壇は東西一一・一メートル、南北七・八メートルの長方形を呈し、西袖から笠塔婆が確認されている。報告書によると石積基壇の構築にはⅢ期の変遷をたどることができる。Ⅰ期は球磨川の円礫を利用し、長軸を中央に向けた小口積みで構築された四×四メートルの石組墓であり、以後、これに連接するように基壇が拡張されるようになり、五輪塔が配置されていく。

【相良氏の地域開発】　相良頼景館跡は船着場を備えた居館で、交通・物流の重要拠点であった。寛元二年（一二四四）「人吉庄起請田以下中分注進状(ちゅうぶんちゅうしんじょう)」には「河梶取給伍丁」という記載がある。「河梶取」は盆地内の水運で、この史料から寛元二年には球磨川水運が機能しており、盆地内の最上流の川湊として頼景館跡が存在していたことがわかる。このような歴史的景観はつい最近まで残っていた。球磨川廻船の最上流の寄港地はこの頼景館跡付近で、鮎之瀬井手の堰により、それより上流には廻船できなかったという。ちなみに、鮎之瀬井手は鎌倉時代に多良木相良家によって開発された灌漑用水で、頼景館跡の濠へと水を供給していた可能性がある。

東国御家人の下向が促されるのが蒙古合戦頃といわれるが、相良氏の場合、嘉禎元年（一二三五）の頼氏による蓮花寺創建、嘉禎三年（一二三七）の長頼による願成寺創建、特に寛元二年の下地中分のような重要案件もあることから、一二三〇年代に下向の画期が求められる可能性が指摘されている。

多良木家の相良頼氏に限り当地域での事蹟を拾えば、東光寺再興や文永十年の経塚（きょうづか）造営、蓮花寺創建、蓮花寺跡文永六年の笠塔婆、館跡対岸の妙法寺再興など、一三世紀後半に集中する。頼氏の死去年は不明ではあるが、正応六年（一二九三）の「相良上蓮譲状案」から、さほど期間を空けず死去した可能性がある。おそらくは、一三世紀後半において、館を含む周辺の地域開発を主導したのは彼であった可能性が高い。

●—熊本県調査時の石積基壇基礎の状況（多良木町提供）

ただし、このような一三世紀後半から強力に推進された地域開発の前提には、鎌倉時代初期から多良木村を領知した初代頼景の影響が前提となったはずである。

東国御家人相良氏の指向した地域開発は、交通上の結節点を拠点とし、勧農施策と交通・流通の掌握という二面性を両立させつつ推進されていた。館造営の構想段階から相良氏の権限のもと、周到な計画性が認められる。河川に面し占地した石積堤防をあらかじめ用意しているのは、球磨川水運を軸に据えた交通・流通の掌握を期待してのことだろう。その前提として、相良氏の勧農施策である鮎之瀬井手の開削による規制が多分に影響を与えていたことが想定でき、その場所に精神的な象徴として墓所を占地、実質的な相良氏の重要拠点として川湊を備えた館が造営されたのではないだろうか。

＊注釈　大日本古文書家わけ『相良家文書』は〔相—号〕と記す。

【参考文献】工藤敬一『荘園公領制の成立と形成』（思文閣出版、一九九二）、稲葉継陽・小川弘和『中世相良氏の展開と地域社会』（戎光祥出版、二〇二〇）

（永井孝宏）

●対島津氏の最前線基地

水俣城

（所在地）水俣市古城
（比　高）三〇～五〇メートル
（分　類）平山城
（年　代）一六世紀前半～慶長十七年（一六一二）
（城　主）相良家臣深水氏、加藤家臣中村氏
（交通アクセス）肥薩おれんじ鉄道「水俣駅」下車、徒歩二五分。

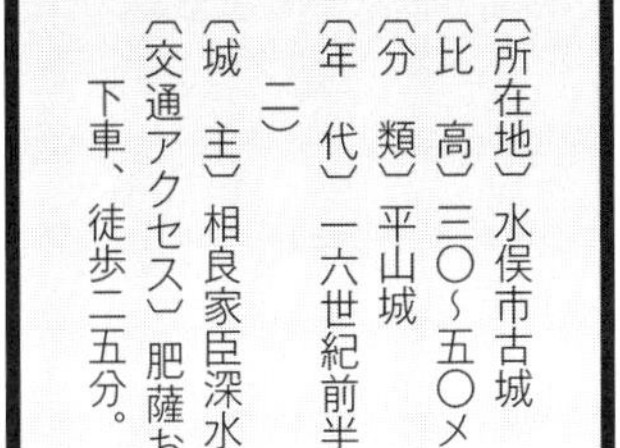

【肥薩国境に立地】　水俣は葦北郡の最高峰大関山を水源とする水俣川河口付近の扇状地に市街地が形成され、水俣城は市街地の東側、水俣川の右岸に東西方向に延びる標高三〇～五〇メートルのシラス台地上に位置する。この台地の東側を南北に掘り切って薩摩街道が通じ、台地下で西に折れる。慶長十年（一六〇五）頃作成の『肥後国慶長国絵図』では、街道は台地下を南に抜けて水俣川と湯出川の合流部より上流で両河川を渡河している。一方、一八世紀中頃作成の『葦北郡内薩摩往還絵図』では台地下を西に向かい、宿場町である陣町（水俣市陣内）通過後に南に折れ、水俣川を渡河後は水俣川と湯出川に挟まれた塘（土手）を東に遡上し、南に折れて湯出川を越える複雑な道筋となっている。渡河点から薩摩国境まで直線で約七キロの距離にあり、防衛ライン強化のために街道道筋と河川流路の変更を行った可能性がある。

【城の歴史】　正平十三年（一三五八）に名和氏家臣本郷家久が城主と伝わり、史料上では至徳二年（一三八五）の「水俣城合力之由」（『入来院家文書』）が初出である。戦国期には相良氏が領有し、大永五年（一五二五）正月には、人吉を追われた一四代当主相良長祇が水俣城に誘われ自害している。内紛を収拾した一六代長唯（義滋）は、享禄三年（一五三〇）二月に水俣城に公儀（巡行）し、薩摩出水衆との紛争地である当地の領有を表明している。

　戦国後期、相良氏は島津氏の北上に伊東氏、菱刈氏と連携して対する一方、領内の城郭整備を進めたが、天正九年（一

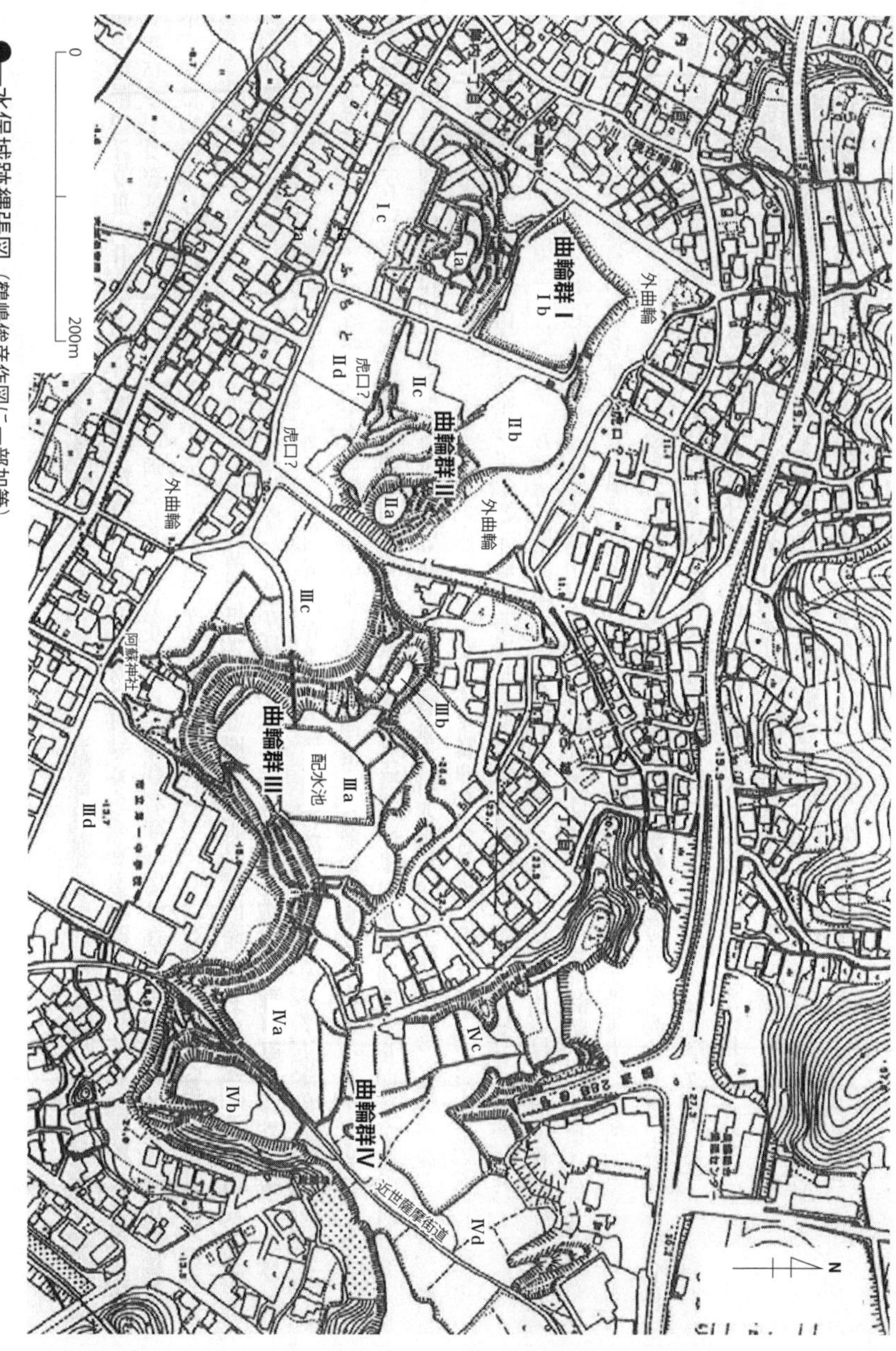

●—水俣城跡縄張図（鶴嶋俊彦作図に一部加筆）

五八一）八月に当主義久を総大将とする大軍に水俣城は包囲され、一ヵ月の籠城戦の後に開城し、相良氏は島津氏に服従した。この戦いでは城将犬童頼安と攻将新納忠元の歌合戦が伝わり、両軍の配置は「天正九年八月肥州水俣城攻図」に描かれている。

天正十五年

の九州平定後、一時、豊臣家臣佐藤才次郎が預かるが、相良氏重臣深水宗方（ふかみそうほう）に預けるよう記した秀吉の朱印状が残っている。宗方死後は相良氏、文禄年間（一五九二―九六）は寺沢広高（ひろたか）が代官となり、慶長三年（一五九八）に寺沢領、翌年小西行長（ゆきなが）領に編入された後、関ヶ原の戦い後に加藤清正（きよまさ）領となっている。

清正は加藤百介、後に縁戚の中村将監（しょうげん）を城代とし、慶長十二年に城域の一部を石垣と瓦葺建物による近世城郭へと大改修したが、慶長十七年に宇土城、矢部城とともに破却されている。細川藩政下の寛永十五年（一六三八）、天草・島原の乱後に佐敷城と共に再度壊されている。

【中世と近世、二つの水俣城】 水俣城は近年まで台地西側の東西二つの独立丘陵が城域とされ、地元では西側丘陵（標高二九メートル）を「古城」（曲輪群Ⅰ）、東側丘陵（標高三八メートル）を「高城」（曲輪群Ⅱ）と呼び、中世城郭の高城に対し石垣が出土していた古城を近世城郭としていた。近年の調査で、曲輪群Ⅱの東端部を南北に貫く道路の東側台地上にも曲輪群Ⅲ、Ⅳが配置されていることが確認され、城域は大きく拡がった。

曲輪群Ⅰは台地西端部にあり、後世の改変により中世城郭の縄張は明確ではない。東側には井戸跡が残る。曲輪群Ⅱは曲輪群Ⅰに連続する西側の平場から石垣が出土している。曲輪群Ⅰ、Ⅱが織豊系城郭に改修された部分で、桝形虎口（ますがたこぐち）を備え、東側を除く三方に水堀が巡っていたと推測される。佐敷城と同笵瓦も出土している。

曲輪群Ⅲは標高四六メートルで台地中心部は配水池となり改変しているが、南側には斜面に三条の竪堀（たてぼり）が連続する畝状（うねじょう）竪堀群や西に突出する小曲輪が残っている。曲輪群Ⅳは城域東端で、曲輪群中央を南北に通り、南側で台地を下る薩摩街道を東西の曲輪で挟み込んでいる。

発達した崖地を持つシラス台地の縁辺部に占地し、曲輪群Ⅰ～Ⅳが並列的に配置され、主郭が他曲輪に対し求心性を持たない構造は、群郭式城郭の特徴をよく表している。一方、織豊系城郭の構造も徐々に判明しており、中～近世城郭の変化を一体的に観察できる遺跡である。

【参考文献】鶴嶋俊彦「当知行と新城・公儀」『熊本大学社会文化研究二』（熊本大学大学院社会文化科学研究科、二〇〇五）、鶴嶋俊彦「水俣城の歴史と構造」『水俣市文化財調査報告書五　水俣城跡』（水俣市教育委員会、二〇一五）

（深川裕二）

●天草で唯一畝状竪堀群を持つ城郭

内野河内城（うちのかわちじょう）

〔所在地〕上天草市松島町内野河内
〔比　高〕三五メートル
〔分　類〕平山城
〔年　代〕築城年不明～元和元年（一六一五）？
〔城　主〕大矢野氏？、上津浦氏？、寺澤氏
〔交通アクセス〕九州産交バス　本渡バスセンター発松島行「知十」停留所下車、赤崎行きに乗り換え「内野河内」停留所下車、徒歩五分。または、九州自動車道「松橋ＩＣ」から九〇分。

【立　地】　天草上島東部を流れる倉江川は、白嶽を源流として山あいをたどって有明海に注ぎ込む。内野河内城は、その上流部の盆地に位置している。この盆地は、今泉・姫浦・教良木をつなぐ山道の中央にあり、上島陸上交通の要衝であった場所である。

天草の城郭としては珍しく、山あいの城でありながら規模が大きい。しかし、その選地は川沿いの低丘陵先端部を利用したもので、五人衆の居城などと同じ手法である。

【歴　史】　内野河内城は、文献記録にまったく現れない城郭であり、築城や城主などの歴史は不明である。城が所在する位置は、天草五人衆大矢野氏の勢力圏と考えられるため、基本的には大矢野氏が使用した城郭であろう。ただし、後述のように、主たる防御遺構が北側斜面に向いているため、これらを構築した時点では、大矢野氏以外の勢力、例えば上津浦氏や栖本氏などに属していた可能性もある。

やはり記録からは確認できないが、城の範囲内に久玉城や富岡城に類似する織豊系技術による高石垣がみられるため、近世初頭には寺澤氏が一部改修して利用したものと思われる。

【縄張構造】　盆地の中央に向けて西に延びる尾根筋の先端から約三五〇メートル分の範囲が城跡と考えられ、この範囲が三つの丘陵から構成されている。東側の丘陵部A郭は切岸と帯曲輪でまとめられた主郭部があり、帯曲輪の周囲に竪堀が数本確認されている。また、北側には腰曲輪が付属する。さらに東

●—内野河内城遠景

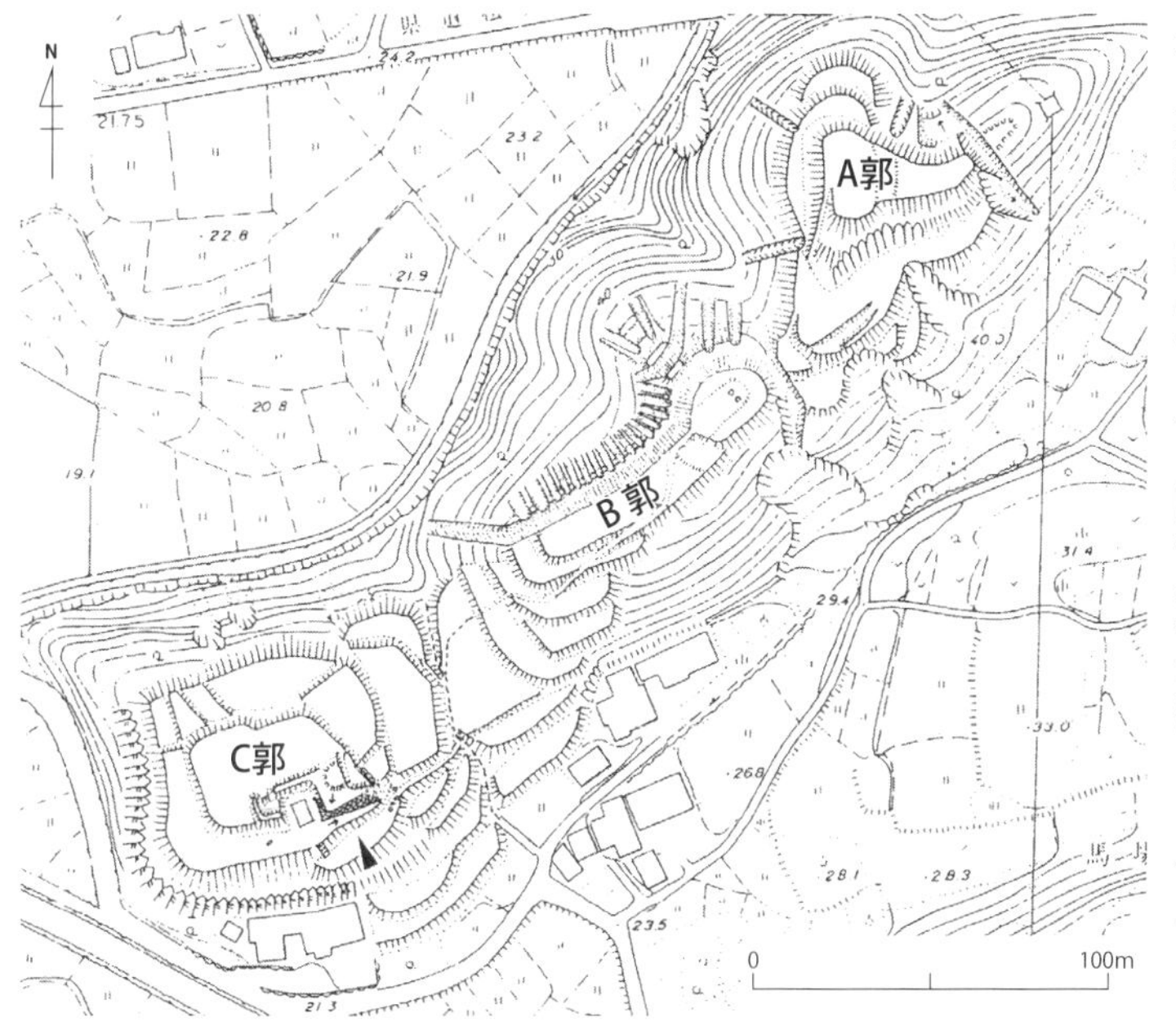

●—内野河内城縄張図（出典：鶴嶋 2009，郭名加筆）

側の尾根線との連続は堀切(ほりきり)で断ち切られている。

中央部の丘陵B郭は、尾根線を利用したやや細長いメインの曲輪があるが、最大の特徴はその北側切岸下に、横堀と畝(うね)状(じょう)竪堀群(たてぼりぐん)を組み合わせた防御遺構が残ることである。切岸

●—内野河内城畝状空堀部

●—内野河内城石垣

形状に沿って横堀を走らせ、その北の緩斜面を一六条の畝状竪堀群で埋めている。天草地域には、他に畝状竪堀群を採用している事例は無く、天草五人衆以外の勢力の影響を受けた外来技術と考えられる。その相手としては天草に実際に兵を派遣することが多かった相良氏や、永禄年間（一五五八―七〇）頃、五人衆全員が偏諱を受けるほどに影響力があった大友氏などが想定される。内野河内城は大矢野氏・上津浦氏・栖本氏ら五人衆諸勢力の境目の城として、戦いが繰り返され、地域に類が無いほど縄張が先鋭化したのかもしれない。

西側の丘陵部C郭は面積の広い曲輪が主体で、防御性は高くないが、南側に隅角部を有する近世石垣が残存している。直線的に立ち上がる角石稜線の特徴や矢穴痕跡を有する割石を使用し算木積みを意識しつつ、隅脇石がみられないなどのやや未成熟な様相から、寺澤期の石垣である可能性は極めて高い。内野河内城も、久玉城同様、中世城の遺構と一部に取り入れられた近世城の遺構の両方を満喫できる城郭である。盆地との比高差も三〇メートル程度と、さほど厳しい立地ではないので、踏査も容易である。これまで城跡で発掘調査は行われていない。

【参考文献】鶴嶋俊彦「戦国相良氏の天草外交と城郭」『ひとよし歴史研究』第一二号（人吉市教育委員会、二〇〇九）、中山圭「天草衆の拠点」『九州の中世Ⅲ　戦国の城と館』（高志書院、二〇二〇）

（中山　圭）

●二丘陵にまたがる天草五人衆上津浦氏の居城

上津浦城（こうつうらじょう）

〔所在地〕天草市有明町上津浦
〔比　高〕四〇メートル
〔分　類〕平山城
〔年　代〕一四世紀後半～一六世紀末
〔城　主〕上津浦氏
〔交通アクセス〕九州産交バス本渡バスセンターから松島行き「上津浦」停留所下車、徒歩一〇分。または九州自動車道「松橋IC」から車で九〇分。

【海に面した立地】　天草諸島は大小一二〇ほどの島で成り立っているが、大きな島は東から順に、大矢野島・（天草）上島・（天草）下島である。天草五人衆のひとり、上津浦氏は上島の有明海側に勢力を有していた。その居城である上津浦城跡は、上島有明海側の旧上津浦湾内の奥部に位置している。この地はかつては湾であったが、現在は干拓により陸地化している。干拓地に突出するように西へ延びる二本の尾根の各先端部が城跡で、小川を挟んで北側丘陵の遺構を「北の城」、南側を「南の城」と呼び、二つの丘陵で縄張が構成されている。

【歴　史】　上津浦城に関する最古の記録は、至徳四年（一三八七）に「上津浦若狭入道城」と記述されているものが初見となる。相良氏家臣が残した『八代日記』には上津浦城の記事が散見され、享禄五年（一五三二）に天草衆各氏が城を攻撃していたり、天文二十年（一五五一）には上津浦氏が栖本氏方へ攻め入った際、島原半島の有馬氏の被官勢力が城に入り、留守を預かったことなどが記されている。一四世紀後半から一六世紀末まで城として機能していたことが明らかだが、さらに寛永十四年（一六三七）の島原天草一揆の時には、天草側で挙兵した一揆勢の駐屯地として再利用されたことが判明している。

【二丘陵にまたがる縄張】　「南の城」は地元の伝承では「本丸」とされてきた。尾根頂部1―1は平面長方形を呈し、広い面積を誇る主郭である。その周囲を帯曲輪1―2・1―

●—上津浦城地形測量図（出典：天草市教育委員会 2016）

3、曲輪1—4が帯曲輪としてぐるりと取り囲む構造である。この帯曲輪西端には土塁状の高まりが残り（地山削り出しによるもの）見張り台のような役割を果たしたと考えられる。「北の城」は頂部曲輪2—1の西側段下に舌状に張り出す曲輪2—2があり、この曲輪は高さ約八メートルの切岸で防御されているため、ここが主郭と考えられる。天草地域でもっとも高さのある切岸である。さらに北の城は北西方向と東南方向へ曲輪を連ねる構造である。いずれの丘陵も目立つ堀切や竪堀などは見当たらない。帯曲輪の平場と主郭の切岸で防御するシンプルな構造である。

【発掘調査の成果】 平成二十四（二〇一二）・二十五年度に遺構確認のため、トレンチ調査が実施された。その結果、南北いずれの城からも戦国時代の遺構・遺物が確認され、城の縄張が二丘陵にまたがることが証明された。南の城では、帯曲輪1—3のトレンチで地鎮遺構が確認されている。伏せて置かれた完形擂鉢の内部には、板石と土師器小皿が発見され、擂鉢の脇にはウシの頭部が供えられていた。帯曲輪1—2のトレンチでは法面補強と考えられる石積遺構が検出されている。北の城の曲輪2—2・2—3からは屋敷跡と考えられる建物跡と台所跡の遺構が検出されている。

【参考文献】 天草市教育委員会『上津浦城跡二』（二〇一六）

（中山　圭）

●天草諸島中世城郭の国指定第一弾

棚底城（たなそこじょう）

〔国史跡〕

〔所在地〕天草市倉岳町棚底
〔比　高〕四〇メートル
〔分　類〕山城
〔年　代〕一五世紀前半～一六世紀後半
〔城　主〕上津浦氏、栖本氏
〔交通アクセス〕産交バス「棚底」停留所下車、徒歩一〇分。または、熊本天草幹線道路「知十IC」から車で二〇分。

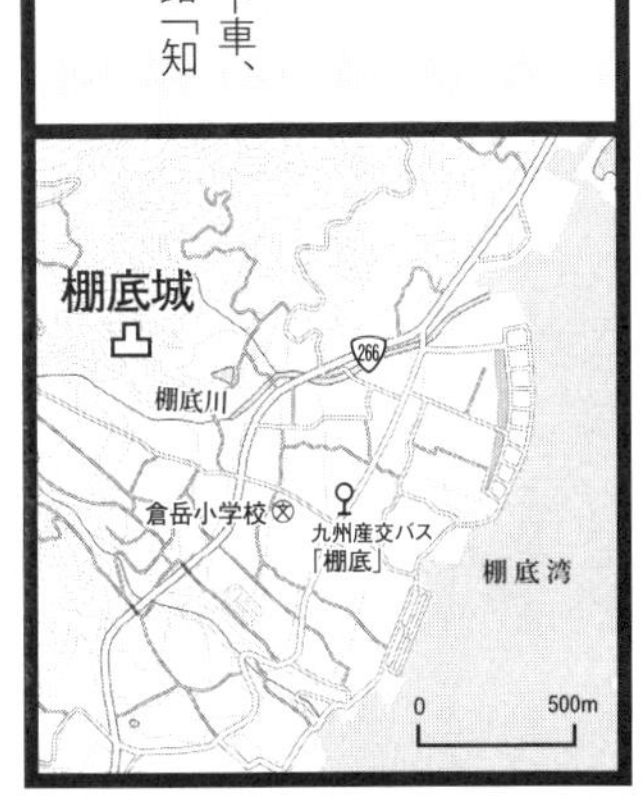

【天草の城跡で初めての国指定史跡】　棚底城跡は天草最高峰の倉岳から延びた派生尾根の先端部に築かれている。Ⅰ郭からⅧ郭まで八つの曲輪があり、南側には棚底川が流れ、天然の堀となる。北側は土塁と横堀を三重に施すなどして防御機能を高める工夫がされた、天草諸島では規模が大きい城跡である。この地は天草を分割統治していた国人の内、上津浦氏と栖本氏の領土の境目であり、八代海を渡った先にある有力な大名・相良氏と交流を行ううえでも重要な場所だった。このため、棚底地域をめぐって両者の争いが繰り広げられ、その舞台の一つになったのが棚底城跡である。

相良氏の家老が記した『八代日記』をはじめとする古文書や縄張図、発掘調査成果などから価値が明らかにされ、平成二十一年（二〇〇九）七月二十三日に「肥後天草地域の政治・軍事の変遷を知る上で貴重な遺跡」として国史跡に指定された。

【『八代日記』が明らかにした棚底抗争】　肥後国の戦国時代を研究するうえで欠かせない文献史料の一つに『八代日記』がある。天草の動向が記された史料は『志岐文書』、『上井覚兼日記』など複数あるが、その中でも『八代日記』には棚底をめぐる戦いに関する記載がある。

天文十三年（一五四四）二月二日「上津浦親類中、棚底下城」。ここで史料上初めて棚底城が現れる。上津浦氏の一族が棚底城を明け渡すことから始まっているが、この後から上津浦氏と栖本氏との間で周辺の大名らを巻き込んだ抗争に発

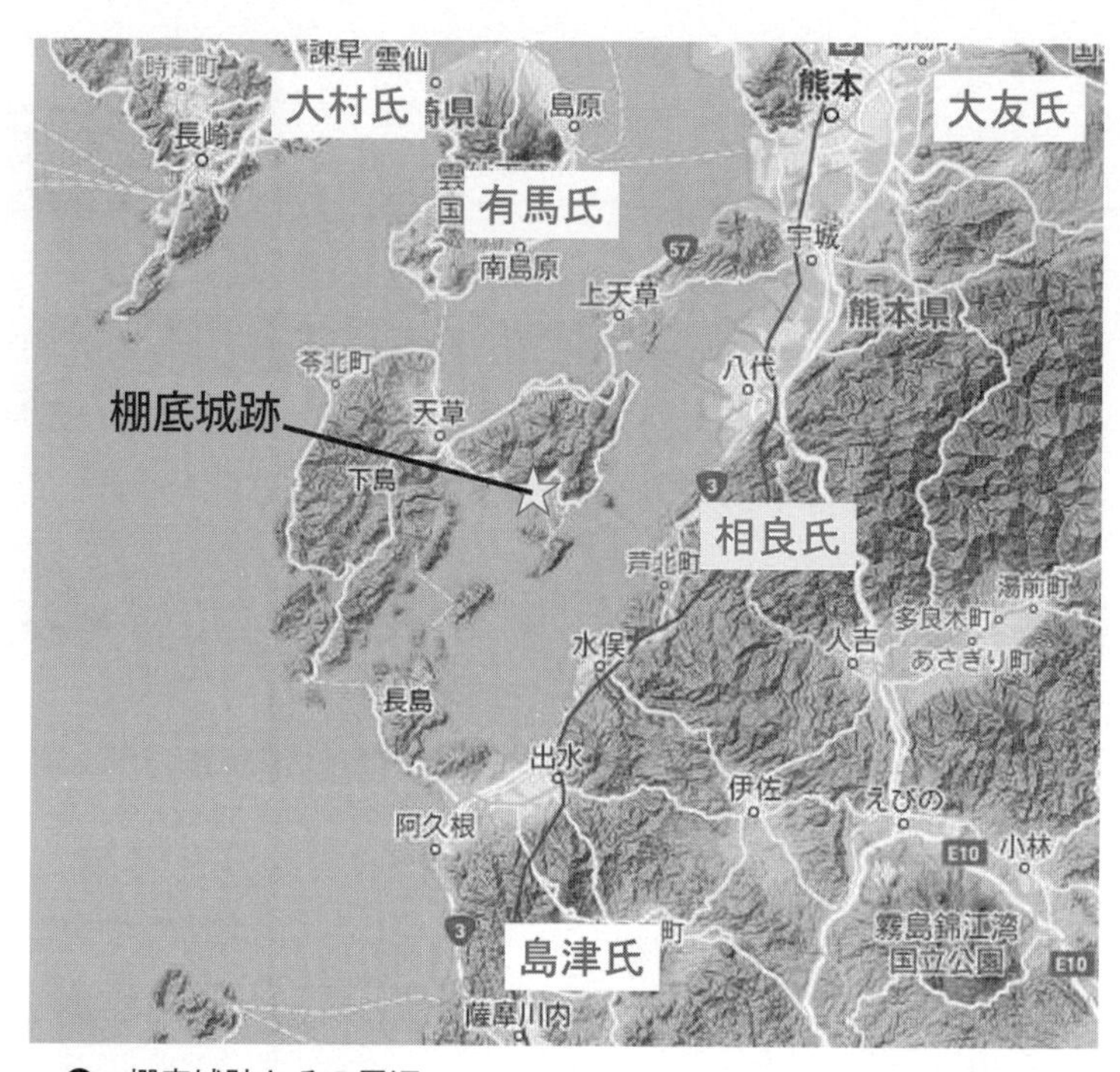

●―棚底城跡とその周辺

展する。

そもそも戦国時代の天草諸島は、上津浦氏・栖本氏・大矢野氏・志岐氏・天草氏などの国人が複雑な同盟・敵対関係を展開し、領土紛争が断続的に行われていた。その中にあって、特に上津浦氏と栖本氏は一貫して敵対関係であった。両者の争いでそれぞれの本城である上津浦城と栖本城以外で争奪対象となったのが棚底城だ。

天文二十年七月八日から天草氏・上津浦氏・大矢野氏の連合軍が栖本氏へ攻撃を始め、弘治二年（一五五六）六月一日には「上津浦ヨリ棚底之内、藤河拵破候」とあり、本格的に棚底城を取り返すべく動きが慌ただしくなる。以降、栖本城や棚底城およびその周辺地域への攻撃が継続された。永禄三年（一五六〇）十一月十九日に棚底城が相良氏の仲介によって上津浦氏に明け渡されたことで終息したが、この天文二十年〜永禄三年までの一連の争いを棚底抗争と呼ぶ。八代日記の記載から棚底地域の重要性の一端が垣間みえるのである。

【共和制をとった天草諸島】 ところで戦国時代といえば、有力な大名が領地拡大などのために戦に明け暮れていたイメージが強いのではないだろうか。天草諸島では国人の勢力争いがある一方で、一般的な戦国時代のイメージと一線を画す特有の政治秩序があった。

明応十年（一五〇一）七月に肥後守護職であった菊池氏の一族と家臣団が分裂した。当時の守護職である菊池武運は政庁があった隈府から島原へ脱出し、形勢逆転を図って肥後および筑後の領主らに一斉に領地の宛行状を発した。その際の写しの一つが志岐文書にある。

これによると、菊池武運からの宛行状が「天草御一揆中」宛に送られており、天草の国人らは一つの集団として認識されている。天草御一揆中（以下、「天草一揆衆」と称す）のメンバーの一人である志岐武遠が残した記録によれば、天草一揆衆は談合を自主的に開催運営しており、そのメンバーは上津浦氏、宮地氏、天草氏、長嶋氏、大矢野氏、栖本氏、久玉氏、志岐氏である。なお、大矢野氏、栖本氏、久玉氏は本人がこの時の談合に出席できなかったため、合津氏、鑑氏、廣瀬氏をそれぞれ名代として出していることも注目される。これらは現存する集落名で、それを名字とする家来がいたことから、天草一揆衆のメンバーは各地域に住む人々の代表者的存在だったと推測できるのである。

天草一揆衆は、天草諸島の土地柄、有馬氏や相良氏といったさまざまな有力大名からの介入を受け続けるが、豊臣秀吉による天下統一までの間、一揆衆の誰かが突出して治めることや外部の有力な勢力による支配を決して許さなかった。

中世の天草諸島は、絶対的な権力を持つ者がいない、共和制的な政治が執り行われていた特異な地域だったのだ。ともすれば、共和制的な協同体であることから、常に分裂や対立が天草一揆衆の中では行われていたこともまた事実である。

【棚底地域の重要性】 ではなぜ、上津浦氏と栖本氏が棚底抗争を繰り広げたのか。それには棚底地域の地理的条件が関係している。

天草上島南部にある棚底地域は、穏やかな海で知られる八代海（不知火海とも呼ばれる）に面している。南に約八キロ行くと、御所浦諸島があり、さらに東側には相良氏が治める八代・芦北地域が目の前である。

上津浦氏は天草上島北部の有明海に面した上津浦城、栖本氏は天草上島南西部にある栖本城を拠点にした国人だった。上津浦氏は、八代海側にいる現在の熊本県上天草市姫戸・龍ヶ岳地域にいた神代氏や鷹戸氏をたびたび相良氏のもとへ派遣している。姫戸・龍ヶ岳地域は棚底地域の東側に位置し、相良氏が治める芦北地域の対岸にあたる場所だ。相良氏と連携することで天草上島での紛争を有利に進められるため、上津浦氏にとっては何としても姫戸・龍ヶ岳地域は押さえておきたい。棚底地域は上津浦氏が姫戸・龍ヶ岳地域との往来をするうえで、交通の要である。

一方、栖本氏はこうした上津浦氏と相良氏の緊密な連携を遮断することが戦略上の大きな課題であることから、棚底地域の確保が必要だった。すなわち、棚底地域というのは、天

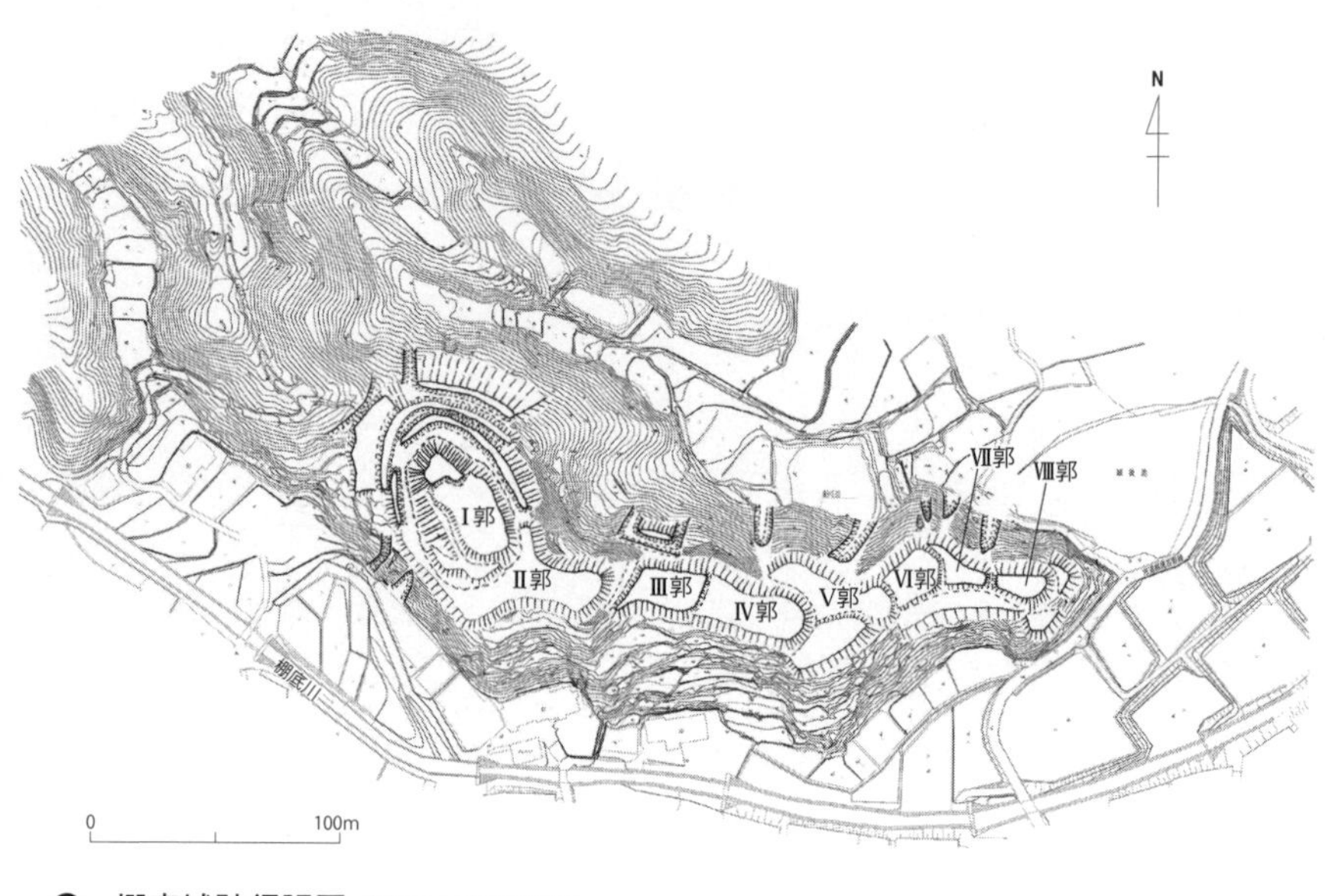

●—棚底城跡縄張図（作図：宮﨑俊輔）

草上島の紛争を有利にするうえで重要な位置にあると理解でき、上津浦氏と栖本氏による奪い合いが激しく展開する地理的要因が揃った場所だといえる。

【棚底城跡の構造】　棚底城跡の縄張の特徴は、北西部にある三重の横堀と土塁、北斜面の竪堀群である。天草諸島の中世城郭は、主郭周りを切岸だけで防御したり、野首に一条の堀切を施す程度の小規模なものが大半だ。棚底城跡のように横堀を採用している事例は、隣接する宮田城跡、名桐城跡、教良木城跡、内野河内城跡、上津浦城跡など天草上島に限定され、上津浦氏の領域と推定されている範囲にある。横堀を採用した縄張は、在地の技術体系からは乖離しているため、外部からの技術導入の可能性を強く示唆している。天草諸島の周辺の有力な勢力の城跡と比較してみると、相良氏が築城した湯浦新城跡、一尾之城跡、大畑城跡、岩野城跡、久米新城跡、永里城跡などで横堀を採用した事例がみられる。これらは、相良氏が島津氏を警戒して八代から人吉に拠点を戻し、領土の防衛網を再編し始めた頃の改修や新規築城と推定されている。したがって、現在の棚底城跡の姿になったのは、永禄五年～永禄七年前後と考えられている。

【発掘された棚底城跡】　棚底城跡では、旧倉岳町によって町史編纂事業の一環として平成十四年から約三年間発掘調査が行われた。八つある曲輪の全てで多数の柱穴が検出され、外国産陶磁器、茶の湯道具などが出土した。陶磁器は中国産が大半であるが、一部にベトナム産青花やタイ産陶器がある。約二七〇〇点の遺物の内で五八%が外国産陶磁器であることが一つの特徴とされている。ただ、遺物のほとんどは小破片であるため、個体数としては少ない。出土遺物の過半数を陶磁器が占めているため、海外と貿易をしていたと思われがちだが、史料や発掘調査成果からは断言できない。つまり、棚底城主が直接海外との交流を持っていた可能性を否定するわけではないが、国内の流通ルートを通じて手に入れた可能性も考えられるのである。

近年は、外国産陶磁器の出土比率や宣教師が残した記録、出土品が類似する他の地域の事例などから、棚底城跡は海に根差した城郭の代表的なものとして紹介され、海賊ないし海の勢力が横行していたとの見解がしばしばみられる。しかしながら、棚底城跡は海から離れた立地である。出土品の比率も発掘調査面積や出土状況、個体数単位での評価によって変動する。城跡のほとんどを発掘調査した棚底城跡とトレンチ調査で留めている他の事例とを比較することの妥当性などの観点から慎重な判断が必要だろう。したがって、棚底城跡は海賊などに関係するものと積極的に評価することはできない。いずれにせよ、棚底城に外国産陶磁器が手に入る環境があったことは間違いない。

【陶磁器からわかった棚底城】 棚底城跡で出土した陶磁器にはさまざまな情報が詰め込まれている。曲輪によって多少の違いはあるが、出土品は日常的に使用する碗や皿が過半数を占め、その他は土師質土器、甕や壺、すり鉢や火鉢などで大まかに構成されている。特に主郭にあたるⅠ郭からの出土割合が高く、天目茶碗や茶入、茶壺、茶臼などの中世の茶の湯道具が揃っていることも注目だ。さらに、青磁盤や香炉もⅠ郭を中心に出土していることから、Ⅰ郭は城主の空間として位置付けられている。一方、城跡の中央付近に位置するⅣ郭では貯蔵や調理に関係する遺物の割合が高いため、曲輪による空間機能の分担が指摘されている。

出土した陶磁器で最古のものは、一三世紀代の同安窯系青磁碗と白磁合子だが、ある程度まとまった量があるのは一五世紀前半〜一六世紀後半にかけてである。この時期は棚底Ⅰ期〜Ⅲ期に分類される。

棚底Ⅰ期は、一五世紀前葉〜中葉にかけての時期。この時期は棚底城跡のすぐそばにある中世の「大権寺遺跡」に残る宝篋印塔の紀年銘と重なるという点で重要だ。この遺跡には多くの石塔が残っており、延文三年（一三五八）、康安元

●—第六次調査で確認された横堀と土塁の終結点（天草市教育委員会提供）

年（一三六一）、永徳三年（一三八三）、永享十二年（一四四〇）の紀年銘が確認されている。大権寺遺跡出土の陶磁器は一五世紀前葉〜中葉にかけての遺物が主体であることから、棚底城と同時期に営まれた寺院と考えられている。大権寺遺跡は一四世紀代を含む多くの石塔が集中する一方で、その後の紀年銘石塔や陶磁器が少ないことから、棚底Ⅰ期に連動して盛衰したと考えられ、この時期の棚底城主との深い関わりが指摘されている。逆に、次の時期の城主との関連は薄いことも示唆している。

棚底Ⅱ期は、一五世紀中葉〜一六世紀前葉。この時期に棚底城跡での陶磁器の消費が最も多くなり、青磁盤や茶の湯道具などもみられる。被熱した陶磁器が集中することも留意しておきたい。棚底Ⅲ期は一六世紀中葉。Ⅱ期に比べて消費量が激減しているのが特徴だ。

これら三つの区分の内で、特に注目できるのはⅡ期からⅢ期にかけての時期だろう。『八代日記』によれば、両時期の過渡期にあたる天文元年に上津浦氏に対して天草氏・志岐氏・栖本氏・大矢野氏・長嶋氏の連合軍が攻めかかっている。天文十三年には上津浦親類中が棚底を下城しており、その後には棚底抗争を経て永禄三年に栖本氏から上津浦氏に棚底城が明け渡されている。少なくとも天文十三年までは上津浦氏が棚底城を押さえており、下城したタイミングから棚底城は栖本氏のものになっていると考えられる。出土した陶磁器から得られた情報に照らし合わせると、Ⅱ期でみられる生活雑器、茶の湯道具や青磁盤などの威信財がⅢ期には激減するのであるから、こうした城主の変化が出土遺物に反映されていると捉えられる。また、Ⅱ期には被熱陶磁器がみられ、城主と城の機能が変わった契機がこの火災＝焼き討ちだといえる。棚底城は生活空間から番城へと機能の転換が行われたのである。

【ここまでわかった防御遺構】　発掘調査では多数の柱穴のほかに、埋没していた横堀や土塁なども検出されている。特に平成三十年度に行った第六次調査では、Ⅰ郭を囲っている横堀と土塁が終結している地点が確定された。

横堀は幅約二メートルの薬研堀（やげんぼり）で、Ⅰ郭の切岸側にあたる西側は岩盤を掘りこんで形成し、東側は土塁を利用して立ち上げている。人為的に埋められておらず、Ⅰ郭側からの流れ込みで埋没していた。また、土塁は版築ではなく地山の削りだしで、横堀と併せてⅠ郭側の切岸と合流するような形状をしていた。史跡整備を行ううえで貴重な情報が得られたのである。ちなみに、熊本県で横堀と土塁の終結点を確認できた事例はこれ以外にない。

【天草諸島中世城郭群としての追加国指定】　ところで、棚底城跡は単体で国指定史跡になっているのではない。棚底城跡をはじめとする天草諸島の中世城郭は連動して機能していた。したがって、天草一揆衆に関係する城跡を調査し、条件が整ったものから中世城郭群として追加で国指定を受ける必要がある。

棚底城跡は見学通路の整備や案内看板の充実、樹木伐採などを天草市教育委員会が実施している。今後も計画的に整備が行われ、最終的にはガイダンスセンターも建設予定である。整備途中も整備後もぜひ一度訪れてみてほしい。

【参考文献】天草市教育委員会『棚底城跡Ⅲ・大権寺遺跡』（二〇〇九）、天草市教育委員会『国指定史跡棚底城跡Ⅴ　平成二九・三〇年度発掘調査（第五・六次発掘調査）』（二〇二一）、稲葉継陽・鶴嶋俊彦『戦国天草の領主一揆と城』上天草市史姫戸町・龍ヶ岳編三（上天草市、二〇二一）

（宮﨑俊輔）

●中世城と近世城のハイブリッド城郭

久玉城

〔熊本県史跡〕

〔所在地〕天草市久玉町吉辺川
〔比　高〕四〇メートル
〔分　類〕平山城
〔年　代〕一四世紀～元和元年（一六一五）
〔城　主〕久玉氏、天草氏、寺澤氏
〔交通アクセス〕九州産交バス本渡バスセンターから牛深市民病院行き「久玉」停留所下車、徒歩一〇分。または、九州自動車道「松橋IC」から一八〇分。または、三和商船フェリー牛深港から車で一〇分。

【立　地】天草下島南端の天草市久玉町吉辺川に所在。南から湾入する久玉浦を望む標高約四七メートルの丘陵末端に築かれており、海に近接する低丘陵に選地する天草地域の城郭配置のセオリーに則った立地である。久玉城から尾根続きに北側に登っていけば、標高約四〇〇メートルの景勝地権現山に至る。城の北側には、浄土宗寺院無量寺とその墓地がある。

【歴　史】築城の年代は不明。久玉は、地名を冠する久玉氏が地域を治めており、久玉城もその居城として築城されたものと推測される。

明応十年（一五〇一）の『天草一揆談合覚書』には、天草の領主連合ともいえる主要な八家に久玉氏も数えられており、天草南部で確固たる地位を有していたものと思われる。しかし、一六世紀前半に河内浦の天草氏に服属したものと考えられている。以後、久玉城は天草氏の支城となった。

永禄十二年（一五六九）から天正元年（一五七三）頃まで続いたキリスト教導入をめぐる天草鎮尚と弟二人（天草大和守・刑部太夫）

●—久玉城遠景

●—久玉城縄張図（出典：木島 2001）

の不和の時には、久玉城は弟方の拠点となった。天正三年には薩摩出水の島津義虎が「久玉境廻返之条、遺恨是に過ぎず」と久玉地域の返還が問題であったと述べているので、あるいは一時期、島津義虎が久玉城を所有していた可能性も考えられる。近世には寺澤氏が城を改修、一部の曲輪に石垣や枡形虎口などの織豊系の技術を導入した。おそらく島津氏に対する備えのためであったのだろう。久玉城は常に対岸の島津氏との関係の中で機能した城郭であったと言える。

【縄張構造】 丘陵のピークである曲輪⑤を起点に、東側へ延びる尾根筋と南側へ延びる尾根の二本に、それぞれ曲輪を連ね、馬蹄形の縄張になる。尾根に挟まれた谷部にも曲輪が展開しているので、谷部も城域に取り込んでいる。

主郭は曲輪⑤で標高は約四七メートルである。南北に細長い曲輪で、北端部に半月状に土塁が残存している。南接する曲輪④へはK5の通路で連絡しており、東接する曲輪⑧へはD2の通路がある。いずれも直線的でシンプルな構造の通路で、虎口としては単純な平入り構造である。

曲輪④の南側の曲輪①は、最大の面積を誇る曲輪で、周囲は切岸ではなく高石垣が設けられている。南西側の石垣は長さ約四〇メートル、高さは五メートルにおよぶ。石垣の隅角部は算木積みが意識されているが、両角ともに直角に曲がった先の石垣の状況がみえず、完全な算木積みかどうかは不明である。曲輪北側には、谷部を通過するルートにあわせて、外枡形虎口が備えられ防御の工夫がみえる。K5の平入り通路などと対照的な印象である。ほぼ曲輪①と一

●—久玉城①曲輪

体的な曲輪②も石垣で改修されており、北側斜面に築石を確認できる。ただ、隅角部は取り崩されている。曲輪①・②は寺澤時代に局部的に改修された曲輪であろう。久玉城の整備年代を示す史料は確認できていないが、おおむねその開始は、富岡城など天草支城の整備がはじまった慶長七年（一六〇二）以降で、一国一城令が広まった元和元年（一六一五）頃まで使用されたのであろう。

曲輪⑧~⑪などの北側尾根筋の腰曲輪群には高石垣などはみられず、久玉氏・天草氏時代の中世城としての縄張を留めた姿がみられる。

谷部東麓に位置する曲輪⑭は昭和四十七年（一九七二）に発掘調査が実施され、石組の排水路・建物跡礎石の根石群などが検出された。この曲輪⑭も北と西に織豊系技術の石垣があるので、寺澤時代に改修された大手口曲輪である。国道二六六号線の工事で消滅する予定であったが、調査の結果、重要性が認められ、国道を迂回させることで保存され、城跡全体が熊本県指定史跡となった。

●—久玉城南面石垣

主郭⑤から、北側権現山へ続く尾根線はH1の堀切で遮断されるが、城内の空堀はこれ一本である。これより北には遺構は確認できない。天草衆の城郭は伝統的に空堀をあまり使用しないことが多いが、久玉城もその一例である。

久玉城は、ひとつの城で、中世城と近世城のいずれの遺構も楽しめる珍しい城郭である。曲輪の除草などは行き届いており、また国道沿いにあることからも比較的見学しやすい環境である。

【参考文献】熊本県文化財保護協会「付論　久玉城調査略報」『熊本県の中世城跡』（一九七八）、木島孝之『城郭の縄張り構造と大名権力』（九州大学出版会、二〇〇一）、中山圭「天草衆の拠点」『九州の中世Ⅲ　戦国の城と館』（高志書院、二〇二〇）

（中山　圭）

●天草五人衆天草氏の居城

河内浦城（かわちうらじょう）

〔所在地〕天草市河浦町河浦字湯立免
〔比　高〕三五メートル
〔分　類〕平山城
〔年　代〕一四世紀〜元和元年（一六一五）
〔城　主〕天草氏、寺澤氏
〔交通アクセス〕九州産交バス本渡バスセンターから牛深市民病院行き「一町田橋」停留所下車、徒歩一〇分。または、九州自動車道「松橋IC」から一六〇分。

【立　地】天草下島中部に東シナ海から湾入する羊角湾の最奥部周辺は、かつて河内浦と呼ばれ、天草氏の本拠地があった。居城である河内浦城は、東西を丘陵に挟まれた狭小な平野の中央を流れる一町田川の下流西側の低丘陵末端部に築かれている。現在、城跡地は南の低地部は崇圓寺の境内となり、北側の丘陵部は遺構明示などの整備が実施され、史跡公園となっている。

【歴　史】天草氏は鎌倉時代に、本砥島（旧本渡市地域。現在の天草市中心部）の地頭職に任命され、天草下島の下半を治めた。やがて天草氏の惣領家と本砥地頭職は、下島北部の志岐氏による婚姻策などによって吸収されたが、建武四年（一三三七）に庶子の河内浦太夫三郎入道がこれに抵抗したとの記録が残る。これ以後、天草氏の本流は河内浦家となり、本拠も河内浦に置かれたと考えられる。河内浦城の築城年代は明確ではないが、平成元（一九八九）、三年に実施された発掘調査の出土遺物から、一四世紀後半には城として機能していたことが確実である。

宣教師ルイス・フロイスは『日本史』において、天草氏の所領について「領内に三十五の村落と四つの城があり、かの殿の主な居宅は河内浦という地にあり」と述べている。この「四つの城」とは河内浦城・久玉城・本渡城（天草市船之尾町）・小宮地城（天草市新和町小宮地）を指していると推定される。海に隔てられた領地の中央に位置し、隣接する勢力からの攻撃にさらされることが少なかったようで、河内浦城での戦いの記録は少ない。ただ、永禄十二年（一五六九）に当主であった天草鎮尚がキリスト教の導入を図った際、寺社の支援を得た二人の弟との間に生じた内紛により、数年間、弟側に城を占領されている。

　関ヶ原の戦いの後、河内浦城には唐津藩寺澤氏の中島与左衛門らが城代として配置されていたが、元和元年（一六一五）に「一国一城に成、城を割、屋敷かまへ」として廃城になった。

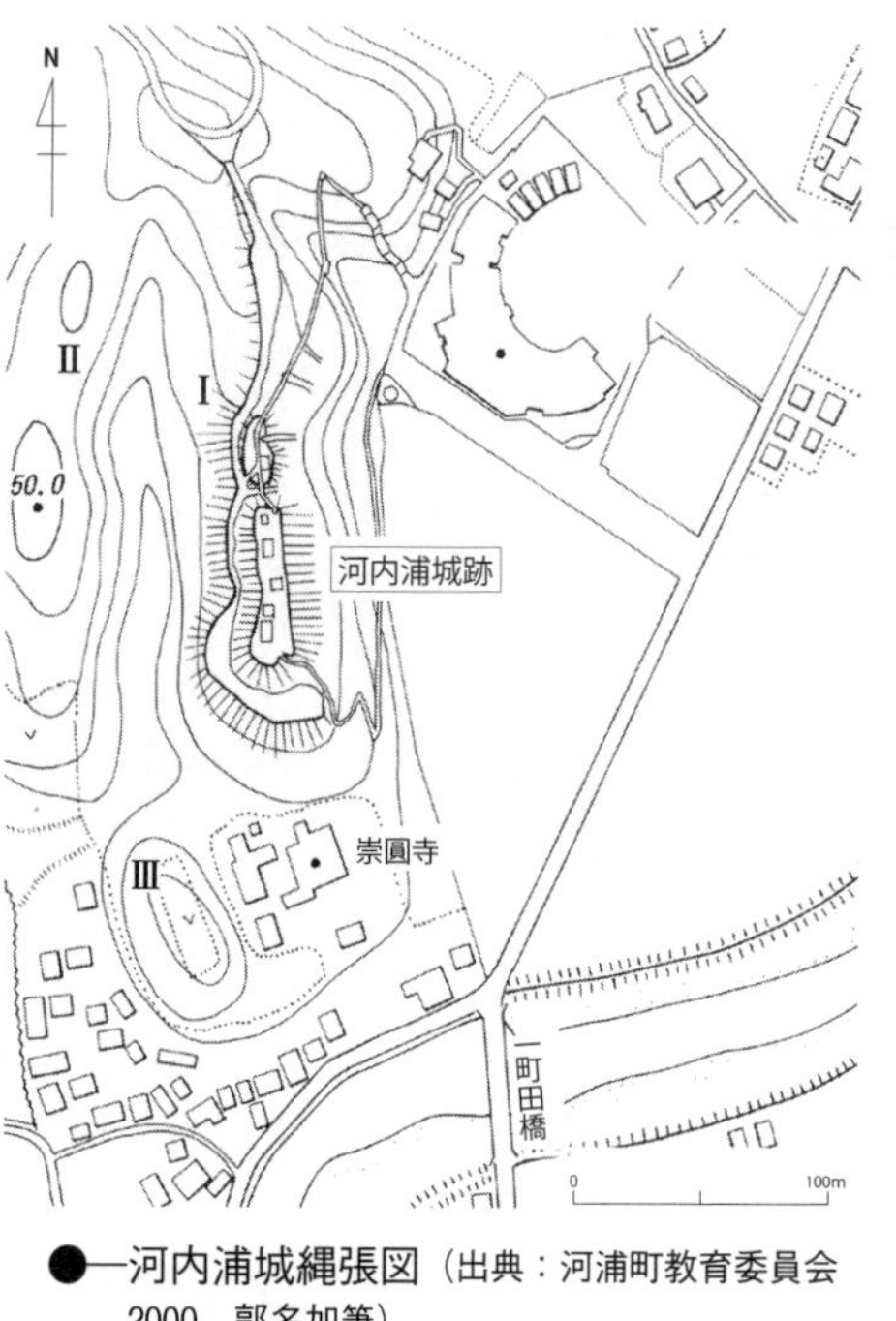

●—河内浦城縄張図（出典：河浦町教育委員会2000，郭名加筆）

【城郭の構造】　城郭は、主郭を含む尾根Ⅰを主体とし、南側の麓には崇圓寺境内となる広めの曲輪が展開する。この曲輪の西側には南北に長い小丘陵Ⅲが付属しており、頂部は削平され平場となっているため、城の遺構のひとつと考えられる。また、主郭尾根Ⅰの谷を挟んだ西側にはやや標高が高い尾根Ⅱがあり、曲輪と切岸、帯曲輪がみられるので、やはり河内浦城の遺構とみて差し支えない。

　尾根Ⅰは、南北長さ約六〇メートル弱の曲輪が主郭を形成しており、その中央に若干の段がある。曲輪の幅はおおむね一〇メートルほどで、南側のみ約一八メートルまで広がっている。この曲輪の南から西にかけてをまとめるように帯曲輪が付属している。主郭と帯曲輪をへだてる切岸の比高は約七メートルであるが、東側は帯曲輪が無く自然地形の急斜面が麓まで続いている。北側は小規模な堀切で遮断される。主郭への進入は南側の斜面と考えられ、現遊歩道と重なる位置に小規模な平入虎口が取りついていたものと考えられる。

　きわめてシンプルな造作の城郭で、お世辞にも防御性が高いとは評価できない。逆に、そのやや緊張感に欠ける縄張構造からは周囲に大きな脅威が存在しなかった、天草氏の安定的な統治状況が推測される。

　一七世紀初頭の寺澤氏の時代にも大きな改変は実施されておらず、他の寺澤氏城郭にみられるような高石垣や桝形虎口の採用はみられない。元和元年（一六一五）以降は城内に代官所が置かれたが、その位置は現崇圓寺が位置する曲輪と推定されている。

【発掘調査と復元整備】　河内浦城では、平成元（一九九〇）・三年度に旧河浦町教育委員会によって発掘調査が実施されている。平成元年の調査では、寺院墓地の造成予定地となっていた主郭南側の帯曲輪の一部が調査され、帯曲輪端から横堀の遺構が検出された。また、横堀には土壙が掘り込まれ、さまざまな遺物が廃棄されていた状況が確認できる。土壙からは、土師器皿や白磁八角坏類などのほか、ベトナム製鉄絵盤や中国磁州窯系鉄絵龍文壺、茶の湯碗として利用されたと考えられる大ぶりの漳州窯青花碗の完形品など貴重な輸入陶磁器が出土している。ただ、遺物の中に絵唐津の皿や黒釉筒型碗など唐津焼も含まれているため、土壙の埋没年代は一七世紀初頭と推定される。平成三年の調査では主郭の発掘が行われ、掘立柱建物跡五棟と柵列などが確認された。また、瓦類が出土し、後にこの瓦は富岡城跡の瓦と同笵であることが判明。寺澤時代には、瓦を伴った建物が存在していたことが確認されている。

●—河内浦城遠景

●—河内浦城歴史公園整備状況

これらの調査成果を基に、城跡の公園化が図られ、建物跡の柱や柵列の遺構明示、復元建物風の四阿などが整備されている。麓からのアクセスも、木製デッキによる園路整備により充実しており、四季を通じて城跡を体感できるようになっている。

【参考文献】　河浦町教育委員会『河内浦城跡』（一九九〇）、河浦町教育委員会『河内浦城跡Ⅱ』（一九九二）、河浦町教育委員会『河内浦城跡Ⅲ』（二〇〇〇）、中山圭「天草衆の拠点」『九州の中世Ⅲ　戦国の城と館』（高志書院、二〇二〇）

（中山　圭）

●天草四郎の攻撃に耐えた寺澤氏の拠点

富岡城（とみおかじょう）

〔苓北町史跡〕

〔所在地〕苓北町富岡
〔比　高〕六五メートル
〔分　類〕山城
〔年　代〕慶長七年（一六〇二）〜寛文十一年（一六七一）※一部遺構は中世にさかのぼる。
〔城　主〕志岐氏、寺澤氏、戸田氏など
〔交通アクセス〕長崎市茂木港から苓北観光汽船富岡港行き四五分、富岡港から徒歩二〇分。または、九州自動車「松橋ＩＣ」から一五〇分。

富岡城
富岡港
袋池
富岡港高速船発着所
0
500m

【立　地】天草下島西北端、東シナ海に突き出た陸繋島（りくけいとう）の内海側の丘陵を利用して城地としている。

【城の歴史】慶長七（一六〇二）〜九年にかけて寺澤氏が新たに築いた城郭とされるが、歴代相良氏の事績を記した『球麻外史』に、文亀三年（一五〇三）菊池能運（よしゆき）が天草の国人衆に八代（やつしろ）攻撃の支援を求めた際、志岐、栖本（すもと）など八城主が海からの援軍として馳せ参じており、その内に「富岡」城主がいることを記している。このため、中世段階にも城として機能していた可能性が高い。

関ケ原合戦後に、天草を加増された唐津藩の寺澤氏は、従来の志岐城に替わる新城として、天草統治の拠点として富岡城を普請（ふしん）した。大小多数の島があり広大な天草でもその西北端である富岡陸繋島に城を築いたのは、なによりも本国唐津との通交の確保を重視したからであろう。寛永十四年（一六三七）に発生した島原天草一揆では、勢いに乗り北上してきた天草四郎時貞率いる一揆軍に二度も攻められたが、堅固な城の守りを生かし、いずれも撃退に成功、一揆軍は渡

●―整備が進む富岡城

海し原城へ籠城せざるを得なかった。その後、寺澤氏に替わり山﨑家治、鈴木重成などが入り政治拠点としたが、寛文十一年（一六七二）戸田忠昌の時に破却された。破却にあたって、城の部材は長崎へ運ばれ、立山役所（現長崎歴史文化博物館）の普請に再利用された。廃城後も、三の丸は天草代官所として使用され、天領天草の行政の中心地となった。

【明智光秀の孫、城主三宅藤兵衛】 寺澤氏の家臣として富岡城の番代を努めた三宅藤兵衛重利は、明智光秀の重臣明智秀満と光秀の娘との間に生まれた子であり、光秀の孫にあたる。明智家滅亡時に逃れて生き延び、成長後は寺澤氏に仕えて富岡城主となった。島原天草一揆の際には、富岡城から離れた本渡まで出陣し一揆勢とわたりあったものの、非業の死を遂げている。

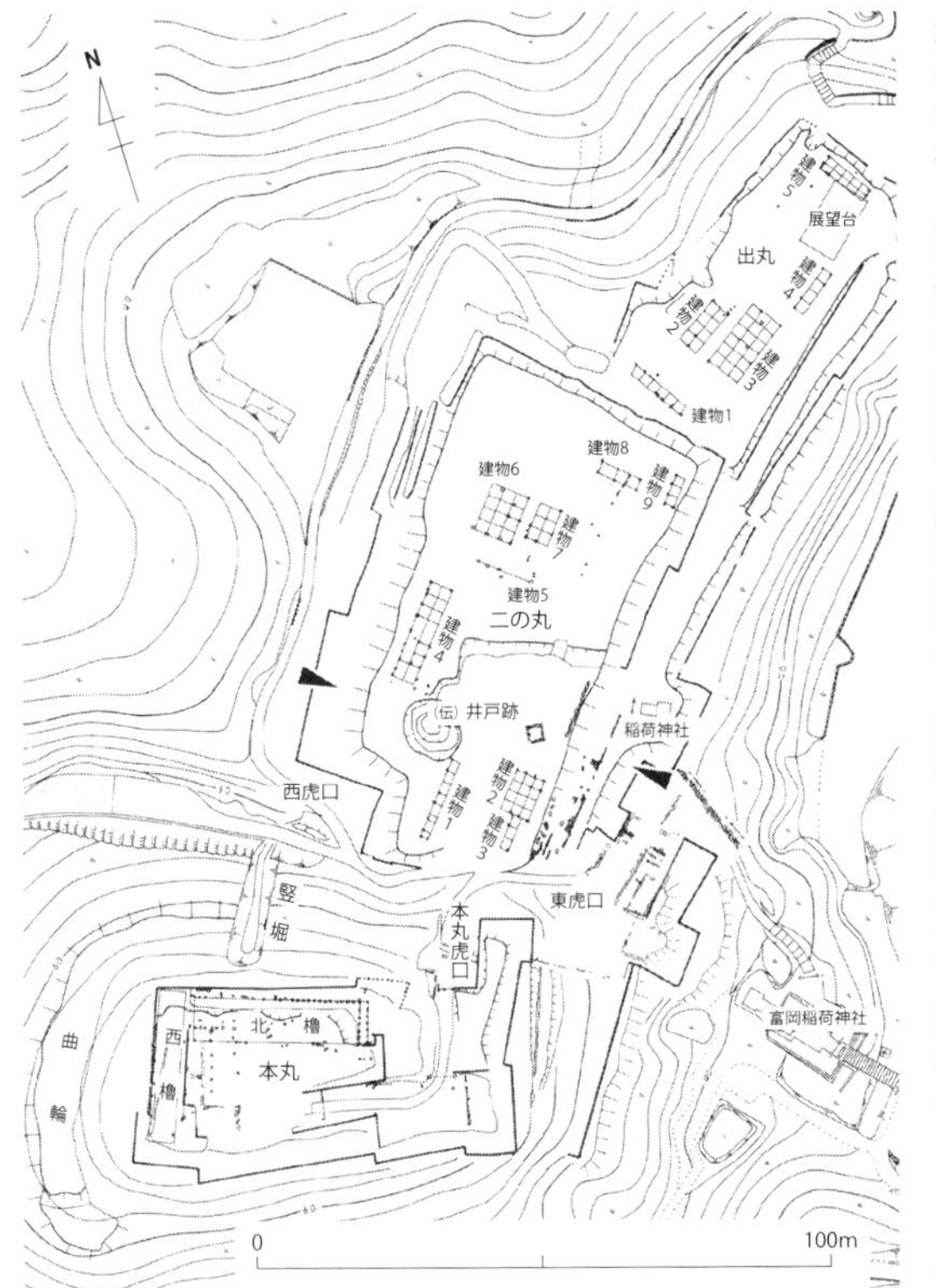

●—富岡城遺構配置図（苓北町教育委員会『富岡城跡V』2002より転載，加筆）

【縄張と遺構】 寺澤時代は本丸・二の丸が主たる縄張で、山﨑時代に三の丸などが縄張に組み込まれた。総石垣の堅固な造りで、各所に桝形虎口と横矢掛かりを設け、防御性を高めている。本丸に天守台は存在しないことから天守は存在せず、多門櫓と隅櫓があった。二の丸北側の石垣（左矢印部）は、発掘調査による検出時に、油煙で焼け汚れた姿であらわれ、一揆の実態を物語る遺構といえる。

【復元整備】 現在は史跡公園となり、石垣や城門、築地塀などが復元されている。城内には町立の歴史資料館なども整備運営されている。

【参考文献】苓北町教育委員会『富岡城跡物語』（二〇〇七）、『天草を治めた光秀の孫　仁義の侍三宅藤兵衛』（天草市立天草キリシタン館、二〇二〇）（中山　圭）

お城アラカルト

アジアに開かれた海の城郭

中山　圭

天草地域の主な城館はほとんど海の間近に立地しており、城郭配置の特性の一つとなっている。特に天草五人衆の各居城に至っては、すべてそのような立地であった。彼らの地域統治には港湾の存在が欠かせず、船の発着の利便性が必要であったと考えられる。

それだけに、居城であっても麓との比高差はあまりなく、標高三〇メートル前後の城が多い。防御遺構も切岸や帯曲輪がみられるくらいで、丘陵を遮断する堀切も小さなものが一本あるかどうか、という状況である。そうかといって、彼らが戦いを好まなかった、というわけではなく、『八代日記』をみる限り、島内で常に抗争を繰り返している。彼らの「合戦の規模」に適合した防御機能のあり方を示しているのであろう。

この点だけをみると、天草の城郭は「海の傍にある防御性の薄い城郭」という評価となる。ところが、各城跡で行われた発掘調査はその評価に新たな一面をもたらすことになった。

天草市倉岳町の棚底城では、主要な曲輪であるⅠ・Ⅱ・Ⅳ郭などで発掘調査が実施された結果、岩盤に掘り込まれた多数の柱穴群と多くの輸入陶磁器が出土した。棚底城は、『八代日記』の記録から、天草五人衆の上津浦氏と栖本氏が争奪を繰り返した「番城」と思われていたが、そこには恒常的な生活があったのである。出土遺物は、中国景徳鎮窯系の色絵皿、中国南部の華南三彩の盤、同じく華南系の青釉小皿、北部ベトナムで生産されたと思われる青花碗、そしてタイ・シーサッチャナーライ窯で焼かれた黒褐釉四耳壺などがあり、他にも列島ではあまり出土しない内底部の底に釉薬をかけない（あるいは釉薬を剥ぐ）白磁や青磁の碗などもみられている。この傾向は棚底城だけでなく、発掘調査が実施されている河内浦城（天草氏居城）や上津浦城（上津浦氏居城）でも類似した状況をみせており、前者ではやはりベトナム産の鉄絵盤などが出土し、後者では内底の釉を剥いだ青磁碗などが出土している。全国的にみても東南アジアのやきものが出土する城郭はそう多くはない中で、天草地域の、海際に立地する城では、発掘調査を行うことで、国際性豊かなアジアの陶磁器が出土することがわかってきたのである。

●—倉岳山頂から見た棚底城と八代海

近年の研究により、内底の釉を剥いだ碗皿や華南三彩、東南アジア系遺物は、琉球列島のグスクなどで普遍的にみられることが知られてきた（日本貿易陶磁研究会 二〇一四など）。一五世紀頃の琉球王国は、明とアジア各国の中間に立ち、海禁で制限されていた各国をつなぐ中継貿易を積極的に推進していた。天草の城館などでみられる遺物も、琉球が能動的に行ってきた交易の一端が消費地に影響をおよぼした可能性が考えられるのである。もちろん、そこには天草衆が船を利用して、このような製品を積極的に取り入れていたことが関係しているのであろう。

離島の限られた農産力や人口というウイークポイントを克服するため、天草衆は海の活動に活路を見出していたのかもしれない。海に根差した城の立地や豊かな出土遺物はその可能性を物語っている。

●—棚底城出土 タイ黒褐釉四耳壺
（天草市教育委員会所蔵）

【参考文献】『琉球列島の貿易陶磁』（日本貿易陶磁研究会、二〇一四）

大分

長岩城登り石塁（東の台から主郭へ延びる）

●現存する九州最古の近世城郭

中津城（なかつじょう）

〔大分県・中津市史跡〕

〔所在地〕中津市二ノ丁・三ノ丁
〔比　高〕約七メートル
〔分　類〕平城
〔年　代〕一四〜一九世紀
〔城　主〕中津江氏、重松氏、尾畑氏、黒田氏、細川氏、小笠原氏、奥平氏
〔交通アクセス〕JR日豊本線「中津駅」下車、徒歩二〇分。

【城の歴史】『中津市史』は、「応永の頃中津江太郎、永享の頃中津五名主の一人といわれる重松刑部少輔義忠（よしただ）、明応の頃、大家（おおえ）備中守藤原幸範（ゆきのり）が大家の郷司職を受けて城におり、幸範が天文七年（一五七九）十月十五日に死亡した後は、蠣瀬対馬守が城に入ったとされるが、その城がどこに築かれいかなる形か不明」と記す。中津城については、天正七年（一五七九）大友義統（よしむね）による秋月種実（たねざね）討伐時に、大友方の敗走軍が中津城に入城したという（「大友家文書録綱文」大分県二〇〇二）。天正十五年七月三日、九州征伐による論功考証の結果、豊前国六郡は黒田官兵衛に与えられた（「豊臣秀吉朱印状」大分県二〇〇二）。『黒田家譜』には天正十六年正月、黒田官兵衛と長政は中津城に移っていたことが記されている。この前年の九州征伐直後の天正十五年五月十三日付け羽柴中納言（秀長）宛て朱印状によると、秀吉は豊前馬ヶ岳城と豊後の境の間に一城を築くよう指示しており（中津市 二〇一九）、官兵衛がこの指示に従い中津に城地を定めた可能性がある。また、『黒田家譜』には尾畑氏という国士の城を改修し居城とした旨記されている。慶長五年（一六〇〇）、黒田氏の筑前転封（てんぽう）後は細川氏が入部し、現在の中津城の姿が整えられていった。寛永九年（一六三二）、細川氏は肥後に移り、替わって小笠原氏が入部。小笠原氏の後は享保二年（一七一七）に奥平氏が入部し廃藩置県を迎えた。

【構　造】中津城は本丸・二の丸・三の丸の二万四〇〇〇平方（メートル）を城域とする県・市指定史跡である。本丸内は上段と下

段に分けられ、上段を中心に神社が立つ。北東隅には中津のシンボルの一つ模擬天守が昭和三十九年（一九六四）に建造された。二の丸は裁判所や公園など公共施設があり、三の丸は大半が宅地で、歴史博物館や小学校がある。平成十三年（二〇〇一）より始まった本丸南西・南石垣の修復工事により、石垣や前面の堀の掘削が行われ、往時の景観の一部がよみがえった。

本丸部は堀・石垣で囲繞され、西は山国川を天然の堀とする。二の丸・三の丸と城下との境は堀（中堀）で画され、本丸側に土塁（おかこい山）を築いている。本丸は上段と下段に分かれ、上段北面石垣Aには著名な「黒田と細川の石垣の境」があり、細川期に東側へ石垣を拡張したとされる。明治初頭の絵図によると上段は藩主の居所（奥）、下段は表と考えられる建物が描かれており、幕末期の政務空間が下段に存在したとみてよい（浦井二〇一九）。

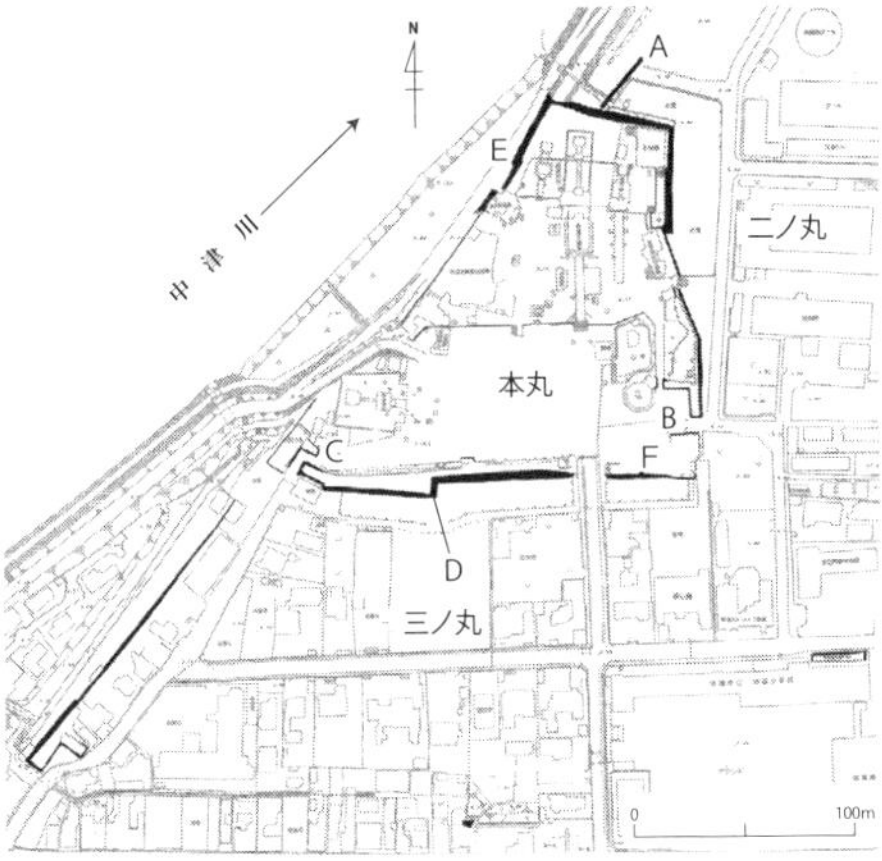

●―中津城縄張図（出典：中津市教育委員会 2022，改変）

幕末期の絵図には下段東に南西の大手から繋がる内桝形構造の椎ノ木門Bがあり、その北側の石垣には、長軸二メートル超の鏡石が配されている。下段西の水門Cも内桝形を呈し、隅石に巨石を縦積みとし特徴的である。石垣は山国川に沿うように水門から西門までの塁線を固め現存する。その他三の丸の一部に石垣とおかこい山が残る。

修復工事が行われた南西石垣下位築石部Dは、未加工の自然石の長軸を水平方向に置き、目地を通さない布目崩し積みを採用する。隅角部は石材の長短の振り分けが不規則で隅脇石も存在せず、一六世紀末段階の様相を色濃く残している。同期の石垣は川沿いの石垣Eにも認められ、石材は山国川の五キロ上流にある七世紀代の唐原古代山城（福岡県上毛町所在）のものを転用している。本丸南西石垣の発掘調査では石垣内部より黒田期とされる石垣が検出され、当該期の天端幅は約二・四メートル、石垣高さは約五・八五メートルあり、現況の石垣よりも約一・二メートル低い位置に旧天端が存在したことが判明している。さらに石垣内部からは黒田期の礎石建物三棟や、破砕した瓦を重なり合うことなく階段の前面に敷き詰めた遺構などが検

●—黒田と細川の石垣の境

出された。また、椎ノ木門南調査区Fでは、黒田期の所産と考えられる大型礎石や地鎮石が検出されており、城内に寺院の存在が推定されている。南西石垣堀底の調査では、隅角部の根石下から石垣の沈下を防ぐ松の胴木が確認された。また、堀底標高がマイナス一・四メートルであり、堀底から黒田期の石垣天端までの高さは七・二五メートルであることも明らかとなっている。堀からは豊臣秀吉との関係を窺わせる桐文（きりもん）丸瓦や金箔瓦、名護屋城・小倉城と同笵の瓦など、堀沿いの建物に葺かれていたと思われる瓦類が多く出土した。

城内では中世期の遺構も確認されている。椎ノ木門南調査区では標高二・七メートルの地点で幅一・五メートル、深さ九〇センチの東西方向の溝状遺構が検出され、東端部で北へ屈曲する。遺物は一五～一六世紀後半の備前焼や青磁、朝鮮産陶器が出土している。北側の同方向を指向する幅の狭い溝は、築地塀の基礎の遺構と推定されている。

発掘調査によって黒田氏による築城当初の姿が徐々にみえ始めている。黒田期の遺構の残存状況や同氏入部前の中世遺構の実態解明など将来に残された課題は多い。

【中津の城下町】　中津城・城下町の周囲には堀が掘られており、その城内側に土塁（通称おかこい山）が構築されていた。往時、土塁の総延長は約二・四キロに達したが、近代の開発によりその多くが姿を消した。現在、七カ所（新魚町、寺町、鷹匠町、三ノ丁）にて遺構が残存している。

①自性寺おかこい山（県史跡）：もっとも遺存状態のよい土塁である。長さ一二〇メートル、基底部幅一六メートル、頂部幅四～六メートル、高さ四～五メートルを測る。平成十八年度に行われた確認調査では頂部下二〇～三〇センチ下位にて川原石の層を確認している。土塁内部は、土と石の層が互層に堆積していた。この箇所の土塁が他地点のものより規模が大きい理由は、南西方向からの侵入抑止や、川に近い位置関係から洪水対策などを目的としたものと考えられる。

②金谷口までのおかこい山（市史跡）：自性寺おかこい山は南端部で東に屈曲をする。この屈曲部は現在JR日豊本線の鉄道敷になっている。ここから城内城戸口の一つ金谷口ま

での間に土塁が遺存している。土塁は、長さ一二〇メートル、基底部幅一二メートル＋α、頂部幅四～六メートル、高さ四メートルを測る。テニスコートのある西端部は近代の開発により掘削されるが、その他は残りが良い。東端部には城戸口広場が整備されている。

③鷹匠町おかこい山（市史跡）：修復工事がなされ見学できる。工事前は東西に二つのピークがあり、遺存状態の良好な西側は長さ八メートル、基底部幅一〇メートル、高さ一・五メートルを測る。この他、三ノ丁に残るおかこい山には西端コーナー部に櫓台の石垣が現存している。また、現在マンションの立つ箇所にも土塁が遺存していたが、建物建設に伴い消滅した。土塁は長さ約四八メートル、基底部幅一二メートル、頂部幅五メートル、高さ三メートルが残存していた。土塁内部は石積みと土の層が確認され、山国川で採取されたと思われる川原石で構成される石材を土塁の芯とするため大量に配置していた。

　現在、中津城の内堀南に中津市歴史博物館が開館している。中津城の発掘調査にて出土した遺物が展示されているので観覧しておきたい。この他、城下町には福沢諭吉旧居や中津藩医の屋敷跡（大江・村上医家史料館）などの文化施設も多いので、城下町散策の際は脚を延ばすことをお薦めしたい。

自性寺おかこい南端（南東から）

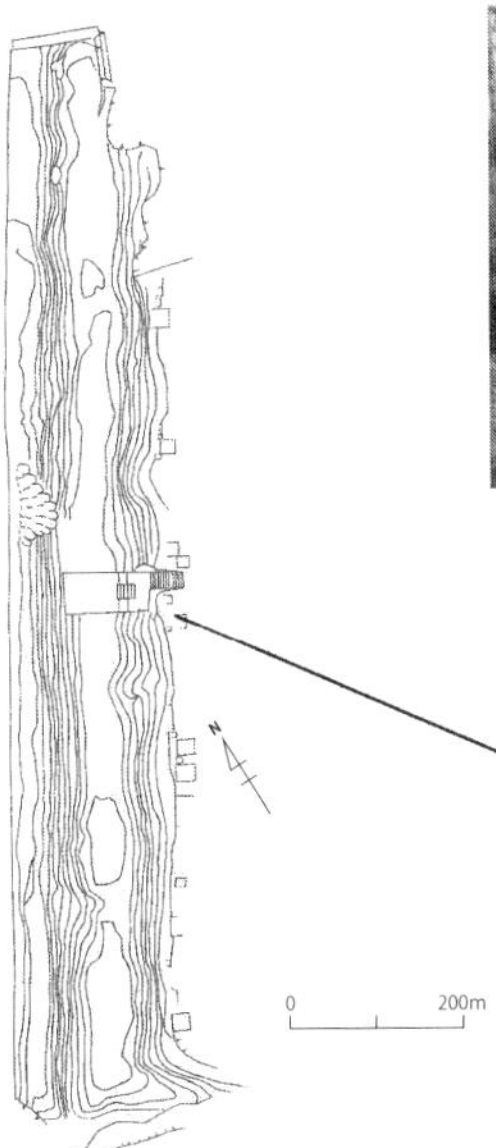

①自性寺おかこい山

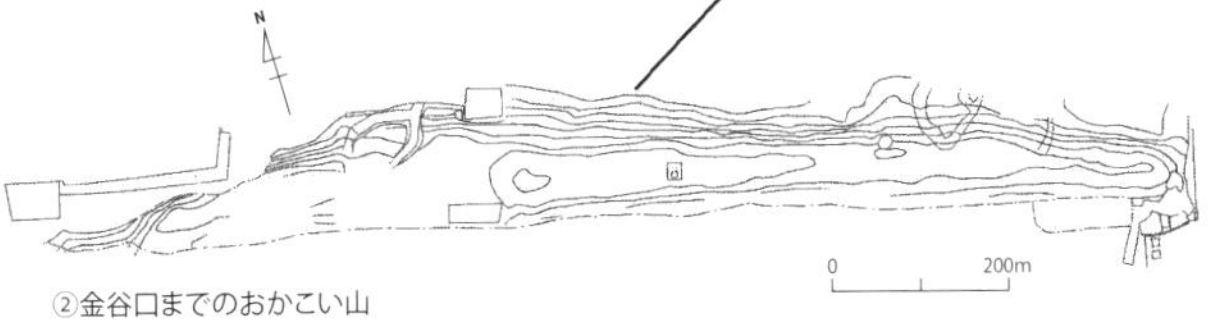

②金谷口までのおかこい山

●—中津城おかこい山平面図（出典：中津市教育委員会 2022，改変）

【参考文献】中津市『中津市史』（一九六五）、大分県教育委員会『大分の中世城館』（二〇〇二）、中津市教育委員会『中津城他』（二〇〇三他）、『中津市の中近世城館Ⅰ』（二〇一九）、浦井直幸『中津城廃城について』（二〇一九）、『中津市の中近世城館Ⅱ』（二〇二二）

（浦井直幸）

●織豊系の石垣が残る中津城の支城

平田城（ひらたじょう）

〔大分県史跡〕

〔所在地〕中津市耶馬溪町大字平田
〔比　高〕四〇メートル
〔分　類〕平山城
〔年　代〕一六世紀
〔城　主〕平田氏
〔交通アクセス〕東九州自動車道「中津IC」から三〇分。

【城の歴史】『名所古跡考草稿』は「如水候持ニテ栗山大膳番城ナリ」とする（中津市 二〇一九）。『下毛（しもげ）郡誌』によると「白米城趾、城井村大字平田にあり。平田氏代々野仲家に属し当城の城番たり。黒田氏の時には老臣栗山備後利安（としやす）居る。（中略）城趾今も城口、城後、本丸、西丸などいふ字を残す」とある。黒田氏入部頃の平田城は下毛の在地領主野仲氏の影響下にあり、同氏滅亡後はその旧領が黒田家重臣の栗山善助（利安）に与えられ、該城は黒田氏の支城となった。

【構　造】城が所在する台地は浅い谷によって南北に区切られ、公園として整備されている南台（Ⅰ区）と谷を挟んだ北側（Ⅱ区）やその西側（Ⅲ区）にも遺構が広がり、杉が植林されている。Ⅰ・Ⅱ区のほとんどは県史跡に指定されている。

Ⅰ区は七五メートル、三〇メートルの平面略長方形の曲輪①を中心とする。曲輪①周囲は延長一九〇メートルにわたり石垣が取り巻く。石垣は高さ一～三メートル、石材は現地調達可能な粗割の阿蘇4火砕流堆積層（凝灰岩質安山岩）の石材長軸を横に置くことを基本とした布目崩し積みとする。曲輪①南西角部は石垣高三～四メートル、隅角部は規格性のある石材を算木積み（さんぎづみ）とし面をそろえる。中津城にみられる一六世紀後半の石垣と同じ特徴を有する。なお、曲輪①石垣の一部には、その上部近代の採石痕が認められる箇所があるため、今後検討を要する所もある。

Ⅰ区はⅡ区と谷を挟んで対峙し、大手口は谷北東の開口部と考えられる。この大手口を見下ろすⅠ区北端にも石垣が構築され防御力を高めている。Ⅱ区は平面「く」字状を呈す。中央の曲輪は南北五三メートル、東西最大長二三メートルの平面長方形状の曲輪②である。北西コーナー部に井戸跡の可能性のある窪みを有し、石垣は北・東・南辺に認められ、南辺に石垣隅角部が残る。中心曲輪の北・南は腰曲輪を連続させ、北下の曲輪の規模が大きい。曲輪の東辺下には複数の帯曲輪が認められ、一部竪堀も構築されている。中心曲輪の南には高さ二〜三メートルの削り残しの土塁（櫓台伝承あり）を有す曲輪がある。土塁は谷部に張り出しており、谷部侵入者への攻撃を可能としている。Ⅱ区西・東斜面は多数の帯曲輪を連続させることで防備する特徴がある。

Ⅲ区は、Ⅱ区西下の鞍部を経た南北一八〇メートル・東西九〇メートルを範囲とする。最高所の曲輪③は塁線を土塁で囲み西・東辺中央に開口部がある。遺構は北西に展開し小さな腰曲輪を不規則に配置している。また、土塁を北走させることで北端の規模の大きい腰曲輪との連絡を果たしている。巨視的にみるとⅠ・Ⅱ区は南九州地方に特徴的な群郭型城郭の形態を呈し、城郭を構成する丘陵平坦面の曲輪はいずれも規模が大きい。石垣は一六世紀後半に入部した黒田氏によって構築された可能性が高く、Ⅰ区を総石垣化したことは山国川方面からの眺望も意識したものと思われる。Ⅱ区頂部域の曲輪群も規模が大きく同時期の改修と考えられるが、斜面部についてはまとまりのない帯曲輪を多重する古拙な処理に終始しており、改修は場所を限定して行われた可能性がある。

●—平田城縄張図（出典：中津市教育委員会 2022，改変）

●—Ⅰ区南西角部石垣

【参考文献】山崎利秋『耶馬渓文化叢書（第一編〜五編）』（二〇〇〇）、村上勝郎・田中賢二・中村修身「中津市所在の平田城（町丈城）調査報告」『北部九州中近世城郭研究情報誌一五』（二〇〇八）、中津市教育委員会『中津市の中近世城館Ⅰ』（二〇一九）、『中津市の中近世城館Ⅱ』（二〇二二）（浦井直幸）

●下毛郡一の規模を誇る野仲氏の詰城

長岩城

〔大分県史跡〕

〔所在地〕中津市耶馬溪町大字川原口
〔比　高〕約二〇〇メートル
〔分　類〕山城
〔年　代〕一六世紀
〔城　主〕野仲氏
〔交通アクセス〕東九州自動車道「中津IC」から麓まで六〇分。

【城の歴史】　二次史料では建久七年（一一九六）に宇都宮重房が築いたとするが伝承の域を出るものではない（『豊前志』）。一次史料では永和二年（一三七六）正月二十三日付け今川了俊書状に「野中郷司か城」とあり、長岩城を指すか不明だが野仲氏の城を記す初出として注目される（中津市　二〇一九）。野仲氏は大内氏の元で下毛郡代を務めたが、大内氏滅亡後は独立色を強め、弘治二年（一五五六）に野仲重兼は大友義鎮（後の宗麟）による討伐を受け降伏している。天正七年（一五七九）以降、大友氏弱体化に伴い下毛郡平定に乗り出し、雁股城を足掛かりに上毛郡へも触手を伸ばしていたと考えられる（「野仲鎮兼書状」中津市　二〇一九）。豊臣秀吉による九州攻め後は、黒田氏に反抗し「野中古城」が黒田・毛利氏らにより討ち果たされている（「豊臣秀吉朱印状」中津市　二〇一九）。野仲氏については一五八四年一月二十日付、長崎発信ルイス・フロイス書簡（「宣教師記録部二三」大分県　二〇〇三）に記載がある。書簡には十月に大友義統が叛起した豊前国攻略に向かい、二手に分けた軍勢の一方の主将が「野中殿」であったとする。同氏は三〇〇〇の兵を率いて敵の城を複数回攻撃したが落城できず、援軍に駆け付けた友人の柴田礼能が城攻めで負傷したことをみて怒り、復讐すべきであるとして城を激しく攻め落城させている。書簡発出年は一月であることから文中の十月はそれ以前を指すと思われる。野仲氏が大友方の主将を務めたことを伝える興味深い資料である。

【構　造】標高五三〇㍍の通称扇山山頂と東の谷部、尾根上に遺構は展開する。扇山の北は谷を挟んで英彦山から連なる標高一〇〇〇㍍級の山々がそびえ立つ。後述する長岩城特有の石塁は、山内に産する扁平に剥離する安山岩を小口積みとし築かれている。昭和五十年（一九七五）代に地元保存会により石塁の復元が部分的に実施されている。

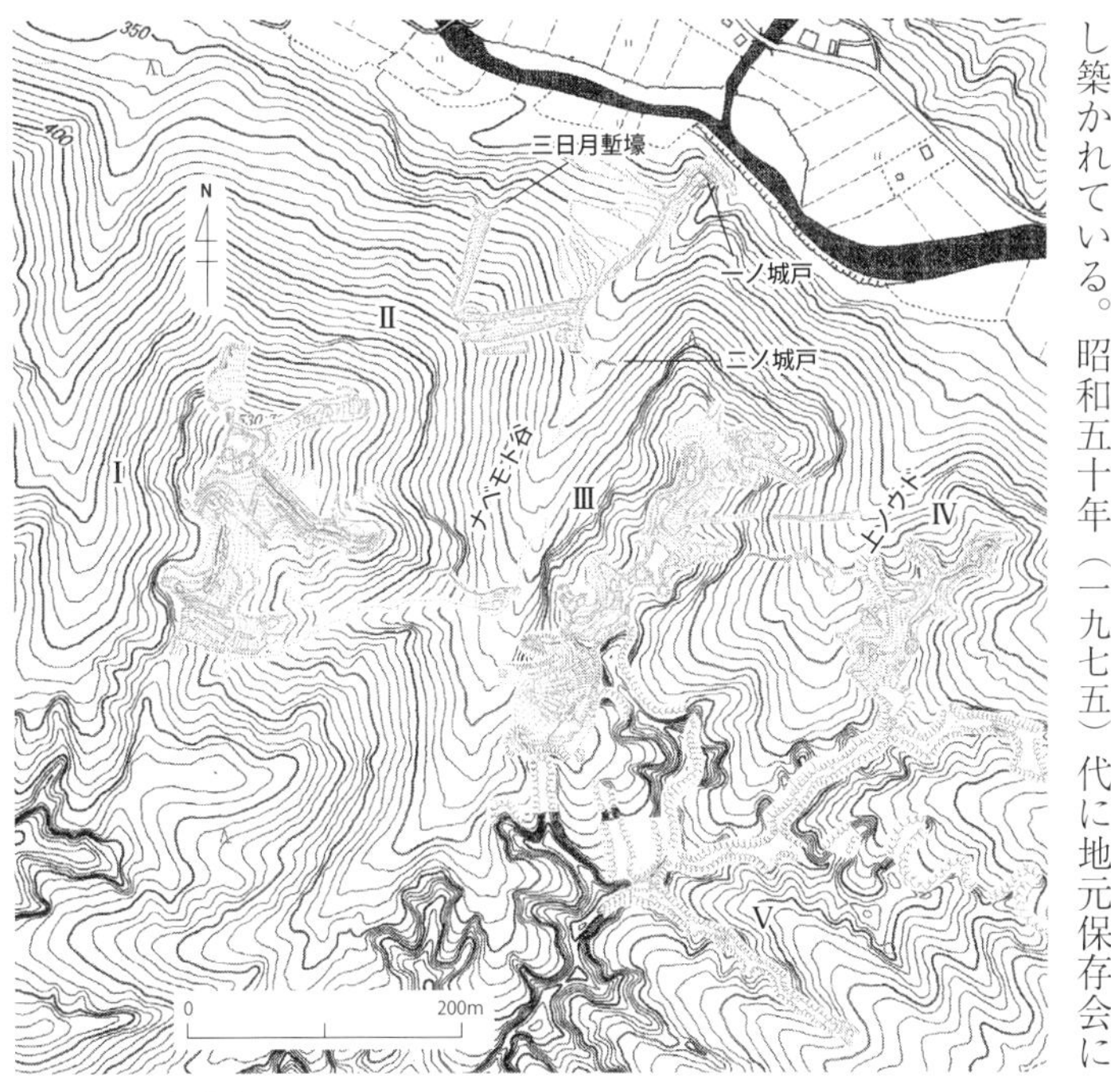

●―長岩城全図（出典：中津市教育委員会 2022，改変）

遺構は南北六〇〇㍍、東西六〇〇㍍の広範囲に展開し、Ⅰ～Ⅴ区に分かれる。「本丸」など長岩城の中核部（Ⅰ区）、「一の城戸」「二の城戸」などのある谷口部（Ⅱ区）、「陣屋」「馬場」などの地名のある尾根一帯（Ⅲ区）、最東端の尾根上付近の遺構群（Ⅳ区）、屏風状の岩崖上の細尾根に石塁が点在する地区（Ⅴ区）である。Ⅰ・ⅡとⅢの間はナベモト谷で、Ⅲ・Ⅳは上ノウドで分かれている。Ⅲ・ⅣからⅤへは急崖のため登ることは困難であり、相互の連絡性は乏しい。以下区別に記述する。

•Ⅰ区：最高所に面積約五七〇平方㍍の平面三角形状の主郭Aがある。南西隅に高まりがあり、南辺に「L」字に屈曲する土塁を配する。北・東・南に開口部があり、北・南の両袖は石塁とする。北辺下は二段直線的に石垣を積む。主郭回りは幅広の腰曲輪が巡り、南東部に平面方形の石塁基壇を備えた平虎口Bが開口する。虎口から主郭方向に入って東に曲がると、主郭A南辺土塁と虎口B東石塁基壇により別の虎口が設定されており、進んだ内部空間は一定度の面積があり勢溜状を呈す。

主郭Aの四方は尾根が下り、北向きの尾根C上位には、石塁を備えた竪堀を配す。尾根下位にも石塁が途切れながら延

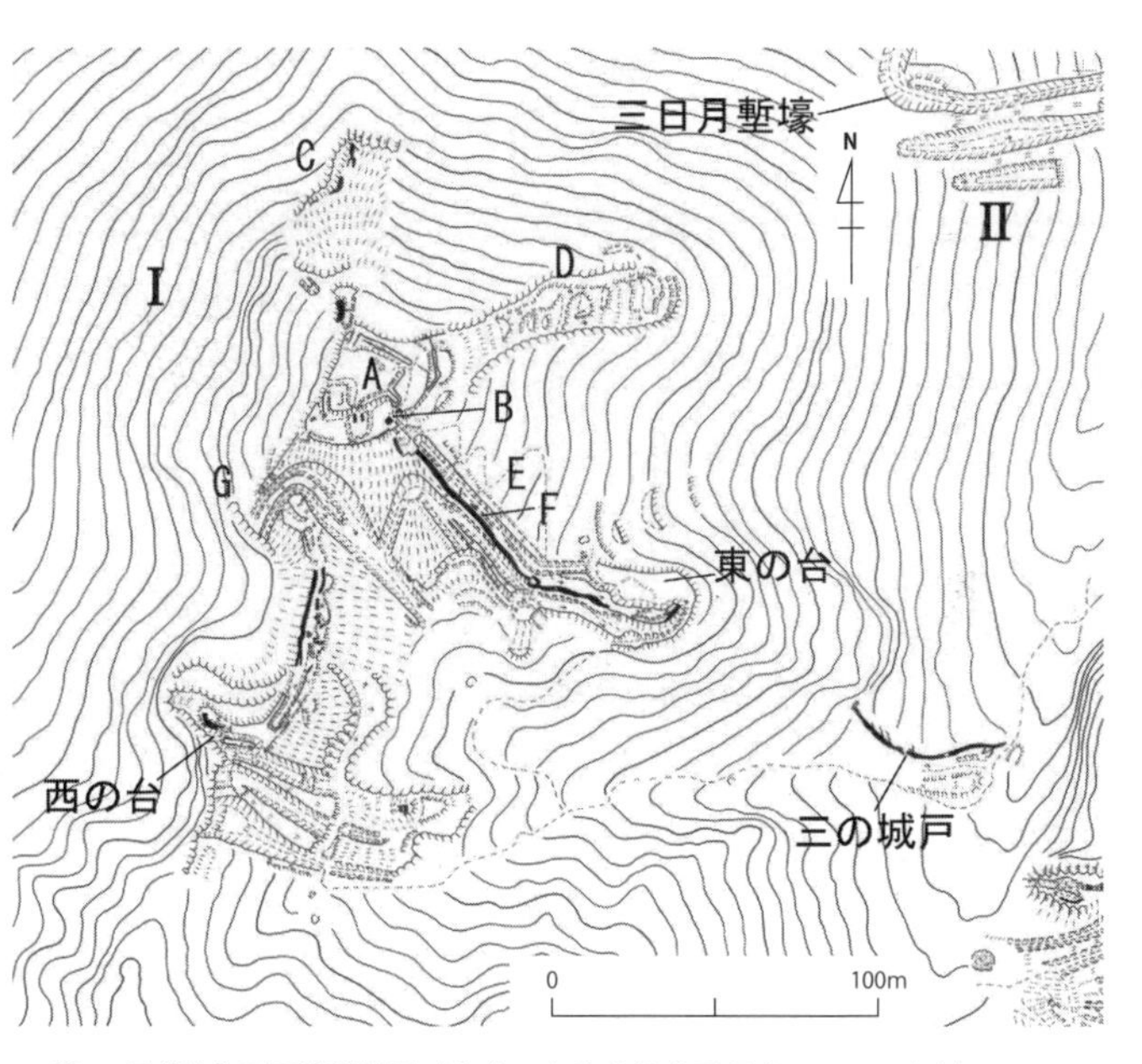

●―長岩城Ⅰ区縄張図（出典：中津市教育委員会 2022，改変）

長二〇㍍に渡って認められる。尾根端部からの侵入を想定した構築とみられる。東尾根Dは赤色立体図により遺構の存在が確認された地点で、六～七段の腰曲輪群で構成される。東端部北側には部分的に高さ七〇㌢の石垣が施されている。腰曲輪群はⅡ区方向から登り来る侵入者に対処するために構築されたものと考えられる。虎口Bから下る尾根Eは、本城郭の愁眉ともいえる延長一〇〇㍍におよぶ石塁Fが下る。虎口Bに近い石塁上位は原形が残るとされる箇所があり特に重要である。石塁上位から下位途中の平面馬蹄（ばてい）形の石塁までの間は両側に幅四～五㍍の竪堀を伴う。石塁F中位には竪堀方向に派生する長さ二㍍ほどの石列が認められる。石塁Fの構築は、下位から石材の長軸を水平方向にして下から積み上げたものと考えられ、石塁から派生する石列は、いくつか存在する石塁の始築点の一つの可能性があり、今後検討が必要である。竪堀は馬蹄（ばてい）形の石塁付近で東に屈折する。竪堀端部の北には炭焼き窯の可能性もあるが、用途不明の平面「U」字形の石組遺構がある。尾根端部は「東の台」とされる曲輪で東西三〇㍍、南北一〇㍍の平坦面が削り出されている。石塁Fの南はブーメラン状の竪堀が構築され、東の竪堀は二股に分かれ、石塁Fに伴走する。

尾根Gは、堀切（ほりきり）が二条構築され、堀切東は竪堀となり、先述のブーメラン状の竪堀と接続する。尾根Gを下ると、鞍部の両サイドに石塁が構築され、西辺の石塁外法には大ぶりの石材が多用されており特徴的である。その先の小ピークは「西の台」とされ、南辺に石を貼り付けた長さ一〇㍍の土塁（どるい）を有し、西端部まで石塁を延ばす。東辺は石材が散布しており、石垣もしくは石塁の存在を暗示する。南下は長さ二〇～六〇メートルの堀切から延びる竪堀を入れ、最南端の竪堀は最大幅一五メートルを測り大規模である。この三条の竪堀をもって南尾根からの侵入を完全に遮断する。北（尾根C）、東（尾根D）と比べ、南東（尾根E）と南（尾根Gから西の台）は石塁・竪堀などの遺構を多数配置しており、南～南東方面からの侵攻に神経を尖らせていることがわかる。

ナベモト谷の奥部には「三の城戸」が設けられ、谷からの侵入をここで抑止する役割を果たす。石塁は長さ五〇メートル、高さ一～一・五メートルを測り、石塁Fに認められた石塁から派生する石列が計七ヵ所認められる。

・Ⅱ区：ナベモト谷の谷口部に位置する。上流部の沢を挟んだ両サイドに「二の城戸」と呼ばれる石塁が設けられる。東の石塁は二ヵ所に石塁から派生する石列が認められる。西側の山腹側には竪堀が三条構築され、最北端の竪堀は三日月(みかづき)塹壕と称され平面ブーメラン状を呈し、延長一六〇メートル、最大幅一〇メートル、深さ一～五メートルと大規模である。この南西斜面上には主郭Aがあり、竪堀群はⅡ区から容易に主郭へ向かわれることを防ぐ遺構群とみてよい。尾根北東端部は、「一の城戸」とされる石塁があり、北東部が開口し虎口空間を形成する。北の津民(つたみ)川から徒渡りで川を越え、ナベモト谷を登らず尾根へ侵入した者を抑えるための遺構である。

・Ⅲ区：ナベモト谷の東の尾根上、北東―南西三〇〇メートルに展開する遺構群である。中心は中央の長軸三〇メートル、短軸二〇メートル、南辺に南法高さ四メートルの土塁を伴う空間があり「馬場(ばば)」と通称される。Ⅲ南端は「陣屋」とされる空間で、緩斜面に現状ではかなり浅くなっているが畝状(うねじょう)竪堀が二段に分かれて構築されている。上段の竪堀は五本あり、幅二メートル、長さ一五～二五メートルの規模である。下段の竪堀は六本あり幅四～六メートル、長さ一七～三五メートルと規模が大きい。竪堀群南には石塁が築かれているが、畝状竪堀を挟み込むような位置にある北と南の尾根上にも「砲座」とされる石塁が認められ、この斜面への防備の意識は極めて高い。Ⅲ区北端は「古城の鼻」と呼称され、馬場から鞍部を経た尾根端部には径五メートルの平面円形の高台を中心とした長軸二五メートル、短軸一〇メートルの長方形曲輪があり、出丸(でまる)と思しい。鞍部から北端曲輪にかけての東塁線には部分的（一部一〇メートル長）に石垣が施されており、この塁線全体は石垣で固めていた可能性が高い。尾根北端から東下に下る尾根には小規模な平面ブーメラン状の堀切が三条構築されている。堀切南端は長さ四〇メートル、幅一〇メートルの竪堀を伴う。

・Ⅳ区：Ⅲ区の北端鞍部から東に斜面を下ると上ノウドという谷へ下る。谷には石塁が構築されており、谷を遡上する侵入者を防ぐ構えをみせる。石塁東は細尾根上に延長九五メートルに渡り石塁が築かれている。地形に沿うように蛇行し、北端部では馬蹄形状を呈する。馬蹄形状石塁の南側は略方形の高まりがあり、何らかの施設の存在が予想される。西斜面には喰

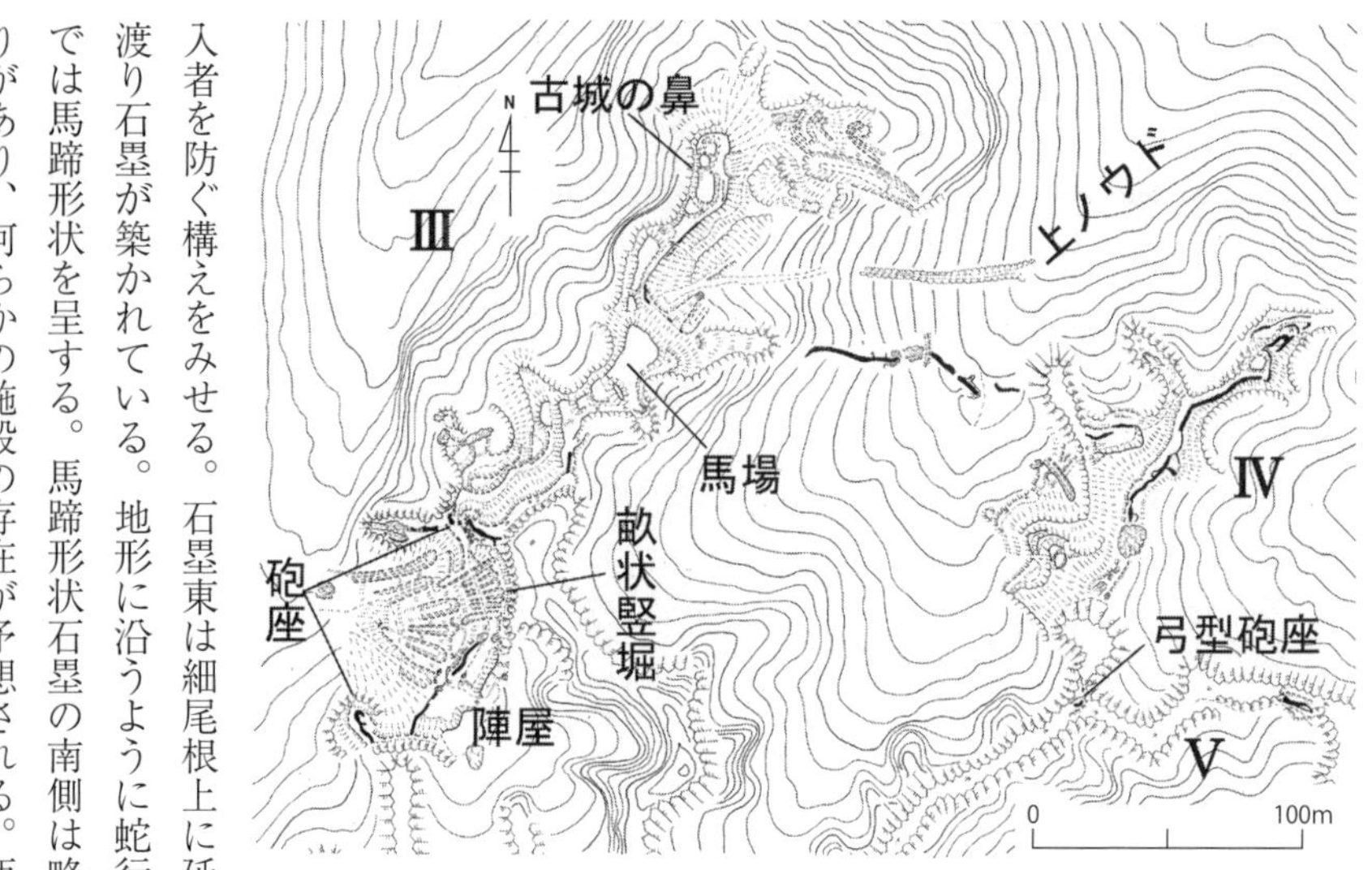

●—長岩城Ⅲ・Ⅳ区縄張図（出典：中津市教育委員会 2022，改変）

●—長岩城Ⅴ区縄張図（出典：中津市教育委員会 2022，改変）

違い状の石垣を有する曲輪や竪堀、階段状の腰曲輪などを構築し、西への防御とする。

・Ⅴ区：Ⅳ区を見下ろす位置に長さ四メートル、高さ二メートルの通称弓型砲座という石積み遺構が立つ。上位に一カ所方形の小口部があるが、ここから鉄砲などを撃ったか否かは不明である。細尾根を東に下ると、谷頭部の小平場に石垣が三段に渡って構築されている。ここが弓型砲座への入口であることを明示している。この地点や砲座へは東の林道から案内板に沿って登ると

よい。

弓型砲座から南西約二五〇メートル地点には周囲を岩崖とする山塊があり、北に延びる尾根上に石塁を設ける。山塊に至るにはⅢ区の陣屋から登りついた箇所に取り付けられている脚立から登ることができるが、高所のため注意を要する。また、山塊から弓型砲座へ向かうことも可能だが、尾根幅が狭く危険だ。山塊から北西に六〇メートル下ると細尾根上に著名な平面馬蹄形（楕円形）の石積み遺構が構築されている。長径四メートル、外面高さ一・四メートル、北西方向が開口し、東・南東・南西面の中位三ヵ所に銃眼とされる用途不明の開口部がある。石塁からさらに南西に一〇〇メートル下ると堀切が一条構築されている。この方向から侵入を想定し構築された遺構とみられる。

●—馬蹄形（楕円形）石積み遺構

遺構の配置状況からⅠ・Ⅱ区は強い関連性が窺えるが、Ⅲ・Ⅳ区は半独立的な空間とみなされ、近世城郭にみられる一城別郭のような形態ともいえる。独自性の強い各区であるが、それらを繋げるように谷部に三の城戸や石塁があり、各区が連関していることがわかる。換言すれば、石塁で谷部を遮蔽するという発想のもと、谷を望む各尾根・山稜に遺構を配する設計の基本理念を窺うことができる。この想定が正しければ、各区の構築は同一主体者とみなしてよく、その構築者は長岩城を詰城（つめじろ）とした野仲氏と考えてよいと思われる。なお、Ⅴ区については、各区との緊密性が極めて乏しく遺構そのものの性格・用途などさらなる追究が必要である。現地に残る石塁は黒田氏らとの戦いに備えて構築されたと考えられ（大分県 二〇〇四）、新たに確認したⅢ区の畝状竪堀も同時期の構築の可能性がある。

【参考文献】大分県教育委員会『大分の中世城館　第一・四集』（二〇〇二・二〇〇四）、中津市教育委員会『中津市の中近世城館Ⅰ』（二〇一九）、『中津市の中近世城館Ⅱ』（二〇二一）（浦井直幸）

●細川期に総石垣化された近世城郭

一ツ戸城（ひとつどじょう）

〔中津市史跡〕

〔所在地〕中津市耶馬溪町大字宮園・山国町中摩
〔比　高〕約二一〇メートル
〔分　類〕山城
〔年　代〕一四世紀?～一六世紀
〔城　主〕中間氏・荒川氏
〔交通アクセス〕東九州自動車道「中津IC」から麓まで五〇分。

【城の歴史】　城は一四世紀代に友杉民部によって構築されたというが明確ではない。中世段階の領主は中間氏とされ、『太宰管内誌』は中間氏を「宇都宮政房（まさふさ）は山田中間ノ祖成也、其子成恒太郎昌俊・次郎中間三郎房俊・下毛郡内三十町昌俊子遠江守正義」とし、宇都宮の系譜とする。天文十三年（一五四四）頃は、大内氏直轄地として溝部郷・仲摩郷・下ノ郷がみえ（『大分県の地名』所収「友枝文書」）、中間氏は大内氏に服属していたことがわかる。弘治三年（一五五七）二月の野仲鎮兼（しげかね）による馬台城攻めの際は、仲間弾正忠が野仲氏と行動を共にしている（『豊前市史』文書資料編所収「友枝文書」）。天正七年（一五七九）頃も野仲氏に従っていたようで、日田口の抑えとして一戸與市の名がみえる（『両豊記』）。天正十五年の豊臣秀吉による九州攻めの際、中間統胤（むねたね）は黒田氏に従った。統胤は黒田の姓を贈られるなど黒田家からの信任は厚く、当城は黒田家の支城として機能したとみられる。統胤は、慶長五年（一六〇〇）の黒田氏筑前転封（てんぽう）に伴い同地を退去した後、筑前六端城の一つ小石原村松尾城を知行した。一ツ戸城は黒田氏に替わり入部した細川氏の支城として引き続き機能し、慶長七年頃は、細川家家臣の荒川勝兵衛輝宗が城番であった（『綿考輯録』）。城に残る石垣などその多くは細川期の所産と捉えてよく、中間氏段階の城郭を大きく改変したことが推定される。その後元和の一国一城令により廃城になったと考えられる。

【構　造】　三角点のある妙見岳山頂は、小字「城山（しろやま）」であ

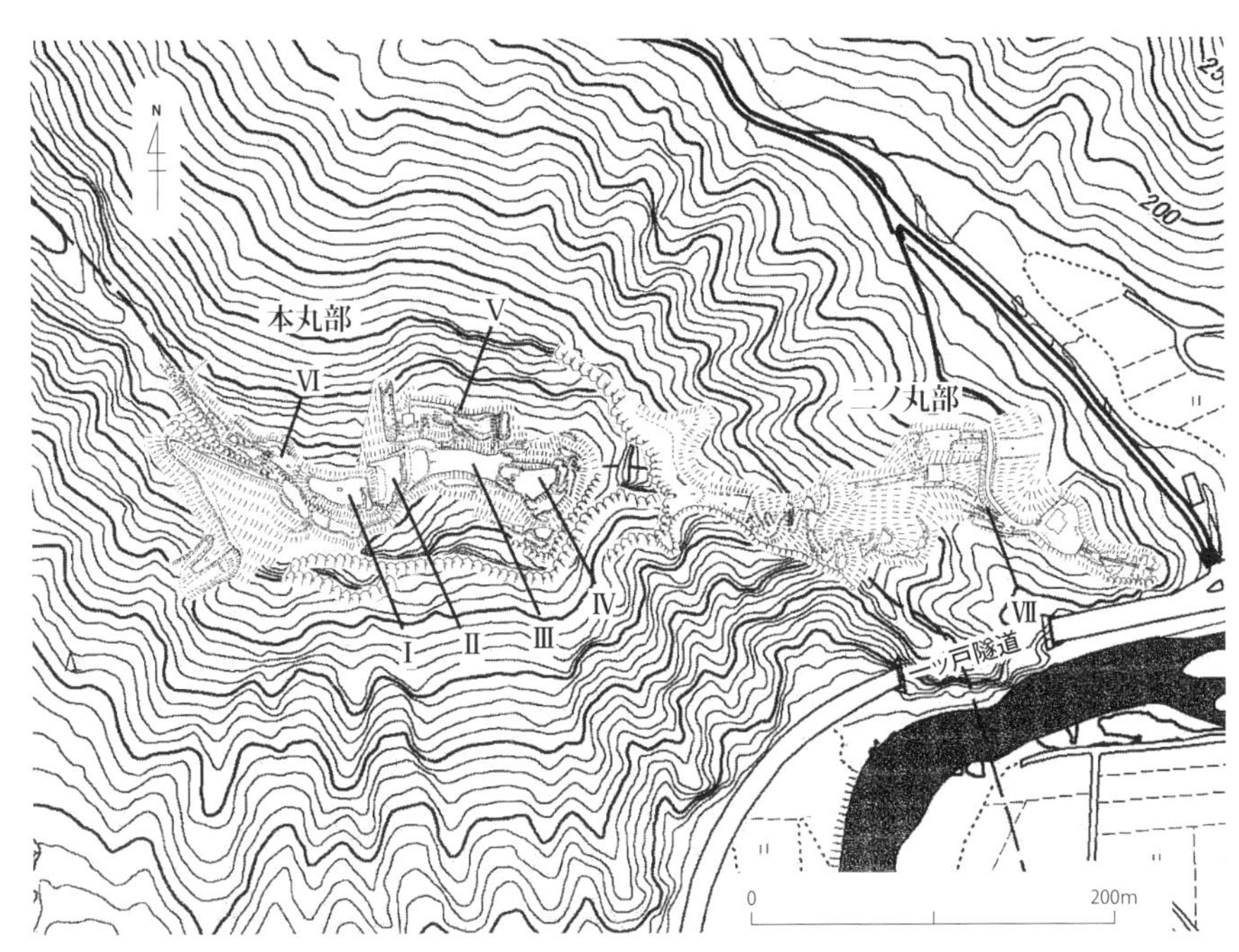

●—一ッ戸城縄張図（出典：中津市教育委員会 2022，改変）

り、本丸と通称される。東麓の標高二二〇メートル地点に一ッ戸大神宮が鎮座する小字二ノ丸があり、周辺に遺構が展開する。本丸へ向かうにはいくつかのルートがあり、①山国町神谷方面からのルート、②国道から害獣除けの柵を開けて大神宮から登頂するルート、③近年北斜面に開削された一ッ戸谷の登山道を進む三つのルートがある。

主郭Ⅰは東西四五メートル、南北二三メートルの平面三角形状を呈する。東辺に東下の曲輪Ⅱから二折れして入る内枡形虎口が開口する。虎口は石段作りであり小口止めの側石を施す。虎口通路からⅡへは直線的に下らずいったん南に振り、北東へ下るやや変則的な導線とする。主郭Ⅰ東斜面は栗石層と思われる石が露出しており、北東隅角部に石材に矢穴を有す石垣が二段残る。算木積みとし、南に延びる築石は乱積みとする。上部は失われているが、石垣は主郭Ⅰ北辺に延びる様相を呈す。主郭Ⅰ南西斜面中位には小振りな石材を用いる石垣が小範囲に残っている。

曲輪Ⅱは平面長方形を呈し、南東が削平を受けたかのように崩れるものの、主郭Ⅰへ至る城道がこの付近に設定されていたとみてよい。南東角には角が丸みを帯び特徴的な石垣が認められる。曲輪Ⅲは東西を軸とする城内最大の曲輪で、西端部に南北を軸とする略方形の高まりがある。

●—主郭虎口

曲輪Ⅲ北東コーナー部には伝大手と伝わる内枡形構造の虎口があり、鏡石と思われる巨石が正面に据えられ、鏡石の西には間を開けてもう一つ小さな鏡石があり、その横に別の鏡石と思われる巨石が前倒しになっている。鏡石の北は石垣が延び隅角部は矢穴のある石材を算木積みとし、ノミにより表面調整を行う。角脇石は未発達な状態で一七世紀初頭の様相を呈す。鏡石前面は石段が北へ降り東に曲がる。ここから二ノ丸へ至る城道が存在したと思われるが現在確認できない。石段付近は瓦が相当数散布しており瓦葺建物が存在したことがわかる。曲輪Ⅳは平面三角形の一段高い曲輪で大手を見下す位置にある出丸状の空間である。Ⅳ頂部は平坦に造成されており、東眼下に山国川を望む。東塁線中位に石垣があり、北辺下位は大手出角から延びる石垣と繋がり、北—東塁線を石垣で固めていたことがわかる。北東に延びる尾根および南に延びる尾根には中間氏階段と思われる腰曲輪を散在的に配置する。

●—大手門跡

曲輪Ⅲ北辺西からは、北斜面の曲輪Ⅴへ至る道が斜走し、Ⅲからの始点部は石垣を積む。つづら折れの道を下りついた曲輪Ⅴには曲輪両端に竪堀が施される。西の竪堀は幅八メートル、長さ三二メートル、深さ四メートルを測り規模が大きく、方形の削頭部が特徴的である。矢穴列をもつ大石が竪堀下位にあり城内での採石の状況を伝える。竪堀東は、南面を除く辺に石垣面を形成する櫓台が存在する。櫓台東には竪土塁があり、その間を鍵の手に折れる城道が存在する。

櫓台は主郭西下の曲輪Ⅵ西端にも認められる。曲輪Ⅵの内桝形虎口の南には南西の神谷方面へ降る石段があり付近に瓦が散乱する。神谷方面への道の南辺下には、一部失われているものの、長さ六〇メートル、高さ一〜四メートルの石垣が遺存する。矢穴のない粗割石を平積みし、石材間は間詰め石を多く充填し、布目崩し積みとする。主郭周辺の細川期の石垣とは様相を異にしており、黒田期の構築の可能性があるが、今後の検討を待ちたい。道をヘアピンカーブして進むと南西斜面に竪堀が二本構築されている。東の竪堀は幅一〇メートルを測り、削頭部に石垣を構築している。

●—二ノ丸西尾根南石垣（石垣Ⅶ）

〔二ノ丸部の構造〕 大神宮が鎮座する字二ノ丸は平面三角形状を呈する。西に延びる尾根の南下に、延長三〇メートル、高さ二メートルの石垣Ⅶが、矢穴のある巨石を用いて布目崩し技法で積まれている。石垣南下はひな壇状に石垣を三段並べる。築石の一部に山国川で採取したと思われる川原石が認められるが、石垣Ⅶ同様細川期の所産と考えられる。城道の保護や斜面崩落防止などの役割が推定されるが判然としていない。

尾根を登ると一辺一〇メートルの平面「ロ」字状の櫓台に至る。石垣本来の高さは損なわれていると思われ、現況で二段程度残存する。櫓台北は大規模な竪堀が構築され、中位は神社乗入れ道により切られている。櫓台西面から堀切削頭部へ至る連絡道は折れを有し、虎口空間を形成している。櫓台から西に尾根を上がると、さらに別の櫓台が存在する。尾根下の櫓台と同規模であり、根石が一段程度残る。尾根をさらに西に進むと、側面に矢穴列のある巨岩の立つ空間に至る。ここから山頂の大手へ向かうには岩壁下を北へ進んだと思われ、石垣で法面を固めた小道も認められるが、地形が荒れておりルートは判然としない。

城では瓦類が採取されており、三葉文軒平瓦（さんようもんのきひらがわら）など中津城で出土している瓦と同じ文様の瓦が発見されている。

【参考文献】木島孝之『城郭の縄張り構造と大名権力』（二〇〇一）、中津市教育委員会『中津市の中近世城館Ⅱ』（二〇一二）

（浦井直幸）

●先進的な縄張をもつ城

光岡城

〔大分県史跡〕

〔所在地〕宇佐市大字赤尾字光岡
〔比　高〕八〇メートル
〔分　類〕平山城
〔年　代〕一六世紀
〔城　主〕赤尾氏
〔交通アクセス〕大分自動車道「宇佐ＩＣ」から一五分。

赤尾神社
光岡城
本谷池
庄池
東九州自動車道
赤尾第一トンネル
0　500m

【城の歴史】　宇佐市の西部、標高一三〇メートルの丘陵上に所在する。丘陵北は宇佐平野が広がり、遠く豊前海が広がる。

光岡城は、一六世紀代に宇佐神宮の作事や段銭奉行を務めた赤尾氏の詰城として知られる。一次史料では、天正八年（一五八〇）九月、城井・長野以下の悪党が、宇佐郡赤尾三河入道（統秀）宅所を攻撃。大友宗麟は、佐田鎮綱にこれを撃退させその戦功を褒めている。後世の二次史料では、天正元年三月、赤尾鎮房病死後、佐野氏が三〇〇騎を従え、仏事の最中の光岡城を夜襲し跡継ぎの統秀が自害したと記す。諸資料から赤尾氏が大友方に属していたこと、反大友方の佐野氏らとの間に争いがあったことがわかる。

【構　造】　山頂の南北一四〇メートル、東西八〇メートルの範囲を城域とする。中心部Ⅰは広々とした空間が広がり、南西から北東向きに緩やかに降下する地形である。北端部は一段低い空間Ⅱがあり、ⅠからⅡを望む位置で発掘調査により掘立柱建物群が確認されている。また、東辺を通りⅡへ向かう途中は両サイドに高まりのある虎口Ａがある。西側の高まりでは総柱建物が確認されており、櫓や物見台などの建物が存在したと思われる。中心部Ⅰは東・南・西に土塁が取り巻く。西の土塁は三ヵ所（ａ・ｂ・ｃ）に張り出し部をもつ。西の堀底へ侵入した敵兵に横矢掛けなどの攻撃を行うための空間と思われる。東の土塁も中央やや南よりに折れを有し、東の堀底への侵入者に横矢の効く配置をとる。東の土塁は虎口Ａ付近で開口し、土橋が延びる。開口部南側の張り出し部ｄは、土橋方向へ射撃する足場となっている。土橋東端部は両サイドの土塁が喰違う構造を呈し、直進できない工夫が窺える。この部分は城の大手として機能したと思われる。端部の北側は最大幅六メートルの土塁が西に湾曲しながら延びる。途中クランクする部分は堀内外への攻撃に利用された空間とみられる。西端部は歩道により破壊されており、歩道から南西の堀底へ進む。堀は幅一〇メートル、高さ五メートルほどある。西側は堀側に石垣を有する土塁が構築されている。石垣の石材は安山岩で、ランダムに三段程度構築する。南西のコーナー部は張出部（はりだし）cなどから効果的に横矢が掛かるように緩やかに湾曲する。コーナーを過ぎた付近は、尾根部にあたり、堀底は比較的浅い。搦手口（からめてぐち）を想定するならばこの付近と考えられる。そのまま堀底を東へ進むと、堀は高さを増し、中央付近は東法面の高さ五メートル、堀幅一〇メートルを測る。東側の土塁も西側の堀同様内側に石垣が構築されている。一部途切れるが、高さ一メートル、長さ六五メートルにわたる。堀北端は西側の張り出し部dの影響でクランクしている。

光岡城は赤尾氏の詰城（つめじろ）とされているが、喰違いの虎口、張出を多数もつ土塁、クランクする横堀など各所に宇佐地域の在地系城郭にはない先進性が認められる。天正十五年に勃発した豊前一揆を鎮圧するため、豊臣方が築いた城郭の一つと考えられないだろうか。今後の研究に期待したい。

現地は、掘立柱建物が木柱により復元されている。多くの説明看板が立ち、トイレも整備されるなど、見学者に優しい城郭である。

【参考文献】尾立維孝『宇佐郡地頭伝記』（一九〇三、一九一一）、中野幡能編『大分県の地名』（一九九五）、大分県教育委員会『大分の中世城館第一集』（二〇〇一）、『大分の中世城館第四集』（二〇〇四）

（浦井直幸）

●—光岡城縄張図（出典：大分県教育委員会 2004，掲載図をベースに再測量）

●—土橋（西から）

●県北の巨大城郭

龍王城（りゅうおうじょう）

〔宇佐市史跡〕

〔所在地〕宇佐市安心院町龍王
〔比　高〕比高二一五メートル
〔分　類〕山城
〔年　代〕一三〜一六世紀
〔城　主〕安心院氏、城井氏、大友氏
〔交通アクセス〕東九州自動車道「安心院IC」から五分。

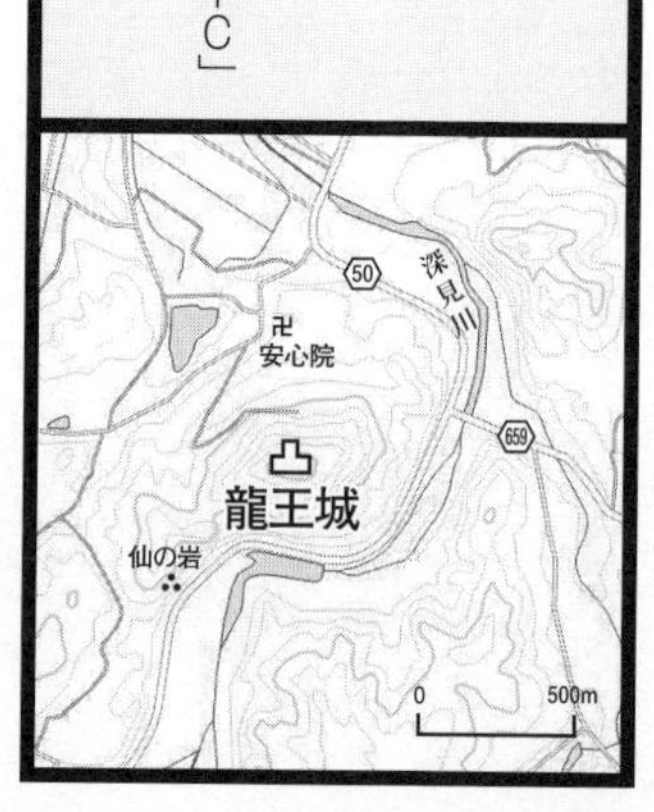

【城の歴史】　龍王城跡は、宇佐市の南部、旧宇佐郡安心院町龍王山山頂に所在する。標高三一五メートル、石垣を備えた曲輪を配す連郭式の城郭として知られる。その築城は、正安年中（一二九九―一三〇二）に宇佐大宮司である安心院公泰が山上に神楽城を築いたことに始まる。建武年中（一三三四―三五）は宇都宮冬綱の子が入城し城名を龍王城へ改めている。永享七年（一四三五）の城主は安心院公重で、天文年中（一五三二―五五）は、大内方の城井氏が守り、弘治二年（一五五六）、大友義鎮が当城を拠点に豊前を制圧した。天正十年（一五八二）、安心院麟生が大友氏を見限り反抗したが降伏する。嫡子の千代松は山麓の居館（宅所）に幽閉されたが逃亡し、大友方の佐田氏に討たれた。天正十四年、島津豊後侵攻時に戸次河原で大敗した大友義統は本城郭まで退却している。豊臣秀吉による九州平定後、黒田氏が豊前国六郡を与えられるが、豊前宇佐郡の龍王城・妙見岳城およびその知行地は豊後一国を安堵された大友氏の支配地となった。慶長五年（一六〇〇）、細川忠興が豊前に入部し、翌年弟の幸隆を龍王城（一万石）に入れ統治させた。城跡に残る石垣はこの頃構築されたものと考えられる。城下である麓には細川家家臣飯河豊前により町が形成され、「上町」「下町」などの呼称が現在でも残る。幸隆は一六一二年に没し、その後は細川家臣の長岡氏が城主になり、元和の一国一城令により廃城になったという。寛永九年（一六三二）、細川氏転封後、松平（能見）重直が三万七〇〇〇石にて摂津国三田から入封する。城はすでに

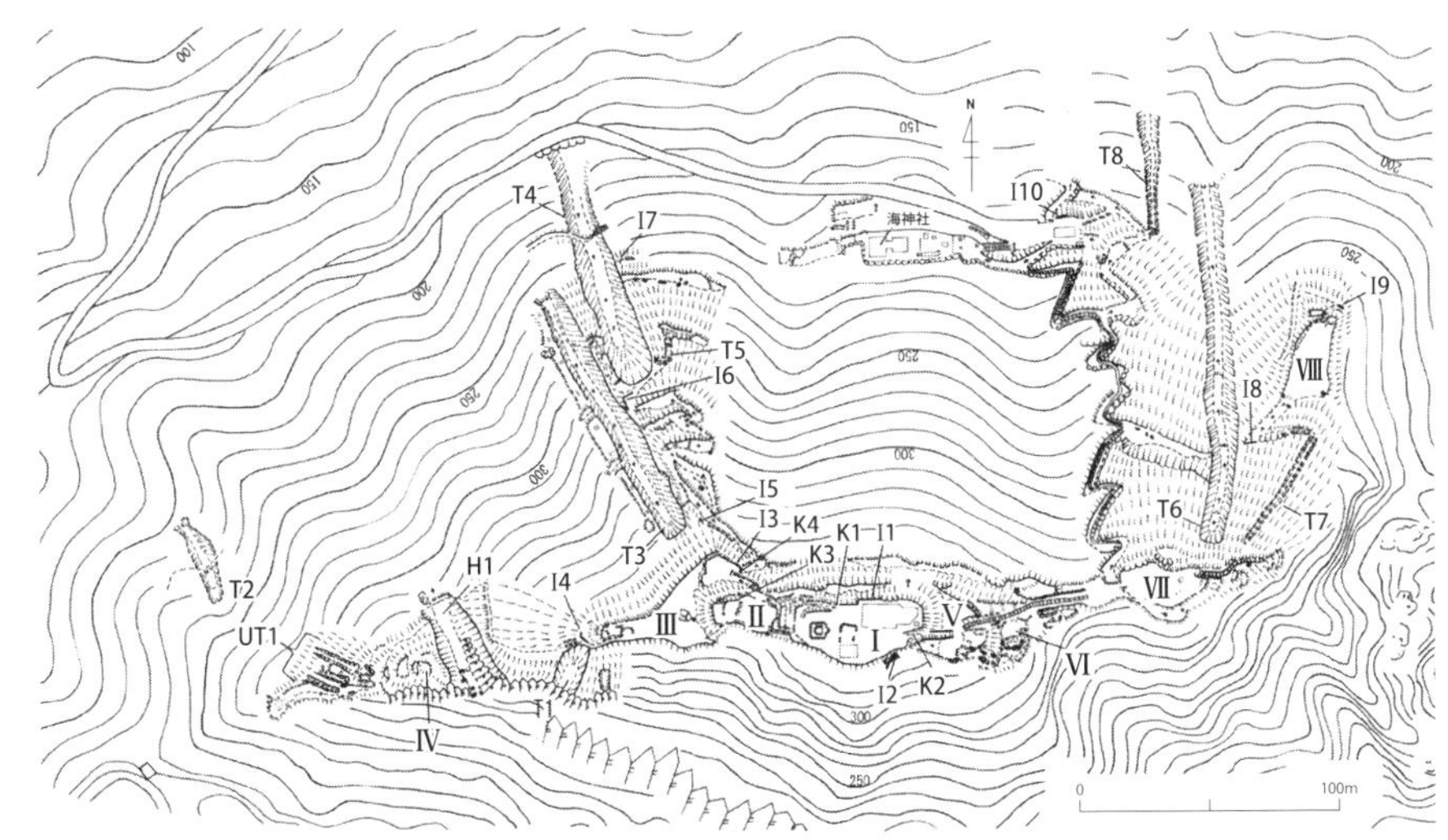

●—龍王城縄張図（作図：浦井直幸）

●—龍王城遠景（北から）

廃されていたため、麓に陣屋を構えた。重直邸は「鍛冶屋町」と称された場所に推定されている。陣屋は寛永十六年に重直が豊後高田に移るまで機能した。

【城の構造】龍王城跡は主郭を中心に翼を広げたような曲輪配置をとる。曲輪Ⅰは東西四八メートル、南北二四メートルの長方形の曲輪である。城内の最高所に位置しており、主郭と考えられる。現在テレビ中継基地局などがあり、それ以前は広場（遊園地）として整備された時期がある。中央と西よりに残る基壇石は竜王権現社に伴うものであり、近世にも開発がおよんでいる。

曲輪Ⅰの北塁線には隅角部を有す高さ約三メートル、長さ九メートルの石垣（I1）がある。この石垣は細川期段階とみられる矢穴が残されているが、隅角部付近に落とし積みや角稜線の乱れが認められ、最下段の石以外は後世の積み直しの可能性もある。石垣

●―石垣Ｉ１（西から）

は西端で南に折れ、再び西に延びるが一段程度となり高さを減じ、斜面となる。この斜面下の帯曲輪には石垣石材が散乱しており、石垣は現況より西に延びていたものと推察する。石垣の西端は西斜面に向けて開口し、坂虎口を形成する（Ｋ１）。ここから北斜面を緩やかに下り曲輪Ⅱに至る。石垣は曲輪Ⅰ南塁線下にも認められる（Ｉ２）。幅六メートル、高さ三メートルの規模で、巨石に擦りつけるように構築されている。Ｉ２は粗割り石材で構築されており、加工石材を多用するＩ１と異なる。土で覆われる箇所が多く詳細不明ながら、精緻な積み方をしており織豊期の構築の可能性もある。

曲輪Ⅱは東西に長軸を持つ空間で「一野彦兵衛殿丸」とされる。曲輪Ⅱ北塁線沿いには道と考えられる低平な土塁状の

●―石垣Ｉ２（南から）

遺構がある。この道の西端は北に折れ斜面を北西方向に下る道となる。この空間は虎口（Ｋ３）と考えられ、小規模ながら左折れの坂虎口を形成すると考えられる。

Ｋ３から西に下ると曲輪Ⅲの中でも一段高い略方形の空間に至る。東端部に坂虎口（Ｋ４）を伴う勢溜り状の空間である。虎口付近の北塁線と西塁線には自然石で築かれた石垣（Ｉ３）が部分的に残る。北塁線の崩落箇所は石垣の隅角部が存在したのか、人為的に削られたような状態を呈し、付近には丸瓦・平瓦が散布している。細川期段階の遺物と思われ、瓦葺き建物の存在が想定される。曲輪Ⅲ北から西塁線は他にも人為的に削られた箇所が見受けられ、本来北塁線の大部分は石垣で固められていたと考えられる。

曲輪Ⅲ中央やや東よりに巨石がある。この上面には細川期の矢穴列が確認できる。城内の岩石から石材を採取して石垣を築いたことがわかる。曲輪Ⅲ西端は尾根端部にあたり、西眼下に櫓台石垣（Ⅰ4）が遺存する。坂虎口（K5）を形成し、Ⅰ4南斜面には竪堀1（T1）が設けられ、通路を狭める役割を果たす。

西に延びる細尾根を下ると、幅一五メートル、長さ三五メートルの大規模な堀切（H1）に至る。東法面の高さは約一〇メートルあり、岩盤が露頭している。堀底に矢穴を有す転石があるため、矢穴技法を用いて岩盤を掘削し、堀切を構築したものと考えられ、細川期の所産と思われる。

●—堀切（北から）

H1西斜面を越えると細尾根には畝状竪堀（UT1）が構築されている。幅二～四メートル、長さ一五～二〇メートル、竪堀三本で構成される。小規模な竪堀を密に並べており、天正後半期（一六世紀後半）の構築と思われる。

次に、曲輪Ⅲ以北についてみてみよう。K4から道が東に約一〇メートル延び、ヘアピンカーブして北西に下る。スロープ端部の北斜面には自然石の石垣（Ⅰ5）が小範囲に構築されている。その西側に竪堀（T3）が存在する。最大幅一〇メートル、長さ約一〇〇メートル、東斜面の最大高約一〇メートルの大規模な遺構である。ほぼ直線的に構築され、堀上部は平面方形とし、ほぼ垂直に掘削する。西塁線は掘削土を用いた土塁が築かれ、東側は先述のスロープがつづら折れに走る。そのスロープの末端、T3中位付近には南北長四メートル、東西長四メートル、高さ一メートルの石垣（Ⅰ6）が「L」字状に築かれている。隅角部や築石の石材には矢穴が残る。櫓台石垣、もしくはT3を登りくる敵兵攻撃のための足場と考えられ、細川期段階の構築と推定される。

Ⅰ6から東にむけて一本の小道が走り、その南斜面には竪堀（T4）が構築されている。最大幅一四メートル、長さ約九〇メートル、最大高約一〇メートルの規模を誇り、末端部は自然地形状を呈す箇所がある。谷地形を利用して築かれたと考えられる。T3の東には先述したⅠ6東の小道と接続する小規模な竪堀（T

●—竪堀Ｔ３（南から）

５）がある。竪堀末端で接続する帯(おび)曲輪に連絡するための遺構であろう。帯曲輪はＴ４東辺中位にも認められる。この帯曲輪には矢穴痕を有す石材が散布しており、曲輪下位の斜面にはＴ４堀底を望む位置に南北二メートル、長さ五メートル（途中崩落）の矢穴痕を有す石垣（Ｉ７）がある。その性格はＩ６同様、櫓台石垣、もしくはＴ３堀底の敵兵に備えた足場と考えられる。なお、Ｔ３・４間は急な斜面であるが道状を呈し、Ｔ３堀底へ下ることができる。町誌には中腹から山頂や家老一野彦兵衛丸（曲輪Ⅲ）を結ぶ「隠し堀」と称する隠密通路の存在が記されている。Ｔ３もしくはＴ４が隠し堀にあたり、つづら折れの道を通って曲輪Ⅲや山頂に登っていた可能性がある。Ｔ３・４は大規模な竪堀であり、これによって西から主郭北斜面へ敵兵が取りつくことを防いでいる。

次に先述した曲輪Ｉの東側について記述する。Ｋ２から後世の階段を東へ下ると南北方向に主軸を取る「遠坂越後守殿丸」とされる曲輪Ｖに至る。中央部の階段は東の尾根鞍部まで延びるが、直線的に主郭へ至る構造であり後世の所産と考えられる。曲輪Ｖの南西は遊園地整備の際に設置されたと思われるトイレが埋没しており改変を受ける。南東側は一段低い空間があり、上部に円柱状の掘り込みが認められる巨石がある。旗竿石の可能性があるが詳細不明である。その南は曲輪Ⅵに下るスロープ状の地形があり、城道の存在も想定されるが明確ではない。鞍部には海神社から延びる道の終点があり、東に曲輪Ⅶがある。曲輪Ⅶは東西三五メートル、南北一四メートルの規模で「蟹氏丸」とされるエリアである。城郭遺構は曲輪Ⅶの北斜面に展開し、最大幅一四メートル、長さ約一三〇メートル、最大高約一〇メートルの竪堀（Ｔ６）が構築されている。堀上部を平面方形に掘削する手法はＴ３と同じであり、谷地形に竪堀を構築したと考えられる。Ｔ６の東には幅三メートル、長さ約四八メートルの浅い竪堀（Ｔ７）がある。Ｔ７末端は西に犬走(いぬばしり)があり、北東へのカーブ付近に自然石を用いた石垣（Ｉ８）が小範囲に構築されている。その道をさらに下ると曲輪Ⅷに至る。曲輪Ⅷは南北長二九㍍、東西幅一七㍍の規模である。この北斜面には石垣（Ｉ9）が構築されており、矢穴が残る。石垣は間を空けて上下二段に部分的に残されているが、法面全体に石垣が構築されていたのか旧状は不明である。この付近には平瓦が少量散布しており、本曲輪に瓦葺き建物が存在した可能性が高い。西塁線は人為的に削られたような状態である。斜面には矢穴のある転石が認められるため、この塁線にも石垣が存在した可能性が高い。

●—旗竿石か（西から）

曲輪Ⅶ西の鞍部から海神社に繋がる道を下ると、神社方向と東への分岐点がある。東への道を屈曲しながら進むと竪堀（Ｔ8）上端部に至る。この竪堀は直線的に北斜面に構築され、一部Ｔ6と並行し図の範囲外まで延びる。道は竪堀上端部から西に下り、近代の道に切られる。この先は城道と思われ、北斜面に存在する曲輪群につながる。

龍王城跡は東西四四〇㍍の県北を代表する巨大城郭である。細川期に城郭の要所に石垣を構築し、その後破城された痕跡があるのが特徴だ。

城跡の北麓には近世前半に開かれた陣屋跡があり、松平重直邸と推定される屋敷跡や大手門跡に石垣が残る。松平邸北斜面には中世の堀跡を近年確認しており、中世城館を邸宅として再利用したことがわかっている。大手門東側は方形の町割りの痕跡を随所にみることができ、市有形文化財に指定されている明治十五年（一八八二）建築の古荘家住宅が建つ。住宅壁には安心院・院内地方に特有の鏝絵も施されているのでみておきたい。陣屋の東端にある妙庵寺は、細川忠興の弟・幸隆の菩提寺だ。境内には宇佐市登録史跡細川幸隆廟もあるので拝観をお薦めする。

【参考文献】木島孝之『近世初頭九州における支城構造』（一九九五）、中野幡能編『大分の地名』（一九九五）、安心院町『安心院町誌』（一九七〇）、『城郭の縄張り構造と大名権力』（二〇〇一）、浦井直幸「豊前龍王城跡の縄張り調査」『九州考古学第九六号』（二〇二一）

（浦井直幸）

大分

●大内・大友が欲した城

妙見岳城（みょうけんだけじょう）

〔所在地〕宇佐市院内町大字妙見
〔比　高〕約三九〇メートル
〔分　類〕山城
〔年　代〕一四～一六世紀
〔城　主〕大内氏、田原氏、大友氏
〔交通アクセス〕東九州自動車道「院内IC」から三分。

【城の歴史】　妙見岳城は、標高四四四メートルの妙見岳（妙見・妙見尾）山頂に所在する。院内から宇佐方面へ抜ける喉元を抑える立地である。山頂からは、宇佐・国東・周防灘を望むことができる。

正平八年（一三五三）、南朝軍が「香志田城」を夜討しており、この城と妙見岳城は同一とされる。応安七年（一三七四）、大内氏は守護代として杉興信を入れる。一五世紀後半～一六世紀前半、大友氏の家督争いに介入した大内氏と大友氏の関係が悪化。妙見岳城は両氏の争奪の場となり、激しい合戦が繰り広げられる。文亀元年（一五〇一）には大友氏により一度は奪われた城地を大内方在地領主佐田氏ら宇佐郡衆（院内衆）が奪還。天文元年（一五三二）にも戦いがあり、大友方が妙見岳城の切岸（きりぎし）を攻略しようとしている。この頃大内方は本城郭を「妙見岳御城」と敬称で呼んだ。豊前守護大内氏による城番派遣など大内主家による注力度合の強い城郭であったことがわかる。天文二年、大内方は本城郭を足掛かりとして、日出町鹿越付近に出没するなど豊後を侵した。先方は佐田朝景ら宇佐郡衆とされる。大内方は城内整備にも抜かりなく天文十二年には、城内に存在した「芝矢倉」を修理し、この頃大風で破損した塀の修理も行った。

一六世紀前半までは大内氏による統治の色彩が強いが、天文二十年の大内義隆滅亡により変化が生じる。大内家は大友義鎮（よししげ）の弟義長（よしなが）が家督を継ぐが、弘治三年（一五五七）に毛利元就により滅ぼされる。同年、本城郭には田原親賢（たわらちかかた）（後の紹（じょう）

忍）が入城する。永禄二年（一五五九）、大友氏は宇佐宮領に対して「城誘」を命じている。天正六年（一五七八）、大友宗麟・義統による日向遠征失敗による影響で田原親貫・田北紹鉄が反乱を起こす。本城郭には宇佐郡衆が登城し防備を固めた。天正七年、田原紹忍により普請が成されている。天正十四年、島津氏の豊後侵攻時は、義統の弟田原親盛が居城し、府内から逃れてきた義統や宣教師たちを一時的にかくまった。豊臣秀吉による九州国分では、妙見岳城と龍王城の当地行分は大友義統領とされている。文禄二年（一五九三）、大友吉統（義統）は

●―妙見岳城遠景（南東から）

朝鮮の役での失態を理由に除国され、本城郭も廃されたという。

【城の構造】　登城は城南の香下ダム付近から登るとよい。ダムに併走する市道脇に立つ城跡説明看板が目印だ。そこから約一時間で頂上にたどり着ける。山頂の主郭は、三四×二八メートルの平面略方形である。中央南よりに一段高い長方形の区画がある。現地にはこれが文書に登場した芝矢倉であるとの説明看板が立つが、考古学的調査がなされておらず確実ではない。主郭西斜面には、不揃いの石材を使用した高さ五〇センチほどの石垣が長さ一メートルほどあり、主郭曲輪の損壊防護の役割を果たしたと考えられる。同郭北東には虎口aが開口する。単純な平虎口であり、折れをもつなど技巧性はない。主郭北に延びる尾根cには階段状に小曲輪が配置されている。虎口を降りて曲輪Ⅲに向かうにはこれらの東下にある犬走状の曲輪を通行することになる。これは城道と考えられ、曲輪から見下ろされる位置に構築されていることになる。この手法は、高崎城など大友氏に関わる城館にみることができる。

次に曲輪Ⅲより尾根dにある曲輪Ⅳへ向かう。曲輪Ⅲ西辺に開口した虎口を下り、長さ六〇メートルの帯曲輪を西に向かうと竪堀状の地形があり、そこを下ることとなる。右手には尾根cのように小曲輪が配されている。たどり着いた曲輪Ⅳは長

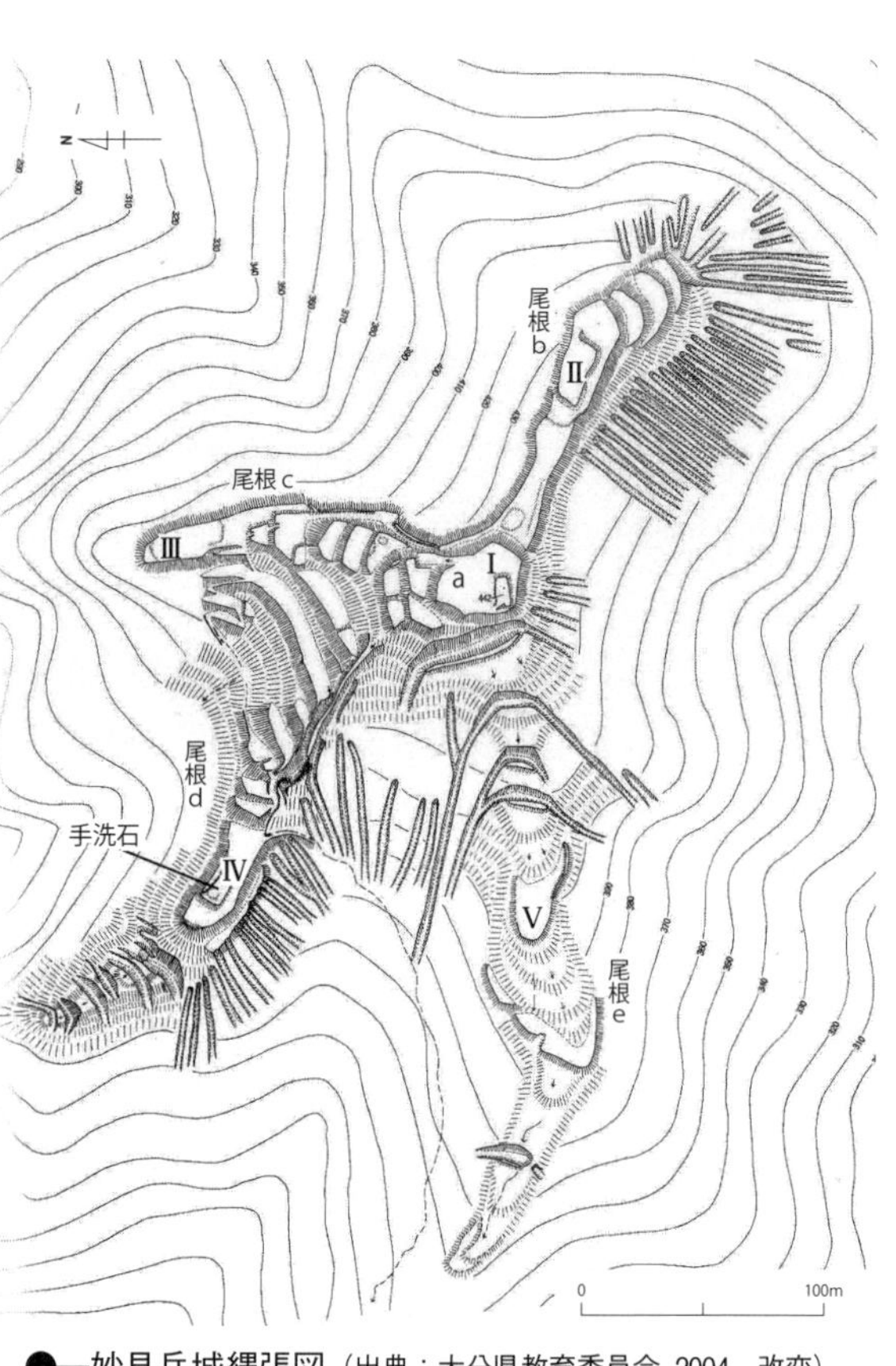

●―妙見岳城縄張図（出典：大分県教育委員会 2004, 改変）

軸約四六メートルの長細い曲輪である。中央部に「手洗石」と呼ばれる高さ二メートル以上の巨石があり目を引く。巨石中央下は人工的にくりぬかれた箇所があり、現地看板には「穴の奥に十字を思わせる切り込みがある」とし、キリスト教洗礼の儀式のために使用されたとあるが詳細はわからない。ただし、天正十四年の島津侵攻時に、府内から移った大友義統に対し黒田長政（官兵衛説あり）が、洗礼を受けさせたとも伝わり、全くキリスト教的な香りが本城郭にないわけではなく、興味深い巨石である。曲輪Ⅳ南斜面には畝状竪堀群が構築されている。平面形は直進性が貫徹しておらず、やや湾曲するものが多い。尾根d先端は六本も堀切が掘られる。執拗なまでの構築であり、ある時期にこの方面からの侵入を受けた結果の造作と思われる。

登城ルートを登るとこの曲輪Ⅳに達するがその入口付近の東斜面には長さ二〇～四〇メートル前後の竪堀が七本構築されている。先にみた曲輪Ⅳ南斜面の畝状竪堀ほどの密集性はないことから竪堀群と呼称したほうがよいだろう。東斜面上位には主郭が存在しており、その防衛のための遺構である。この方面からの侵入に対する遺構は、尾根e上部と主郭の間にも認められる。尾根をブーメラン状に掘る長さ一八〇メートルの堀切が構築されており、圧巻のスケールを誇る。その上位には土塁を伴う上端幅五メートルの両端部を短く屈曲させる堀切がある。また、ブーメラン状堀切の西下にも同様に枝分かれしたブーメラン状となる竪堀があり、尾根eから登りくる敵兵に備えている。尾根eは登城ルートにもっとも近く、ここを突破すると他の曲輪を経由すること

大分

なく主郭へ一気に辿りつくことが可能であり、念の入れ方が際立つ。

次に主郭の東に延びる尾根bにふれる。主郭からは虎口aを下り南に進むルートとなる。曲輪Ⅱの小ピークにも前後に小曲輪が階段状に配置されている。さらに注目すべきは、西斜面に構築された畝状竪堀の存在である。長さ五〇メートル、総本数二〇本を数える。尾根先端の堀切からは竪堀が五本派生するなど厳重な警戒態勢をとる。竪堀の形状は、尾根d付近のものに比べると掘り方に直線性があり規格性が強い。

●—曲輪Ⅳの手洗石

本城郭を俯瞰的にみると、主郭を中心として、そこから延びる尾根には小曲輪を階段状に配置する共通点がある。竪堀群や畝状竪堀はそれらの尾根の西・南斜面を中心に構築されている。よって、城の南から敵兵が侵入してくることを想定した造作となっている。現在の登城ルートもこの方面からであり、南側は城北側に比して比較的緩斜面なのであろう。

各遺構の時期については、一五世紀代に尾根上に階段状の曲輪が、一六世紀前半代に尾根dの多重堀切と主郭西の竪堀群が、それ以降に畝状竪堀が構築されたとの研究がある。畝状空堀は一六世紀後半の指標的遺構であり、その時期のものとしてよいだろう。なお、縄張図外であるが、尾根b北東に延びる尾根先端部にも階段状に展開する腰曲輪を確認しており、そこが城域東限とみられる。

城跡看板のある香下ダム横の市道を東に進むと国道三八七号線と交差する。北に曲がり数十メートル進むと室町時代の六地蔵石幢が立つ。石幢周辺には五輪塔の部材もいくつか置かれているので確認しておきたい。

【参考文献】院内町『院内町誌』(一九八三)、中野幡能編『大分県の地名』(一九九五)、大分県教育委員会『大分の中世城館　第四集』(二〇〇四)、小柳和宏「大分県における織豊期城郭の動向」『大分県立歴史博物館研究紀要』一八(二〇一七)

(浦井直幸)

●豊後・豊前境を抑える巨大城郭

佐田城

〔宇佐市史跡〕

〔所在地〕宇佐市安心院町佐田
〔比　高〕二〇〇メートル
〔分　類〕山城
〔年　代〕一四～一六世紀
〔城　主〕佐田氏
〔交通アクセス〕大分自動車道「安心院ＩＣ」から五分。

【城の歴史】 宇佐市安心院町の北部、標高三〇〇メートルの青山山頂に所在する。北麓の杵築市山香へ抜ける道や南麓の佐田川沿道を望む交通の要地を抑える。

佐田氏は城井宇都宮氏の有力諸氏であり、応永六年（一三九九）に城井谷からこの地に移住し「佐田氏」を称した。城はこの時に築かれたという。一五世紀代は大内氏に従っており、大内教弘から佐田荘の他に田川郡柿原名、築城郡牛若名などの地頭職を認められ支配を行った。また、宇佐郡代も任されており、大内氏からの信頼が厚かった。

佐田城に関する一次史料は極めて少ない。明応七年（一四九八）の戦いについて記した佐田泰景軍忠状に「佐田山所々御陣」とあり、これが佐田城を示すと考えられている。別の同年大友親治感状には「佐田古城」とあるが、これが佐田城を指すのか明確ではない。

城についての記述は少ないが、佐田氏の活動は多くの古文書に残されている。一五世紀末～一六世紀前半に起きた妙見岳城を巡る攻防では、佐田泰景は大内方として大友方から同城の奪還に貢献している。天文三年（一五三四）に大友氏と大内氏が杵築市山香町大牟礼（大村）山で激突した勢場ヶ原合戦では、山香方面へ抜ける間道を佐田氏が先導したと伝わる。佐田氏は大内方の有力在地領主であったが、天文二十一年に大友義鎮（後の宗麟）の弟大内晴英（後の義長）が大内家を継ぐと両家一帯の気運が進み、大友氏からも重用されることになる。弘治二年（一五五六）の文書には大友加判衆から佐田隆居に対し戦功が称され、大内義長からも筑前秋月氏との戦いに対する感状が出されるなど、二人の領主を仰ぐ状態となる。

　ところが、弘治三年、大内義長は毛利元就により滅ぼされたことにより、兄の大友義鎮は豊前龍王城へ侵攻。このとき佐田隆居は毛利氏に与さず、大友の旗下に入ることになった。その後の隆居の動きは目まぐるしい。上毛郡の山田氏攻め、京都郡馬ヶ岳城攻め、今井・企救郡の悪党攻めに参加し、上毛・下毛郡での合戦に対しては軍忠状も出されている。佐田氏は休むことを許されなかったようで永禄二年（一五五九）七月の小倉城攻撃を皮切りに、京都郡の西郷遠江守攻め、門司・花尾の残党追討に従い、さらに京都郡・仲津郡に跨る馬ヶ岳城の城番を同郷の安心院氏と共に命ぜられている。その後も田川郡香春岳城、下毛郡長岩城の攻撃に参加。永禄五年は再び門司に出陣した。永禄六年、宇佐郡妙見岳城にも出仕していたようで、所労のため名代と交代することが認められている。永禄八年田原親賢の配下となり、企救郡長野城を攻撃。隆居は手火矢（鉄砲）を受け負傷している。永禄九年、隆居の子佐田鎮綱は田原親賢に従い宇佐郡麻生親政を誅伐した。鎮綱は永禄十二年には筑前立花陣へも参陣している。元亀三年（一五七二）父隆居の跡を相続した鎮綱は再び麻生氏を攻撃した。天正六年（一五七八）大友氏の日向遠征に従軍しており、その際の軍忠状が残る。天正八年二月には大友義統より国東で蜂起した田原親貫の籠る鞍懸城の攻撃を命じられる。四月、宇佐郡で起きた宮成氏・橋津氏の反乱鎮定を指示され、この頃宇佐郡赤尾氏の宅所を襲った城井・長野氏らの兵も撃退している。天正十年、安心院氏が立て籠もる神楽城（龍王城）を攻撃し軍忠を賞されている。天正十四年、鎮綱は子の統綱へ家督を譲った。

　大友氏の元で力を奮った佐田氏であったが、天正十五年黒田氏が豊前に封ぜられるとその領地を失ったようである。佐田氏は大友氏の元に身を寄せ、朝鮮出兵にも参加。大友氏豊後除国後は豊前に戻ったという。元和元年（一六一五）、統綱は細川忠利に仕官。熊本転封に従い佐田氏は豊前を去った。

【構造】 東西一キロ、南北六〇〇メートルの広大な城域を有し、尾根先端部のa～fに遺構が点在する。中心的な遺構はa曲輪群で、中央にある東西五五メートル、南北二〇～二五メートルの曲輪が主郭である。主郭塁線には土塁が巡り、防備の意識が高い。南辺中央付近は平虎口があり途切れている。北西角はやや外向きに張り出し、北斜面下の横堀を望む。横堀が随所に認められるのが佐田城の特色の一つだ。この部位の横堀は屈曲し、

●—a曲輪群南西端石垣

主郭の西―北を巡り、南では通路状の帯（おび）曲輪となる。その斜面下にも延長一〇〇メートルにおよぶ横堀が構築されている。主郭東の土塁・堀切（ほりきり）を越えると、南北に主軸をとるいくつかの削平段を有する曲輪がある。北向きに傾斜する地形で、北端斜面下にも横堀が構築されている。横堀北端付近は直角に近いコーナーを形成しており、見ごたえのある作りだ。この地点から東は堀切が構築され、その東に延びる尾根上にはひな壇状に腰（こし）曲輪を展開させている。

主郭から北西方向に延びる尾根には幅五メートルの横堀を「コ」字状に配置している。こちらも見ごたえのある遺構だ。横堀コーナー部は複数の屈曲部を持つ。横堀を越えた北斜面には、東斜面同様ひな壇状に腰曲輪を展開させている。主郭南に延びる尾根は南北約一〇〇メートル、最大幅一〇メートルの長細い曲輪がある。その曲輪を取り囲むように西―南―東にかけて竪堀（たてぼり）群が構築されている。この竪堀群は畝状（うねじょう）とはならず、四～一〇メートルの間隔を空けて築かれている。東の竪堀群は中間付近で横堀が付けられはしご状になっている。西の竪堀群も削頭部が横堀で繋がり、さらに屈曲するなど極めて技巧的な造りになっている。この付近を望む位置には石垣が構築されている。高さ一～二メートル、長さ八メートルを測り、垂直気味に積まれる。石は抱えるのに人が二人以上必要なぐらいの大きさで、矢穴はみられない。積み方は近世城郭にみられる布目崩しなどの特徴はなく、重箱のように積み重ねられている箇所が多い。石垣は主郭南の帯（おび）曲輪付近などにも存在し、現地で調達できたと思われる自然石や粗割の石材で構成されている。いずれの箇所も城内の要所を抑える重要な位置に構築されている。

a曲輪群の南にあるd曲輪群に向かうには堀切を二本越えて進む。進んだ先は造成痕跡のない長細い尾根が広がるが、その東斜面に途中竪堀により分断されているものの、延長一二〇㍍以上の幅の狭い帯曲輪が築かれる。東方向からの侵入に対する備えであろう。

ａ曲輪群から東に約二〇〇㍍離れた地点にはｂの曲輪がある。ａとの比高差七〇㍍、たどり着くまでには竹が生い茂る谷を越えてゆかなくてはならない。頂部は造成のあまい空間が広がる。西斜面下には土橋（どばし）を有する横堀が西から南にかけて回り、北東斜面には腰曲輪を五段程並べている。

ａ曲輪群から西斜面を八〇㍍ほど進むとｃのエリアに至

●—佐田城縄張図（出典：大分県教育委員会 2004，改変）

●—主郭南の横堀

る。尾根を堀切で遮断し、屈曲する横堀と繋げている。途中開口する箇所が虎口でそこから主郭部に入る。主郭は南北七メートル、東西一五メートルほどで北西隅に基壇状の高まりがある。西斜面先ほどの横堀からの竪堀、土塁を伴う竪堀、小規模な堀切を構築している。

　ｄ曲輪から西に延びる尾根を約三二〇メートル進むとｅエリアの中心に至る。ｄとの比高差四〇メートル、途中腰曲輪が一五段程と長さ四〇メートルの堀切が一条築かれる。それを越えると再び堀切があり、長さは八〇メートルを測る。堀切中心から南寄りでは、斜面に沿うように土塁を伴う横堀が派生しており、途中開口している。この開口部（虎口）から尾根ピークに進むと、そこには東西三五メートルの曲輪が構築されている。曲輪の東側は塁線を土塁で固めており、先ほどの堀切を越えてくる敵に備えている。主郭の南北斜面には帯曲輪があり、北側塁線には土留めと考えられている石列が巡る。南の帯曲輪の東端には石垣がある。上部に施設の存在が想定されている。石垣の構築状況は、ａ曲輪群南西端の石垣と同様である。主郭西端部は堀切があり、虎口部を見据えるかのように橋頭堡（きょうとうほ）的に楕円形状の曲輪が設けられている。尾根に堀切を構築し、そこから延びる横堀の途中に虎口を設け、尾根最高所に入らせる工夫は、ｃエリアと類似しており、同じ築城者、もしくは同時期に構築された遺構群とみてよい。

　ｄ曲輪からｅに向かう途中、南に延びる尾根にも遺構が展開する（ｆ）。頂部の造成はあまく、北に向けて帯曲輪が構築されている。周囲は東側の一部除いて横堀が略方形に取り巻いており、頑丈な造りとなっている。横堀南東端部から土塁を伴う竪堀が南に派生する。その竪堀を下ると斜面に帯曲輪が構築されており、尾根南端部は両側を堀切とする土橋が構築されている。

　ｆから尾根続きに南西に降るとｇエリアがある。尾根鞍部を堀切で区画するが、堀切はそのまま南下し横堀、竪堀となり、南から西にかけては帯曲輪となりつつ北端部でふたたび竪堀となって消える。横堀の外縁南から東は幅四メートル、長さ二〇～三〇メートルの竪堀群を構築し、敵兵の横方向の移動を妨げている。さらに東斜面は帯曲輪を数段配して処理している。尾根先端部のピークは削平があまく明確な段を有していないが、北西斜面に多数の腰曲輪を展開させる。また、南斜面には帯曲輪を連ね防御空間を造り出している。

このように佐田城は広範囲に遺構が展開し、各所のピークなどに遺構が構築されるのが特徴である。それらは横堀や堀切で区画され、佐田城という広義の空間に内包されているものの、その一つ一つはdを除いて独立した空間を呈する。これについては文書にある「佐田山所々御陣」に相当する可能性が指摘されており、その蓋然性は高い。これらの遺構群は構造的にみるとすべてが同じではない。a曲輪群では主郭周囲に多折れする横堀を構築するなど城内の中でも特異な形態を示す。二次史料であるが『細川家記（綿考輯録（めんこうしゅうろく））』には佐田について「黒田の家老母里太兵衛居城」とあり、黒田期にこの部分は改築された可能性がある。a曲輪群北西の横堀より外側に広がる腰曲輪はそれ以前の時期の遺構と思われ、古い時代の城郭の上に新しい時代の遺構を構築したものと思われる。その他のc・e・fエリアの遺構は方形区画を意識して横堀を構築する手法が似ており一つのグループとみなせる。また、b・gエリアの遺構は主郭周囲に腰曲輪を連続させ、その外周を半円形状に横堀を廻しており、類似性が認められる。両グループの性質の差も構築時期の差を示す可能性がある。まだまだ謎の多い佐田城。これからの研究が楽しみである。

佐田城から西約一キロには佐田氏との関連が指摘される赤井城がある。館城形式の城であり、佐田城と対比してみるのも面白い。また、佐田城東の権現山では近年城館遺構を確認している（浦井　二〇二二）。

【参考文献】 安心院町『安心院町誌』（一九七〇）、中野幡能編『大分県の地名』（一九九五）、大分県教育委員会『大分の中世城館第一集』（二〇〇一）、『大分の中世城館第四集』（二〇〇四）、八木田謙『北九州戦国史資料集』（二〇〇四）、浦井直幸「大分県大分市本城山と大分県宇佐市白山神社遺跡」『北部九州中近世城館情報誌四二』（二〇二二）

（浦井直幸）

●宇佐に出現した近世城郭

高森城（たかもりじょう）

〔所在地〕宇佐市大字高森
〔標　高〕二四メートル
〔分　類〕平城
〔年　代〕一六世紀
〔城　主〕加来氏、黒田氏ほか
〔交通アクセス〕JR日豊本線「柳ケ浦駅」から、大交北部バス四日市行き「柳ケ浦高校前」停留所下車、徒歩一二分。または、大分自動車道「宇佐IC」から三分。

【城の歴史】　高森城は、宇佐市を北流する駅館川（やっかんがわ）右岸、台地が川に張り出す箇所に築かれている。一二世紀末、豊後の有力者であった緒方惟栄（これよし）が源義経を迎えるために築いた城郭の一つとされる。緒方氏は、岡城（竹田市）、高森城、大畑城・犬丸城（中津市）、塩田城（築上郡）を築いたというが確証はない。高森城には加来（賀来）小太郎綱平（中）を置いたという。

諸誌によるとその後の城主の変遷は目まぐるしい。

建武年間（一三三四—一三三六）加来太郎吉頼（今川氏幕下）
明徳年間（一三九〇—一三九四）宇奈瀬弾正忠
永正年間（一五〇四—一五二一）山本荘左衛門尉重賢
天文年間（一五三二—一五五五）加来次郎・原田伊予守種興（大友幕下）・原田伊予守種貞（城井氏関係）
永禄年間（一五五八—一五七〇）斎藤勘解由（大友幕下）
天正十六年（一五八八）加来彦次郎・黒田兵庫頭利高（黒田官兵衛舎弟）・佐々木助四郎（番代）
慶長五年（一六〇〇）頃、有吉武蔵守（細川家家臣）

城主の情報が全く残らないものも多い中世城館の中で、伝承も含め多くの情報が残されていることに驚かされる。確かな一次史料には天正八年（一五八〇）、「高森之者共」と大友系武士の間で合戦が起こり、翌年の大友氏による宇佐宮焼き討ちの際には大友方の橋津氏が高森の地を守備している。また、慶長五年（一六〇〇）関ヶ原合戦の際、豊後で蜂起した大友吉統（義統）を討伐するため、黒田如水（官兵衛）が中津から出陣し、途中当城に陣を置いたという。

【城の構造】 城跡は南北三〇〇㍍、東西二〇〇㍍の範囲に分布する。西は駅館川を見下ろす急な崖で、東は台地と地続きである。現在城の中心部を東西方向に県道が貫通しており、沿道に城跡案内看板が立つ。主郭は曲輪Ⅰと考えられ、車でそこに向かうには看板付近から南に延びる道を城山神社参道まで進み、西に曲がり鳥居付近に駐車するとよい。境内入口にも城跡案内看板が立ち来訪者を迎えてくれる。

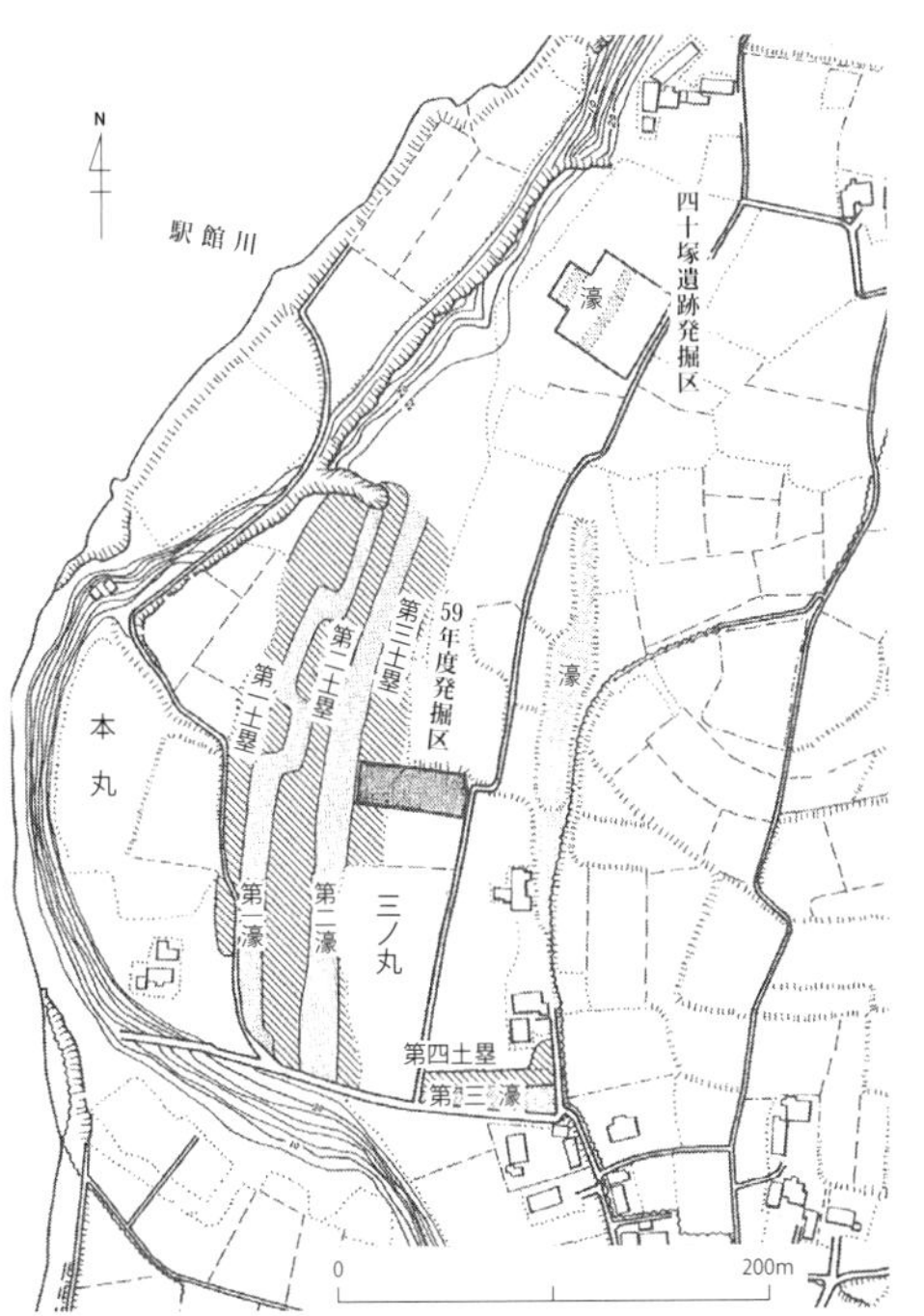

●―高森城概要図（出典：宇佐市教育委員会 1985）

周辺の小字は「本丸」であり、北に延びる細道を歩くと周りより一段高い方形区画の主郭に至る。近年まで北・西・南に堀がありこの地を囲んでいたという。主郭の東側は高森城の代名詞である土塁・堀群がある。幅約一〇㍍、長さ約二〇〇㍍の土塁三条と堀二条が南北方向に構築されている。深さは五～一〇㍍と巨大で規模の大きさに圧倒される。

土塁・堀などこれらの大規模遺構群の中奥部は県道建設により失われているが、第一土塁にはかつて東に折れる方形の張り出し部が存在していた。張り出し南側の屈曲部は現在もみることができる。この第一土塁は発掘調査により神社境内入口付近まで延びていたことが推定されている。東端の第三土塁北の土塁の切れ目では発掘調査により総柱建物がみつかった。桁行約一四㍍、梁行約五㍍の長方形で、京間の半間である一㍍間隔で礎石が検出されている。瓦も出土しており、瓦葺の櫓が存在したのであろう。土塁群北端部は、自然の谷地形と繋がる。

城山神社境内周辺に目を向けると、境内南塁線沿いに細長い土塁が延びている。西塁線には西向きに塁線が張り出す箇所があり、何らかの施設の存在も想定される。北塁線沿いには東西方向の堀跡が構築されており、城内他所の堀と比べて直線的でないことから、黒田氏入部以前の構築物の可能性もある。その堀の中央付近から北向きに堀が派生している。この堀は西向きに屈曲し、駅館川を望む崖面まで延びる。堀法面の片側には鉢巻状に石垣が構築されている。駅館川で採取したであろう人頭大の川原石を三段程重ねて積む。堀内に石材が散布していることから、斜面全体を石垣で固めていた可能性もある。なお、自然石を用いた石垣は第一土塁東法面にも小範囲であるが構築されている。

●—高森城縄張図（出典：大分県教育委員会 2004，掲載図を基に測量，トレース，発掘調査成果を反映）

●—第一濠（南から）

県道建設により失われた部分では多数の掘立柱建物や土坑が発掘調査されている。遺構から一六世紀後半の陶磁器や雑器などの遺物が出土している。建物群は県道北側の調査区でも確認されており、大規模遺構群より西のエリアに居住区が設けられていたことがわかる。図面上ではこの建物群の間に堀状の谷地形が存在し、主郭方向へ延びている。主郭からこの道を下れば駅館川まで容易に辿りつくことができるため、往時の城道の可能性がある。

大規模遺構群東の一帯は小字三の丸である。城山神社参道沿い北側には土塁が一部残っており、土塁の南側はかつて堀が併走していたようだ。土塁北側には堀跡を示す窪みがあり、県道北側にもかつて堀跡が存在したとされる。三の丸地区の畑地では一六世紀後半の中国景徳鎮産磁器も散布しており、遺構が地下に眠っているのかもしれない。

高森城の主要エリアは大規模遺構群を含む主郭一帯と考えられる。その外側の三の丸地区、堀跡が二条検出された大規模遺構群北にある四十塚遺跡周辺は、それに付属するエリアとみてよいだろう。全体の城域はいまだ確定されていない状態と考えられ、今後の調査の進展が注目される。

●—礎石建物（出典：宇佐市教育委員会 2002）

高森城の城主を示す古文書（一次史料）は残されていない。先述した後世の二次史料などから、天正十六年の黒田利高の入城は間違いなく、大規模遺構群もその頃に構築されたものと思われる。また、その頃番代として当城の南の山本より佐々木氏を呼び寄せたという。宇佐市大字山本にある山本切寄は、大規模な方形の張り出しのある織豊系城郭である。高森城と山本切寄は当時強く関係していたのであろう。二次史料には最後の城主として有川武蔵守の名がみえる。有川武蔵守は細川家譜代の家臣であり、関ヶ原合戦時は、同じく譜代の松井康之と共に杵築城に入り、大友軍を撃退している。関ヶ原合戦後は、高田城（豊後高田市）を預かった。その領地に高森城周辺も含まれていた可能性がある。

高森城近辺には大分県立歴史博物館があり、中世をはじめ幅広い時代の歴史を学ぶことができる。また、駅館川西側の平野部には平和資料館や掩体壕、滑走路跡などがあり、宇佐市内の戦争遺跡について知ることもできる。全国八幡宮の総本社である宇佐神宮も近く参拝をお薦めする。

【参考文献】尾立維孝『宇佐郡地頭伝記』（一九一一）、宇佐市教育委員会『駅館川流域遺跡群発掘調査概報』（一九八五）、小野精一『大宇佐郡史論』（一九三一）、中野幡能編『大分県の地名』（二〇〇一）、宇佐市教育委員会『宇佐地区遺跡群発掘調査概報一四』（二〇〇二）、大分県教育委員会『大分の中世城館　第四集』（二〇〇四）ほか

（浦井直幸）

お城アラカルト

城郭に転用された石塔

浦井直幸

「人は城、人は石垣、人は堀……」これは武田信玄の言葉として有名だ。近世の城郭に多くみられる石垣。石垣はお城の水堀に面した土塁法面(どるいのりめん)を保護するとともに、高くなればなるほど敵を容易に近づけない威力を発揮した。

現存する九州最古の近世城郭中津城は一六世紀末に大分県に最初に現れた高石垣をもつ城だ。石材のほとんどは花崗岩の自然石を用いるが、一部に石塔の部材が混じっている。中津市歴史博物館のガラス越しにみえる本丸南西隅角部付近の築石には、中世の五輪塔の地輪が七個石垣に転用されている。通常、石垣は振動・加重に耐えうるべく、他の石材や栗石(ぐりいし)との接点が多くなるよう長細い石を用いる。そのセオリーに反して小振りな石材が転用された理由は地輪の四角い形状が優先されたからであろう。ただ、地輪同士を積み重ねることはせず、石垣の根石付近には大きな転用石材を用いるなど石垣の孕み・緩みに備えた一定の配慮を行っている。その他、城内には板碑(いたび)や角塔婆も築石や石段に転用された。県内では他に城下町出土事例を除くと、臼杵城天守石垣、角牟礼城二ノ丸石垣、府内城石垣栗石に石塔が転用されているが、中津城に比べ数は少ない。

城郭に石塔を用い始めるのは近世からだろうか？　中世の状況を確認してみると、城郭ではないが大友氏府内町跡では積土遺構・石列・井戸・積み石・排水施設（溝）など多くの遺構に凝灰岩製石塔が転用されている。中世・近世を問わず転用行為は存在したことは間違いなく、初期の近世城郭には

●―中津城本丸南西石垣石材（普段は堀の水中にある）

●—臼杵城天守台北面石垣石材

多く認められ、時代が経過するとともに徐々に少なくなる傾向が窺える。初期近世城郭は、自然石を野面積みするため小ぶりな石が多く、石塔を転用することが効率的、かつ有効であったのだろう。石垣に使えそうものは何でも使ったと思われ、中津城にある古代に築かれた唐原古代山城の石材転用もその一例を示す。

ただ、石塔を含め手頃な自然石を探索・調達する作業は多くの時間と労力を要したと思われる。近世城郭築城者は必要な量・大きさの石材を効率的に確保するため、矢割技法に代表される採石加工技術を発達させた。この技術進化により石材の大型化・規格化が進んだ結果、石塔や自然石を用いる必要性は徐々に失われ、石垣から石塔は姿を消していったと考えられる。

効率を求める人の心はいつの時代も変わらない。

●国東を抑える大友氏拠点の山城

屋山城（ややまじょう）

（所在地）豊後高田市大字加礼川
（比　高）約四五〇メートル
（分　類）山城
（年　代）一六世紀代
（城　主）吉弘氏
（交通アクセス）県道二九号線から巖島宮手前を左折し車で一〇分で長安寺、そこから登山で二〇分程度。（長安寺入口の看板が目印）

【屋山城の位置】　城がある位置は、国東半島の標高五四〇メートルの屋山（別名：八面山）の頂上にある山城である（写真）。麓から城山全体が望めるほか、山頂からは真玉～周防灘を一望できる。屋山から国東半島内部から東側沿岸にかけては大友氏系である田原氏が拠点にしていた。屋山城を築いた吉弘氏は、戦国時代になると、大友家に反旗を翻すことになる田原氏の抑えとして城を利用しようと考えた。

【国東の雄、吉弘氏】　城主である吉弘氏は、国東半島西側の都甲地域を拠点とした大友氏一族の一人である。城近くにある長安寺を含む六郷満山の「別当職」や「執行職」をつとめるなど、国東半島において強い影響をもっていた。文禄二年（一五九三）の大友氏改易以降、吉弘統幸は竹田に入った中川家に仕官した。統幸は慶長五年（一六〇一）に起きた石垣原の戦い（現・別府市）において、西軍にいた大友吉統（義統）に従軍するため中川家を離反、この戦いで統幸は討ち死にした。その後、吉弘一族の子孫は熊本藩細川家や府内藩竹中家に仕官している。

【屋山城の縄張】　城の縄張（図）は、主郭にある山頂を中心に幅一五～二〇メートルの尾根に長さ四〇〇メートルの規模を持ち、周囲は急峻な斜面となっているため細長く曲輪が展開している。

城全体の構造として大きく二つにわけることができる。一つは主郭を中心とするグループ（A群）で、主郭を中心に腰曲輪と犬走りが展開して南北前後に堀切A・Bを持つ。主郭（曲輪Ⅰ）の北側には数十センチ高い平場（曲輪Ⅱ）があるが、曲輪Ⅰと比べて、面積も小さく傾斜があるため曲輪Ⅱは、主郭とはいえない。

もう一つのグループは、南側の堀切から南に展開する曲輪群である（B群）。城の虎口は、周囲と比べて比較的斜面が緩い城域南端にある。そこで、虎口を防御するための曲輪が階段状に展開している。特に城南端には、連続した畝状竪堀群が展開している。麓から山頂までの道は竪堀を横断して、四つ折りになって、虎口を通過して曲輪Ⅲに到達する。

【田原氏の反乱と屋山城】 屋山城の背後の国東半島内陸部から半島東側沿岸部は、同じ大友氏の一族である田原氏が拠点にしていた。田原氏は、天正六年（一五七八）に起きた高城・耳川の合戦（現・宮崎県）で大友宗麟が島津軍に大敗して以降、その地域を拠点に各地で反旗を翻していた。そのため屋山城は天正後半以降、対田原氏の拠点として重要な役割を果たすことになる。

天正七年（一五八九）大友義統は統幸に対し、「屋山要害」の城誘（普請・作事）を油断なく進めるよう指示している（吉弘鎮整文書「大友義統書状」増補大友編年史料二四所収）。田

●—主郭から周防灘を望む

●—屋山城全景（西から）

●—麓で吉弘統幸を顕彰する看板

●—畝状竪堀から曲輪Ⅲへのアプローチ（点線）（大分県立歴史博物館　宇佐風土記の丘所蔵模型より）

原氏の反乱は、翌年天正八年に宗麟次男の親家（ちかいえ）が田原家に養子として迎え入れられるまで続いたと考えられる。

縄張プランで見たように、城跡南側には畝状竪堀群が展開している。先行の研究から大友氏領国内において、竪堀群は、一五八六年前後の島津氏侵攻後に爆発的に展開する。屋山城の場合、田原氏の抑えとして改修を行ったとの記録から、城にはこの頃に畝状竪堀が追加されたと考えられる。

その後城はどうなったのか、のちの史料に「屋山岳籠城之刻、方々破却故、悉同城之砌、粮等無懈怠被相続」とある（天正十七年大友家文書録「吉弘統幸知行預ケ状案」『大分県史料』三三所収）。これは統幸が諸田という武将にあてた書状で、史料中の「屋山岳籠城」が天正七年以降の田原氏の反旗の際における籠城とみると、反乱後に「破却（廃城）」になったと考えることができる。

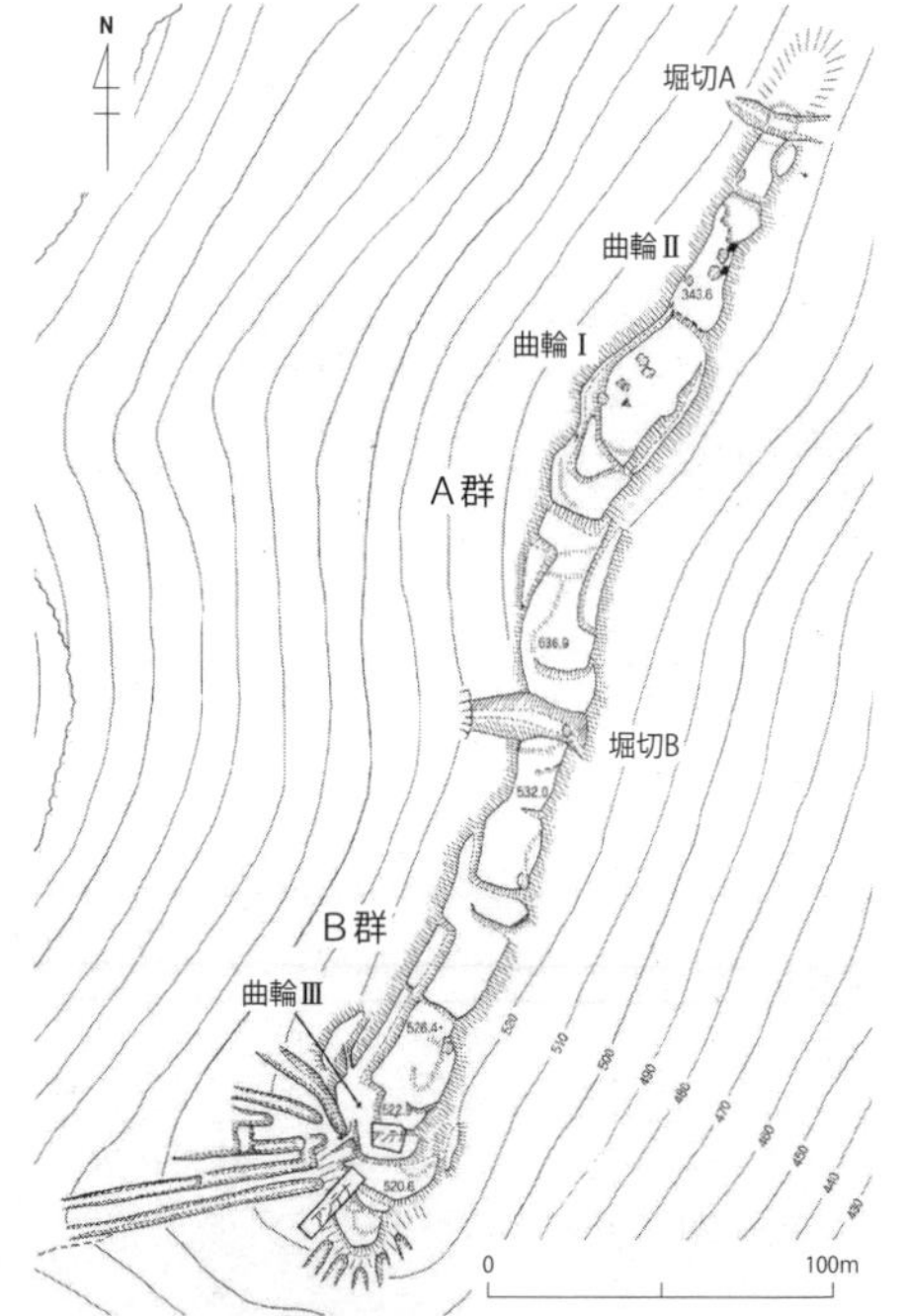

●—屋山城縄張図（出典：大分県教育委員会2004，加筆）

【参考文献】小柳和宏「屋山城」大分県教育委員会『大分の中世城館』第四集総論編（二〇〇四）、豊後高田市教育委員会「屋山城」『豊後高田氏の城跡』ぶんごたかだ文化財ライブラリーVol.1（二〇一九）、小柳和宏「大友氏と畝状竪堀」『九州の畝状竪堀の様相と年代』九州城郭研究大会資料集第一九集（二〇一九）
（福永素久）

●周防灘を望む平地居館

真玉氏館〔大分県史跡〕

〔所在地〕豊後高田市真玉
〔比　高〕約一六メートル
〔分　類〕平地居館
〔年　代〕一三世紀末?～一六世紀末まで
〔城　主〕真玉氏
〔交通アクセス〕国道二一三号線を国東方向へ進み途中右折、天満神社前で右折して車五分で真玉寺。

大分

【大友氏を支えた土豪の居館】 城の歴史は、南北朝期に大友家八代当主氏時の命により、大友氏系の木付氏が真玉荘地頭職に赴任したことから始まる。館の主である真玉氏は、元は大神氏系の土豪である。『豊後国図田帳』（東京大学史料編纂所所蔵）には、弘安八年（一二八六）に真玉荘七〇町を治めた領主の一人として真玉惟重・惟有の人物が上がっている。後に地頭職として入った木付氏は真玉氏と争いながら、勢力を拡大していった。戦国期までには木付氏が真玉姓を名乗り、文禄二年（一五九三）の大友氏改易まで館は存続していたと考えられる。

【主郭と副郭を兼ね備えた縄張】 拠点にしていた居館跡は、周防灘を望む小高い台地上にある（写真）。現在主郭に真玉寺があり当家の菩提寺になっている。現況としては字「貴戸ノ前」となっている区画の周りには、水堀が巡っており土塁も一部残っている。

さらに、北側（豊後高田高校真玉分校跡）字「内城」（Ⅰ）堀跡が巡っていることから、館の主郭と考えられる。さらに、「内城」から北側には字「外城」（Ⅱ）とあることから、城域が北側に展開したことがわかる。

「外城」では、平成初頭に圃場整備に伴う発掘調査が、県教育委員会が主体となって行われた。調査の結果、掘立柱建物群が確認された。一方で「外城」より北側での調査では遺構が見つからなかった。したがって、館は東西一四〇メートル×南北一一〇メートルの長方形状の範囲で、現在の真玉寺が「貴戸

●—上空から見た，真玉氏館（南から，篠田健司撮影）

●—真玉氏館復元想定図（出典：大分県教育委員会2004，加筆）

（木戸）ノ前」という地名から「内城」へ連結する馬出状の虎口と想定され、北側に「内城」・「外城」に曲輪が展開していたと復元することができる（図）。また現況の縄張は、遺物などが少ないいため特定できないが、戦国期まで遡ることができる。

【参考文献】大分県教育委員会『大分の中世城館　第四集』（二〇〇四）

（福永素久）

●田原氏追討の大友方拠点か

御所の陣

〔所在地〕国東市国東町上成仏
〔比　高〕二〇〇メートル
〔分　類〕山城
〔年　代〕一六世紀後葉
〔城　主〕田原親家？
〔交通アクセス〕国東観光バス上国東線「金湧」停留所下車、徒歩四〇分。

御所の陣
小門山
国東観光バス「金湧」
625
0
1000m

【国東田原氏の動向】　初代豊後国守護大友能直には、早世や僧侶になった三人を除いて九人の男子がおり、その内八人が所領の分与にあずかったものの、泰広のみは母親が京都の白拍子だったことが原因で遺産の相続がなされなかったといわれる。そうしたなか、泰広は国東半島のほぼ中央にある、宇佐宮領荘園であった田原郷（田原別府）本郷の地頭職について「或号借上質券、或得相伝」として押領しており（弘安八年の「豊後国図田帳」）、結局田原別府の地頭職は田原氏に渡り、田原の地に土着することになる。ここに、後々物領家大友氏を苦しめる田原氏が誕生するのである。

南北朝期になると、嫡子盛直（泰広の孫）は建武政権から田原別府本物領三分二地頭職などを安堵されるが、隣接する田染荘で悪党的行動を取った一方で、弟の直貞（正曇）が南北朝期の戦乱で功績をあげるなどして頭角を現す。そして、直貞には観応の擾乱の際の勲功として豊前守とともに国東郷地頭職が与えられ、正曇流は国東郷に本拠を定めることになる。そして、室町幕府直轄軍である奉公衆に選抜されるなど、守護大友氏を牽制することとなるのである。

戦国期になって、天正六年（一五七八）に大友宗麟が日向耳川の戦いで敗れ豊後に帰国した際、留守を預かっていた国東田原家物領の親宏（宗亀）は不満を募らせて国東に籠居してしまう。翌年親宏は死去するが、宗麟がその跡に自分の子息親家を入れたことに対し、豊前長野氏から養子に入っていた親貫が反発し、安岐切寄（国東市安岐町）と鞍掛要害（豊

●—国東田原氏の詰城「雄渡牟礼城」

後高田市）に籠城し、抵抗を続けた。俗に言う「田原親貫の乱」である。結局平定されるものの、大友領国はその後急速に衰退する直接的なきっかけともなった出来事であった。この動きの中で、御所の陣と呼ばれる城郭が、南北朝期以来国東田原氏の詰城であった雄渡牟礼城のすぐ近くに作られることになるのである。

●—雄渡牟礼城縄張図（出典：大分県教育委員会 2004）

【御所の陣の構造】　国東郷の最深部にある標高五三五・一メートルの小門山（雄渡牟礼山）山頂部には雄渡牟礼城があるが、そこから北東に約一キロ下った、標高三三一メートルあまりの尾根の結節点に「御所の陣」と地元で呼ばれる城跡がある。この御所の陣を見る前に、田原氏の詰城であった雄渡牟礼城について簡単にみておこう。

雄渡牟礼城は、比高差が三八〇メートル近くあるひときわ高い独立峰頂上にあり、四段にわたる階段状の曲輪と、それらを全周する帯(おび)曲輪、そして帯曲輪から下る四本の竪堀(たてぼり)で構成されている。一番下位の曲輪には低い土塁(どるい)が残存する。田原氏は、同時に亀城と呼ばれる館城を持つが、曲輪を取り巻く帯曲輪があるなど構造的によく似ている。雄渡牟礼城は南北朝期以来文書に頻出するが、当時の遺構は残されていない。今残る城郭は戦国期のものであるが、戦国末期まで下るものではない。

●—御所の陣の西側虎口

では、約一キロと至近にある御所の陣はどのような城郭であろうか。ちょうど五方向に尾根が延びる、その結節点に作られている。基本的にはそれぞれの尾根を堀切(ほりきり)によって遮断し、平坦な曲輪を確保する。そして、もっとも弱いと考えられた東側の谷頭部分には五〇メートルにわたって土塁(どるい)を伴う横堀を入れ、敵の侵入を防いでいる。曲輪は四ヵ所あり、もっとも大きいもので長さ六〇メートル、幅二〇メートルで、南側の縁には石列を伴う低い土塁を構築する。

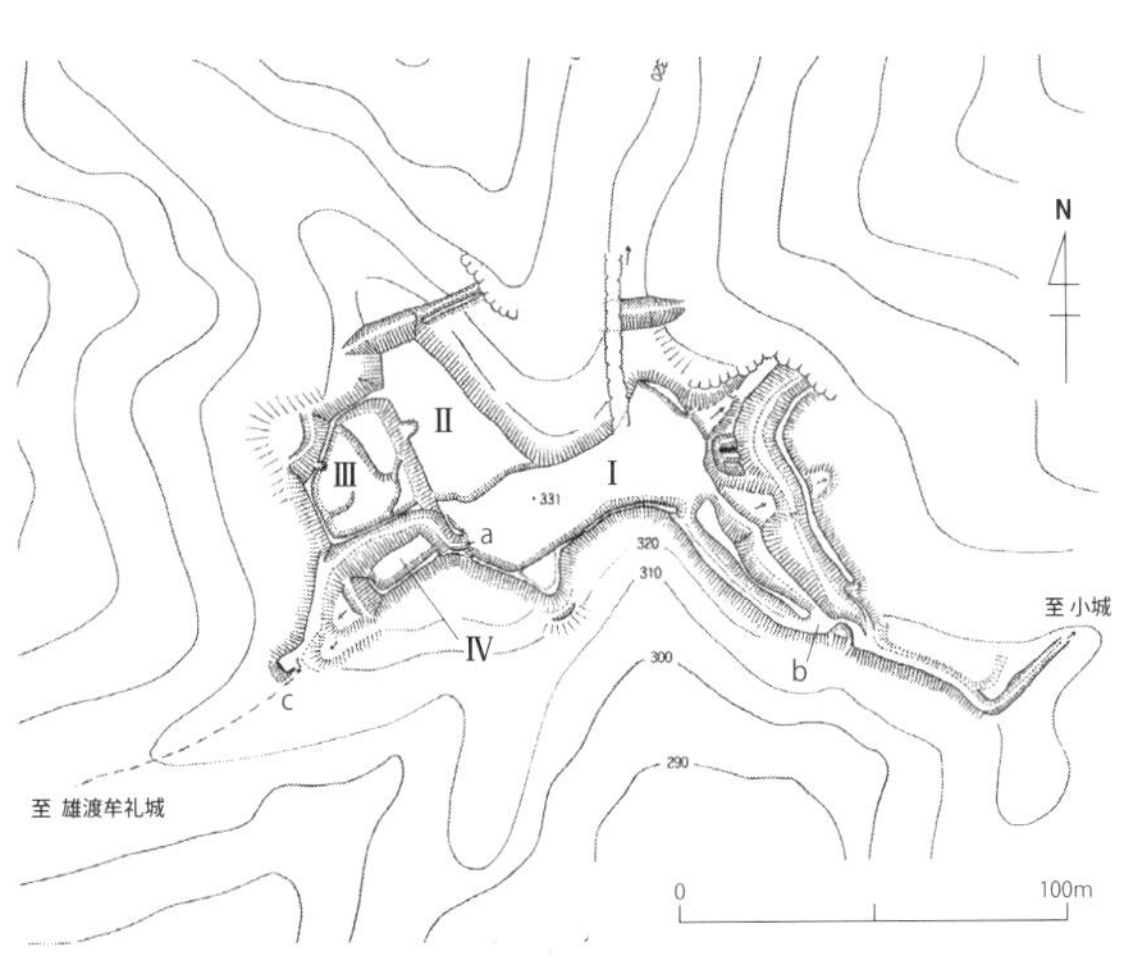

●—御所の陣縄張図（出典：大分県教育委員会 2004）

この曲輪（Ⅰ）には東西に虎口(こぐち)が作られている。西側の虎口は、一段低い二つの曲輪（ⅢとⅣ）の間を通って二折れし、坂虎口を登ってくるものである。Ⅳの曲輪からは常に横(よこ)

矢が掛けられるようになるなど、豊後において織豊系城郭の技術が入る以前の技術的到達点を示している。さらに、虎口を出て雄渡牟礼城に向かうと、基壇状にわずかに高い石列を伴う遺構（櫓台か）があり、まずここで敵の侵入を待ち受けることになる。

東側の虎口は、b点の小さな竪堀で道を狭めつつ、土塁の南側（土塁北側は新しい道か）に誘導するもので、曲輪の入口部でわずかに曲輪を囲む土塁が突出しているが、西側の虎口のような工夫はみられない。西側の虎口が城への道につながるのに対し、東側の虎口が、「小城」と呼ばれる同巧の小さな城郭への道につながることが理由として考えられる。

曲輪Ⅰの北側には長さ四〇メートルで幅二〇メートルの曲輪Ⅱがあり、その北西側から曲輪Ⅲに向かって屏風のような土塁が下る（同じ形状の土塁が小城にもある）。そして、その土塁は曲輪Ⅲを囲むことになる。曲輪Ⅲは東側が一段高く、傾斜があるなど完全な平坦面を形成していない。そして、城道を挟んで南側には曲輪Ⅳがある。長さ一六メートルで幅は四メートルほどの小さな曲輪であるが、南側から西側にかけては土塁を巡らせる。城道からは数メートル高い。

このように、雄渡牟礼城は、シャープな堀切、虎口の工夫など戦国時代末期の在地系城郭、すなわち大友氏の城作りの到達点を示している、と評価できる。これは、同時期に作られたと考えられる小城も同様である。小城は一辺四〇メートルほどの略方形の曲輪が主郭で、そこを見下ろす小さな曲輪Ⅱから屏風のように土塁が下ってくる。これは、曲輪Ⅰと曲輪Ⅱの連絡通路の役割を果たしている。曲輪Ⅰには西側中央に虎口がある。ここには曲輪Ⅱの北側直下から両端に櫓台状の平場を持つ土塁内側の横堀に入り、そのまま一折れして曲輪に入るものである。このような虎口の工夫も豊後の他の城郭にはみられない特徴である。

すなわち、雄渡牟礼城からつながる御所の陣と小城は、田原親貫の乱の際に大友宗麟の息子である親家が、雄渡牟礼城に対する陣城として構築した城郭ではなかったろうか。そしてこれらの城郭は小規模ながら、大友氏の命運を掛けて、大友氏の持つ最先端技術を注ぎ込んだのであった。

それにも関わらず、大友氏はこの後凋落への道を歩むことになるのである。

【参考文献】大分県教育委員会『大分の中世城館　第四集』（二〇〇四）

（小柳和宏）

●大友系木付氏の本拠地が近世城郭化

杵築（木付）城（臥牛城・勝山城）

〔国史跡〕

〔所在地〕杵築市大字杵築
〔比　高〕最大約三〇メートル弱
〔分　類〕平山城
〔年　代〕応永元年（一三九四）築城、元和元年（一六一五）に一部破却。残りは幕末明治まで存続。
〔城　主〕木付頼直（当初）、杉原長房、早川長敏、福原直高（？）、細川忠興（松井康之）、小笠原忠知、松平英親ほか
〔交通アクセス〕JR日豊本線「杵築駅」から大分交通バスで「杵築バスターミナル」停留所下車、徒歩で模擬天守まで約二〇分。または、大分空港から路線バスで三〇分。

【成　立】杵築（木付）城の成立は、明徳五年／応永元年（一三九四）に豊後国守護大友氏の一族である木付頼直が、現在の杵築城から二キロほど内陸の竹ノ尾城より移ったのが最初とされる。なお、現在の表記「杵築」は、正保二年（一七一二）の幕府の朱印状の文中において「豊後国杵築領」となっていたため、以後、「杵築」という表記になった。それ以前は「木付」であるが、便宜上、杵築を使用する。

【杵築城の構造】最大標高三〇メートル弱の独立丘陵である台山に応永元年に中世城館として、木付氏により築かれ、その後、近世城郭に変貌し、元和元年（一六一五）の一国一城令で破却された部分と、その台山北麓の標高二メートル程の平地に築かれた中世居館および一国一城令後に造営された御殿など（後の藩主御殿など）からなる部分の、大きく二つに分けることができる。

【杵築城の歴史】最初の築城者、木付氏の時代は、文禄二年（一五九三）の大友氏の豊後除国に伴ない、終焉をむかえる。

大友氏除国後の豊後は、一万石～一二万石で上方からの豊臣系領主たちが配される。杵築城には、前田玄以や宮部継潤が奉行として滞在したと伝わるほか、豊臣秀吉の正室おねの従弟の杉原長房（文禄五年・慶長元年〈一五九六〉～）や早川長敏（慶長三年〈一五九八〉～）らが城主となっている。

慶長五年二月には、杵築城周辺六万石を、徳川家康の肝いりで、細川忠興が飛地として領有することとなり、有吉立行が支城主となる。同年、石田方と徳川方の軍事的緊張に伴な

い、石田方の旧豊後国主大友氏に、当城は攻められているが、有吉立行・松井康之が守り切っている。関ヶ原の戦い後の同年十一月、細川忠興は丹後宮津一二万石から豊前～豊後

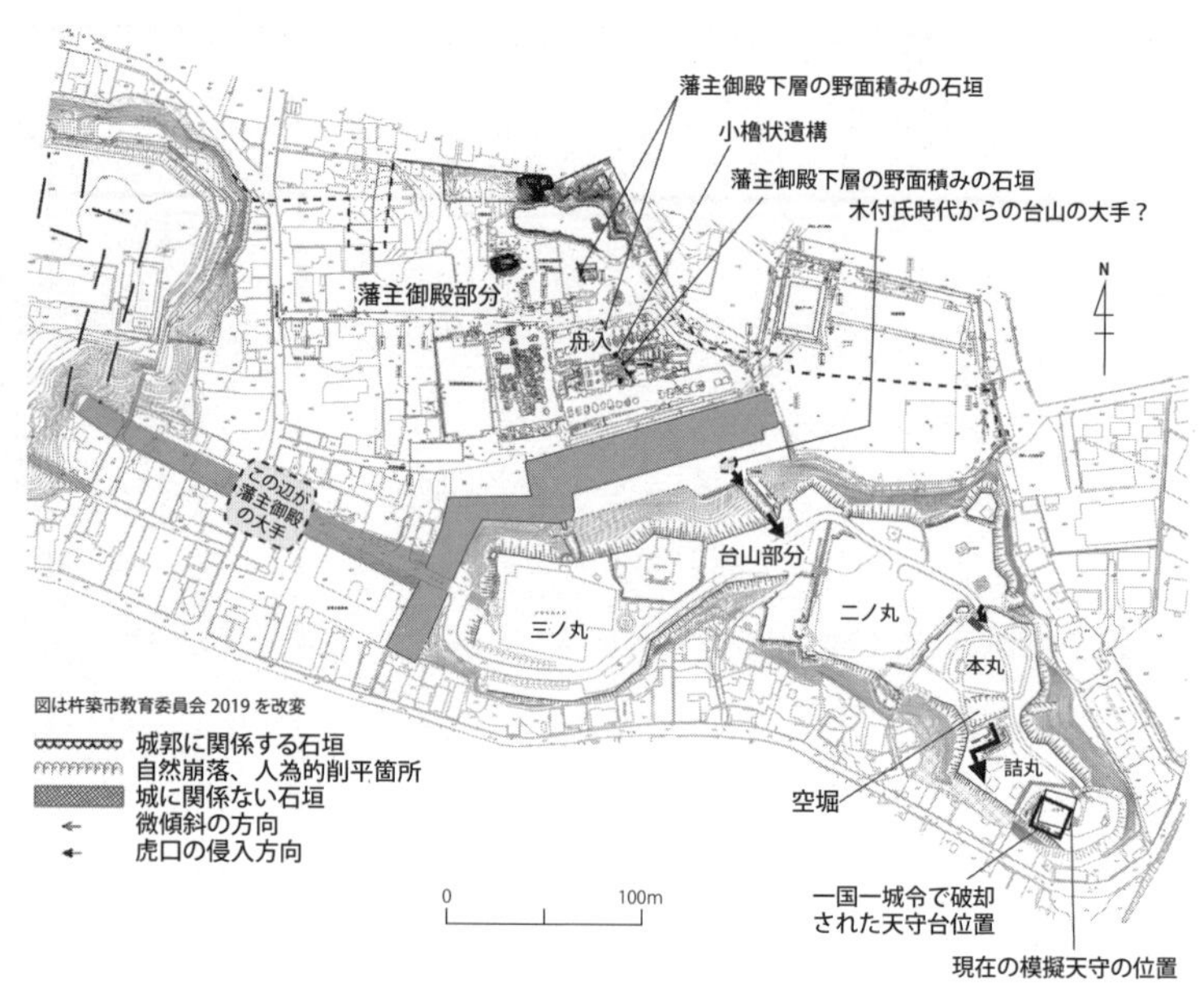

●—杵築（木付）城の範囲（出典：杵築市教育委員会 2019 を改変）

の一部三九万九〇〇〇石に転封となり、杵築支城主には家臣でも別格の松井康之を二万五〇〇〇石で配置する。同年、改修に着手し、同年十月、三重の天守が造られるが、慶長十三年に落雷により天守が焼失する。慶長十七年までに天守は再建されたと思われるが、元和元年（一六一五）の一国一城令により台山の城郭は破却される。その後、杵築城の中心は台山北麓（後の藩主御殿）に、寛永七年（一六三〇）までには移動すると想定されている。寛永九年には細川氏の肥後への国替えに伴い、譜代の小笠原忠知が四万石で、正保二年（一六四五）には、忠知の甥の松平英親が豊後高田より三万七〇〇〇石で、城主として入封する。途中、五〇〇〇石を分地するが、幕末まで譜代能見松平氏が城主である。

【杵築城の遺構と見どころ】 木付氏時代の遺構については不明な点が多いが、台山に北から登る旧大手と想定される場所が、木付氏時代も大手と思われる。また台山斜面にみられるいくつかの竪堀も同氏時代からのものと思われる。

台山北麓には南北約九〇メートルにわたり、旧海岸線との境に、野面積みの石垣が発掘調査で確認されている。一部、小櫓状になっており、舟入が想定されている。豊臣系領主が在城した時期に遡る可能性が指摘されている。また同北麓の西側の塀跡や石列も江戸期以前の遺構の可能性が高いとされる。

これらの遺構には伴わないが、戦国期まで遡る京都系土師器（はじき）も出土している。台山部分確認調査では、慶長十三年に焼失後再建され、一国一城令で破却されたと考えられる天守石垣のほか、詰丸（つめのまる）・本丸虎口（こぐち）・二ノ丸と三ノ丸境付近で少なくとも慶長年間（一五九六―一六一五）と考えられる石垣が確認されている。現在、天守南面・西面や、詰丸虎口南面の石垣が見学できる。台山北麗部分の調査では、前述の石垣の上層で、一部旧海岸線を含む軟弱地盤を、近世初期から前期に

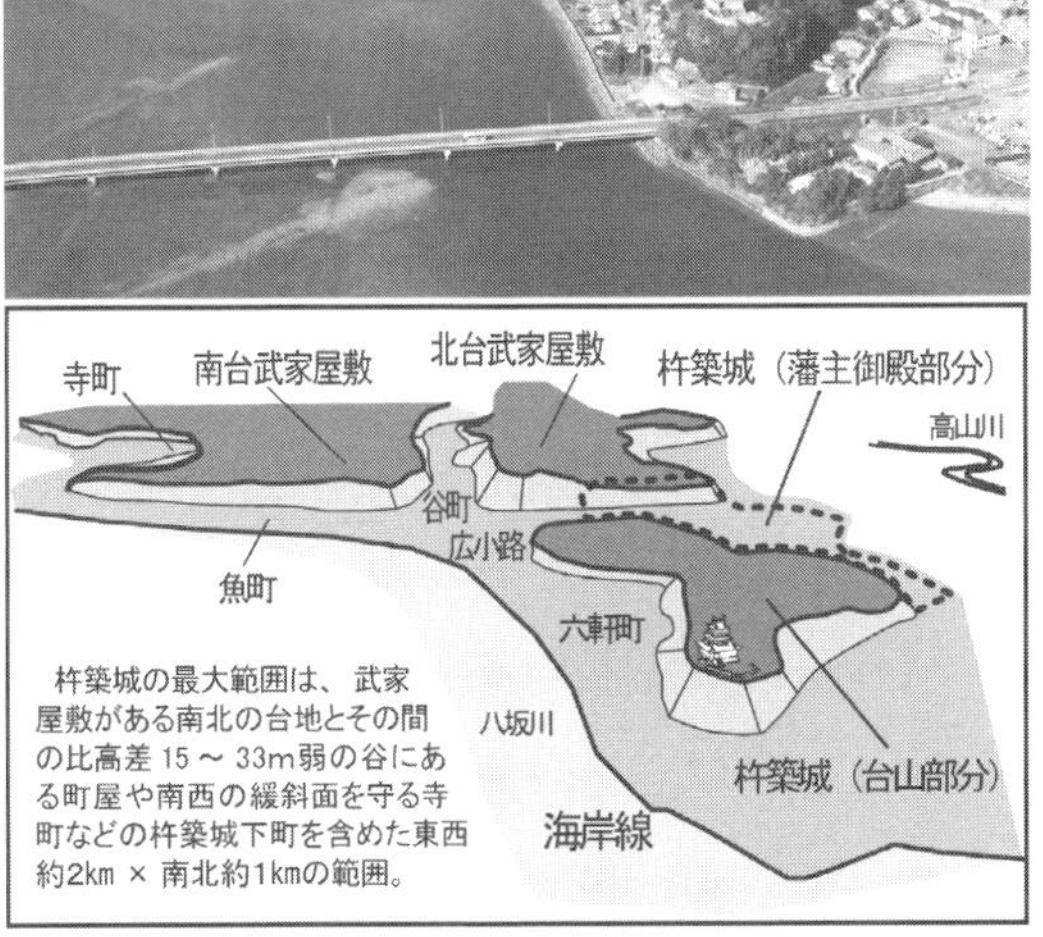

●―杵築城の構造図（「杵築城の現地の看板」より）

埋立て、造営したと思われる御殿の礎石建物が発見されている。礎石建物は礎石一つあたり松杭数本で支えていた。その他、この北麓の北端では、江戸期の庭園や、北面する石垣が、現在でも見学できる。

天守台や詰丸虎口の石垣には、石垣に使用する石を割るときに、工具を入れて石を割るために、原石表面を長方形に削って作った穴（矢穴）の痕跡が確認できる。その矢穴の幅は一二センチ～一八センチと比較的幅広いものである。江戸初期の細川氏の本城・支城である中津（中津市）・一戸（ひとつど）（中津市）・龍王（宇佐市）の諸城に使用された石垣の矢穴の幅をみてみると、上記の矢穴幅の中に収まる。よって今後矢穴の形や幅を細かく検討することによって、石垣を構築した工人の具体的な動向が判明すると思われる。これは瓦からもいえることで、小倉（福岡県北九州市）・中津両城は、杵築城出土の細川氏の家紋である「九曜文（くようもん）」入り軒丸瓦（のきまるがわら）と、同じ木型を使用した可能性がある。また門司城（福岡県北九州市）もその可能性がある。その他、安岐城（国東市安岐町）と同じ木型を、また府内城（大分市）と同じ木型を使用して作ったと思われる軒平瓦も出土している。前者は細川の本城支城とのつながり、中者は安岐城廃城後の瓦転用、後者は杵築・府内両城にいたとされる早川氏もしくは福原氏とのつながりを想定できるな

ど、文字にはみえない当時の歴史を解明する資料として貴重である。

中津もしくは小倉城を本城とした細川忠興は、松井康之・有吉立行・加々山隼人を総奉行として八もしくは九ヵ所の支城を短期間で構築している。これらの支城の、石垣の矢穴幅や形態の共通性、同じ木型を使用した軒平瓦の製作は、この文献からの成果を、物的証拠からより具体的に工人の動向を肉づけできることが期待できる。また安岐城との瓦の共通性は、当時の軍事的緊張の中で、杵築城の近世城郭への迅速な改修に伴い、破却した他城から素材利用を行ったことを具体的に示す事例として注目される。

再建天守は支城主松井氏に伝わる文書から、当初の天守と別の場所に建てられた可能性があるが、地形を考えると、当初天守も東端の本丸・詰丸内と思われる。再建天守は一国一城令で破却されるが、前述のとおり、遺構が残存し調査が行われている。残存遺構から想定される天守台の寸法は、南北一六・七五メートル以上×東西一五・五メートル、高さ四メートル以上である。

熊本大学附属図書館蔵『松井文庫』に「木付御城こわし申所付之帳」という写しがあり、元和の一国一城令時に破却された杵築城の建物の様子がわかる。慶長期の建物の様子がわかる大変貴重な資料である。この資料には建物の名称・寸法・解体時に生じた不足分の部材などが記載されている。それにより天守（天主）は三重、下ノ重は九間（一七・五五メートル）×七間（一三・六五メートル）であることや、二〇ほどの櫓があったことがわかる。なお、江戸初期の細川氏の本城支城の計八〜九城のうち、七城で天守もしくは天守相当の建物があったことが想定されている。また細川氏自体、前居城の山城勝龍寺城で、近江坂本城とともに、安土城に先立ち天守を持っていた可能性もある。支城に天守を持つということが、支城主である忠興の兄弟や細川氏の室町幕府時代の同僚の松井氏らのプライド維持装置として、機能していた可能性があるとともに、細川氏自身の勝龍寺城以来の名誉を表すものであった可能性もある。

なお、城下町は、城の西側で、東西に延びる標高二〇メートル超の二つの台地（北台・南台）やその間の谷町を取り込み惣構（そうがま）えをなすものである。この激しい高低差の美が、今でも独特の城下町風情を醸し出している。

【参考文献】杵築市教育委員会編『杵築城跡1』（二〇一九）、吉田和彦「慶長期の細川の城普請と破却に関する覚書—大分県杵築市『国史跡杵築城跡』出土の瓦の同笵をとおして—」『城郭研究と考古学　中井均先生退職記念論集』（サンライズ出版、二〇二一）、杵築市教育委員会編『杵築城跡2』（二〇二二）

（吉田和彦）

●豊後日出に築かれた豊臣一族の城

日出城（ひじじょう）

〔日出町史跡（暘谷城趾）〕

〔所在地〕日出町二ノ丸
〔比　高〕六メートル
〔分　類〕平山城
〔年　代〕一七世紀
〔城　主〕木下延俊
〔交通アクセス〕ＪＲ日豊本線「暘谷駅」下車、徒歩五分。または、日出バイパス・大分空港道路「日出ＩＣ」から車で五分。

【木下家一族】　九州東部の大分県、別府湾の北岸に位置する速見郡日出町（はやみぐんひじまち）は江戸時代、豊臣秀吉縁故の一族である日出藩木下家が統治した歴史を持つ。

日出藩祖木下延俊（のぶとし）は天正五年（一五七七）、木下家定（いえさだ）の三男に生まれた。父家定の妹おね（高台院）は豊臣秀吉の正室で、延俊は甥にあたる。おねは延俊を我が子のように気にかけ（『木下延俊慶長一八年日記』）、おねの実母朝日もまた延俊の行末を案じていたようである（『兼見卿記』）。文禄三年（一五九四）、延俊は細川忠興の妹加賀を正室に迎え、忠興との姻戚・親交は後に木下家存続の大きな支えとなった。なお、家定はもともと平姓杉原氏を称していたが、秀吉に仕え、また、妹おね（高台院）が秀吉の正室ということもあり、豊臣姓木下氏の名乗りを許されたという（日出藩主歴代は「豊臣」姓を名乗り、延俊に限っては「豊冨」の字を用い、日出藩主が著した書画、社寺に寄進した石造物、藩主墓所など、随所にみることができる）。延俊は父家定とともに秀吉に仕え、天正十六年（一五八八）に摂津国駒ヶ林五〇〇石、文禄四年には播磨国内を中心に二万五〇〇〇石の所領が封与されるに至った。家定（播磨国姫路二万五〇〇〇石）の大坂城留守居の折には姫路城城代も務めた。

【日出藩の立藩】　慶長五年（一六〇〇）の関ヶ原の戦いにおいて、豊臣一族として複雑な立場に置かれた延俊は、忠興の進言により徳川勢に加勢した。延俊は関ヶ原に出陣せず姫路在城にて西国の兵に備えたが、戦後、石田勢残党の小野木

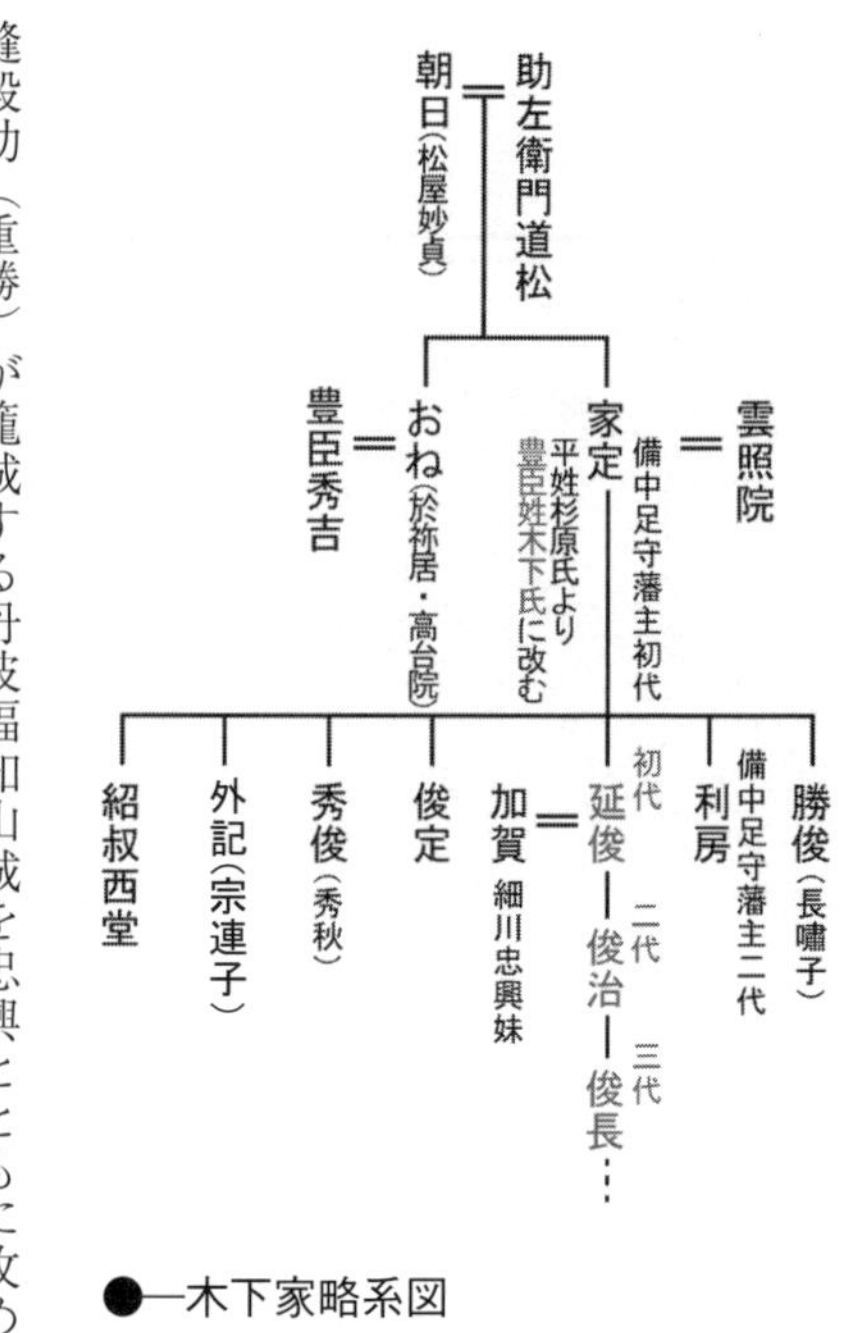

●—木下家略系図

縫殿助（重勝）が籠城する丹波福知山城を忠興とともに攻め落とした。その後の延俊の動向は不詳であるが、忠興の論功行賞の上聞を経て、当時細川家の所領であった豊後国速見郡内、日出三万石が割譲・封与され、ここに木下家と日出の関係が始まった。

慶長六年四月、延俊は家臣中村甚左衛門・山田善右衛門に命じて細川家家臣松井康之（杵築城代）より領地を受け取らせ、同年八月に日出入封を果たした。その後、二代俊治（としはる）の弟延由（のぶよし）への五〇〇〇石分知（立石領）により二万五〇〇〇石の所領となるが、転封や改易を受けることなく、一六代二七〇年におよぶ日出藩木下家の統治が続いた。

【日出城の築城】　慶長六年八月、日出に入封した木下延俊は、領内藤原村に仮屋敷（大字藤原字御屋敷）を構え、日出城の築城に着手した。城の縄張は細川忠興が行い、石垣はその家臣穴生理右衛門が手がけるなど、細川家の支援の下に築城が進められた。築城に必要な木材や石材などは、城の北に聳える鹿鳴越（かなごえ）の山々より調達し、天守は父家定の助勢により築かれ、裏門は富来（とみく）城（現国東市）の扉が転用されたという。翌七年（一六〇二）八月には概ね完成した模様で、延俊は藤原の仮屋敷を離れて日出城へ入城した。

なお、城地の選定に際し、築城がなされた「日出」とは別に、「深江」（大字大神字港）が候補地に挙げられていた（『平姓杉原氏御系図附言』）。平地に乏しい地形であったためか、選定には至らなかったが、風待ちに適していた「深江」の港（深江港・現大神漁港）は参勤の重要な寄港地として複数の藩が利用し、御茶屋（襟江亭）が造営された。

【日出城の構造】　日出城は、別府湾に突出する低台地の地形を巧みに利用して築かれた平山城（東西約一キロ、南北約四〇〇メートル、標高約二四メートル）で、南一面に別府湾、東隣に日出港を臨み、北には鹿鳴越連山（標高約三五〇～六〇〇メートル）が屏風のように聳え立つ。南端の急崖に藩主御殿を中心とする本丸、その東隣に三ノ丸を構え、重臣らの武家屋敷、藩校、御茶屋などを配した。さらに北には外郭を構え、家臣や町人の屋敷、寺社が配された。各々の郭は、堀（内堀・中堀・急崖地形を利用した外堀）により仕切られた。

日出城本丸の様子を仔細に描いた絵図として『正保城絵図』所収の「豊後国日出城絵図」（正保二年〈一六四五〉～慶安三年〈一六五〇〉作製、以下『正保城絵図』と表記）が挙げられる。本丸は総石垣をなし、「東西三拾弐間半　南北六拾間」の規模を持つ。北三方に延びる平櫓（多聞櫓）が、大手・搦手の本丸出入口部と御殿部とを南北に仕切り、また、郭北側を東西に二分して桝形虎口をなす大手側・搦手側ともにさらなる虎口的空間を形成する。

櫓は本丸の出隅・入隅の屈曲部に配し、郭北半の櫓群は塁線上を巡る土居（石垣）上に築かれた。一方、曲輪南半の久頓櫓（望海楼）は、独立した櫓台として南に張り出し、現状、本丸への進入路として矩折の石階段が構築される。天守も同様、独立した高石垣の天守台として南東

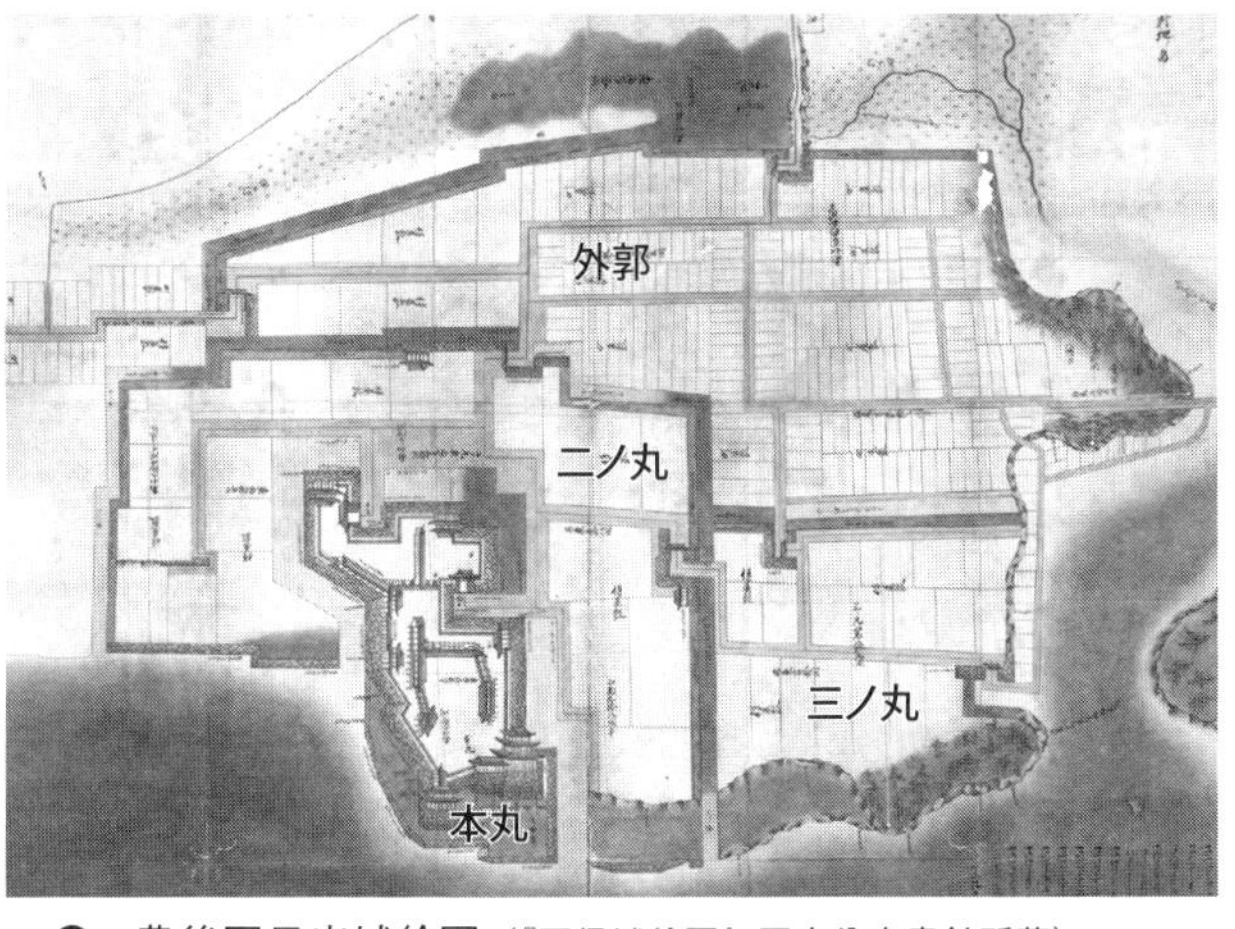

●—豊後国日出城絵図（『正保城絵図』国立公文書館所蔵）

●—日出城復元図（『正保城絵図』より）

に張り出す。塁線および櫓・天守の配置や構造にみる郭南半は、複雑かつ堅固な様相を呈す。

複数伝存する日出城絵図の内、唯一『正保城絵図』に御殿が描かれる。唐破風屋根主玄関を持つ矩手様の入母屋造平屋建物に、渡り廊下を介して独立した入母屋造平屋建物二棟が取り付く。門・櫓・天守の建物が入母屋屋根瓦葺の描写に対し、御殿は唐破風屋根主玄関、渡り廊下、南東奥の平屋建物一棟を板葺あるいは樹皮葺屋根に描写する。御殿は、本丸を防御する櫓群や天守とは性格を異にし、公私の藩主の居としての用途や機能、格式などが構造・意匠に反映されているものと考えられる。

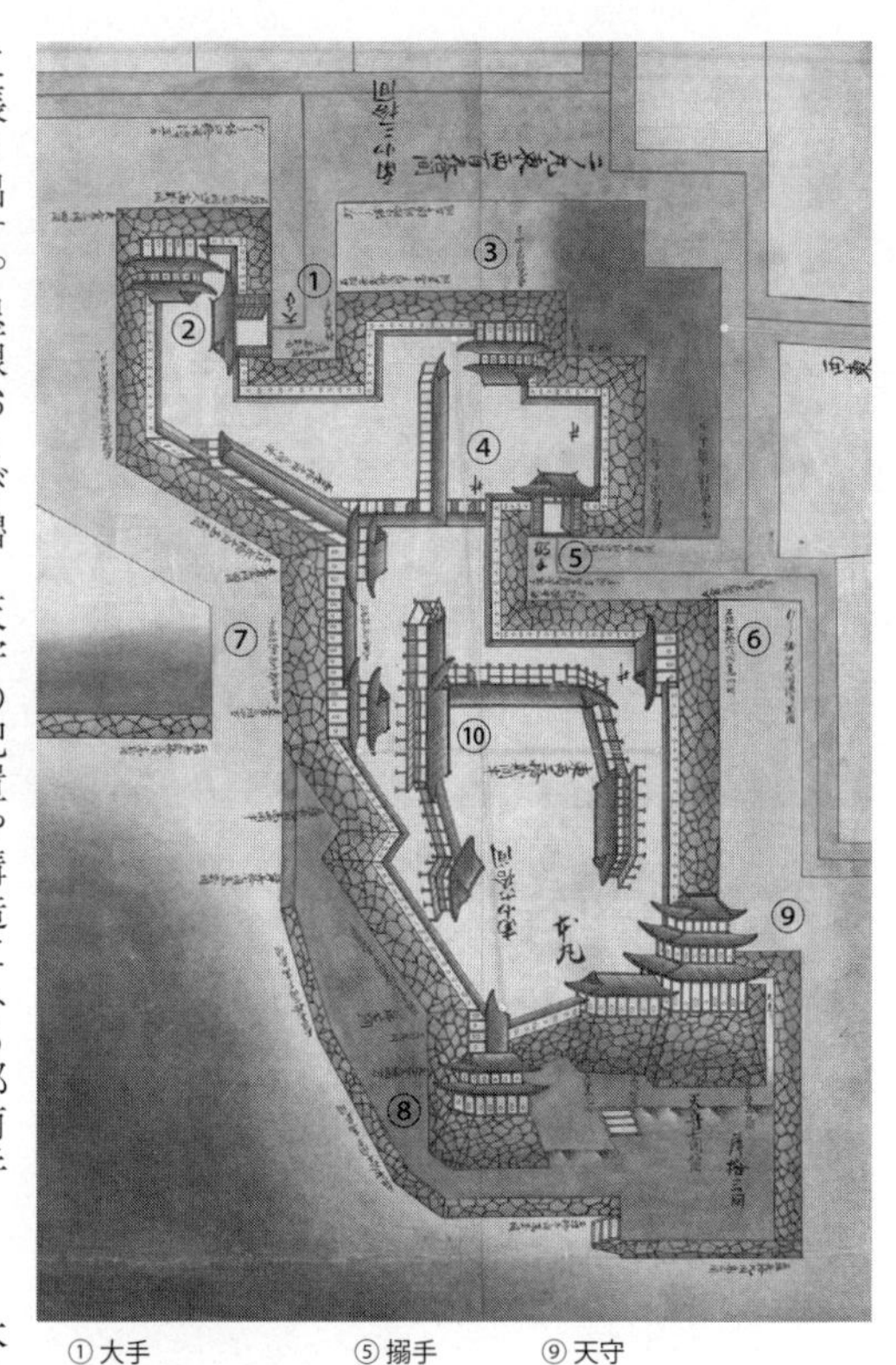

①大手　②月見櫓（金物櫓）　③隅　櫓（鬼門櫓）　④平　櫓（多聞櫓）　⑤搦手　⑥裏門櫓　⑦渡　櫓　⑧久頓櫓（望海楼）　⑨天守　⑩御殿

●—日出城本丸（『正保城絵図』より）

【廃藩後の日出城】　明治時代を迎え日出藩は廃藩、日出城も公有化（陸軍省、大蔵省管轄／大分県管理カ）を経た明治六年（一八七三）、軍事上不要の施設として廃城の処分決定が下された。そして同八年以降、日出城内の建物・土地は競売などにより払い下げや取り壊しが進められた。

一方、時期を同じくして、「文部省」設置や「学制」頒布を受けて全国に推し進められた小学校の設立を背景に、明治六年本丸跡に「暘谷学舎」が創設された。以降、本丸跡は学校校地として推移するが、校舎は当初御殿や櫓の建物が転用された模様で、その後、校舎の建て替え（城郭建物の取り壊し、移築）や校地の拡張（内堀の一部埋立、本丸土居石垣の取り壊し）を経て、今日の日出小学校に受け継がれていった。

また、天守は城のシンボルともいえるが、天守台には奉安殿が建設された（大正十二年〈一九二三〉以前に建設、昭和二十年〈一九四五〉代に解体）。昭和九年には、日出町教育会による皇太子殿下（現上皇陛下、昭和天皇第一皇男子）御生誕記

●—日出城址（本丸・二ノ丸を中心に）

念の植樹並びに同記念碑の建立がなされた。日出城が廃城となった近代以降も、天守台はシンボリックな場所として在り続けたことがうかがわれる。

日出城は現在、本丸跡の石垣・内堀［町史跡『暘谷城址』］や取り壊しを免れた隅櫓（鬼門櫓）［県有形文化財］、裏門櫓が現存する。また、城絵図にみる縄張はいまも生活道路に息づき、失われた城郭遺構や町割についても字図上においてその姿を捉えることができる。

●—日出城本丸天守台石垣

【参考文献】日出町教育委員会『暘谷城本丸跡』日出町文化財報告書第四集（二〇〇三）

（中尾征司）

●豊後・豊前ルートを抑える山城

鹿鳴越城（かなごえじょう）

〔所在地〕日出町大字豊岡字城山
〔比　高〕約二五〇メートル
〔分　類〕山城
〔年　代〕一六世紀
〔城　主〕田北氏ほか
〔交通アクセス〕大分自動車道「速水ＩＣ」から麓まで二〇分。麓駐車場から徒歩五〇分。

【城の歴史】　鹿鳴越城は豊後から豊前へ抜ける主要ルートを抑える位置に所在する。明応四年（一四九五）頃、大友親治（ちかはる）が田北親幸ら鹿鳴越城衆へ出陣に備え城を堅固にするよう伝える文書が残る。大永二（一五一八）、三年、大友家二〇代当主大友義鑑（よしあき）は、日出（ひじ）の大神（おおが）親照を滅ぼし、鹿鳴越城衆へ城に入り堅固に守備すること、落人を逮捕することを指示している。天文元年（一五三二）、義鑑は大内方の宇佐郡妙見岳城を攻撃。天文二年には、鹿鳴越城に籠った牢人を追い出したことに対し、田北氏ら在地領主十数名へ義鑑から感状が出されている。鹿鳴越城は守備兵が常駐しない詰（つめ）の城であったこと、牢人から狙われる堅城であったことを物語る。翌、天文三年四月、大友氏と大内氏が現杵築市山香町大牟礼（大村）山で合戦を行った（勢場ヶ原（せいばがはら）合戦）。大内軍は陶隆房（すえたかふさ）、杉重信を将とする三〇〇〇余人、大友軍は吉弘氏直を主将とし二八〇〇余騎で戦いに望んだ。本陣を大牟礼山に置いた大友軍は、大内軍が宇佐平野を抜けて侵入することを想定し、隊を立石峠、地蔵峠に分けて布陣させた。これを察知した大内軍は佐田朝景らの誘導で、佐田を越え大友本陣に攻め込んだ。不意を突かれた大友本軍は、吉弘氏直ら主だった将が戦死。事態を知った峠の部隊は転じて大内軍を攻撃し、大内方三五八人を討ち取り、陶隆房も負傷させ、大内軍は海路周防へ引き上げた。同年七月、義鑑は、鹿鳴越城衆へ城誘（しろごしらえ）を引き延ばしていることは曲事であり、早く行うよう催促している。天正十四年大内勢再来襲に備えたい大友家の焦りが伝わる。

（一五八六）、薩摩の島津氏は豊後へ侵攻。大友義統(よしむね)は府内を退却し豊前宇佐郡へ退却するが、途中「カナ越ト山」を越えたことが島津家家臣の記録に残る。大友氏にとって鹿鳴越ルートがいかに重要であったかがわかる。

【構　造】　城跡は標高五五八メートルの古城山(こじょうのやま)山頂に展開する。山へ向かうには日出市街から日出町長野へ向かい、路地に「殿様道路」の標識をみながら山を目指す。山麓には駐車スペースがあり、「殿様道」の看板が立つ。看板によると鹿鳴越城の東を走る道は、立石へと抜ける道で、日出藩主も通った道であることからそう呼ばれたと記す。昭和二十年代まではよくこの道が使われていたというから驚きだ。ひっそりとした道を進むと左手に石垣のあるいくつかの区画が残る。慶安年中（一六四八―五二）、日出藩主木下俊治(としはる)は民家三戸を移して、峠を通過する旅人の救護や急用飛脚に従事させた。これはその人々の家屋跡であろうか。

　山頂の曲輪は大きく二つのピークがある。南側の最高所Ⅰが主郭とみられる。南北二六メートル、東西一三メートルの広さで、平面長方形を呈する。北から西にかけて土塁(どるい)が巡り、南辺に外向きにやや開く箇所があり、虎口(こぐち)と考えられる。主郭の周囲は帯(おび)曲輪が取り巻く。平面方形であり、それぞれの角部は略方形に張り出し、北東の張出部の規模がもっとも大きい。北斜面は登るためのロープが張られる急斜面で、北東に竪堀(たてぼり)が二本あり、南側竪堀に隣接して横堀と土塁が塹壕のような形態で構築されている。東の緩斜面から登りくる敵をここで迎撃する

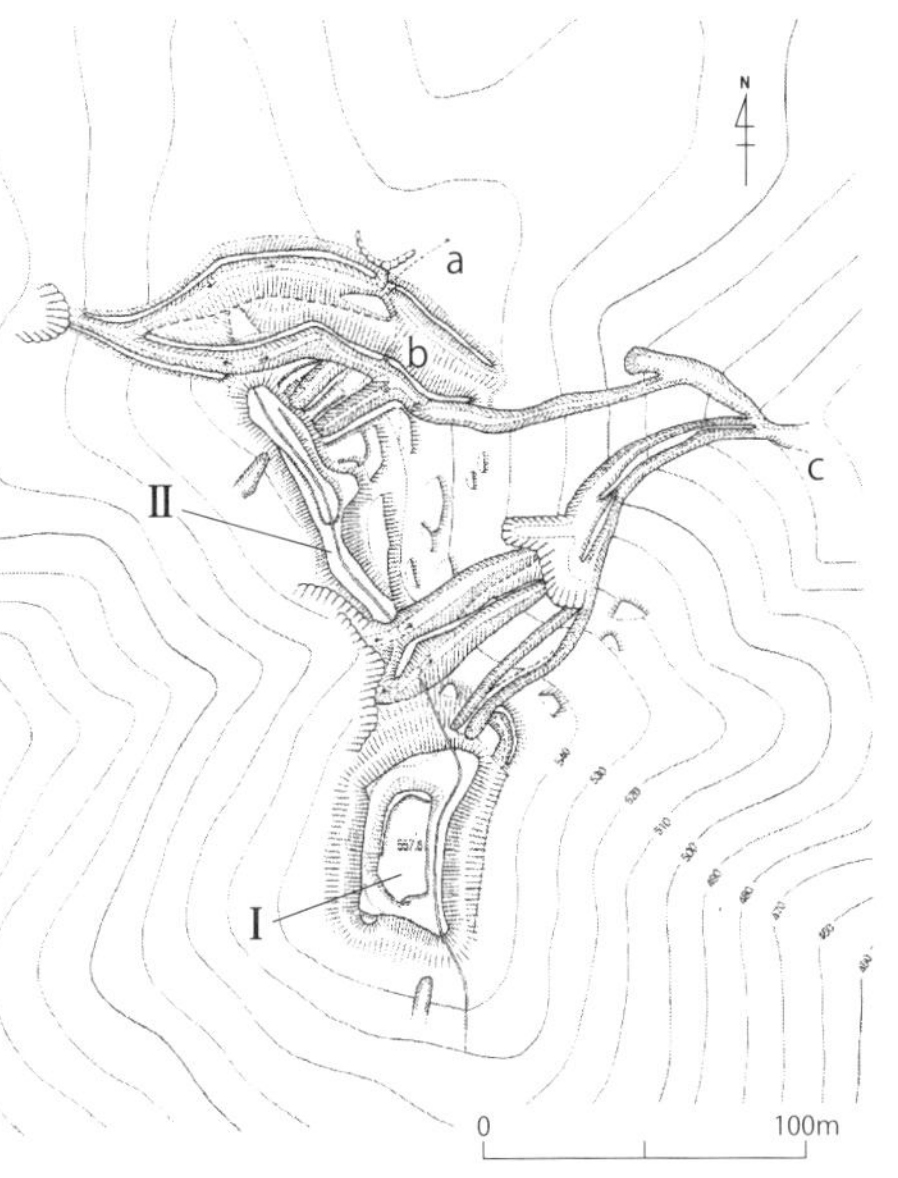

●―鹿鳴越城縄張図（出典：大分県教育委員会 2014）

●―主郭Ⅰ南斜面の大堀切（北から）

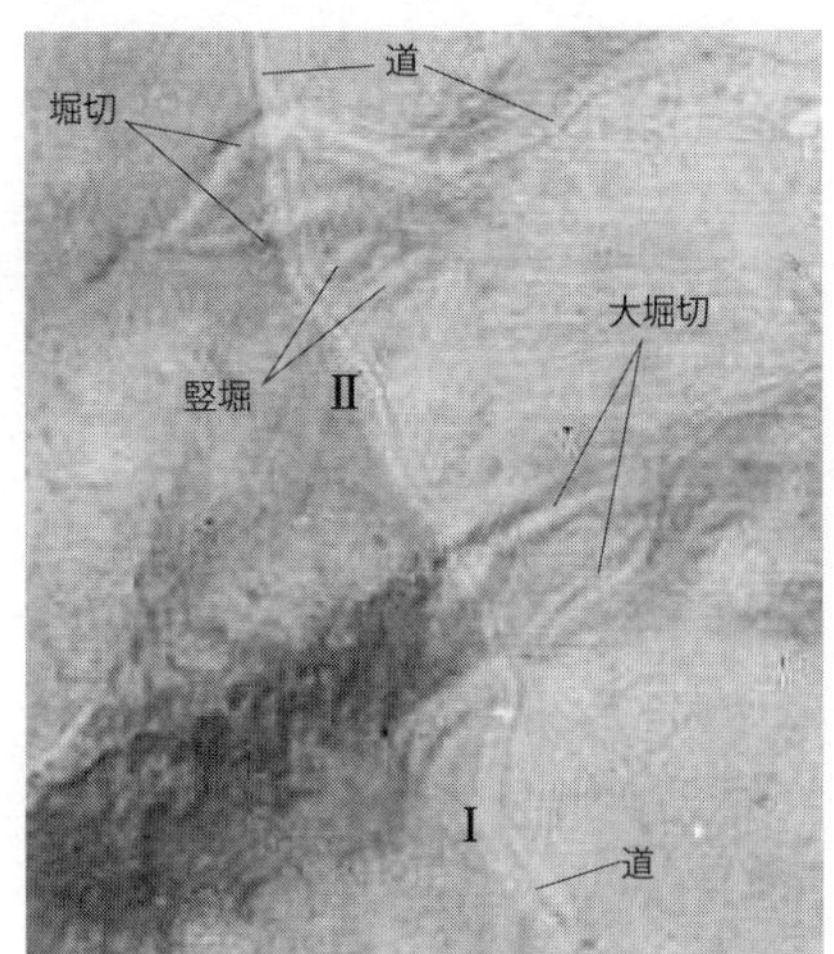

●—1956年の航空写真（「国土地理院」地図・空中写真閲覧サービスを改変）

ための装置だろう。

北斜面を下ると南北約六七メートル、幅約六メートルの細長い尾根に曲輪Ⅱが設けられ、曲輪Ⅰとの間に大規模な堀切が構築されている。長さ六〇メートル、上幅一二メートル、深さ二〜五メートルの堀切が尾根筋を完全に遮断している。堀切の間は土塁を盛り、さらに防御力を高めている。堀切は北東斜面方向に下り、曲輪Ⅱ東の緩斜面部を通過し主郭Ⅰに進むことを阻害する。曲輪Ⅱ中央部は高まりがあり、その東側は方形に張り出す。東眼下は大小の腰曲輪を不規則に配置する。曲輪Ⅱ北東端部下は竪堀が二本並んで構築されている。尾根北側にはまたしても大規模な堀切が二本造られている。南の堀切は「へ」の字状を呈

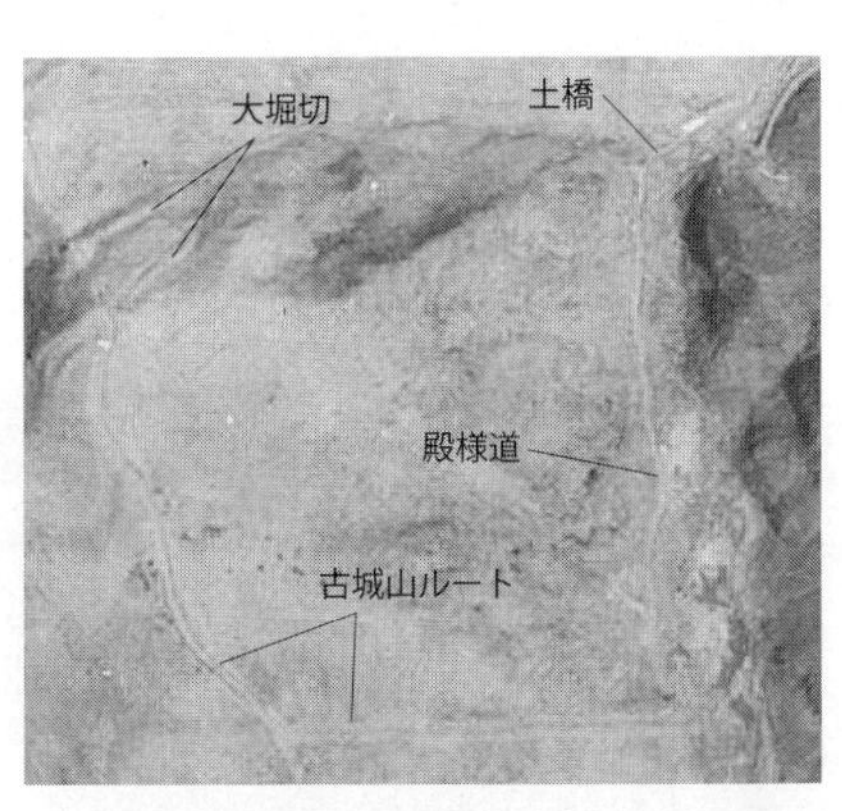

●—殿様道と古城山ルート（「国土地理院」地図・空中写真閲覧サービスを改変）

し、尾根上、尾根斜面にかけて設定され、北方向からの侵入を完全に阻もうとする意図が伝わってくる。この堀切はさきほどの二本並んでいた竪堀を切る（重複する）形状であり、竪堀が古く、堀切がそれより新しいことがわかる。北に併走する土塁には開口部bがあり、虎口と考えられている。この虎口を北に進むとさらにもう一条堀切が構築されており、虎口aに連絡する。これらの堀切は北に土塁を伴う。西端部では堀切が接合し、平面「y」字状となる。「y」字の竪堀は、日田市高井岳城にもみられる。大規模な堀切で尾根を分断し、主郭を防御する工夫は日出町周辺他所にみられず、城衆と呼ばれる十数人の領主層が関係した城の実態を伝えており貴重である。

ところで、一九五四年に米軍が撮影した航空写真には、主郭Ⅰ・Ⅱ間の大堀切二条や曲輪Ⅱ北の堀切がはっきりと写し

出されており、その規模の大きさがわかる。また、同写真には尾根を南北方向に走る細いラインが写る。このラインは現地では曲輪Ⅰ・Ⅱの上に幅の狭い土塁として認められる。堀切に直交することや、城郭全体を南北に貫く状況から城郭遺構ではなく、道の可能性が高い。道が造られた時期は不明だが、この道は主郭Ⅰを南に下り途中東に向きを変え（そのまま南向きに延びる痕跡もある）、谷を南北に走る殿様道とつながっている。よって、鹿越のルートは殿様道と同道途中から西に分岐し、鹿鳴越城のある古城山を目指すルートが存在したことがわかる。

●―鹿鳴越城遠景（南から）

この分岐点を北に進むと殿様が籠を置いた籠置場と伝わる箇所がある。道は、古城山の真東付近でいったん谷を横切るように東に曲がる。その付近は道の北・南面に石垣をもつ土橋（どばし）があり、南面石垣は高さ二メートル以上もあり威容を放つ。石垣の積み方からみて近世に造られた土橋とみてよい。この道を登ると東の百合野山方向と西に向かう道に分かれる。西に向かうと曲輪Ⅱ北の堀切に繋がる。道部分と堀切部の境目がわかりにくく、恐らく堀切を利用して道としたものと考えられる。堀切のもっとも高い地点は、城郭を南北に貫く道との接点となる。周辺の道の法面（のりめん）は崩落防止を目的として石垣が築かれている。古城山ルートは、所要時間の短縮になるが急峻であり、登るのに難儀したことが予想される。一方、殿様道は比較的緩やかであり、利用者・目的により使い分けられていた可能性もある。今後両ルートの機能した時期・性格の解明が期待される。

【参考文献】日出町『日出町誌』（一九八六）、中野幡能編『大分県の地名』（一九九五）、大分県教育委員会『大分の中世城館　第一集・第四集』（二〇〇二、二〇〇四）

（浦井直幸）

大分

●大友氏の詰城

高崎城（たかさきじょう）

〔所在地〕大分市大字高崎
〔比　高〕約四六メートル
〔分　類〕山城
〔年　代〕一四世紀中頃～一六世紀後半
〔城　主〕八代大友氏時～二二代大友義統
〔交通アクセス〕JR日豊本線「大分駅」から大分交通バス「柞原」停留所下車、高崎山南登山口まで徒歩約五〇分。

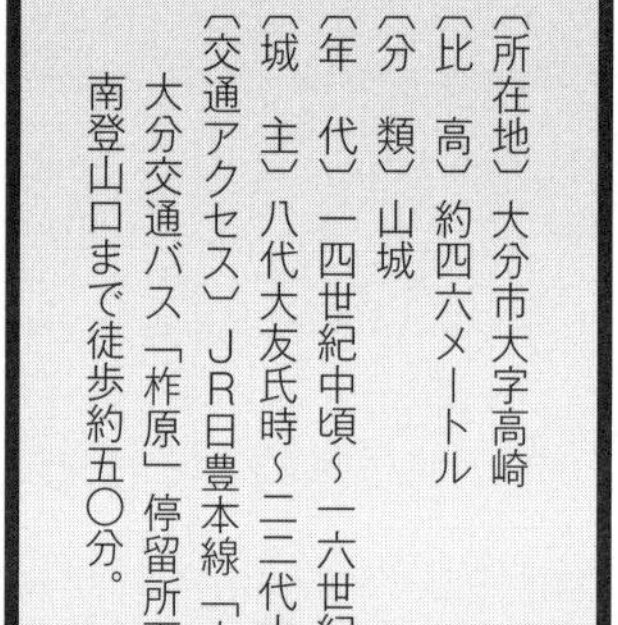

【周囲の地形と環境】 別府湾を望む高崎山は、西は別府市、南は由布市と境を接し、標高六二八メートルの鐘状（しょうじょう）火山（トロイデ）である。山塊が海からせり上がる天然の要害である。瀬戸内海国立公園の特別保護地区に指定され、豊かな森には天然記念物の野生サルが生息する山としてよく知られる。「高き山の出埼（でさき）」という山容にちなみその名がついたとされ、山頂から四方が見渡せることから「四極山（しはすやま）」とも呼ばれている。

約一〇キロ東方には、大友氏の守護館（大友氏館）跡や中世府内町跡を一望することができ、江戸時代には由原村（ゆすはらむら）から城ノ腰をぬけ、銭瓶峠（ぜにがめとうげ）（赤松峠）を越え、別府に至る豊前道が通り、城ノ腰には「府中より弐里」の道標が残る。大友氏は、この天険の地勢をもつ高崎山の山頂に城を築き、今も往時の姿を良好に留めている。

【調査の経過】 昭和六十一年（一九八六）、大分市史編纂事業に伴って五〇〇〇分の一の地形図および縄張図が作成され、また平成元年（一九八九）に、登山道改修工事に伴う竪堀（たてぼり）群の発掘調査、平成十五年には大分県教育委員会の国庫補助事業による縄張調査（縄張図作成）などが行われている。これによって、城の構造・規模がほぼ把握された。

【二つの縄張とその特徴】 山頂は北西から東に細長く、弓なりに延びる形状で、縄張は城造りの機能や特徴から大きくAからDの四つのエリアに分けられる。範囲は最高所から北に約一〇〇メートルのところを大規模に堀り切り、二条の竪堀で両

大分

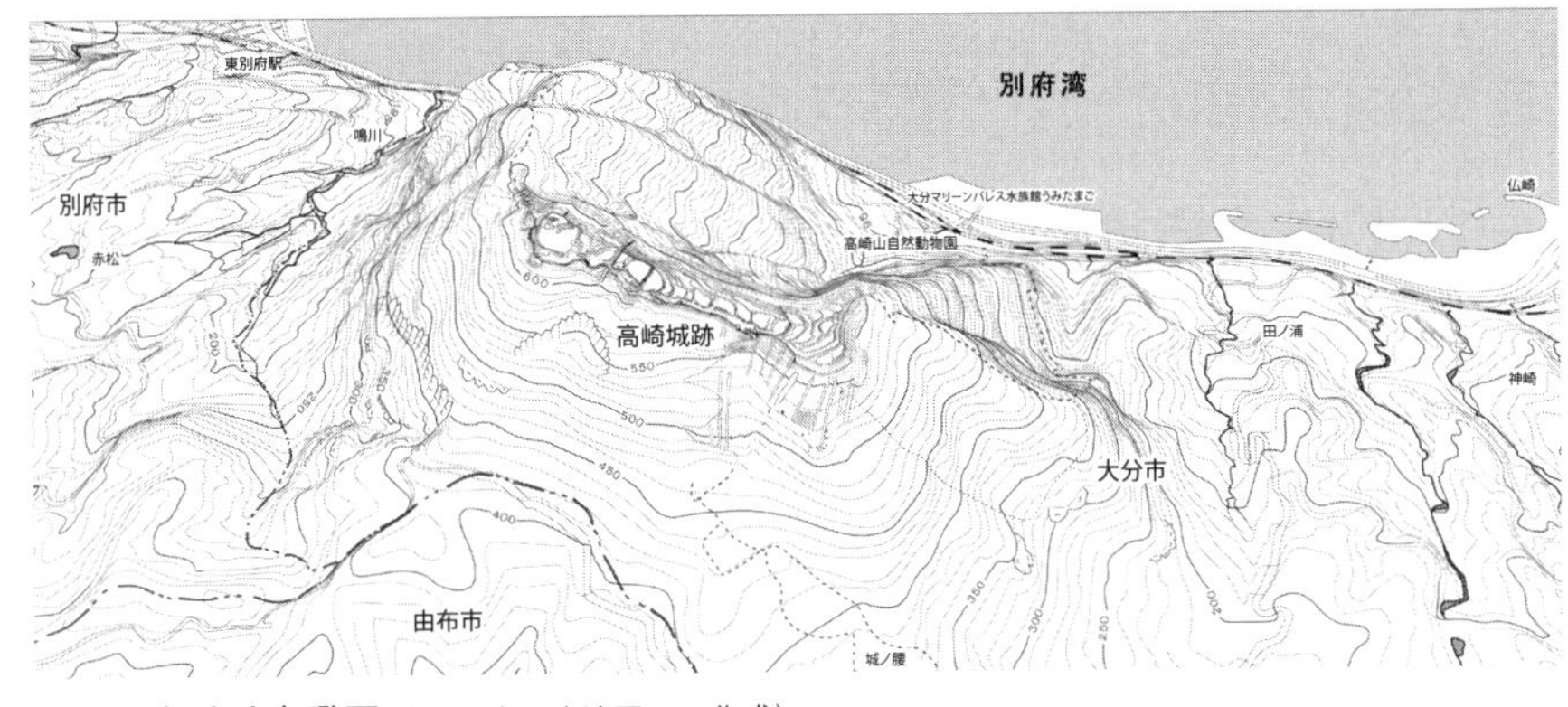

●—高崎城鳥瞰図（国土地理院地図より作成）

斜面側を固め北の境（Eエリア）とし、南東端の削平段群（Cエリア）までの全長約六五〇㍍である。一般的に中世の山城は、山を切り、盛るというダイナミックで合理的な土造りを基調とする。こうした伝統的な技法は最高所の土塁を巡らした曲輪①のあるAや削平段を連ねるCのエリアなどにみることができる。

一方、主郭①から南東の尾根鞍部を掘り切った大規模な堀切（F）に接し、三方を石垣（石積み）と横堀で区画された曲輪②を頂点として曲輪群が連らなるBエリアは、正面の虎口（大手）の櫓台や塀、各曲輪を囲う施設や隅櫓台など主要な部分に石垣（石積み）を築き、また、横矢を掛ける防御性を強めた塁線から張り出た櫓や喰違わせた入口など他のエリアにみられない石積みと組合わせた新しい技法が多く使われている。

【大友氏の城造りを象徴する正面虎口】 正面虎口は、塁線から少し張り出した東と西の石積みされた櫓を繋ぐ塀（石塁）の西側を開口する平虎口である。急峻なつづら折りの城道を登りつめると直角に左に折れ、さらに登り城門を右に折れて（二折れ）入り、内部の内桝状の空間から「T字」に振り分ける構造である。虎口前面の通路部分は、西櫓から南東に延びる塀（石塁）と東櫓隅に繋ぐ南斜面の石塁（登り石垣的）によって、城内側からみて右側の塁線を突出させ、横矢の掛かる外桝形様の空間（いわ

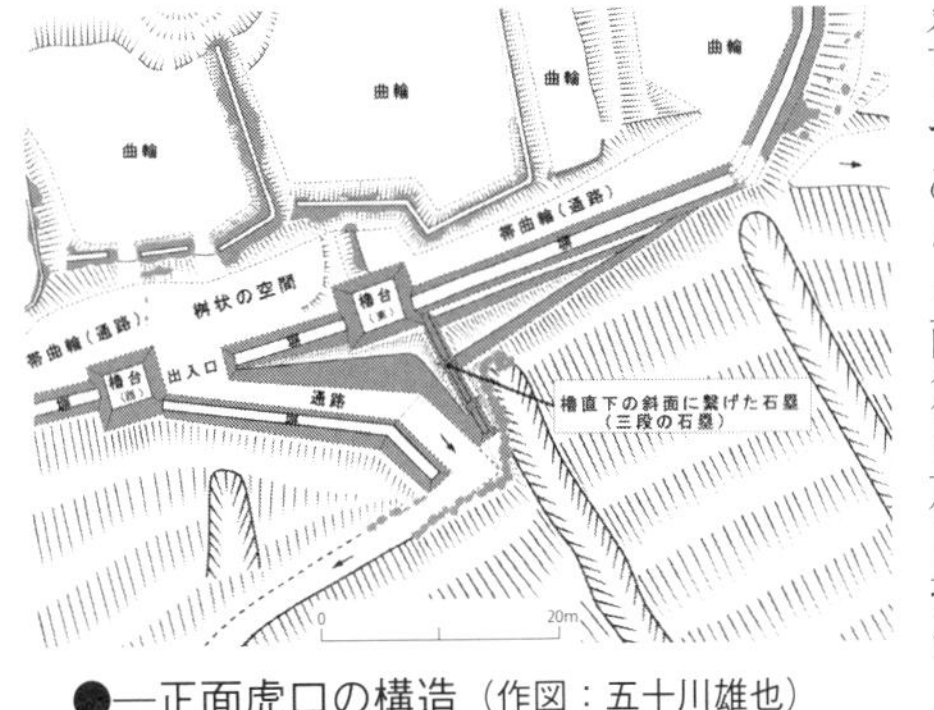

●—正面虎口の構造（作図：五十川雄也）

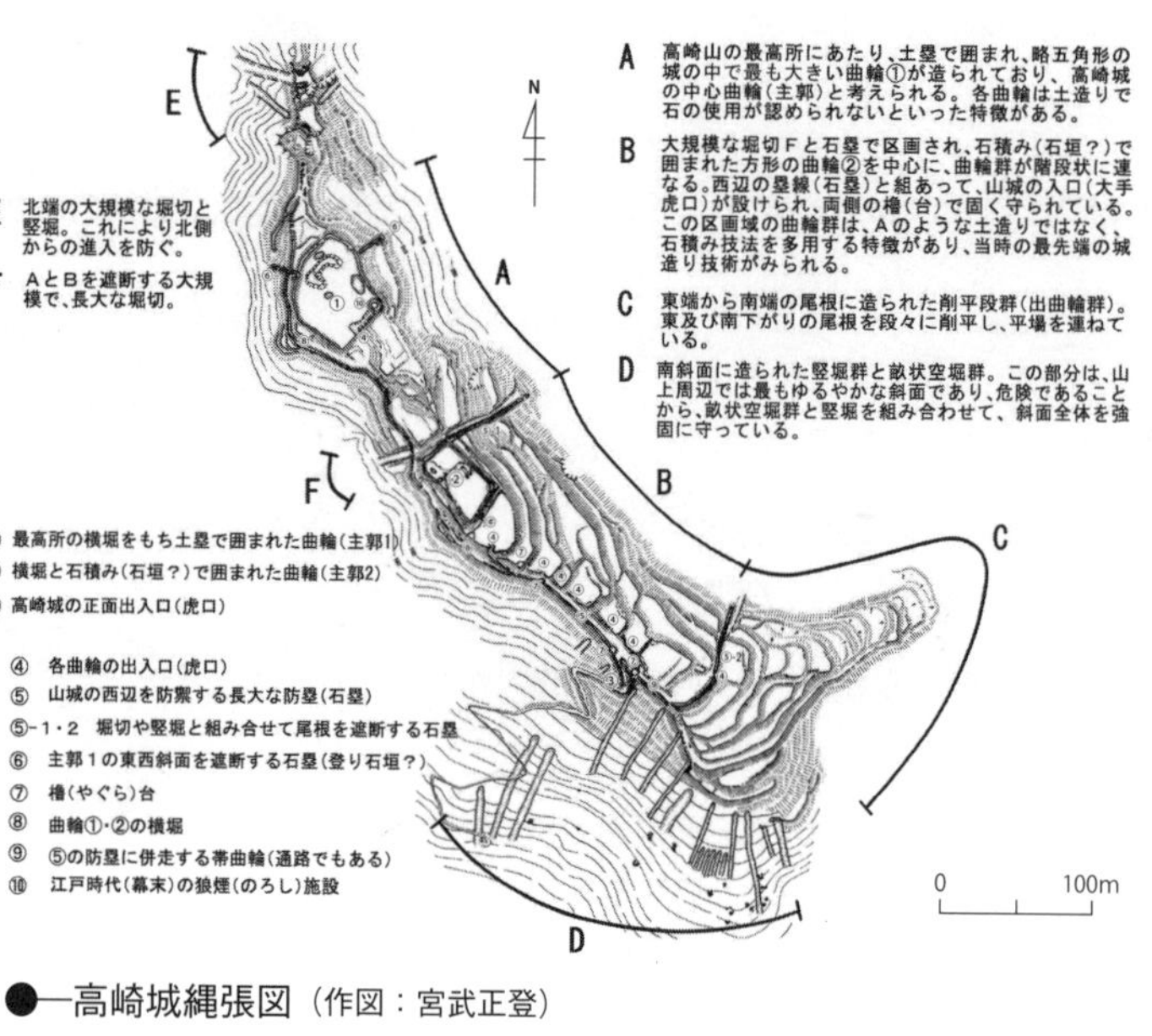

●―高崎城縄張図（作図：宮武正登）

ゆる文禄・慶長の役〈一五九二〜九八年〉以前の織豊系城郭に特有な攻撃型の喰違外桝形とは異なる）となっている。石積みは一㍍を超える大型の自然石を使って野面（乱積み）に積み、高いところでは二㍍弱あり、通路内側では塀の石塁とあわせ二段に築かれている。さらに、東櫓に繋がる東側の塀（石塁）直下にも二段の石積み（石塁を合わせて三段）がみられる。つまり、虎口周辺は巨石を使い、二ないし三段に段築されており、正面虎口にふさわしい構えである。

●―曲輪②の虎口（巨石を使用）

【幾重にも防御された石垣の曲輪】 曲輪②は、城の中でもっとも丁寧に造られており、しかも幾重にも防禦され、他の曲輪にはみられない特徴がある。長径約五〇㍍、短径約三〇㍍の南北に長い長方形の曲輪は、北側を大規模に掘り切り、両斜面の石塁（⑤-2）と組み合わせた竪堀とつなげ、尾根と斜面を強固に遮断し、三方を石垣と横堀で固める。さらに、虎口の両側袖には巨石板を立て、格式の高い門構えになっている。

【新しい技法でコンパクトに改修】 空間構造は本来最高所の曲輪①が主郭であったものを、最終段階に実質的な主郭として曲輪②を再整備し、求心力をもたせた構造に造り直したと理解される。

つまり、高崎城はこの大規模な堀切とそれに連なる竪堀、そして南の尾根を遮断する壮大な塁壁（⑤-2）を設けて、南北ラインを新しく決め、正面虎口周辺、塁線となる西の帯曲輪の斜面際に沿って塁壁を設け横の守りを固め、城域をコンパクトに二分の一の規模ほど（Bエリアを中心に）に集約し、東南部の緩斜面には畝状空堀群を設け、外縁部を防御する山城に改修したと考えられる。

【略史と縄張の年代】 奈良時代の記録によると、山頂には烽火があったとされ、鎌倉時代の初め、大友勢が豊後に入府してきたとき、阿南惟家は立て籠もって抗戦したと伝える。

城の名前（高崎城・竹崎城・高崎御要害）が歴史の舞台に現れるのは南北朝時代であり、八代の大友氏時が、山頂に堅牢な山城を築き、九州での北朝軍の拠点となった。

天文初年（一五三二―三四）頃、二〇代義鑑は山口の三一代大内義隆軍の豊後侵攻に備えて、「諸郷庄衆」を登城させ「築地」・「萱屋」・「石築地」の普請をしている。この「石築地」を南縁部の長大な防塁とみなせば、切岸による曲輪群や尾根筋を遮断する堀切、曲輪から遠く離れた竪堀群なども一六世紀前半ころの縄張とみても違和感はなく、「築地」・「萱屋」は曲輪に伴う建物の普請と考えられよう。つづく永禄五年（一五六二）、二一代大友宗麟は「築城於高崎山為不虞之守」とあるように、非常時の守り（詰城）のため改修を行っており、この段階に土造りの曲輪①（主郭Ⅰ）を中心とする縄張のベースが整ったと思われる。

さらに、二二代の義統（吉統）は、天正十四年（一五八六）薩摩（鹿児島）の島津一六代家久と弟の義弘軍の豊後侵攻に備えるため、賀来氏に城の改修を命じている。その改修は、石積みと組合せた新しい技法が多くみられるBエリアを中心に行った（石垣や縄張の特徴から義統（吉統）が豊臣政権に参入したのちの天正十六年以降とする考えもある）と思われる。

この戦いは、豊臣秀吉の九州入りを知った島津軍が、天正十五年に豊後から撤退して終える。以後、高崎城は史料から姿を消している。

【参考文献】『大分市史』上巻（大分市、一九九五）、大分県教育委員会『大分の中世城館』第一集文献資料編（二〇〇二）、第四集総論編（二〇〇四）、木島孝之「九州における織豊期城郭に関する研究」―旧族大友大名と小早川氏の比較を通して―科学研究費補助金研究成果報告書』（二〇一一）、八木直樹『戦国大名大友氏の普請命令と免許特権』（二〇一二）、玉永光洋「大友氏の詰城　高崎城の縄張りの評価をめぐって」小柳和弘編『大友宗麟の城郭』（二〇二〇）

（玉永光洋）

●水上に浮かぶ白雉の姿

府内城（ふないじょう）

〔大分県・大分市史跡〕

〔所在地〕大分市荷揚町
〔比　高〕約一〇メートル（天守台上面）
〔分　類〕平城
〔年　代〕一六世紀第４四半期
〔城　主〕福原直高、竹中重利ほか
〔交通アクセス〕ＪＲ日豊本線「大分駅」下車、徒歩約一五分。

【市街地の中の憩いの場】　府内城は大分市の中心地に位置し、当時の城下町は今の市街地と同じ範囲に広がる。現存する二之丸（東之丸、西之丸）と本丸、内堀周辺は河川による陸地化や近現代の埋め立てにより、官公庁他多くの建物に囲まれ、地形や景観は当時とは大きく異なっている。

　現在は大分城址公園として観光客のみならず市民の憩いの場となっており、春になると府内城北東側に位置する帯曲輪にはたくさんの人が集まる桜の名所としても知られる。

【府内城の築城】　府内城の築城は安土桃山時代に遡る。府内城城下町には複数枚の絵図が存在しており、その中でも、「豊後府内城之絵図」によると府内城の北東側に大分川が流れ、河口付近でも比較的安定した沖積地部分で中世から続く港部分も取り込みつつ建設されていることが読み取れる。

　築城前の豊後国は、九州屈指の戦国大名である大友氏が治めていたが、大友氏が改易された文禄二年（一五九三）以降、豊後国および豊前国の一部は細分され多くの領主が存在することとなった。その中でも大分郡には、文禄三年春に早川長敏が入部し、郡内の家島の地に仮の館を構え、上野の「大友屋形」を修理して移り住んだ。長敏の府内在任期間は短く、慶長二年（一五九七）には杵築に転封された。その後に石田三成の妹婿である福原直高が入部し、はじめて府内城築城に着手したのである。

　豊後国の歴史を書いた「豊府聞書」によると、直高は府内入部後すぐに、家臣である生嶋新助とともに上野の飯盛塚に

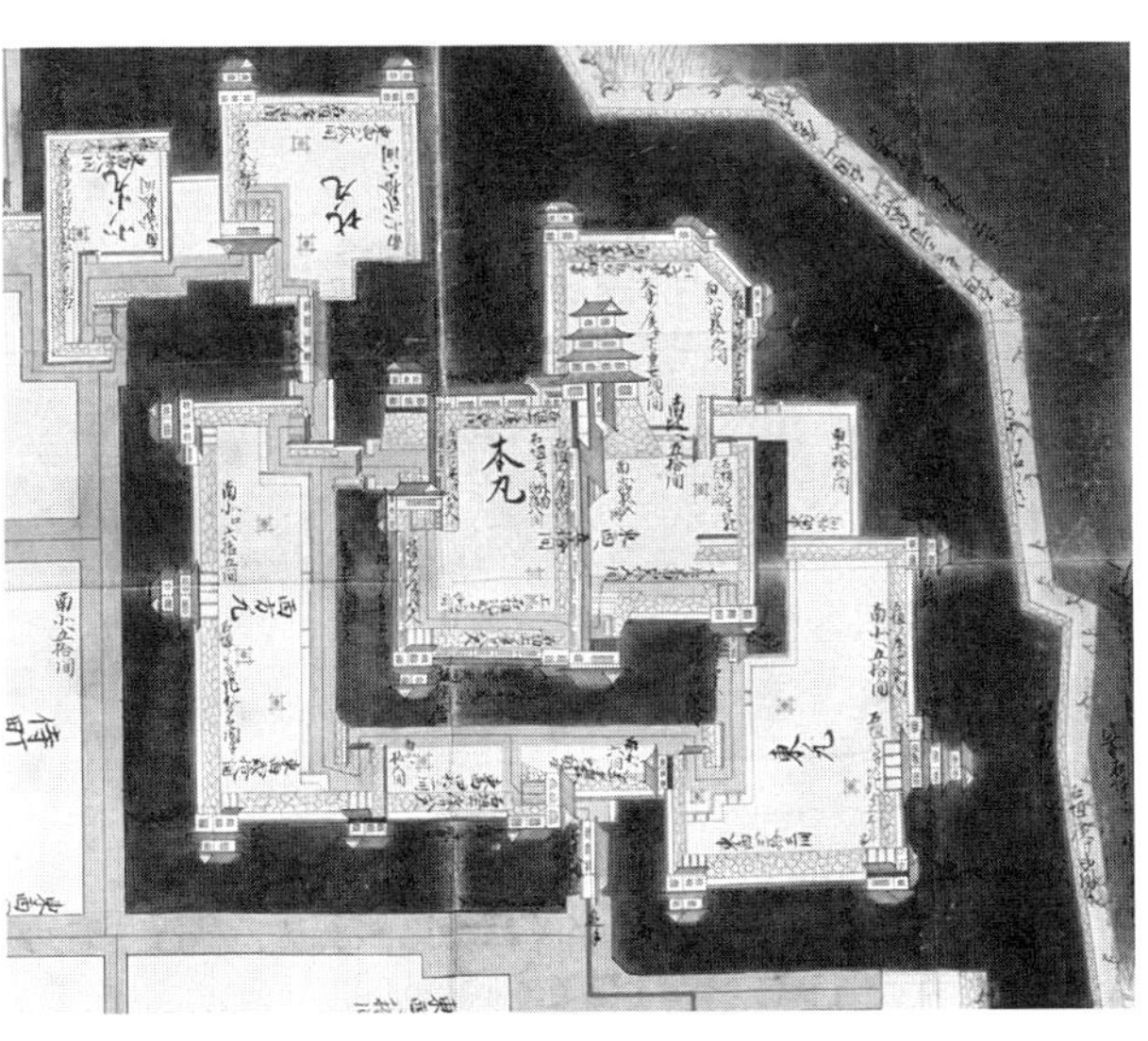

●―豊後府内城之絵図（正保元年）（国立公文書館デジタルアーカイブより転載）

登って城卜（城の選地を占う）を行い、大分川の河畔で「荷落」と呼称されていた場所を築城地と定めた。選定後は直ちに築城を開始したが、直高は慶長の役で朝鮮半島へと出兵することになり工事は一時中断となる。そして、慶長三年（一五九八）に府内に戻った直高は築城工事を再開し、慶長四年には二之丸の東三階櫓と三之丸（武家屋敷）が完成した。これに伴って、築城地の地名を「荷落」から「荷揚」に改名し、新城を「荷揚城」と命名した。しかし、直高は完成直後の慶長四年に改易となり、再度入部した早川長敏をへて関ヶ原の戦い後の慶長六年、豊後高田から竹中重利が府内に入部することとなった。

重利は入部後に、徳川家康の許可を得て府内城の増改築を行った。城の石垣の築造は領民に命じ、府内近郊の山や海岸、大友氏の館や寺跡から巨石を運ばせ、築城の名手とされる熊本藩主加藤清正に数十名の石工を派遣してもらい、築いたとされる。木材は、土佐から巨船で、竹木は領内から切り集め、数百人の人夫をつかって、天守の工事に取りかかった。このとき、大坂や伏見から大工や瓦師を招き、当時では最新の建築技術を導入して城郭建築にあたらせている。

慶長七年三月には四層の天守と諸櫓・門・三之丸堀、城下から三之丸に入る東・西・北の三つの入口（東口・西口・北口）、同年秋には城の北西に砦を築き、府内城の中心部がほぼ完成した。

そして、三之丸の外側、東西一〇町（約一二〇〇メートル）、南北九町（約九五〇メートル）の範囲を長方形に区画した中に、街路をはさみ短冊形に整然と配置した町屋を建設し、旧府内の町と町民・寺院などを移転させ四〇余りの町ができた。さらに、

●—府内城西南角櫓

●—現存する天守台の石垣

慶長十年に町屋の外側に堀（外堀）を掘削し、慶長十二年には城下への入り口として堀川口（北西）・笠和口（西）・塩九升口（東）に門（三口御門）と番所を設け、慶長十三年には城下の北西に商船が出入りできる堀江（堀川）を開削し、その入り口に「京泊」と呼ぶ港を設けた。これにより、総構（そうがまえ）えの城下町および関連施設がほぼ完成した。

【城の構造】　府内城の構造については、絵図および部分的に行っている発掘調査の成果より情報を得ることができる。主に、石垣や建物の高さ情報は「豊後府内城之絵図」、面積や規模は「府内絵図」（慶長十年付箋あり、大分大学付属図書館所蔵）である。

絵図によると、府内城は二之丸（西之丸から東之丸にかけて、若干の高低差あり）から本丸部分には段差があり、さらに一段高い部分を天守曲輪としている。天守は独立しておらず連結式を成しているため直接上ることはできず、東大門櫓を入り渡櫓や二階取付櫓などを通り天守へとたどり着く。門や渡櫓、取付櫓が連結する天守曲輪の規模は東西が一九間（約三八メートル）、南北が二一間半（約四三メートル）を測る。

【現存する天守台】　現在の本丸は天守とそれに取り付く西側取付櫓の石垣が残る。現存する天守台石垣の上面規模は、南北方向一四・五メートル、東西方向一六・五メートルを測り、七間×八間と描かれた絵図情報とほぼ一致する。天守台の高さは、「天守四重、上棟瓦マデ水面ヨリ一六間半」と書かれている。また、平成二十九年（二〇一七）の発掘調査では、確認した南側取付櫓の根石と天守上面に設置している三角点（標高一四・五メートル）の標高差から石垣の高さは約一〇メートルを測り、現存する天守台の高さから天守の建物高さを推定することができる。

天守についてはその他に、「府内密書」（大分県立先哲史料館所蔵）と呼ばれる古文書にも規模が記されている。天守の建物は四層の層塔型で、高さは約一〇間、二層と三層に比べ一層と四層が高い。府内城の天守台石垣の特徴は、隅石が算木積み、築石が野面積みをなす。また、府内城の中では、天守台の石垣のみが建物を支えるための輪取り工法を取り入れている。

府内城の天守には南面・西面に取付櫓が接しているため、台内部には穴倉はないことが考えられ、石垣内部はおそらく盛土と裏込め石で構成されていることが考えられる。

●―天守台石垣の角石

府内城の天守の用途は日根野氏の断絶後、城の引き渡しを行う際に作成された「御城諸道具改帳」（大分県立先哲史料館所蔵）に、天守にあった諸道具が記されており、弓矢・刀・鎧・鉄炮などの武具の他、鎌・鉈・鍬などの道具が収められていたと記されている。

【天守の焼失】 寛保三年（一七四三）四月七日に起こった大火によって府内城の本丸から二之丸のほとんどが焼けた。「府内藩記録」には、「寛保三年四月七日　今昼八ツ半時、下柳町市兵衛宅より出火、天守、所々矢倉・御殿廻りが残らず焼失」の記載があり、また、「豊後国府内絵図」（大分県立先哲史料館所蔵）には、被害状況を記し幕府に届け出ている。この大火により、天守を含む天守曲輪の建物のほとんどが焼け、その後再建されなかった。

【府内城の調査】 現在、大分市では「府内藩記録」などの府内城に関連する文献の調査や、現存する石垣の状況把握を行っている。また、部分的ではあるが府内城の本丸および二之丸の発掘調査も計画されている。これまで府内城を知るためには絵図情報が大きな資料であったが、これから先その他のあらゆる調査成果から府内城の全貌が明らかとなっていくことが期待され、今後注目してほしい城である。

【参考文献】『豊後府内城　第一四回特別展「城のある風景」』（大分市歴史資料館、一九九五）、『大分城址公園整備・活用基本計画』（大分市、二〇一七）、『日本一〇〇名城　大分府内城＝平成三十年度＝第三七回特別展』（大分市歴史資料館、二〇一八）

（小野綾夏）

大分

●大友氏四〇〇年の本拠地

大友氏館（おおともしやかた）〔国史跡〕

〔所在地〕大分市顕徳町
〔比　高〕約一メートル
〔分　類〕平地・城館
〔年　代〕一四世紀後半〜一六世紀末
〔城　主〕大友一〇代親世〜二二代義統
〔交通アクセス〕ＪＲ日豊本線「大分駅」から大分バス「顕徳町」停留所下車、徒歩約八分。

【大友氏館跡の位置】　中世大友府内町の存在は、すでに大正四年（一九一五）に刊行された『大分市史』付図「舊府内城下圖」や昭和三十年（一九五五）刊行の『大分市史』上巻において、古絵図（以下「府内古図」）が紹介されており、昭和三十年の市史では、都市域の範囲や構図全体を地図に復元している。しかし、絵図は後世に作成されたもので、その信憑性が定まらないことから、都市の存在を含め、その実態解明に進展はなかった。こうした状況を一変させたのは、新発見の府内古図をもとに、昭和六十二年（一九八七）に刊行された『大分市史』において「戦国時代の府内復元想定図」（中巻付図）が提示されたことであった。

復元想定図は、絵図情報を明治時代の字切り図や当時と位置が変わらない寺社などを基軸に、各々の地割りや実際の距離など歴史地理学的手法による分析を行い、道路（街路）・町名・各施設の位置や範囲を現在の地図上に比定・復元するものであった。その結果、府内町は、大分川河口左岸の自然堤防上にあり、北は長浜町、南は元町の南北約二一〇〇メートル、東西は大分川より約七〇〇メートル西側の範囲にあたるとされ、館はその中央、顕徳町（けんとくまち）三丁目に位置すると推定された。

【大友氏館跡の発見】　館跡比定地は、平成八年（一九九六）および平成十・十一年、大分駅南地区の区画整理代替地事業に伴って確認調査（館第一次調査）が実施され、巨岩を使った景石を配する大規模な庭園跡が発見され、館跡であることが明らかになった。中世大友府内町跡についても、その後の県・市の教育委員会による発掘調査によって、「戦国時代の府内復原想定図」におおむね合致する調査結果が得られ、「府内古図」の信憑性も裏付けられた。

【大友氏館の形成と変遷】 館跡は庭園跡の発見を契機に、平成十三年に一部分が国の史跡に指定された。その後、追加指定や保存整備に係る確認調査が計画的・継続的に行われ四四の調査次を数え、館の変遷や外郭施設、庭園跡、中心建物跡など内部の状況がしだいにわかってきている。

館の普請は大友一〇代の親世（ちかよ）の一四世紀後半〜末頃に始まり、一六世紀末の天正十四年（一五八六）に薩摩島津軍の豊後国侵攻によって焼失・廃絶するまでの六段階（第Ⅰ〜Ⅵ期、Ⅲ期は二時期に分かれる）の変遷が確認されている。

第Ⅰ期（一四世紀後半〜一五世紀前半）は、一町ほどの規模の館が推定され、館南東部で面的な整地が行われ、「L」字状の溝が囲む規格性のある掘立柱（ほったてばしら）建物跡群と門跡と思われる遺構がみつかっている。

第Ⅱ期（一五世紀〜後半）に南北二町、東西一町ほどの規模になった可能性があり、館中央から東側で盛土整地とその上に掘立柱建物は配置される。

第Ⅲ―1期（一五世紀末〜一六世紀第一四半期）は、南側で園池の作庭が始まり、2期（一六世紀第2四半期）でも同じ地点で改修されている。この間2期で行われた盛土整地範囲内の一部で掘り込みを伴う整地が繰り返し行われるようになり、掘立柱建物からなる中心施設の存在

●—大友氏館跡・中世府内町跡地区の小字集成図

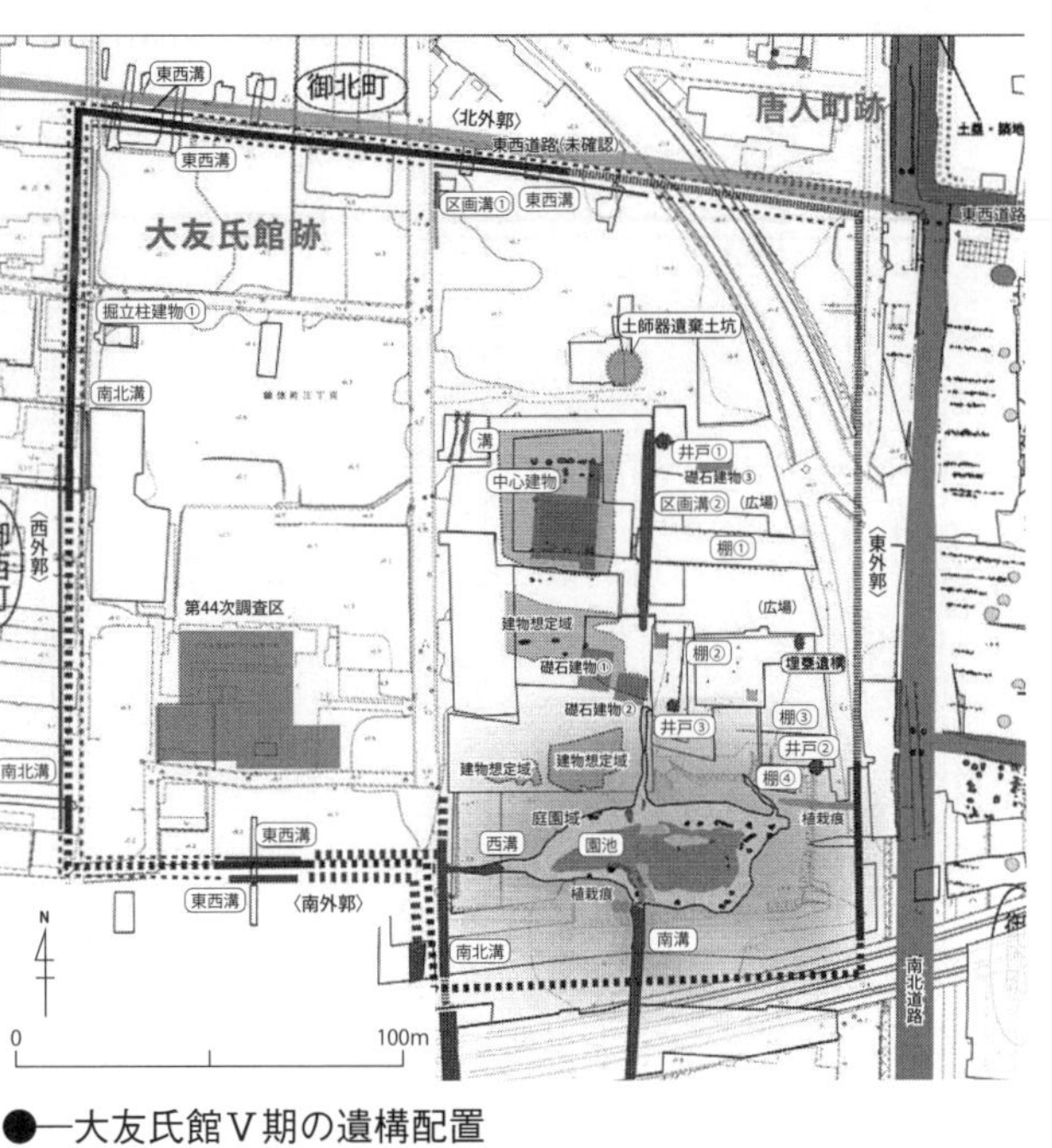

●―大友氏館Ⅴ期の遺構配置

が想定される。その周囲で「かわらけ」の廃棄が始まり、2期には京都系土師器を主体とする複数の廃棄土坑が形成される。

第Ⅳ期（一六世紀第3四半期）は、中心部では引き続き掘り込み整地が行われる。廃棄土坑も継続して形成され、建物基礎は柱穴から礎石に替わる。館北辺は内と外に溝を配する土塀（土壁造りの塀で基部の積み土遺構を検出）と考えられる特徴的な外郭施設で画される。この段階の初めの弘治二年（一五五六）に、家臣小原鑑元の反乱が起こり、大友二一代宗麟は乱を治め、臼杵丹生島に城を築き移っている。

第Ⅴ期（一六世紀後半）頃には、館は方二町（約二〇〇メートル四方）に拡張（改修）され最大規模となる。空間構造は東門（大門）、中心建物、前面の広場、庭園などの配置から室町将軍や細川管領屋敷の規範に準拠し、中心部に近接する二棟の礎石建物跡（北と南の建物跡）が形成される。規模（約一七メートル四方）や構造から南建物跡が主要建物と考えられ、外にも番屋や書院と思われる礎石建物跡などがある。南東部の池は東へ拡張して改修され、東西六七メートル、南北三〇メートルとなり、館域の約八分の一を占める大規模な園地（座観式庭園）となる。館北・西・南の外郭はⅣ期でみた構造の土塀、正面の東外郭は粘質土と砂質土を交互に積み上げる格の高い築地となっている。文書では土塀を「土囲廻塀」と呼び、築地とは区別している。また、中心建物跡は大友二二代義統が書き記した『當家年中作法日記』に記される「大おもて」にあたるとされ、他に対面所や遠侍、簾中方（正室の屋敷跡で、令和三年度（二〇二一）の第四四次調査区が推定地点にあたる）など一九ほどの施設名がみられる。

第Ⅵ期（一六世紀末〜一七世紀初頭）は、島津軍侵攻後の天正十五年から町場が近世府内城下町へ移転させられる慶長七年（一六〇二）頃とされる。館は再建されず、敷地の一部が町屋に利用されるようになる。使われなくなった園池の池は、一部埋め戻され、移転後は水田や畑地となる。

●—復元整備された大友氏館庭園跡

【府内古図にみる館と町の成立】

府内古図に描かれる大友氏館や府内町となるのは第Ⅴ期、大友氏の最盛期である大友二一代・二二代の宗麟・義統の段階である。発掘調査と文書史料との分析によると、まず館正面東側の南北道路（メインストリート）が先行して整備される。その後館は大友氏館が方二町に拡張され、併せて館正面の桜町が一気に整備されることがわかった。その年代は、天正元年に宗麟が息子義統に家督を譲り、天正六年に政庁を臼杵から府内に再度移転を計画する背景の中で、館と町の大改造が行われた結果であるとされる。

【甦る大規模庭園】 令和二年（二〇二〇）、四三二年の時をこえて庭園が復元整備された。東西の池、二つの中島、背後の築山、滝を表現する滝石組、庭の趣をそえる景石、池をめでる建物痕跡、水を灌ぐ井戸や導水の溝などである。中央の中島を境に、趣のある景石と水面（みなも）を広くみせる穏やかな西池と目線を意識した奇岩を巧みに使い、滝石組や景石など巨岩を使い、躍動感に満ちたダイナミックな東池との異なる二つの作庭法で造られている。戦国大名庭園が全面発掘された事例は極めて少なく、戦国から近世への移行期のようすを知る貴重な庭園といえる。なお、大友氏館跡（唐人町跡を一部含む）の保存整備は、二〇三〇年を目途に進められている。

【参考文献】 大分県教育委員会『大分の中世城館』第一集文献資料編（二〇〇二）、第四集総論編（二〇〇四）、『豊後府内 四』（大分県埋蔵文化財センター、二〇〇六）、大友館研究会『大友館と府内の研究』（二〇一七）、大分市教育委員会『大友遺跡史跡ボランティアガイド教本』改訂版（二〇二〇）

（玉永光洋）

お城アラカルト

国際色豊かな豊後府内

玉永光洋

豊後府内（中世大友府内町跡）は、大友宗麟（二一代）、息子義統（二二代）のとき、最盛期を迎える。当該史料によると五〇〇〇戸ほどの家屋があり、「府内古図」には大友館を中心に南北四本、東西五本の街路が格子状に通り、四〇余りの町がある。注目されるのは館の近接地に唐人町やダイウス堂（府内教会 中町）が描かれ、とくに、宗麟がイエズス会に寄進した教会地には、天文二十二年（一五五三）から天正十五年（一五八七）にかけて、拡張しながら教会・修院・育児院・教会墓地・病院・慈悲院・宿舎・コレジオ（神学校）が建ち並び、キリスト教の布教や西洋文化・医学普及の拠点となった。

その発端は天文二十年（一五五一）九月中旬、宗麟が山口に滞在していたフランシスコ・ザビエルを大友館に招き、キリスト教の布教許可と保護を約束することに始まる。翌年から多くの宣教師がこの豊後府内に訪れるようになり、これを契機にポルトガル商人との貿易も始まる。そして、一五九五年に刊行されたルイス・ティセラの日本図などに「BVNGO（豊後）」・「Fumay（府内）」の地名が記され、ヨーロッパにまで知られるようになった。

さらに、宗麟は朝鮮、中国をはじめ東南アジアの国々とも独自に貿易を行なった。弘治二年（一五五六）弟の大内義長による「日本国王」印（偽造）を用いての明国への朝貢、翌年の倭寇の首領王直と供応した大友船（巨舟）の派遣など、独自に対明交渉を試みるが失敗する。一転して中国華南、東南アジア海域に南下して南蛮貿易を展開していった。府内町跡から出土する膨大な貿易陶磁器の産地は、東シナ海から南シナ海の国々に広がっている。中でも中国南部の華南三彩やベトナム・タイ・ミャンマー産の陶磁器が特徴である。

豊後府内は、唐人町や中町の外人居住区があり、南蛮貿易による品々に満ちあふれる国際色豊かな都市となった。

●府内防衛の最前線城郭

鶴賀城（つるがじょう）

〔所在地〕大分市大字中戸次
〔比高〕一五〇メートル
〔分類〕山城
〔年代〕一六世紀後半
〔城主〕利光氏
〔交通アクセス〕ＪＲ豊肥本線「竹中駅」から大分交通バス「上利光」停留所下車、徒歩三〇分。

【府内の防衛と鶴賀城】　大友氏三代頼泰（よりやす）は、文永弘安の役の際に豊後国に下向し、国府近辺に守護所を構えたと考えられている。しかしながら、その遺跡は未だ確認されていない。その後、室町時代になると、大分川左岸河口部の沖積地に館を造営する。そこはすでに徳治元年（一三〇六）創建の万寿寺と呼ばれる禅宗寺院を中心とした市町があった場所であった。そして、戦国期になると、沖積地背後の上野丘と呼ばれる丘陵上にも土塁（どるい）と堀で四角に囲まれた方一町規模の館を構える（上野原館）。その後、沖積地の館周辺では街路整備などの大規模な町づくりが進み、戦国末期には「府内」と呼ばれ、大友領国の政治・経済・文化の中心を担うようになっていった。

大友氏は、府内の館を築地塀で囲んだとされるが、『府内古図』によると、町名については「唐人町」と「工座町」が町人の性格を示すのみで、他は「桜町」や「御北町」「横小路町」など記号としての町名になっている。このことからわかるように、商工業者や家臣が混住し、町を囲む惣構（そうがまえ）えも確認されないなど、防御性に乏しい町とも評価されている。しかしながら、大友氏は、府内を「線で守る」というよりも「点で守る」、という戦略を持っていたように思われる。すなわち、要所要所に城郭を配し、重層的に府内を守ったのである。坪根伸也はそれを称して「大府内」と呼んでいる。「大府内」の外郭で、その一翼を担ったのが鶴賀城であった。

鶴賀城は、大分川が中央構造線に沿って障壁のように立ち

●—戸次川原と鶴賀城

塞がる山塊をくぐり抜け、大分平野に入ろうというまさにその場所、すなわち敵が府内を目指す際には必ず通過せねばならない場所を見下ろす標高一九三メートルのなだらかな山頂部に作られている。府内からは直線距離で約一三キロなので、一日もかからずに到着できる位置ということになる。ここを突破されると、次は大分川渡河点の守岡で守り、そこを突破されると目の前が府内、ということになる重要な場所であった。実際には、天正十四年（一五八六）に豊後に侵攻した島津勢と、この鶴賀城やその眼下の戸次河原で合戦が行われ、大友氏方の多くの武将が討ち取られ、島津勢の府内への侵攻を許してしまう結果となったのである。

【記録された鶴賀城】　このように重要な城郭にも関わらず、鶴賀城のことが記載された同時代文書は一通しか残されていない。天正十四年（一五八六）十月三十日付けの大友義統の感状（案）に「利光越前入道要害」とあるのがそれである。岡部佐渡守が登城して差し籠もったうえで奮戦を遂げたことに対する感状である。ただし、この日付は島津氏との戦いではない。島津氏は同年十二月六日に鶴賀城攻めを開始している。この時の状況が島津側や宣教師の記録に具に残されている。それらによると、「府内から二里の所に小さい城があり『そこは勇猛なキリシタンの武士のものであった』、降伏しようとしなかったので敵に攻められ、勇敢に防衛したが、そのキリシタンの武士は、その兵とともに鉄砲の一斉射撃で死んだ」という。「府内から二里の所」にある「小さい城」が鶴賀城である。島津側の記録では「利満之城」「利光鶴か城」などと呼ばれ、十二月十二日には援軍に駆けつけた大友側の長宗我部・仙石の連合軍を打ち破り、同日夜には守岡に入ったことが記されている。

では、大友氏の命運を決したともいえる鶴賀城とはどのような城であったのだろうか。

●—鶴賀城の最高所

【鶴賀城の構造】

大分市中戸次（旧豊後国大分郡戸次荘）にある標高一九三メートルのなだらかな山容の山の頂上部と、そこから派生する尾根上に遺構が展開する。中心となる曲輪はそれらの尾根の結節点となる山頂部にある。主要な曲輪は二段になっており、上段（Ⅱ）は長さ約五〇メートルで幅七〜八メートルと細長く、北側には土塁を設ける。土塁は東側が一〇メートル×五メートルほど一段高くなっており、すぐ横に作られた虎口から入ってくる者を牽制する役割があると考えられる。この曲輪から一段の腰曲輪をへて下ると、そこが東西約四〇メートル、南北約三〇メートルの多角形を呈する主郭（Ⅰ）となる。ここは、東側に小さく突出する部分を除いて低い土塁（高さ〇・六メートルから一メートルほど）が全周（ただし、北側は上段の曲輪下の切岸）している。東側の小さな突出は南から迫る敵に対する横矢掛かりの工夫である。そして、さらに南西部には横堀と、そこから下る畝状竪堀が一〇本入れられており、横堀底と曲

●—畝状竪堀群

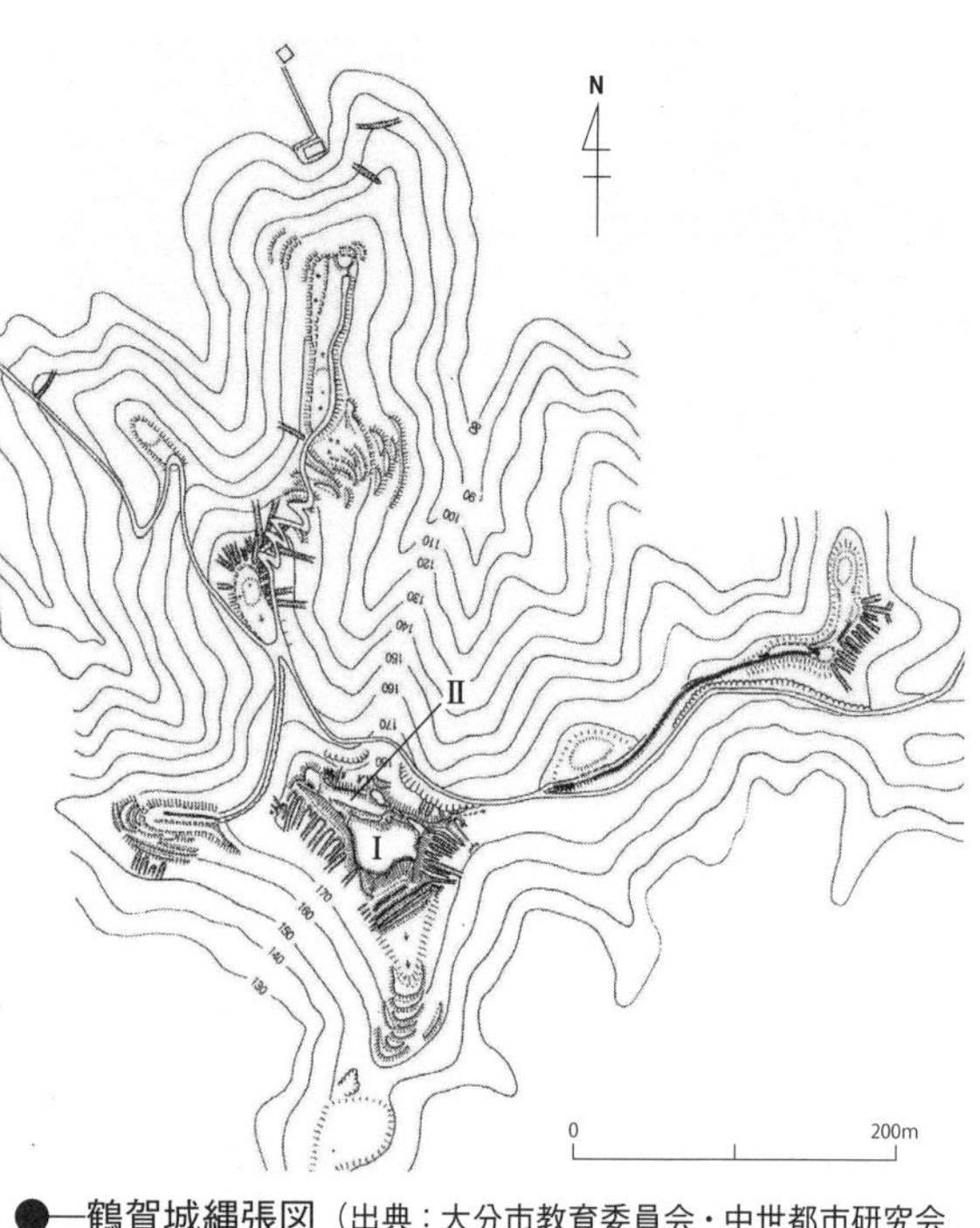

●—鶴賀城縄張図（出典：大分市教育委員会・中世都市研究会, 2001, 一部改変）

輪面とは五～六メートルほどの急斜面となる。また、南側は七～八メートルほどの切岸を施した上で、尾根の取り付き部分に三条の堀切を連続的に入れている。東側は曲輪直下から七本の畝状竪堀を入れ、その北側にある土橋を構成する竪堀と一体化している。虎口はこの土橋を通って坂道を上り、曲輪Ⅱの土塁横に至るものである。曲輪Ⅰの北側土塁上からの横矢が掛かるように工夫されている。さらに北側の急斜面部分にも、畝状竪堀が一〇本ほど入れられている。

さらに、多くの部隊を駐屯させるために、南側を除く三方向の尾根とその先端部の平場も積極的に利用している。尾根の先端部の削平は十分ではないが、いずれも畝状竪堀を施し頑丈に守る。特に北に延びる尾根は登城ルートにもあたり、平場を下った尾根の先端近くに堀切を設けている。東に延びる尾根は、先端部の平場（曲輪）と主郭部分を結ぶように高さ〇・五～〇・六メートルほどの土塁が作られており、土塁内側（北側）を連絡通路として使ったものであろう。

このように、主郭部分は横堀、横矢掛かり、畝状竪堀、三重の堀切といった要素をつぎ込んで拵えているが、これは豊後国内では大友氏の本城である高崎山城を除くと傑出した出来栄えの城ということができる。おそらく、島津氏侵攻を見据えて、天正十年前後に改修を行ったものであろう。薩摩側の記録（「天正拾四年豊後へ発向之事」）には「鶴カ城ノ合戦難儀ニ極リ」とあるように薩摩側も攻略に難儀したが、結局は眼下の戸次川の戦いで決着が付くことになる。

【参考文献】大分市教育委員会・中世都市研究会『南蛮都市・豊後府内』（二〇〇一）、大分県教育委員会『大分の中世城館　第四集』（二〇〇四）

（小柳和宏）

烏帽子岳城

●大友氏の要港佐賀関を掌る軍監の山城

〔所在地〕大分市佐賀関町関・白木・志生木
〔比　高〕約二九メートル
〔分　類〕山城
〔年　代〕一六世紀代
〔城　主〕佐伯惟教（？）
〔交通アクセス〕ＪＲ日豊本線「大分」駅から大分バス（Ｄ七五／Ｄ七七・大分駅―大在―佐賀関）に乗り「小志生木」停留所下車。佐賀関ダム方面へ徒歩約五〇分。

【眼下に要港佐賀関を臨む山城】　佐賀関町東部の志生木、関、白木地区のほぼ中央、標高二六七・九メートルの城山山頂にある。山頂からは、豊後水道・速吸瀬戸（豊予海峡）、佐賀関港を臨み、遠くは佐田岬など四国を望むことができる。佐賀関港は、嘉靖三十四年（一五五五）に明国皇帝が豊後国府内に派遣（日本では弘治元年）した明朝使臣鄭舜功が嘉靖四十四年頃編纂した『日本一鑑』や一五九五年、ヨーロッパで刊行された「ティセラによる日本図」（作成者はイギリスのオルテリウス）などに記されており、広く西洋まで知られていた。その佐賀関は、すでに貞治三年・正平十九年（一三六四）には、豊後国守護大友氏八代氏時の頃に直轄領に組み込まれており、戦国時代後期には海部郡佐賀郷の一尺屋を本貫とする若林氏が佐伯氏に代わり大友水軍の中核的役割である軍監として佐賀関の警固を担った。

山頂からの眺望は絶景であり、県民・市民の憩いの場「城

●―要港佐賀関港を臨む

●―最高所の高射砲台跡

●─佐賀関ダムより望む烏帽子岳城

山森林公園」として整備されており、ツツジなどの植栽が行われている。最高所には、第二次大戦の高射砲台が残り、また登山道の取り付けや東屋設置（今はない）などにより、最高所および周辺は部分的に改変や削平を受けている。

【大規模な竪堀と緑泥片岩を使った石積み】　標高二六七・九㍍の最高所から北西方の尾根a、南方の尾根bが延び、全長約二三〇㍍の細長い尾根上に遺構群が遺っている。

曲輪Ⅰが主郭と考えられ、階段状に曲輪Ⅱ・Ⅲが取り付く。この主郭を含めた曲輪群の周囲は、比高差の大きい切岸と下段の腰曲輪機能をもつと考えられる曲輪群で固める。さらに、東斜面には切岸下の曲輪と連動して防禦機能を高める二条の竪堀ⓐ・ⓑを掘削している、この竪堀と曲輪には土塁を部分的に盛っており、特に竪堀ⓑは最大規模である。

曲輪群はこうした周囲の防禦装置の他に、曲輪Ⅲ北側の尾根を堀り切って（堀切ⓒは、現状では土橋があり通路が確保されているが、本来は堀切であったと考えられる）遮断し、主郭南方の尾根bについても二ヵ所を堀り切り（ⓔ・ⓕ）、主郭周辺を強固に防禦している。堀切ⓒから北西方の尾根aは、階段状に曲輪Ⅳ～Ⅷが配置され、周囲を切岸で固め、北東斜面には切岸下の曲輪と連動する三条の竪堀ⓖ・ⓗ・ⓘを設けている。竪堀は、主郭から北西方に延びる尾根の東側に五本集中しており、北東側の佐賀関の町と港湾を意識した構えとなっている。

また、五ヵ所に石積み（ⓙ・ⓚ・ⓛ・ⓜ・ⓝ）が確認される。海部地域に特有な扁平で横長の結晶片岩を使用し、垂直に小口積みするものである。ⓚの曲輪塁線上の石積みがもっとも高く、一一〇㌢程ある。また、ⓙ部分は高さ八〇㌢程積上げ、通路状の構造をもち虎口的であるが、この部分は大きくは堀切に当たり、堀切底を使って構築していることから、当初からとするには疑問が残る。ⓛは竪堀ⓑに伴う土塁基底部をおさえるものとも考えられるが、横の切岸下曲輪に接するところは土塁がなく開口しており、この開口部に関わるとも理解される。ⓜは階段状に積まれており、主郭下の曲輪へ通じる施設とも理解される。ⓝは曲輪Ⅲの西側塁線に沿って、数段垂直に積むが塁線の高まりはない（すでに削平された可能性が高い）。

これらの石積みについては、ⓚ・ⓝは類似の曲輪にみられる塁線上の土塁と同じ防御用の機能をもち、ⓙ・ⓛ・ⓜは通路や虎口（こぐち）に関わる石積みと理解される。とすれば、竪堀ⓑから石積みⓛをぬけ切岸下の曲輪へ入り、石積みⓙへ通じるルートが想定される。

【城普請は要港佐賀関を掌る大友氏の軍監か】『大友興廃記』によれば、「佐伯惟教（さいきこれのり）らは弘治二年（一五五六）、大友義鎮に謀反を企てたが失敗し、一族は四国（伊予）に逃れるが、永禄十二年（一五六九）に許され、佐賀関に上陸し、海辺の烏帽子岳と言う新城をこしらえ、船出の押さえ（水軍の軍監（ぐんげん））に命じられた」とある。また、元亀二年（一五七一）の「大友家文書録綱文」にも、「大友宗麟から旧領である佐伯を還受され、烏帽子岳（えぼし）より、栂牟礼城（とがむれ）に移った」とある。しかし、このことを裏付ける史料がなく城普請の主体や年代は今後の課題である。いずれにしても、佐伯氏の可能性とともに、縄張の特徴や石積みの存在などから、佐伯氏が栂牟礼城へ移った後、大友水軍若林氏や大友氏が手を加えた蓋然性も考慮すべきであろう。

また、「豊後国古城蹟并海陸路程」には、「長さ壱町弐拾間、横広き処七間、六間、総曲輪百八拾弐間、入口二ツ有、内壱ツ寅卯（東北）ニ向。壱ツハ申酉（西南）向。山上ニ水なし。谷に水あり」と記される。入口（虎口）は二ヵ所とあり、縄張から尾根a側と尾根b側の二ヵ所が考えられるが、現地では確認されていない。

●―烏帽子岳城縄張図（作図：玉永光洋）

●―曲輪Ⅲ西側塁線の石積み

【参考文献】大分県郷土資料刊行会「大友興廃記」『大分県郷土資料集成下巻戦記篇』（一九三六）、大分県教育委員会『大分の中世城館』第一集文献資料編（二〇〇二）、第四集総論編（二〇〇四）、鹿毛敏夫「佐賀関港の港文化」『港別みなと文化アーカイブス』（二〇〇九）

（玉永光洋）

●玖珠盆地の北を守る天険の山城

角牟礼城（つのむれじょう）

〔国史跡〕

〔所在地〕玖珠町大字森字角埋山
〔比　高〕約七〇メートル
〔分　類〕山城
〔年　代〕一四世紀ヵ〜一七世紀初頭
〔城　主〕森氏、毛利氏、来島氏
〔交通アクセス〕JR久大本線「豊後森駅」から、まちなか循環バス「わらべの館」停留所下車、徒歩三〇分。

【角牟礼城の位置と役割】　角牟礼城のある玖珠（くす）郡は大友氏の本拠である府内の西側に位置する。郡の中央にある玖珠盆地（標高三三〇メートル）の周辺は、メサやビュートと呼ばれる急崖に囲まれた平坦な山頂が特徴の山が多く、伐株（きりかぶ）山城や角牟礼城はこの地形を利用した山城である。

玖珠盆地は、中央を東から西に流れる玖珠川が通り、北は豊前、南は肥後、西は筑後に通じる街道がある要衝地のため、大友氏にとって戦略的にも重要な場所であったといわれる。大友氏と周辺大名との抗争が激化した戦国時代には、大友氏の指導のもとに玖珠盆地の出入口にある山城が改修された。その中で、北に向かう街道が目の前を通る角牟礼城は、豊前側に対する抑えの役割を担う城となった。

【玖珠郡衆】　戦国期の玖珠郡は、平安時代末期に京から下向土着したとされる清原氏を始祖とする玖珠郡衆と呼ばれる在地領主が治めていた。玖珠郡衆は最大一二家に分かれ、そのうち

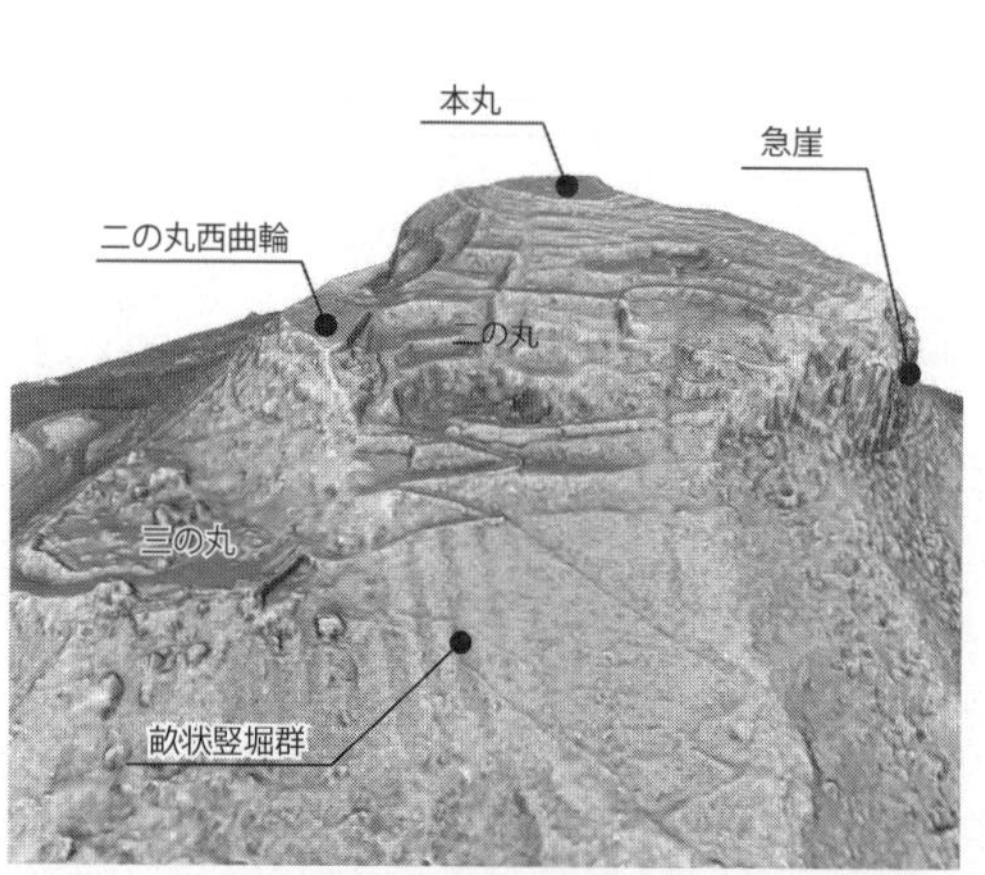

●—角牟礼城跡3D計測図（玖珠町教育委員会提供）

の森氏が角牟礼城を拠点にしたとされる。大友氏の指導による角牟礼城改修後は、玖珠郡衆による共同管理の城となった。

【難攻不落の城】 天正十四（一五八六）、十五年の豊薩戦では、玖珠郡の城が次々と島津軍に破られ、ついに玖珠盆地の中央にある伐株山城までも攻め落とされた。伐株山城を追われた玖珠郡衆は角牟礼城に後退し島津軍と対峙した。六倍差の兵力があったが、角埋山（つのむれやま）の天険と玖珠郡衆の奮闘により、秀吉軍の九州到着による島津軍の撤退まで持ち堪えることができた。しかし、この戦で玖珠郡衆が瓦解し大友氏による直接支配へと移行した。文禄二年（一五九三）に大友氏が朝鮮出兵の失態を理由に除国されると、翌年に秀吉の御馬廻衆毛利高政（たかまさ）が日田玖珠を治めることとなった。

【織豊系城郭への改修】 日田玖珠を治めた毛利氏は玖珠の拠点として角牟礼城

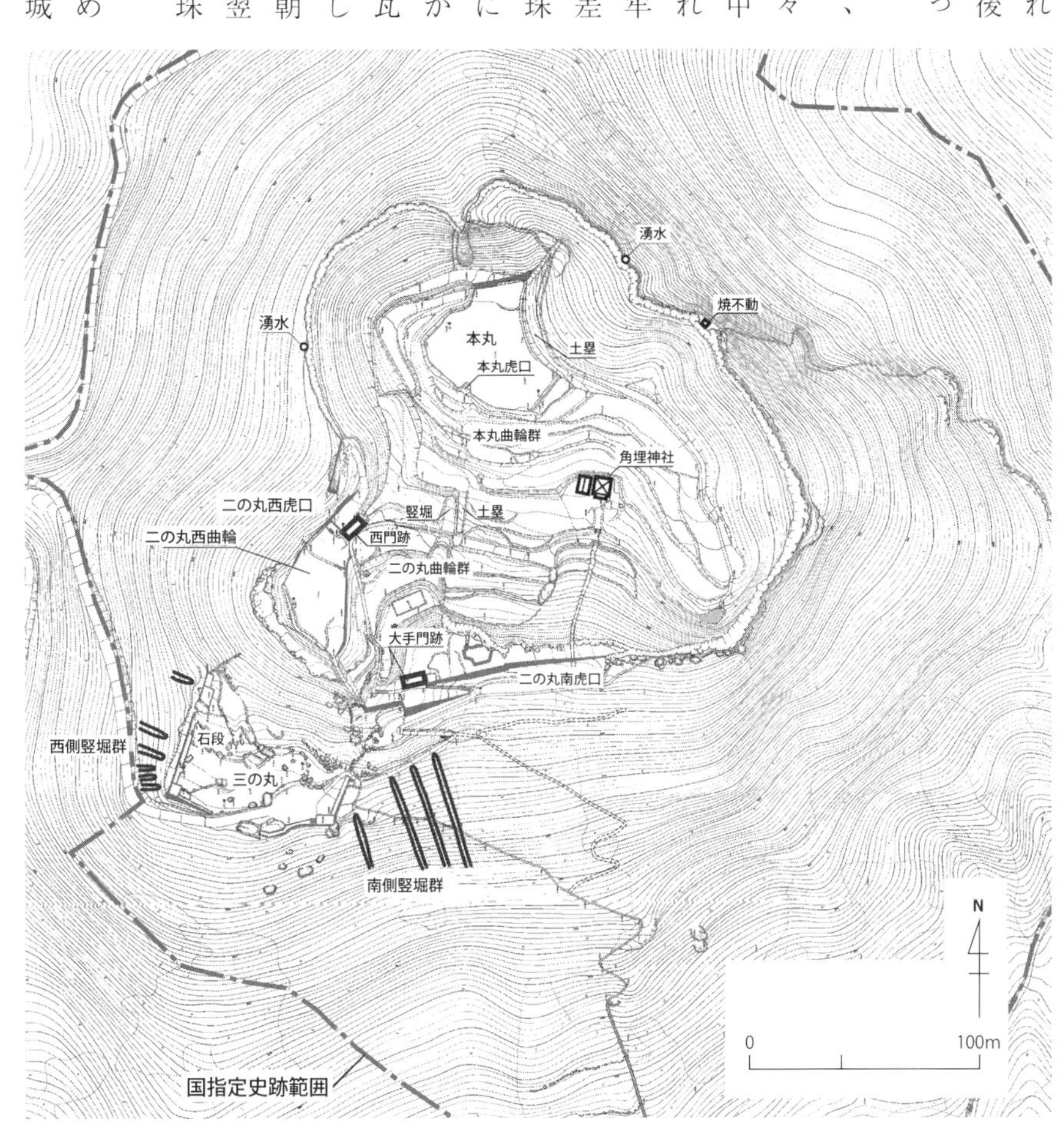

●―角牟礼城跡地形図（作図：玖珠町教育委員会）

を、石垣を持つ織豊系の城郭へと改修した。外枡形の虎口や瓦葺の櫓門、高石垣などの改修が行われた。

　石垣は部分的な配置ではあるが、角埋山の急崖の切れ目を繋いでおり、急崖を石垣とみなせば、城は総石垣の考えに基づいて改修されている。

【廃城へ】　慶長五年（一六〇〇）の関ヶ原の戦いに呼応する豊後の内乱では、西軍についた毛利氏の角牟礼城に黒田軍が攻め寄せるが、毛利氏が東軍に寝返り黒田軍に角牟礼城を明け渡すと、黒田軍は母里太兵衛を城番においたという。

　慶長六年九月、毛利氏に替わって伊予の来島長親（村上海賊三家）が一万四〇〇〇石で入部した。この時角牟礼城の改修を行ったといわれているが（田坂道閑覚書）、長親は角埋南麗に陣屋を作って藩政を執り、二代藩主久留島通春（元和二年〈一六一六〉に来島から改名）の時に角牟礼城を廃城したという（秋山家文書）。以後、久留島氏は角埋山を「御留山」として管理し一般の入山を規制した。

【角牟礼城の出土遺物】　平成十二年（二〇〇〇）刊行の発掘調査報告書によれば、戦国期から近世初頭の遺物が主として出土している。その後の調査では、一〇世紀の内黒碗（二の丸西曲輪）、一四世紀から一五世紀の土師器や輸入陶磁器、江戸中期の碗（三の丸南東側石垣）などの遺物も確認された。

【縄張（構造）】　角牟礼城は山頂北側に急崖が巡っているため、西南の斜面と東の尾根に防御施設が集中する。近世初頭の改修を受けているため不明な点はあるが、戦国時代の曲輪は山頂部の本丸から二の丸西曲輪、本丸東側の尾根の範囲に築かれたと考えられている。

　山頂の主郭部は不定形な五角形をしており、縁辺部には土塁が廻され、南側の土塁の切れ目に石敷き階段の平虎口がある。主郭部の南側斜面は切岸による帯曲輪が幾重にも配置され、東側の尾根にも区画された曲輪が連なっている。さらに主郭と帯曲輪の南側には一条の大きな竪堀と土塁が東西を分断するようにつくられている。これは、天文年間（一五三二—五五）の改修時に作られたものと考えられている。なお、この竪堀の東西で曲輪の印象が異なっており、東側が斜面に沿った細長い曲輪を多くつくるのに対し、西側は角を四角く張り出したり、曲輪の広さや切岸の段差を大きくしているようにみえる。

　また、主郭から南西側に一段下がった二の丸西曲輪にも曲輪が想定できるが、近世初頭の改修を受けており旧状は不明である。

　大手門下の南斜面に四条の竪堀群が確認されていたが、近年の地形測量調査などにより角埋山の南側から西側にかけて竪堀群がつくられている可能性がでた。

【改修と城域の拡大】 以上が角牟礼城の中世山城の主な遺構であるが、当初は土塁を廻らす主郭部に切岸と帯曲輪を配置する、いわゆる単郭の館城が山城にあがったような縄張と考えられていた。

その後、角牟礼城は大友氏の指導により玖珠郡衆によって改修されたが、天文初期に新しい堀を掘削したとする文献があるように、この時期に帯曲輪群や二の丸西曲輪、南側から西側の竪堀群が整備され、現在の城域まで拡充されたと推察されている。

●二の丸の切岸

結果的に、この改修によって拡充された角牟礼城は六倍の兵力差の戦を耐えることができた。

【角牟礼城のその後】 角牟礼城は二代藩主によって破却されたが、それを残念に思った三代藩主が修築を試みたという記録がある（秋山家文書）。このためか、地元には森藩の歴代藩主は城持ち大名への憧れがあったという伝承が残る。

平成二十四年（二〇一二）、三の丸南東側石垣解体修復工事で石垣の中からコンニャク印判の碗がみつかるなど石垣に手を入れた痕跡が確認され、一七世紀末以降に石垣の修築を行った可能性が出てきた。

【夢の城】 森藩の陣屋は角牟礼城の麓にある。八代藩主久留島通嘉（みちひろ）は、陣屋裏の丘陵にあった三島宮（現末廣神社）の再興を口実に、石垣を三重、四重に廻す城郭のような神社をつくった。この工事は城持ちという長年の夢を叶えるためのものだったと伝わっている。

【参考文献】 玖珠町教育委員会『角牟礼城跡発掘調査報告書』（二〇〇〇）、玖珠町『玖珠町史』（二〇〇一）、玖珠町教育委員会『角牟礼城跡保存活用計画』（二〇一九）

（野口典良）

●玖珠郡衆結集の痕跡

伐株山城（きりかぶやまじょう）

（所在地）玖珠町山田
（比　高）三五〇メートル
（分　類）山城
（年　代）一四～一六世紀
（城　主）南朝方・玖珠郡衆
（交通アクセス）JR久大本線「豊後森駅」から徒歩九〇分。車で一五分。大分自動車道「玖珠IC」から車で二〇分（山頂に駐車場あり）

豊後森駅
JR久大本線
210
凸伐株山城
0
1000m

【城の位置と歴史】　伐株山は、玖珠（くす）盆地の南、万年山（はねやま）から派生する標高六八五メートルの半独立峰で、盆地側からみると、あたかも木の切り株のような形をした特徴的な山で、その山頂に城は築かれる。山頂はテーブルマウンテンのように平坦地形が広がっており、そのほぼ全面を使用する形で南北五〇〇メートル、東西二五〇メートルの杓文字形の規模を有し、非常に広大な面積が城郭として築造されている。

元々この伐株山には鎌倉時代以来、高勝寺（こうしょうじ）という山岳寺院が創建され、南北朝時代には、南朝方の拠点ともなっており、「高勝寺之城」とも呼ばれた。さらに天正十四年（一五八六）の豊薩戦争時にも、玖珠郡に進攻した島津軍に対し、玖珠郡衆の中嶋氏や魚返（おがえり）氏など総勢六〇〇人が籠城し、島津軍に抗戦したが、城内から内通者が出たため火をかけられて落城したと伝える。

【城の構造】　山頂部には、一辺三〇～五〇メートルの土塁（どるい）で囲まれた方形区画が土塁を持たないものも含めてⅠ～Ⅷの約八ヵ所確認されている。中でもⅢは比較的規模も大きく、横堀や竪堀も備えており、やや中心的な区画である可能性が高い。他の土塁で囲まれた区画は、単独でも防御できる仕組みとなっており、おそらく玖珠郡衆の氏族集団がそれぞれ立て籠もるために構築したものと考えられる。過去に行われた発掘調査では、戦国期の遺構や遺物が検出されている。

その一方で、現地を詳細にみると、方形区画がそれぞれ単独で散在しているだけではないのがわかる。城域全体でみる

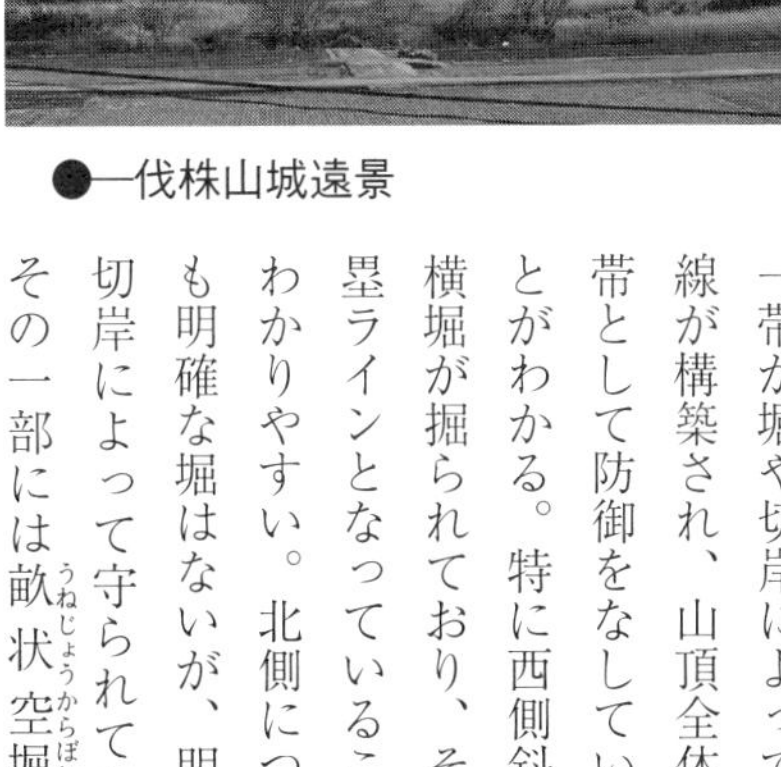

●―伐株山城遠景

と、東側の一角を除き、山頂一帯が堀や切岸(きりぎし)によって、塁線が構築され、山頂全体が一帯として防御をなしていることがわかる。特に西側斜面は横堀が掘られており、その防塁ラインとなっていることがわかりやすい。北側についても明確な堀はないが、明瞭に切岸によって守られており、その一部には畝状空堀群(うねじょうからぼりぐん)も設けられている。近年、町の調査によって西側斜面に横堀に沿って、数多くの竪堀群が確認され、横堀ラインが、さらに畝状空堀群によって強固に防御されていたことが判明した。

玖珠郡衆という独自性の強い領主の集団として、それぞれの持ち場に籠るべき陣を有する一方で、全体として山頂一帯を囲い込んで防御していた様子が窺える非常に興味深い事例であるといえよう。

【南北朝期の城の様子】　では、南北朝期の高勝寺跡あるいは城跡はどうだったのだろうか。山頂北東部のやや谷地形となった箇所には、平坦地があり、そこは通称「テラドコロ」と呼ばれている。そこには、後世のものだが石造物などもあり、寺の故地であったことがわかる。また、そこの上部の谷部分にも平坦面造成は広がっており、その一帯を中心に寺域が広がっていたものと考えられる。おそらく南北朝期の「高勝寺之寺」は、このような谷間の平坦地に築かれた寺院関連の建物を臨時的に城として利用したものであり、前述の土塁(どるい)で方形に区画された曲輪は、戦国末期のものと考えられる。

なお、城域の南を画する堀切のさらに南側

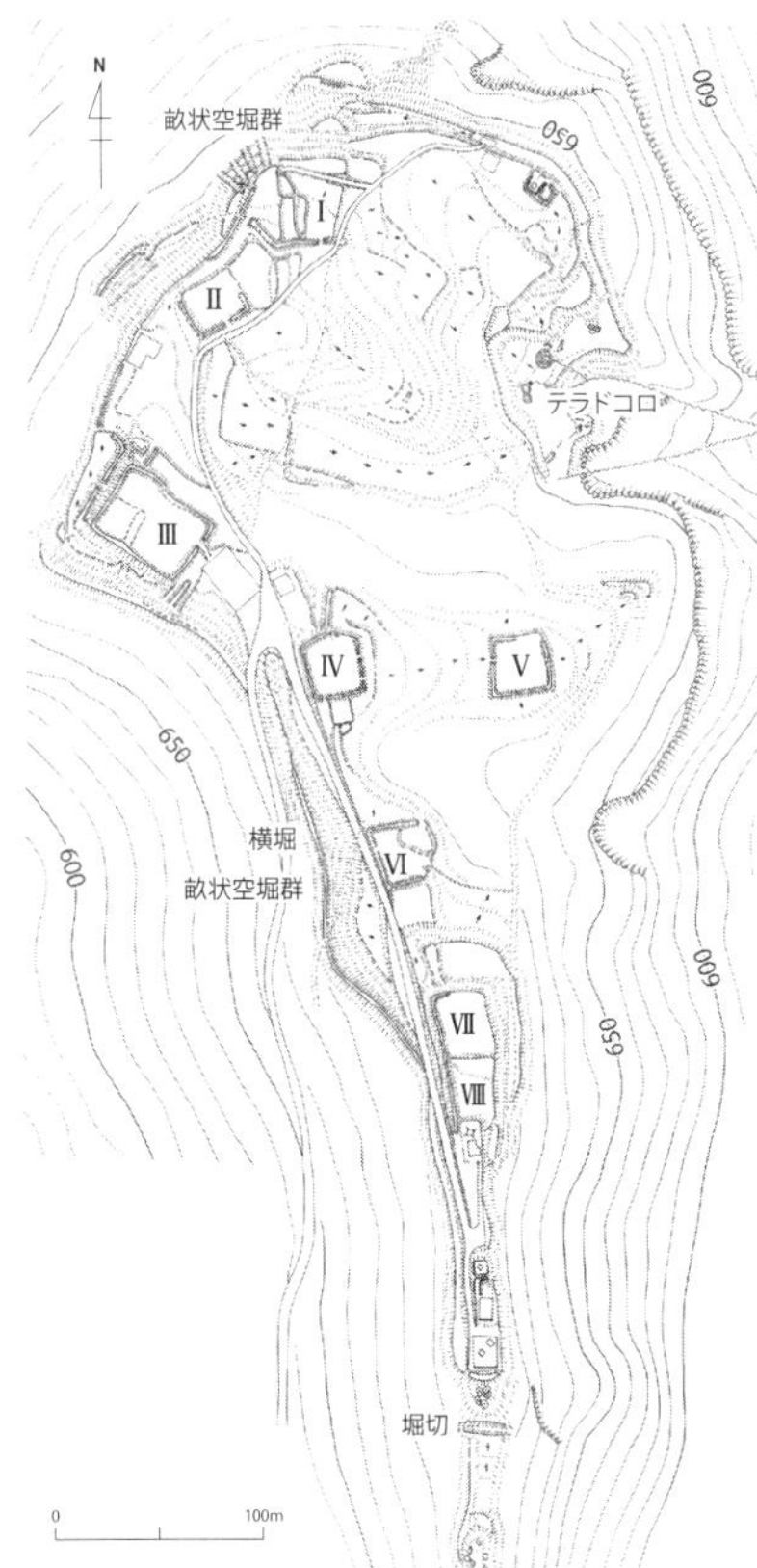

●―伐株山城縄張図（作図：岡寺 良）

●—「テラドコロ」の石塔群

●—土塁遺構（区画Ⅱ 第1土塁）

●—土塁遺構（区画Ⅲ 第3土塁）

●—「針の耳」の岩場

●—畝状空堀群

には、「針の耳」と呼ばれる下山道があり、非常に急峻な崖面を下っていく。途中、大岩と大岩の隙間を上り下りする鎖場があり、まさしく針の穴を潜り抜けていくような危険な場所がある。ここがまさしく「針の耳」と呼ばれる場所であり、僧侶あるいは山伏たちが修行を行った修験の行場跡と考えられる。伐株山の背後に聳える万年山は、古来の山岳信仰に由来する霊山であり、伐株山もその信仰の行場と捉えられていたのであろう。そのような要害の地であるからこそ、南北朝、さらには戦国期に城が構えられたのである。

「針の耳」の鎖場は、重要な見どころともいえるが、滑落のおそれもある非常に危険な場所であり、見学の際は十分に注意されたい。

【参考文献】玖珠町教育委員会『伐株山城』（一九八四）、大分県教育委員会『大分の中世城館 第四集 総論編』（二〇〇四）、岡寺良『九州戦国城郭史 大名・国衆たちの築城記』（吉川弘文館、二〇二一）

（岡寺　良）

●川原石を石垣に用いた近世城郭

永(なが)山(やま)城(じょう)〔大分県史跡〕

〔所在地〕日田市丸山
〔比　高〕三〇メートル
〔分　類〕平山城
〔年　代〕一七世紀
〔城　主〕小川氏、石川氏、松平氏
〔交通アクセス〕ＪＲ久大本線「日田駅」下車、徒歩三〇分。または、大分自動車道「日田ＩＣ」から三分。

【城の歴史】　永山城は、日田市丸山の月隈(つきぐま)山に築かれている。慶長六年（一六〇一）に入部した小川壱岐守光氏(みつうじ)により石垣作りの城になった。小川氏は入部直後、約三キロ南東の星隈山の三郎丸砦に入った。築城当初、「丸山城」と呼ばれたが、元和二年（一六一六）に入部した石川忠総(ただふさ)により「永山城」と改称されている。石川氏は寛永十年（一六三三）に転封し永山城は廃城となる。ただし、その後も城の管理は続き、熊本藩の預り地となった寛文五年（一六六五）には古城番が置かれた。翌寛文六年には、城の北西に堀（肥後殿堀・肥後ドンブ〈ボ〉リ）を掘って備えを厳重にした。天和二年（一六八二）、新領主の松平直矩(なおのり)が永山城に入る。転封後、貞享三年（一六八六）に小川藤左衛門が入り代官所とした。その頃、南堀の外側に日田(ひた)代官所（日田陣屋）が設置され、以降幕末まで代官支配となる。江戸時代後期、城内に五つの社殿や祠が存在した。神社は領民の崇敬を集め、代官や郡代の接待や展望の場としても利用されたという。城は平成二十八年（二〇一六）二月に県史跡に指定されたが、その二ヵ月後、熊本地震により大手門の石垣が崩落した。現在は修復工事が完了しており、川原石の石垣が登城者を迎えてくれる。

　近世の絵図では城の周囲は堀が描かれている。現在周囲の堀は南堀を除き埋められており、無料駐車場や公衆トイレが建つ。

【城の構造】　丘陵の頂上部に本丸、その北側に方形の天守台

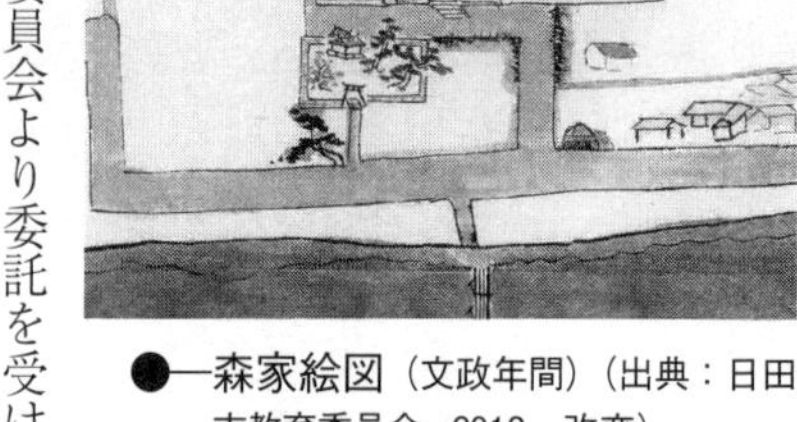

●—森家絵図（文政年間）（出典：日田市教育委員会 2013，改変）

がある。曲輪Bでは日田市教育委員会より委託を受けた別府大学により発掘調査が行われ、礎石の一部がみつかっている。曲輪Bには三つの虎口があり、西端に大手とされる桝形虎口がある。虎口の両側は曲輪（櫓台）D・Eがあり、特にEは城跡の代名詞である石垣が残る。永山城の最大の特徴は石垣に川原石（玉石）を用いることだ。角石以外の築石部のほとんどは川原石である。搦手口Cや天守台Aの石垣も同じ石材を使用している。なお、曲輪Eの南辺から「L」字に飛び出した石垣も見逃せない。南側の緩斜面から登りくる敵兵の迎撃を見越したものだろう。曲輪Eから南側は見晴らしがよく豆田町を眼下に望む撮影スポットでもある。

大手口の櫓台は西眼下に月隈神社が鎮座する曲輪Jを見下ろす。北塁線には北の緩斜面への備えのために構築されたと考えられる石垣がある。曲輪Jの北は方形の曲輪Iがあり、この曲輪も曲輪J北斜面の侵入者に対する横矢掛けを意識している。また、北斜面にある幅一〇メートル、長さ二〇メートルの規模の大きい竪堀をも見下ろす位置にある。曲輪Iから通路を経由して曲輪Hに至ると南端部に石垣がある。石垣が面する斜面下には先述の竪堀が構築されている。竪堀の下端部付近の発掘調査では階段状遺構が検出されており、曲輪Hに至る連

●—永山城縄張図（出典：日田市 2013 をベースに作成）

絡通路と想定されている。おそらく竪堀を通路としても利用したのであろう。曲輪Hの北端部は曲輪Hよりわずかに高い曲輪Gがある。この曲輪は橋頭保的に北に張り出しており、北・西・東を望む。特に東斜面下には井戸のある曲輪Fがあり、その方面からの侵入者に対する曲輪とみなされよう。

曲輪Mは北西の山裾にある。北と西塁線に土塁・石垣が巡る。北塁線の中ほどに堀側へ降りる虎口と考えられる開口する箇所がある。この付近の堀は肥後殿堀と呼ばれ、一八世紀代の加藤家絵図には北側の延長線付近に外堀に掛かる橋が描かれている。

●—大手門の石垣（2011 年撮影）

●—搦手口の発掘調査風景

永山城は丘陵全体に遺構がみられ、所々に石垣を構築する特徴がある。ただし、すべての塁線を石垣で固める総石垣化は目指しておらず、本丸部では天守部、虎口部に集中する。本丸以外の曲輪では丘陵斜面の谷頭や竪堀上部の位置に構築されており、斜面下からの侵入者に備える位置に石垣を構築したと思われる。また、丘陵部の各曲輪には要所に張り出し部が設けられている。戦時を想定した構築者の緊張感が伝わる縄張である。それ以前の中世段階の永山城の様子について詳しいことはわかっていないが、『豊後国志』には「昔時城主これ詳らかならず。慶長六年小川壱岐守光氏これを改築す」とある。発掘調査では一四〜一六世紀の遺物が出土しているが、明確な中世期の遺構は確認されていない。

永山城は日田駅から車で約一〇分。途中、国指定史跡咸宜園跡や咸宜園教育センターがあり、永山城にも足を運んだ江戸時代の儒学者・広瀬淡窓について学ぶことができる。また、城下の豆田町内には伝豊臣秀長の鎧を所有する草野本家（建物は国指定重要文化財）もある。花月川を越えるとそこは日田陣屋跡（永山布政所跡）の比定地だ。辻々に標柱があるので、散策し陣屋跡の雰囲気も味わおう。

【参考文献】日田市教育委員会『永山城跡』（二〇一一）、日田市教育委員会『永山城跡Ⅱ』（二〇一三）

（浦井直幸）

●筑後境を守る大友方の城

高井岳城

〔所在地〕日田市川下、福岡県うきは市浮羽町小塩
〔比　高〕約三四〇メートル
〔分　類〕山城
〔年　代〕一六世紀
〔城　主〕堤氏ほか
〔交通アクセス〕東九州自動車道「日田IC」から三〇分。

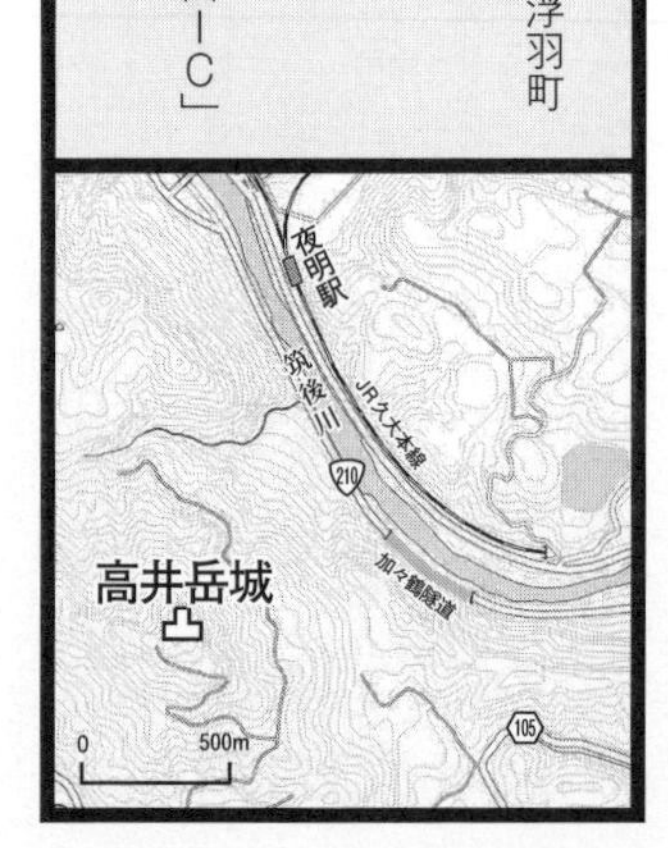

【城の歴史】　寛正六年（一四六五）、筑後を制圧するため大友親繁は三万騎の軍勢を従え出陣し、高井岳城を整備し本陣を置いたという。高井岳城は、文書では「高位岳城」として頻出する。天正九年（一五八一）、大友府蘭（宗麟）は、筑後国岩屋城の問注所統景へ高位岳の整備を手伝うよう依頼している。天正十年、堤安芸守鎮方の守る高位岳城が悪党に攻められている。恐らく、古所山城の秋月種実に味方する勢力によるものと思われる。堤氏は悪党を撃退し、筑後国大野原まで追撃。大友義統より感状を受けている。

【構　造】　高井岳山頂に遺構を展開させる。山頂へは南麓を走る県道山北日田線から分岐する市道高井嶽線を進む。自動車で登ることができるが道幅がやや狭いため気を付けて登りたい。山頂にはアスファルト敷きの広場があり、日田盆地を遠望できる。北側のテレビ中継基地局のある一段高い範囲が主郭と考えられる。東下にも施設が建つが、その周囲には規模の小さい畝状竪堀群Aが構築されており、副郭とみなすことができる。この曲輪北には通路状に下る地形があり、主郭と連絡している。

主郭西は一部市道整備により失われているが、西に降下するFへと続く。東辺に土塁が構築され、その南は「く」の字に曲がる横堀Bが構築されている。そのまま南進する竪堀と屈曲して西進する横堀に分岐する。横堀からは長さ六〇メートルの竪堀が三本構築されている。下位は市道により一部破壊されるものの、防御の意識を強く残す遺構である。竪堀・横堀の

北側は、それらを見下ろす位置に方形の張り出し区画がある。斜面はきっちりとした切岸（きりぎし）で仕上げられ、東側は「く」の字に曲がる横堀への射撃も可能としており、技巧性に富む。

Fの西は「Y」字の竪堀Dが構築されている。日出（ひじ）町鹿鳴越城などにみられるタイプの竪堀だ。F北斜面には小規模な畝状竪堀群が認められる。この畝状竪堀群は北へ延び、主郭から北へ延びる尾根西斜面にもわずかにその痕跡が残る。尾根先端部は堀切（ほりきり）が構築されており、城の北限と考えられる。西限は、市道がヘアピンカーブする所から西向きに延びる尾根付近と考えられ、南斜面に一本竪堀が確認できる。

●―高井岳城遠景（東から）

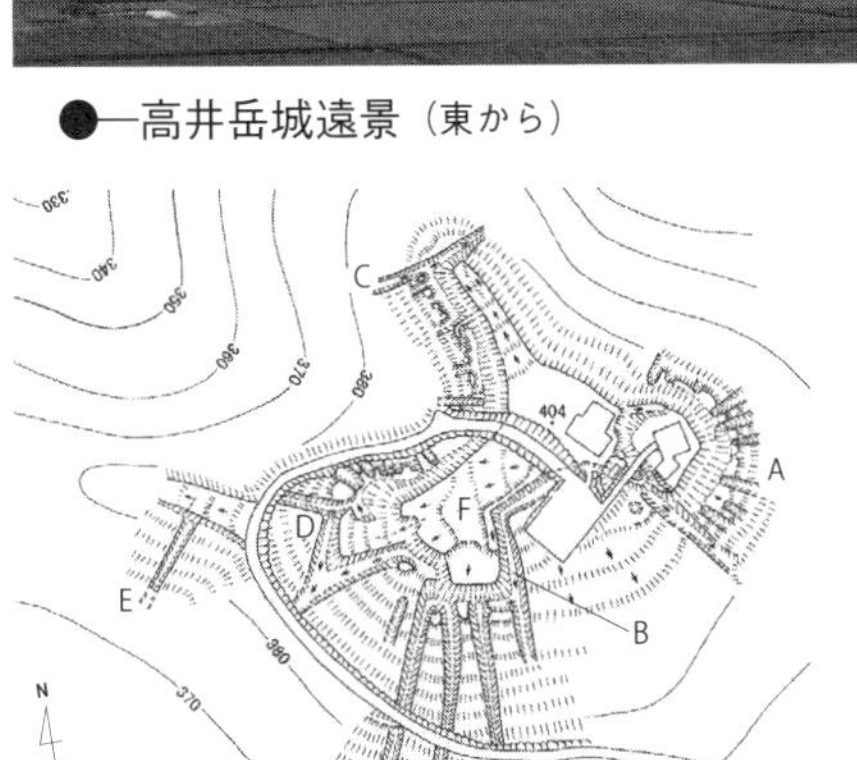

●―高井岳城縄張図（出典：福岡県教育委員会 2017，一部改変）

本城郭を俯瞰的にみると、比較的緩斜面の城郭南に畝状堀群や竪堀群などを構築していることがわかる。ただし、竪堀群と畝状竪堀群Aの間は同地形であるにも関わらず、ここに遺構はみられない。南斜面全面を防御遺構で被覆するほどの積極性はない。また、城の大手が明確ではない。畝状空堀群Aを含む副郭付近に見込まれるが判然としない。さらなる研究が必要であろう。技巧的な張出部、畝状竪堀群の存在などから、一六世紀中頃～末に機能したことが推測される。当該期の大友氏の築城技術がいかんなく発揮された貴重な城郭だ。

山頂から一・五キロ南西の福岡県うきは市浮羽町小（こ）塩には椎尾（じお）神社が鎮座する。境内石碑によると、この神社は元久年中（一二〇四―〇六）に越生（こしお）越前守宏斎が創建したという。神社と本城郭の関係は不明だが、山頂から神社側は比較的緩やかな地形とみられ、山頂南斜面の竪堀はその方向からの侵入に備えた構築された可能性もある。

【参考文献】日田市『日田市史』（一九九〇）、大分県教育委員会『大分の中世城館第一集・第四集』（二〇〇一・二〇〇四）、福岡県教育委員会『福岡県の中近世城館Ⅳ』（二〇一七）

（浦井直幸）

●島津氏の豊後攻めの兵站拠点

松尾城（まつおじょう）

〔豊後大野市史跡〕

〔所在地〕豊後大野市三重町松尾
〔比　高〕約六三メートル
〔分　類〕山城
〔年　代〕一六世紀代
〔城　主〕（?）～島津家久
〔交通アクセス〕ＪＲ豊肥本線「三重町駅」から豊後大野市コミュニティバス内田線「内田集会所前」停留所下車、徒歩約一五分。

【周辺の地形と環境】　主要地方道三五号線（三重弥生線）から松尾地区に入り、松尾川に架かる小さな橋を渡ると城山の麓に建立された真言宗醍醐派の吉祥寺に至る。松尾城はこの城山と吉祥寺の大門瀬一帯の総称であり、山頂へは、吉祥寺薬師堂脇から五五〇メートルほどの道のりである。平成八年（一九九六）度に行われた大分県教育委員会の城館調査によって縄張図が作成され、その後三重町教育委員会による確認調査も行われた。中腹から山麓の遺構から広範囲にわたって戦国時代後半の遺物が出土しており、平成十七年に、山頂部一帯が市指定史跡となっている。

城山は自然の堀ともいえる三重川の支流松尾川と高屋川に挟まれ、『大友興廃記』（『大分県郷土資料集成戦記篇』）には「東は渓深く奇岩時に滑にして、鳥ならでは翔（かけ）り難し、西南北は峰高く、松枝近く間を閉じて自ら楯ならぶが如くなり」とあり、佩楯山（はいだてさん）（標高七五四メートル）系に続く、標高二七三メートルの独立的山岳で、しかも峻険な山容を示し、自然の要害となっている。古代には、豊後国高坂駅（大分市）から三重駅（豊後大野市三重町）・小野駅（佐伯市宇目町）を経て、日向国長井駅（延岡市北川町）へ通じる官道があった。松尾城は日向国から豊後国府内に通じる要衝地で、山頂から北西に緒方、北東に府内、東に野津・臼杵方面を眺望することができる。

麓（裾野）に吉祥寺の前身とされる旧天台宗広福寺（こうふくじ）跡があり、中腹には旧広福寺の守護神とされ、明治十一年（一八七八）に改称された城山神社（旧山王宮）がある。

大分

【夫丸と呼ばれる山頂エリア】　松尾城の縄張は中腹の城山神社を境にして、山頂エリア、中腹から山麓エリア、裾野エリアに分けられる。

　山頂部は、東西に長く約一五五メートルあり、周囲は急崖となる地形である。中央の狭小な鞍部を境に東と西の遺構群に分かれる。最高所である西側は、比較的しっかりとした東西四〇メートル、南北一〇メートルの略長方形の平場を造成し、周囲を数段の石積み（北辺二ヵ所、南辺一ヵ所の三ヵ所で確認される）と切岸で固める。

●―島津氏の豊後攻めの本陣となった城山（松尾城）

　南辺の中央付近には略方形の低位な高まり（一見櫓台）ともみて取れるが、接続する土塁状遺構の東南隅がもっとも高いこと、また土塁状遺構の東端部にあたることなどから、土塁の崩壊した状況を示している可能性もあり、東方の削り出しによる土塁状遺構に連なる。東側は、尾根先端部において数段の削平段が認められ、大半が自然地形を残し、最小限の造作を行っているのみである。

　このように、山頂エリアはおおむね平坦であるが、小さな切岸による曲輪と尾根先端部の数段の削平段からなり、自然の地形を残す「砦」状の構えであり、物見の番屋が築かれた。

【連続する帯状階段遺構からなる中腹から山麓エリア】　山麓部は、東西の尾根に囲まれ、北に開口する谷間に隙間なく尾根頂部から谷底まで累々と大小の帯状階段遺構（削平段）が築かれて、スタジアムを彷彿させるような配置となっている。一部に数段の石積みがみられる削平段は、谷底や開口部に向かってしだいに規模を大きくし、レベルを違え、互い違いに配置する工夫もみられる。

　こうした中腹から山麓部の削平段について、植林の造成に伴うものではないかと思われたが、戦国時代後半の中国やタイ産の陶磁器、瀬戸・美濃産天目碗、備前焼大甕、かわらけ、石臼、川での漁網用土錘などが広範囲の削平段に分布しており、戦国期の遺構であることがわかった。史料に記述はないが、兵が駐屯するエリアと思われる。

【本陣として使われた広福寺（跡）】 谷の開口部にあたる裾野エリアは、西の尾根と北の東西に延びる衝立のような帯状曲輪によって遮蔽され、東に開き、内側に大きな空間がある。この一町ほどの空間が広福寺跡と考えられ、谷底や開口部付近は広福寺の房跡の可能性もある。

西尾根の先端部は、慶長年間（一五九六―一六一五）に伊予国から来住した僧栄賢に復興された吉祥寺（広福寺の奥院と伝える）の造営により、改変されている。広福寺跡には、往時を偲ばせる石垣（加工石を使用）を築いた大小の区画が

至　三重弥生線
裾野エリア
旧広福寺跡である。吉祥寺（旧広福寺の奥院とされる）のある西尾根、衝立のような平場と帯状の曲輪のある北尾根に囲まれた1町ほどの広さのなかに、石垣で画される大小の空間が残る。東に開いており、高尾川側に門が推定される。
吉祥寺
薬師堂
旧広福寺跡
至　広瀬
中腹から山麓エリア
東西の尾根に囲まれ、北に開口する谷間に隙間なく尾根頂部から谷底まで累々と帯状の削平段が設けらている。一部に数段の石積みがあり、削平段は谷底や開口部に向かってしだいに規模を大きくし、レベルを違え、互い違いに配置する工夫が見られる。
150
200
城山神社（山王宮）
250
273
城山山頂
山頂部エリア
東西に長く、約115mあり、周囲は急崖となる。中央の鞍部を境遺構群は分かれる。最高所は西側の東西40m・南北10mの略長方形の平場があり、周囲を数段の石積みと切岸で固める。南の塁線中央に方形の櫓台状の高まりがある。東方の土塁に連なる。東側は尾根先端部に数段の削平段があるが、大半は自然地形となる。
0　100m

●—松尾城縄張図（作図：玉永光洋）

●—中腹の帯状階段遺構の調査状況

大分

残っている。全体に山林を形成するが、裾野エリアは、杉や檜の植林地および宅地となっている。島津軍はこの広福寺（跡）を豊後攻めの本陣とした。

【大分県内で島津軍の手とわかる唯一の城館跡】　松尾城が築城された年代や山城については、当該史料がなくわからないが、天正十四年（一五八六）十月、薩摩の島津軍が豊後国に侵攻を始め、島津家久が一万余騎の陣を構え、豊後攻めの拠点とした山城として登場する。

島津軍の武将樺山紹釼の自記によれば、「松尾の城へ上がり見申候、城ハ切岸廻し候而、番や一ッ作候而、平田狩野介麓に被居候、新納縫殿助も麓江候て、夫丸様成もの壱人ツツ番ニ上セ候」とある。また、『大友興廃記』にも「三重郷松尾城と聞へしは、本より薬師如来守護の地なり。（中略）ここに於いて数多くの佳景具れる霊地なり、松尾山興福寺と号す。（中略）然るを嶋津中家久見はからい根城と定め、尾崎手先に矢倉を上げ」とあり、麓に家久側近の起居する建物の存在が考えられる。

家久は、佐伯、野津、府内、臼杵方面に侵攻していき、圧倒的に優勢であった。しかし、岡城の志賀親次らの反撃にあい、三重口が危険にさらされ、天正十五年一月十九日に松尾城に帰還する。また、大友宗麟の要請を受けて、豊臣秀吉が大阪城を出陣することを聞いたもう一隊の島津義弘は、三月十五日に急遽府内を出発して、家久の迎えを受けて三月十六日に松尾城に入り、対応について評議を行った。その結果、三月十七日に松尾城を撤退することが決定された。そのときの状況を慶長十六年（一六一一）の「松尾山広福寺密寺木版略縁起」は、退城に際して堂裡・山門・一一の房舎に放火し、堂地・房跡など烏有に帰したと伝えている。

このように、松尾城は、大分県の城館の中で島津軍の手とわかる唯一の城館跡である。島津家久は、この寺を本陣として、北麓一帯の谷間を兵の駐屯施設として使い、山頂に物見機能をもたせたと考えられる。

なお、「松尾城」の名称は島津史料のなかにみえ、豊後側には「陣松尾山」とある。

【参考文献】大分県郷土資料刊行会「大友興廃記」『大分県郷土資料集成下巻戦記篇』（一九三六）、鹿児島県維新史料編纂所「横山紹釼自記」『鹿児島県史料旧記雑録後編二』（一九八一）、三重町『大分県三重町誌総集編』（一九八七）、吉祥寺蔵「松尾山広福密寺木版略縁起」、大分県教育委員会『大分の中世城館』第一集文献資料編（二〇〇二）、第四集総論編（二〇〇四）、豊後大野市教育委員会『発見・発掘　郷土の歴史　古代・中世・近世編』（二〇一二）

（玉永光洋）

お城アラカルト

島津方の陣城

——松尾城と花之山城

岡寺　良

天正六年（一五七八）、日向高城・耳川の合戦において、豊後大友氏に大勝利を収めた薩摩の島津氏は、以後同十四年末まで、九州制覇を目指し北上を開始する。その途上においては陣城を構築しており、大分・熊本県内でも確認されている。

本書でも紹介されている大分県豊後大野市の松尾城は、島津家久を大将とする島津本隊が、天正十四年に豊後攻略において拠点とした城郭である。豊後の各所へアクセスしやすい立地から、松尾城は松尾山山頂にも曲輪を置く一方で、麓近くの尾根上にも数多くの小曲輪群が構築されている。それはあたかも雛壇(ひなだん)状・階段状に構築されており、堀切(ほりきり)などの防御遺構は見られず、防御機能よりも駐屯機能を重視した縄張であることがわかる。また、現地には一六世紀後半の貿易陶磁器が数多く散布しており、これらの遺構が後世の耕地による削平段などではなく、当時の城郭遺構であることがわかる。これらの異常な数の陶磁器類の散布は、あたかも島津軍が豊後府内などで押収したものを、薩摩に逃げ帰る際に放棄したものとも考えられよう。

熊本県内にも島津方による陣城(じんじろ)が確認される。熊本県宇城市豊野町の花之山城は、肥後の名族・阿蘇氏を支える甲斐氏の居城・堅志田城を攻略するため、島津方が天正十一年（一五八三）十月二十八日から一二日間で構築された陣城であることが『上井覚兼日記(うわいかくけんにっき)』によって明らかとなっている。近年、この花之山城を再踏査した結果、これまでの想定をはるかに超える巨大構造であることが想定されるに至った。尾根や谷に関係なく、松尾城でも見られるような小規模平坦面群が所狭しと構築されており、その面積も五〇万平方(メートル)にも及ぶ広大なものであった。山麓近くは果樹園となっており、後世の改変が若干は見られるものの、これらの大半が城郭遺構だとすると、まちがいなく全国有数の規模を誇る巨大陣城ということができる。島津氏の肥後平定への並々ならぬ意気込みを感じざるを得ない。

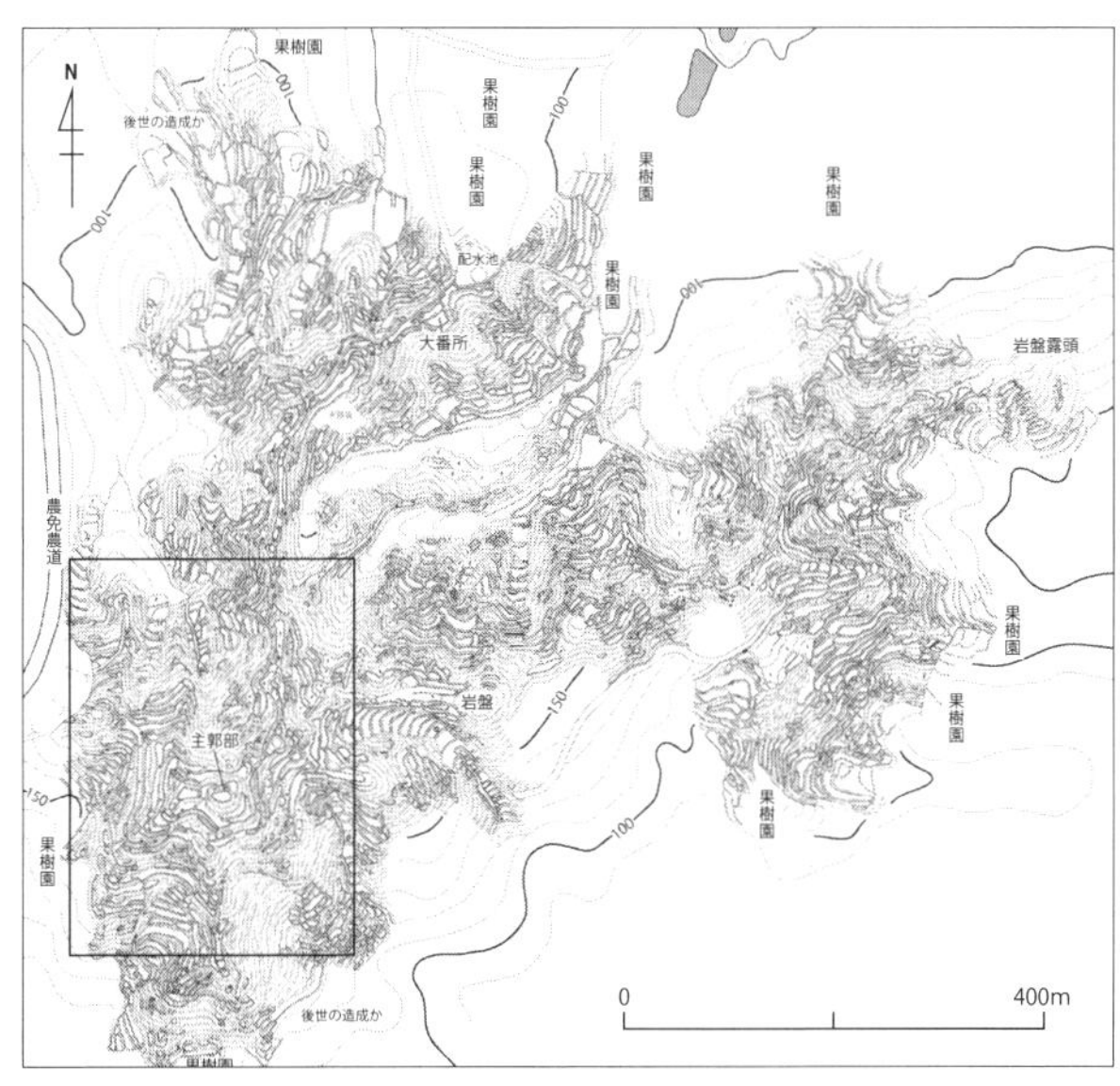

●―花之山城縄張図（作図：岡寺 良）

●―花之山城主郭部周辺図

ただ、実際花之山城は島津勢の不意を衝くように、天正十三年八月、甲斐方の攻撃を受け突如落城、反撃の口実を得た島津方は一気に阿蘇・甲斐方の拠点・堅志田城を落城させて肥後の完全平定に至っている。大軍を駐留させ、阿蘇・甲斐方への攻撃拠点として構築した花之山城であったが想定とは異なる形であれ、最終的にはその目的を達成することができたといえよう。

●南郡の守りを固める堅城

鳥屋城（とやじょう）

〔所在地〕豊後大野市朝地町鳥屋
〔比　高〕一七〇メートル
〔分　類〕山城
〔年　代〕南北朝期〜戦国期
〔城　主〕一万田氏
〔交通アクセス〕ＪＲ豊肥本線「朝地駅」から
タクシーで登山口まで一五分、徒歩三〇分。

【南郡の雄、一万田氏】　鳥屋城は旧豊後国大野郡大野荘上村にある城山（標高七七四・一メートル）山頂部に立地する。この鳥屋城のある大野郡（直入郡と合わせて「南郡」と呼ばれる）は豊後国守護大友氏の根本的な所領の一つで、初代大友能直の息子たちに分割譲与され、それぞれ下向・土着した地であった。その一部である大野荘上村を能直妻深妙を経て与えられたのが、市万田に土着することになる一万田景直であった。その後、一万田氏は守護大友氏の同紋衆として活動し、戦国期には惣領家の鑑実が加判衆を務めるなど、大友氏の重鎮として活躍した。一方で、戦国末期には豊後侵攻を企てる薩摩の島津氏に内応する者もでるなど、一族は決して一枚岩ではなかった。

この一万田氏は、現在の豊後大野市朝地町池田字館にある標高二七八メートルあまりの平坦な丘陵上に一町四方の居館と家臣団屋敷などを配した本拠を持っていた。そして、前面の標高一九八メートルの谷底平野に突き出た丘陵先端部に小牟礼城を、逆に背後の標高七七四メートルの独立峰に鳥屋城を築き、在地の支配にあたった。ここは、豊後の中心である府内と肥後を結ぶ重要なルートにもあたり、そのことが一万田氏の命運を左右することとなる。

【鳥屋城をめぐる歴史】　鳥屋城が最初に記録に現れるのは南北朝期である。隣接する大野荘志賀を本貫地とする同族の志賀頼房が、大友氏に従い高崎城（大分市）で警固していた際、南軍の菊池武光の本国への通路を打ち塞ぐために子息の氏房を鳥屋城に入れ、貞治元年（一三六二）十一月十日に合戦に及んだことに対する貞治二年の軍忠状である。この戦は当時「鳥屋城合戦」と呼ばれ、志賀氏に仕えていた近地宗房が討ち死にするなどしたが、一万田氏の動向は伝えられていない。しかしながら、当然鳥屋城に立て籠もり奮戦したに違いない。

●—一万田氏の館跡

●—鳥屋城遠景（中央が鳥屋城）

次に記録に現れるのは戦国期で、宣教師ルイス・フロイスがアレシャンドロ・ヴァリニャーノに宛てた一五八六年十月十七日付け書簡の中で、「豊後に叛いた一人である一万田氏の城」と出てくる。当時（天正十四年）、薩摩の島津氏は日向と肥後両面から豊後に侵攻し、肥後国境から侵攻した兵が、内応した一万田氏の手引で鳥屋城に立て籠もっていたのである。そこに大友氏の意を受けた重鎮であった志賀親守（道輝、ドン・パウロ）が向かい、城を包囲していた際、城内に薩摩勢として天草の領主ドン・ジョアンがいることを知り、同じキリシタンとして立て籠もっていた全員を赦した、という逸話が語られている。この逸話はフロイスの『日本史』でも取り上げられており、キリシタンがいかに慈悲深く、愛情と誠意を持っていたかを示す事例として描かれている。

現在、城山に残されている鳥屋城の遺構は、まさにこの時期のも

●—鳥屋城の土塁（左側が主郭）

のである。次に、それがどのようなものであったかをみてみよう。

【鳥屋城の構造】　標高七七四・一メートルの山頂部から、南に鞍部を挟んで展開する尾根上に築かれた山城である。頂部は細い尾根が三方に手を伸ばすように広がる地形で、広い平坦地を確保できるような場所はない。それでもここが南北朝期に城として使われたのは、同時期の他の城郭、例えば大友氏の高崎城や田原氏の雄渡牟礼城などと共通する、周囲の山々に比べ突出して高い山であったことがその理由であろう。鳥屋城の場合は、麓の集落との比高差は一七〇メートルあまりで、本拠との距離は直線で約四キロ、比高差は実に五〇〇メートルである。そして、南北朝期に使われた城郭が、戦国期になって再び利用されるようになるが、これも立て籠もることに主眼をおいたものであり、一万田一族の精神的支柱でもあったであろうが、具体的に道を監視する、あるいは戦略的に要地であったとは必ずしもいえない。

　そのような鳥屋城では、立て籠もるためにどのような普請を行ったのであろうか。一番の特徴は、頂部の東側に展開する土塁(どるい)である。南西方向から山頂部に迫る深い谷を囲むように尾根線上に土塁を築いている。土塁は総延長約二五〇メートル、基底部幅で一〇メートルあまり、高さは内側から見た時に五メートル近くある。最大の特徴は、この土塁が尾根の内側（西側）を削って平坦面（主郭と呼ぶこととする）を作り出すと同時に、高さ五メートルあまりの壁を作っていることにある。兵が駐留する場所の確保と、周囲からみえなくする土塁が同時にできることになる。そして、この東向きに作られた土塁から、西に向けて谷を下る二本の土塁は、尾根の内側を掘削した土を盛って作っているのである。これらの土塁によって囲まれた谷の谷頭部分にはまったく造作がおよんでいない。明らかに東側を意識した作りといえるであろう。

　今度は少し細かくみていこう。三角点から緩やかに下ってきた土塁と、主郭を囲む土塁との間には幅約一〇㍍の堀切を入れている。そして、その堀切を見下ろす後者の土塁先端部は四㍍四方の櫓台状の平場となる。何らかの施設が建喰っていたものと思われる。さらにそこから南東に九〇㍍で土塁が南に折れるが、この角部が城虎口と考えられる。現在の登山道終点でもある角部は、南に延びる土塁との間に比高差があるが、他に折れや喰違いなどの工夫はみられない。

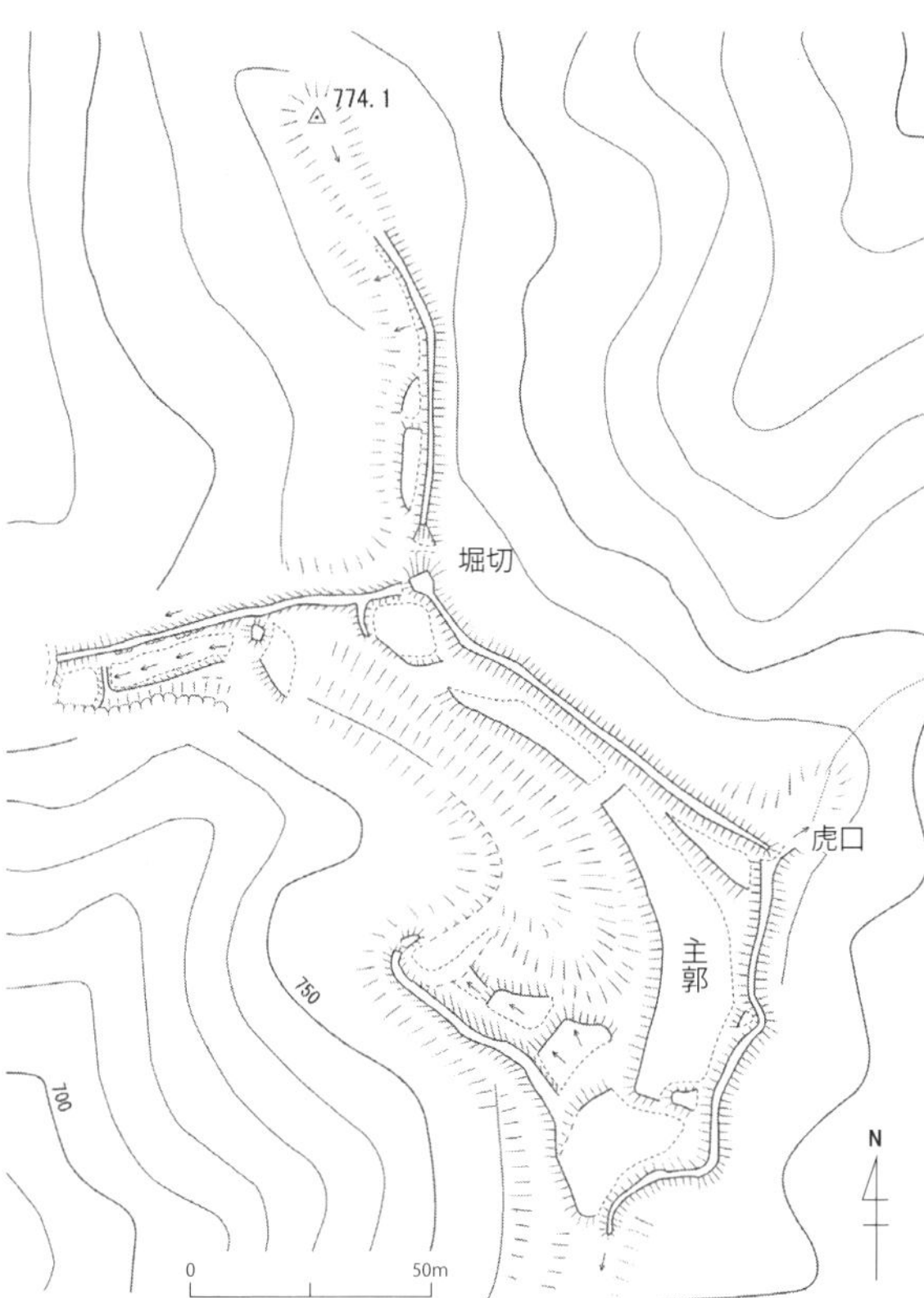

●—鳥屋城縄張図（作図：小柳和宏・越智淳平）

この角部から南に折れる土塁は、二ヵ所で山形に突出する。等高線に沿っているため特に折れを意識したものとは思われないが、結果的に横矢を掛けることはできたかもしれない。この土塁は南側で終わるが、その下の曲輪を挟んで、今度は北西に下る土塁が始まる。この土塁の内側には四段に渡って小さな曲輪が形成されており、土塁の最北端ではわずかに屈曲して終わる。一方、堀切のあった箇所の櫓台状の高まりの西側にも土塁が鞍部に向かって七五㍍ほど下っている。途中、一〇㍍ほど下ると小さな曲輪を囲むように南側に分岐する。鞍部の先には比較的平坦な平場を持つ尾根があるが、そこには遺構は確認できなかった。

　これらの土塁によって囲まれた平坦地（曲輪）は、長さ一三〇㍍で、平均すると幅は一〇㍍ほどとなる。この中に、天正十五年（一五八七）には天草の五人の領主やその家臣らが立て籠もっていたのである。

【参考文献】『日本城郭体系一六』（新人物往来社、一九八〇）

（小柳和宏）

●臼杵湾に浮かぶ軍艦島

臼杵城（うすきじょう）

〔大分県史跡〕

〔所在地〕臼杵市大字臼杵
〔比　高〕二〇メートル
〔分　類〕平山城
〔年　代〕一六～一九世紀
〔城　主〕大友氏、福原氏、太田氏、稲葉氏
〔交通アクセス〕ＪＲ日豊本線「臼杵駅」下車、徒歩八分。または、東九州自動車道「臼杵ＩＣ」から一〇分。

【城の歴史】　臼杵城は、臼杵市の中心部字丹生嶋に所在する。現在は陸続きであるが、近年周辺の海が埋め立てられる以前は島のような地形であったという。

城は弘治二年（一五五六）に大友義鎮（のちの宗麟）により築かれたという。イエズス会宣教師たちは、この時期に国王（大友義鎮）が「城のごとき島」に逃れたこと、新しい城を築き、その城が自然の岩に建っていて三方が海に囲まれていることなどを記している。一方、近年鹿毛敏夫は天文年間（一五三二―五五）に大友義鎮が日向・薩摩へ入港する「唐船」を豊後へ誘導する拠点づくりのため、上野氏（大友家家臣）の所領である丹生島に城を築くことにしたとする史料を紹介している。義鎮が家臣の城を自己の城へ取り立て、改修を進めた可能性があり、今後の研究が注目される。

大友義鎮は弘治二年（一五五六）、住み慣れた府内（現大分市）から臼杵に移り、天正十五年（一五八七）に亡くなるまでの二三年間を過ごした。同十四年、臼杵城は豊後に侵入した薩摩軍により包囲され、激戦が展開される。同十五年十二月火災により国主の蔵以外の建物が全焼し、宗麟の後を継いだ大友義統（吉統）は、府内・鶴崎に本拠を移した。吉統は文禄二年（一五九三）、豊臣秀吉により朝鮮出兵時の失態を理由に豊後国を改易される。豊後国には秀吉子飼いの大名が次々と入部し、小国分立時代を迎える。臼杵には福原直高が入部するが、その統治は短く、慶長二年（一五九七）には府内に転封となる。替わりに豊臣系大名の太田一吉が入部す

る。太田氏は同五年（一六〇〇）の関ヶ原合戦時に西軍に属したため戦後改易される。臼杵の地は美濃の稲葉貞通に与えられ、同氏による支配は幕末まで続いた。

城は、延宝三年（一六七五）に「三十一櫓七櫓門」を備えた総石垣の城へと姿を変える。また、稲葉氏は城下の北・西側の祇園洲を埋め立て、三の丸を造営した。さらに三の丸と城を結ぶ今橋口と枡形を設け、それまでの古橋から北の帯曲輪を経て本丸・二の丸へ進むルートの備えを厳重にしている。城主居館は当初東端にあったが西端へ移された。「丹生嶋」という言葉は一七世紀後半の史料に認められるという。宝暦十三年（一七六三）二の丸・三の丸が全焼し、寛政四年（一七九二）天守が修理された。明治六年（一八七三）廃城が決定され、内務省管轄の公園となる。大正三年（一九一四）には精錬会社により本丸塁線・櫓台の石垣の一部が解体・搬出された。その後園路や東屋などの公園整備が行われ、城下の海水面の埋め立ても進み、昭和二十年（一九四五）代までに一部の地域を除いて陸地化されてしまう。昭和二十六年都市公園指定され、昭和四十一年には県史跡に指定された。

●—豊後之内臼杵城絵図（『正保城絵図』を転載，改変）（国立公文書館所蔵）

【城の構造】臼杵城は東西五〇〇メートル、南北一〇〇メートルの独立丘陵上の地にある。現在臼杵城に登るには複数のルートがあるが、大友時代から使われていたという古橋を渡り、鐙坂を登るのがもっともポピュラーなルートである。坂を登ると途中には畳櫓が待ち構える。天保年間（一八三〇―四三）に再建された櫓で、重箱造りという一階と二階の床面積に差がない古式の構造で建築されている。この櫓の東側には井桜櫓跡と石垣がある。櫓は臼杵城内で最も規模が大きかったとされ、高さ四メートルの石垣もそれと同じく大規模である。北側の隅角部は算木積みが未発達な状態で、築石も四角く加工された石材を用いていない。一五九〇年代に入部した、福原氏か太田氏による構築と考えられている。西南角部は隅角部が二重に認

●―臼杵城縄張図（高田徹作図を改変）

められる。北側の隅角部が当初のもので、南側の隅角部は後世に積み足された部分と考えられる。「鞘石垣」と呼ばれ臼杵城内ではここでしかみることができない形態であり見逃せない。

北続きには平成十二年（二〇〇〇）に復元された大門櫓が立つ。櫓門は一七世紀初頭に造られたが、延宝三年（一六七五）に城主の居館が東から西の二ノ丸に移されたことにより、城内玄関口として機能した。門両脇の石垣は亀甲積みとし、城内他所と比べて意匠性が強い。帯曲輪を北へ進むと西に時鐘櫓跡があり、臼杵城下に時を伝えた鐘が往時をしのばせる。北へ進むと稲葉氏により整備された今橋口に至り、複数の門により桝形が設定されていた。今橋口から進むと埋門跡があり、さらに進むと北堀を経て天守台にたどり着く。このルートが稲葉氏が入部する以前のルートと考えられている。

天守台石垣は、高さ約四メートル、下幅約二〇メートルが残る。隅角部の石材の多くは欠失するが、石材の規格化は進んでおらず、積み方は布目崩し積みとしている。石材は阿蘇溶結凝灰岩、チャート、石灰岩である。幾度かの積み直しが認められるが、根石付近は旧状をとどめるとされる。また、少量であるが石垣面に石塔の転用石、記号が刻まれた石材もあるので探してみよう。発掘調査により天守台はもともと高さ七メートルあったこと、石垣一辺が一一・七メートルあったことも推定されている。なお、天守台一・七メートル下から大友期と考えられる幅三メートル、深さ一・五メートルの南北方向の薬研堀も検出されている。周辺に何らかの施設が存在したものと考えられる。発掘調査では中津城・高森城出土と同タイプの平瓦や鯱瓦が出土している。往時の天守付近は天守櫓から北西方向に四つの付櫓が連結していたことが一七世紀前半の絵図により明らかとなっている。

天守台から南に向かうと鉄門に至る。石垣は一七世紀前半に築かれたとされ、算木積みが発達している。築石に幅一・

五㍍の鏡石を用いており、往時のメインストリートであったことがわかる。連結する石垣には、天守台と同じく刻印の刻まれた石材、門の扉の位置に部材を連結させるための長方形の穴も認められ、南側には武具櫓跡がある。櫓跡の西側は空堀が掘られ、一七世紀前半の高さ七㍍の石垣が構築されている。積み方は乱積みを基本とし、天守台の石垣など織豊期のものと異なる。天守台西の二ノ丸とは土橋で連絡している。

●―天守台石垣（北西から）

次に、東側城下から本丸跡へ登るルートを確認してみたい。鉄門跡東には卯寅稲荷神社があるが、そこから東眼下に卯寅口門跡と脇櫓を眺めることができる。卯寅口は大友期の大手と推定され、脇櫓は延宝四年の絵図では鉄砲薬櫓とされ、嘉永年間に再築、平成時代に解体・復元された。安政の大地震では城内の櫓・門櫓・塀・石垣が崩れているが、津波の到来を示す土層が卯寅口の発掘調査により確認されている。

鉄門から土橋を渡り二ノ丸へ入ると現在はグラウンドが広がり、西側は一段高く、護国神社が鎮座する。その北側で行われた発掘調査では、五〇〇点を超す京都系土師器や大友時代の火災処理層などが確認されており、大友期の主要建物の存在が推定されている。神社南には島津軍との戦いに使用した「国崩し」という大砲（フランキ砲）が復元設置されている。

臼杵の歴史を知るには古橋口から徒歩約一〇分の距離にある臼杵市歴史資料館がお薦めだ。また、臼杵市ホームページ「絵図データベース検索」では、臼杵市所蔵の絵図データを閲覧できるので探訪前にチェックしておきたい。

【参考文献】臼杵市教育委員会『臼杵城』（二〇一〇）、『臼杵城跡』（城跡パンフレット）、鹿毛敏夫「九州における水軍の活動と戦国大名の「海城」政策」『城郭史研究』（二〇一八）

（浦井直幸）

大分

●豊後南部の大規模山城

栂牟礼城（とがむれじょう）

〔佐伯市史跡〕

〔所在地〕佐伯市大字上岡・弥生大字井崎
〔比　高〕約二二〇メートル
〔分　類〕山城
〔年　代〕一六世紀前半か
〔城　主〕佐伯惟治
〔交通アクセス〕ＪＲ日豊本線「上岡駅」下車、市道を北へ徒歩約二〇分で登山口。山頂までは徒歩約四〇分。

【豊後南部の雄・佐伯氏】　佐伯（さいき）市は大分県の南端に位置し、そのほぼ中央を番匠川（ばんじょうがわ）が東流して佐伯湾、豊後水道へと注いでいる。中世の佐伯を支配していたのは、豊後大神（おおが）氏の系譜をひく佐伯氏の一族である。平安時代末期頃から地頭として勢力を伸ばし、鎌倉時代に大友氏が豊後国守護として入国すると、その家臣団に組み入れられた。しかし、他地域の大神氏系領主が大友氏との結縁によりその一族に取り込まれていくなか、佐伯氏は大神氏の系譜を保ち続けた。彼らは水軍を擁して佐伯湾・豊後水道周辺の海上交通を掌握し、力を蓄えていったと考えられる。

【栂牟礼城の縄張と発掘調査】　栂牟礼城は、一六世紀前半頃、佐伯惟治（これはる）が築城したとされている。最高所を主郭（曲輪

●―栂牟礼城空中写真（佐伯市教育委員会提供）

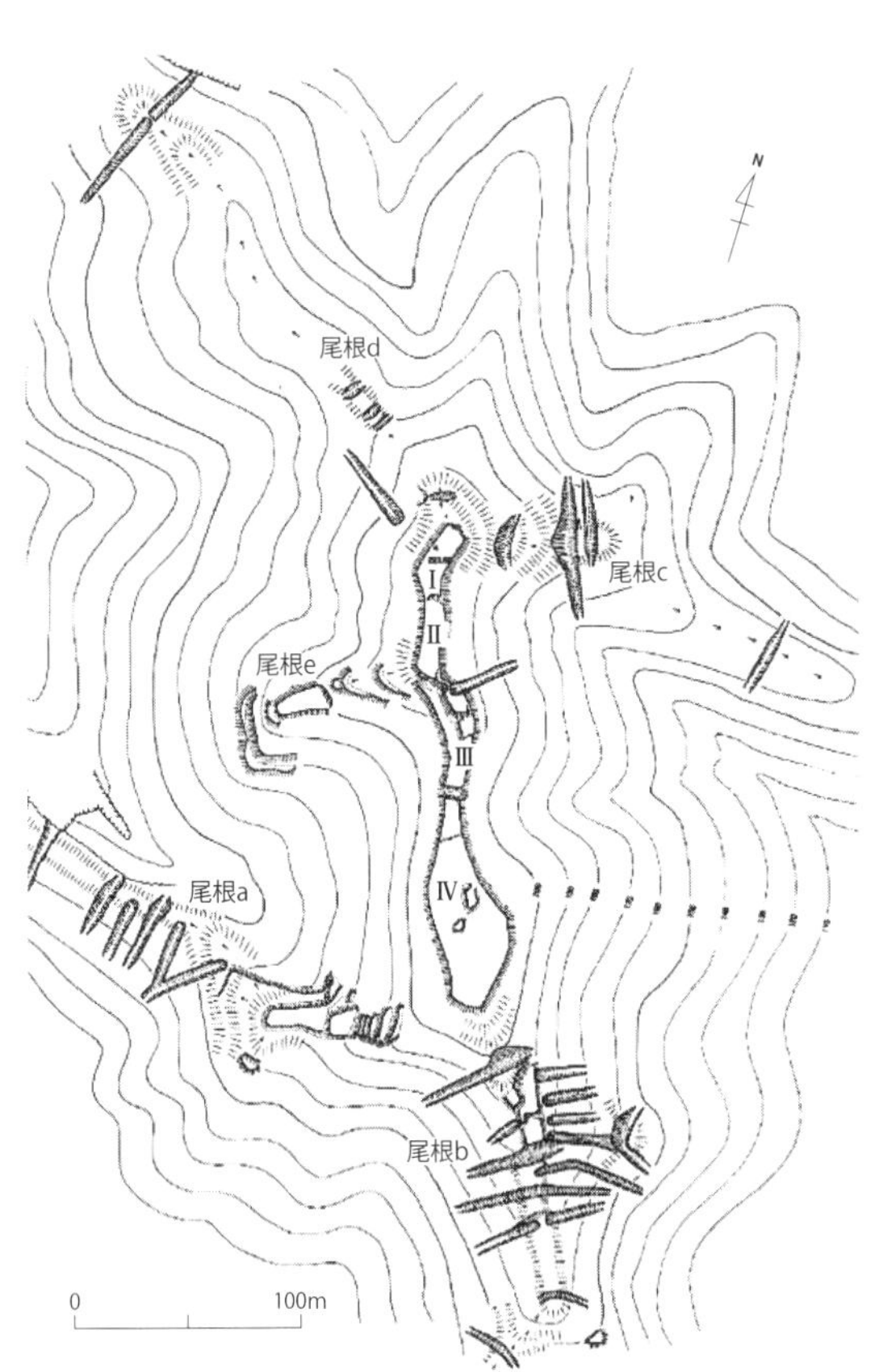

●—栂牟礼城縄張図（出典：大分県教育委員会 2004）

Ⅰ・Ⅱ）とし、南方向に曲輪Ⅲ・Ⅳを配置する。曲輪Ⅱの南東虎口（こぐち）の先には、虎口受けとなる小規模な曲輪を二段に造り、各曲輪の間には切岸（きりぎし）や堀切（ほりきり）を設けている。これらの曲輪につながる尾根に、多数の堀切や竪堀（たてぼり）を設けて防御する。特に曲輪Ⅳの南端から西に延びる尾根は七本の大規模な堀切が連続し、主要な侵攻ルートとして想定されていたことがうかがえる。

平成四年度には山頂曲輪内の発掘調査が行われた。明瞭な遺構は検出されなかったが、出土遺物は一五世紀後半から一六世紀前半にかけての一群と、一六世紀後半頃の一群に大別できることが確認された。

【佐伯氏と栂牟礼合戦】 歴史上で栂牟礼城が戦場となったことが伝えられているのは、のちに栂牟礼合戦と呼ばれる、大永七年（一五二七）の佐伯惟治と大友氏との戦である。その原因には、惟治の大友氏への謀反とする説や、大神氏の系譜を保つ佐伯氏の勢力を削ぐための大友氏側の計略とする説がある。さらには大友氏の内部対立や佐伯氏の相続関係が背景にあるとみる考えもあり、実態は未だ不明である。

大友氏からは臼杵（うすき）長景（ながかげ）が惟治討伐を命じられ、惟治は栂牟礼城に籠って応戦したとされる。『大友荒廃記』によれば「七ツ堀口」で激しい戦闘があったとされ、先述の曲輪Ⅳから西に延びる尾根上の堀切・竪堀群がこれに相当するものとみられる。また、主郭から一五世紀後半から一六世紀前半の遺物が出土したことも、この戦で城内に兵が詰めていたことを裏付ける。結局長景は栂牟礼城を攻め落とせず、策略により惟治を日向方面へ逃亡さ

●—主郭（曲輪Ⅰ）（佐伯市教育委員会提供）

せた。惟治はその途中で取り囲まれ、討たれたという。

しかし惟治の死後も佐伯氏は断絶せず、引き続き佐伯を治めた。のちには再び大友氏との対立を生じることはあったが、重臣として厚遇され、加判衆の一員となって大友政権の中枢を担うこともあった。

【佐伯惟治の伝承】　築城者とされる佐伯惟治は、伝承の多い人物である。栂牟礼城周辺をはじめとする領内に多くの寺社を建立し、知勇兼備の人物であったと伝わるが、一方で後世の資料では魔法を習得して行跡が狂気じみ、大友氏に反したと伝えるものもある。さらに、栂牟礼合戦で敗れ、日向へと逃亡する途上で討たれた後にも数々の伝承を残している。代表的なものでは、惟治は死後に黒沢地区の若狭という娘に憑りつき、自分の霊を慰めて祭れば村を守るが、疑えば滅ぼすと告げ、これにより黒沢には冨尾神社が創建されたという。このほかにも佐伯の各地には惟治を祭神とする神社は多く、それらは祟りを受けた地域でもあり、翻せば惟治の勢力が及んだ地域とも言える。

【栂牟礼城と小田山城】　栂牟礼城から尾根伝いに西には、小田山城が残されている。先述の栂牟礼合戦の際には、栂牟礼城に相対する付城の存在が想定される位置にあたるが、小田山城は天正十四年（一五八六）に始まる島津氏の豊後侵攻に備えて築かれた城だと考えられる。山頂部を平坦に削って面積の大きな主郭とし、接続する尾根を堀切・竪堀で遮断する。この他の斜面は畝状竪堀がほぼ全周して曲輪を防衛しており、栂牟礼城とは対照的な縄張の山城である。主郭の一部での発掘調査で、一六世紀末葉の遺物が出土した。

島津氏の豊後侵攻では、佐伯惟定が佐伯方面へ侵攻してきた島津氏の分隊を撃退した。この時の主戦場は栂牟礼城から南に約五キロの堅田地区であったが、小田山城の遺物はこの時期の築城を裏付けるものである。また、栂牟礼城で出土した

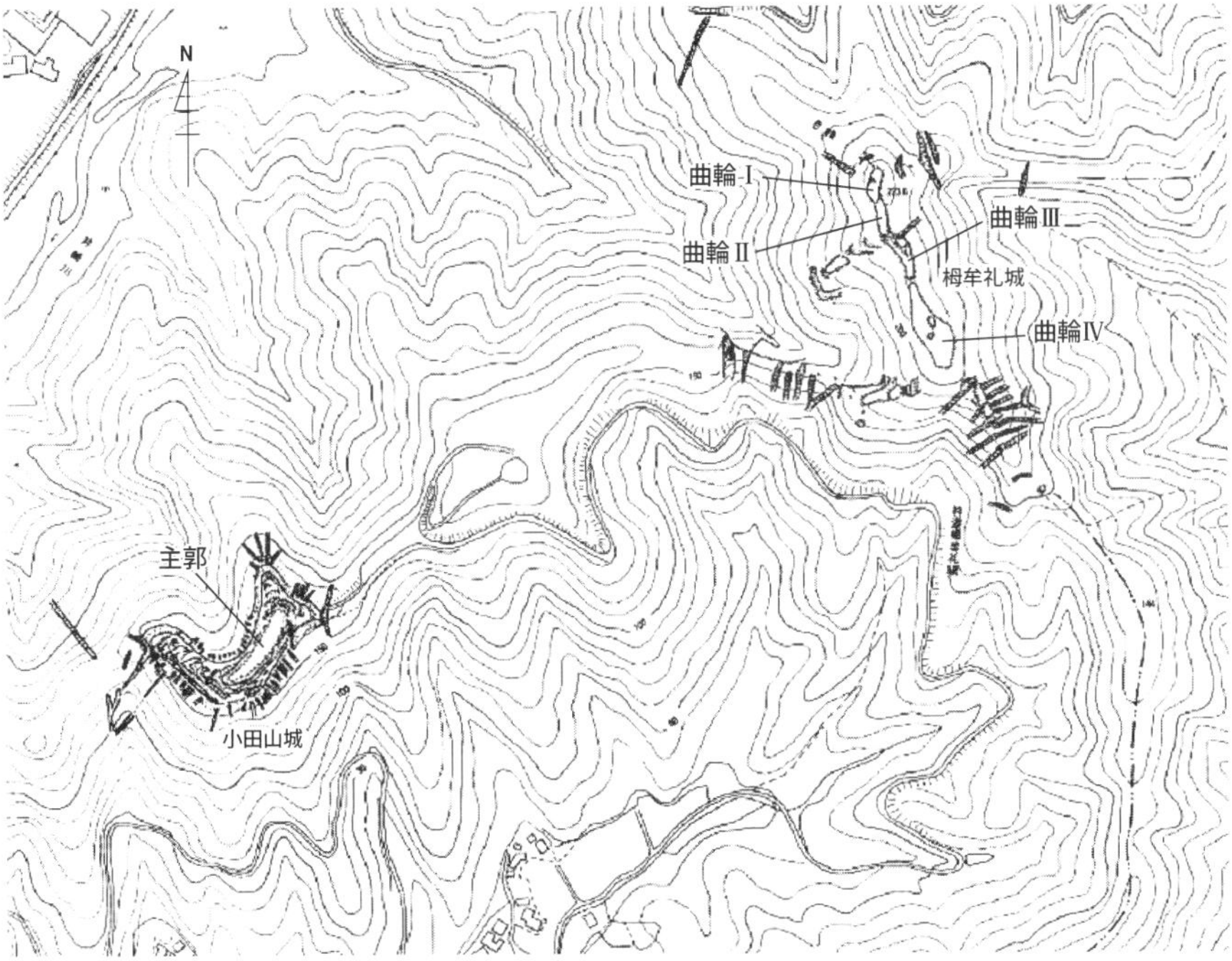

曲輪Ⅰ
曲輪Ⅱ
曲輪Ⅲ
栂牟礼城
曲輪Ⅳ
主郭
小田山城

●—栂牟礼城・小田山城縄張図（出典：大分県教育委員会 2004）

●—曲輪Ⅳ西側尾根の堀切（佐伯市教育委員会提供）

一六世紀後半頃の遺物は、この時にも栂牟礼城が機能しており、兵が詰めていたことを示している。

【参考文献】佐伯市教育委員会『佐伯氏一族の興亡　中世の秋に拾う』（一九九二）、佐伯市教育委員会『栂牟礼城跡関連遺跡発掘調査報告書』（一九九四）、大分県教育委員会『大分の中世城館　第四集　総論編』（二〇〇四）、佐伯市教育委員会『栂牟礼城跡関連遺跡発掘調査報告書二』（二〇一四）

（福田　聡）

●中世山城の伝統を踏襲した近世山城

佐伯城（さいきじょう）

〔国史跡〕

〔所在地〕大分県佐伯市字城山
〔比　高〕約一四〇メートル
〔分　類〕山城
〔年　代〕一七世紀第一四半期
〔城　主〕毛利家（初代・毛利高政）
〔交通アクセス〕JR日豊本線「佐伯駅」から大分バス上り「大手前」停留所下車、または国道二一七号線を南西へ徒歩約三〇分。山頂までは徒歩約二〇分。

【豊後水道を見下ろす山城】　大分県佐伯市は大分県最南端に位置し、南は宮崎県延岡市と接する。中心市街地は番匠川（ばんじょうがわ）の河口に展開し、豊後水道につながる佐伯湾に面している。中世の佐伯を治めていたのは、大友氏に服属する佐伯氏の一族であったが、文禄二年（一五九三）の大友氏豊後徐国に伴いこの地を去り、その後は豊臣秀吉の直轄地となっていた。

慶長六年（一六〇一）、佐伯藩の初代藩主として入部した毛利高政（もうりたかまさ）が築いた城が、佐伯城である。

佐伯城は、佐伯湾・豊後水道を望む八幡山（現在の城山）に築かれた山城である。佐伯藩の記録から、慶長七年（一六〇二）に築城を開始し、慶長十一年に完成したとされている。山頂に総石垣の本丸・二の丸・西出丸（でまる）・北出丸を配置し、各曲輪から延びる尾根には捨曲輪と呼ばれる平坦地を設けている。南東の麓には三の丸を置いて居館を設けていたと考えられ、寛永十四年（一六三七）には正面に櫓門（やぐらもん）を創建し、遅くとも一七世紀のうちには現状の曲輪形状が整えられた。櫓門と同じ頃に御殿も造営されたと考えられ、以後三の丸は藩

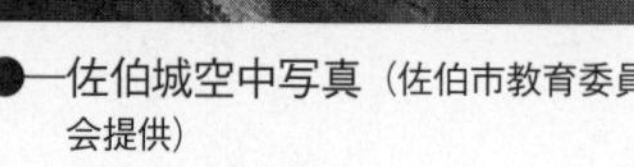
●―佐伯城空中写真（佐伯市教育委員会提供）

主の生活と藩政の場であり続けた。

このような山頂の城郭と麓の居館という構成は、中世の根小屋（ねごや）式城郭の典型であり、佐伯城は毛利高政が中世山城の伝統のもとに築いた近世城郭と評価できる。

また佐伯城は、この基本構造を明治の廃城まで維持し続けた、数少ない近世山城の一つである。縄張も大幅な改変を受けず、都市公園として利用されている現在においてもよく残されている。

なお近年の調査により、二の丸の一部には文禄期（一五九二―九六）の石垣があることが確認された。このことから、八幡山には高政の入部以前の豊臣秀吉直轄地であった時期に、海上交通の要衝である佐伯を押さえるための軍事拠点が整備されていたと考えられる。現時点でその実態は不明であるが、近世における利用実態が不明瞭な捨曲輪も、この頃に有事の際の兵の駐屯地として設けられた可能性がある。高政はこうした拠点を下地に、佐伯城を築いたのであろう。

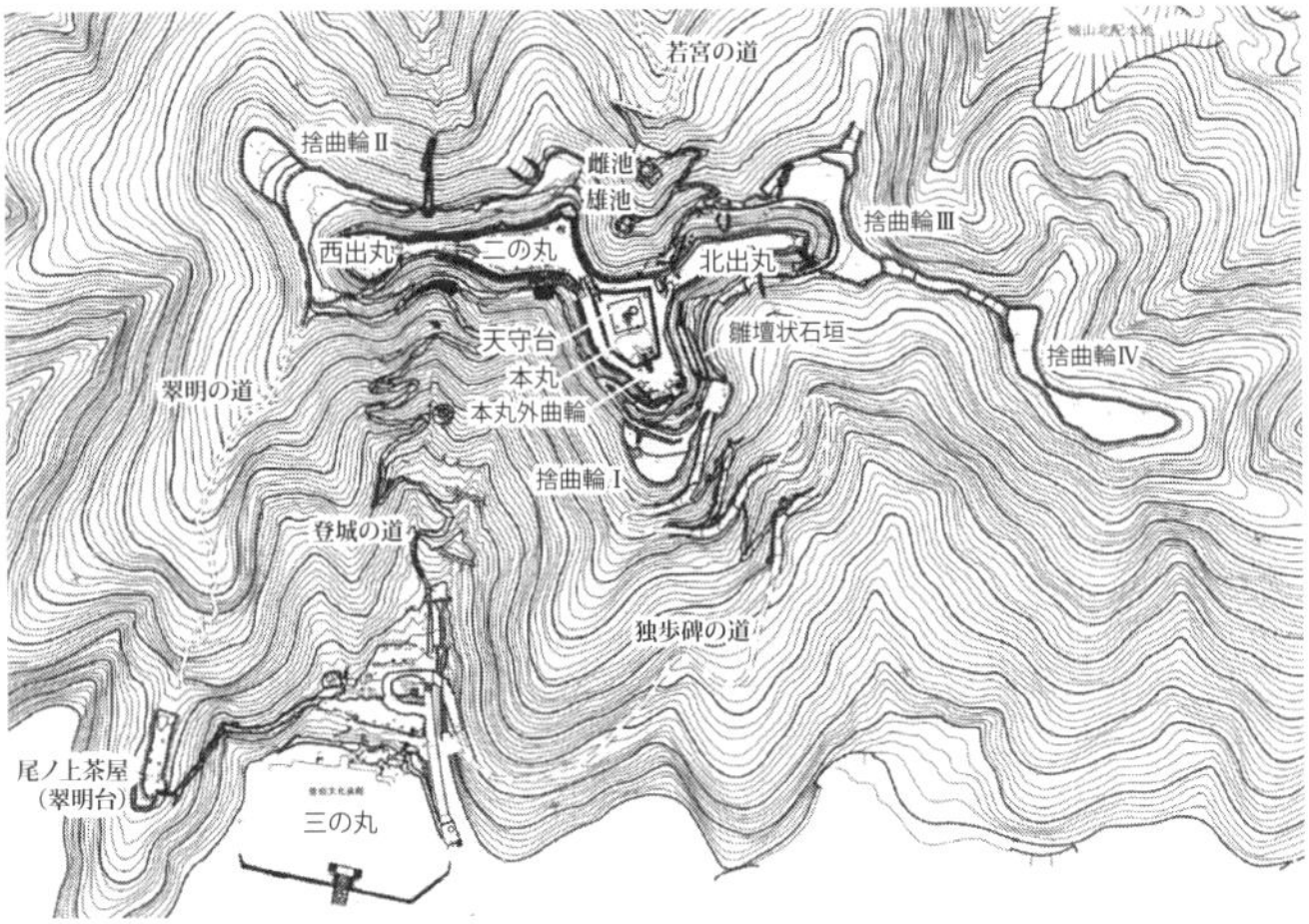

●―佐伯城測量図（出典：佐伯市教育委員会 2022，一部改変）

●―三の丸櫓門（佐伯市教育委員会提供）

【現存する建築物】佐伯城の建築物は、明治の廃城時にそのほとんどが撤去された。このとき、三の丸の建築物は、その後に庁舎などに利用され、御殿は徐々に解体されながらも昭和四十五年（一九七〇）まで残されていた。佐伯文化会館建設のために解体されたが、市民有志によって旧城下町の船頭町へと移築保存されている。

三の丸櫓門は、寛永十四年の創築ののち享保十一年（一七二六）・天保三年（一八三二）の改築を経て、現存する唯一の建築物である。昭和五十年の修理によって屋根の垂木・野地板の交換と窓をガラス戸にする変更が加えられたが、主要部材は天保期のものを保っている。この時の修理も市民主導で行われており、佐伯城のシンボルとして深い愛着が持たれている。

●—雛壇状石垣（佐伯市教育委員会提供）

【山城を維持する技術】 山城である佐伯城において、城郭を維持するためには山そのものの維持管理も重要である。佐伯城には、近世山城の維持に関わる遺構が各所に残されている。

山頂から背後の斜面に設けられた雄池と雌池は、水源の確保とともに、斜面の谷筋に集中する雨水を適切に配水するための、調整池としての機能もあったと考えられる。

本丸外曲輪の北側斜面で確認された雛壇状石垣は、全体で高さ約一三メートル、長さ約三〇メートル、合計四段の石垣からなる。享保十九年（一七三四）の大雨で崩落した斜面の復旧・保護のため、翌年に安芸国江波から招いた石工によって築かれた。隅角部がカーブを描き、天端面まで石垣造りとする特徴は、河川・港湾で用いられる技術の応用によるもので、佐伯藩が他藩領から城郭以外の技術も取り入れることで構築された、大規模な擁壁遺構である。

このほかにも、地震や風水害などを原因とする修理は繰り返された。宝永六年（一七〇九）から享保十三年の二〇年におよぶ大修築では大部分の建築物が改築され、合わせて風雨や排水対策も取られた。安政元年（一八五四）の地震被害では、西出丸の石垣を支える岩盤も損傷し、曲輪形状を変更して復旧している。このように、佐伯城の維持は現代の治山にも通じる災害対策の連続であった。

現在の佐伯城は、緑豊かな公園としても親しまれているが、残りのよい近世の山城であり、また山城を維持するための佐伯藩の努力と技術を見ることのできる、魅力的な史跡である。

【参考文献】佐伯市教育委員会『佐伯城跡総合調査報告書 総論編・資料編』（二〇二二）

（福田 聡）

岡城（おかじょう）

●大分が誇る難攻不落の名城

〔国史跡〕

〔所在地〕竹田市大字竹田
〔比　高〕九五メートル
〔分　類〕山城
〔年　代〕一二〜一九世紀
〔城　主〕志賀氏、中川氏
〔交通アクセス〕ＪＲ豊肥本線「豊後竹田駅」から大野竹田交通バス緒方・三重方面行「岡城入口」停留所下車。または、中九州横断道路「竹田ＩＣ」から一〇分。

【城の歴史】　岡城は、竹田市市街地の東、標高三二五メートルの丘陵（字岡、天神山）に所在する。丘陵斜面は容易に登ることのできない断崖絶壁である。この丘陵には愛宕谷・清水谷・地獄谷・五衛門谷、反見谷、御伽谷、提灯谷など岡城三八谷と呼称される急峻な谷が食い込む。麓と繋がる東端は上級家臣の屋敷跡、南面は足軽屋敷、重臣の下屋敷が固めた。丘陵北側の稲葉川、南側の白滝川を、天然の堀とする難攻不落の城郭である。

城は、一二世紀末に豊後の有力者であった緒方惟栄（これよし）が源義経を迎えるために築いた城郭の一つとされ、別名臥牛城という。他に、高森城（宇佐市）、大畑城・犬丸城（中津市）、塩田城（築上郡）を築いたというが伝説の域を出ない。

応安二年（一三六九）、岡城の属する旧直入（なおいり）郡直入郷の代官・検断職が北志賀氏に与えられている。同氏は騎牟礼（きむれ）城、岡城を拠点とした。岡城が歴史の表舞台に登場するのは天正十四年（一五八六）のことである。同年十月、薩摩の島津氏は、大友氏が鎌倉時代以来守護してきた豊後への侵入を開始した。島津氏は大分県南の多くの在地領主を味方に引き入れ、岡城に籠る志賀親次（ちかよし）にも内通を促した。親次は当時一八歳の若武者であったが、親類の多くが大友氏から離反するなかにあっても決して内応することはなかった。城は当然島津氏の猛攻にさらされることになったが、親次は幾度の戦いに勝利。島津軍は攻略を諦めざるを得なかった。その働きは豊臣秀吉にも賞され、戦後日向国内で一城を与えるという朱印

●―明治４年廃城前の岡城．中央に本丸三階櫓が建つ．（絵葉書より）

状が伝わっている。

文禄二年（一五九三）、朝鮮出兵時の失態を理由に大友吉統（義統）は豊後国を没収され、出兵に随伴していた親次も所領を失う。翌年岡城には播磨三木より中川秀成が入城し、幕末まで存続する。同氏は、丘陵東にあった志賀氏の館跡（御廟跡付近）に入り、西にあった天神山を切り開いて城郭の大拡張を行う。慶長元年（一五九六）、本丸・二の丸・三の丸・大手、下原門の工事が始まり、元和初年頃には完成する。この間、大手は東端の下原門から西端の現大手門へ移されている。

寛文四年（一六六四）、中川久清（入山）は、本丸・二の丸を増築し、城内西端に西の丸・近戸門を竣工した。宝永二年（一七〇五）、地震により城内の石垣が五三ヵ所破損。明和八年（一七七一）には、城下で火災が発生し、本丸、西の丸、廟、下原まで類焼してしまう。享和三年（一八〇三）、本丸・二の丸・三の丸が復旧し、文政十一年（一八二八）西ノ丸も復旧した。

明治四年（一八七一）、岡城の廃城が決まり、建物の解体が始まる。城の荒廃は進み、同三十四年、滝廉太郎が『荒城の月』を作曲する。昭和六年（一九三一）公園となり、同十一年、国史跡に指定された。同十四年、健康な国民を修養することを目的に城内にキャンプ村が開村された。廃城後の城郭利用を知るうえで興味深い。昭和四十～五十年代、地震・台風に見舞われ、その都度修理が行われた。天災被害は平成になっても続き、平成五年（一九九三）には台風や長雨の影響で本丸金倉石垣が崩落し、平成二十八年の熊本地震では下原門などが被害を受けた。

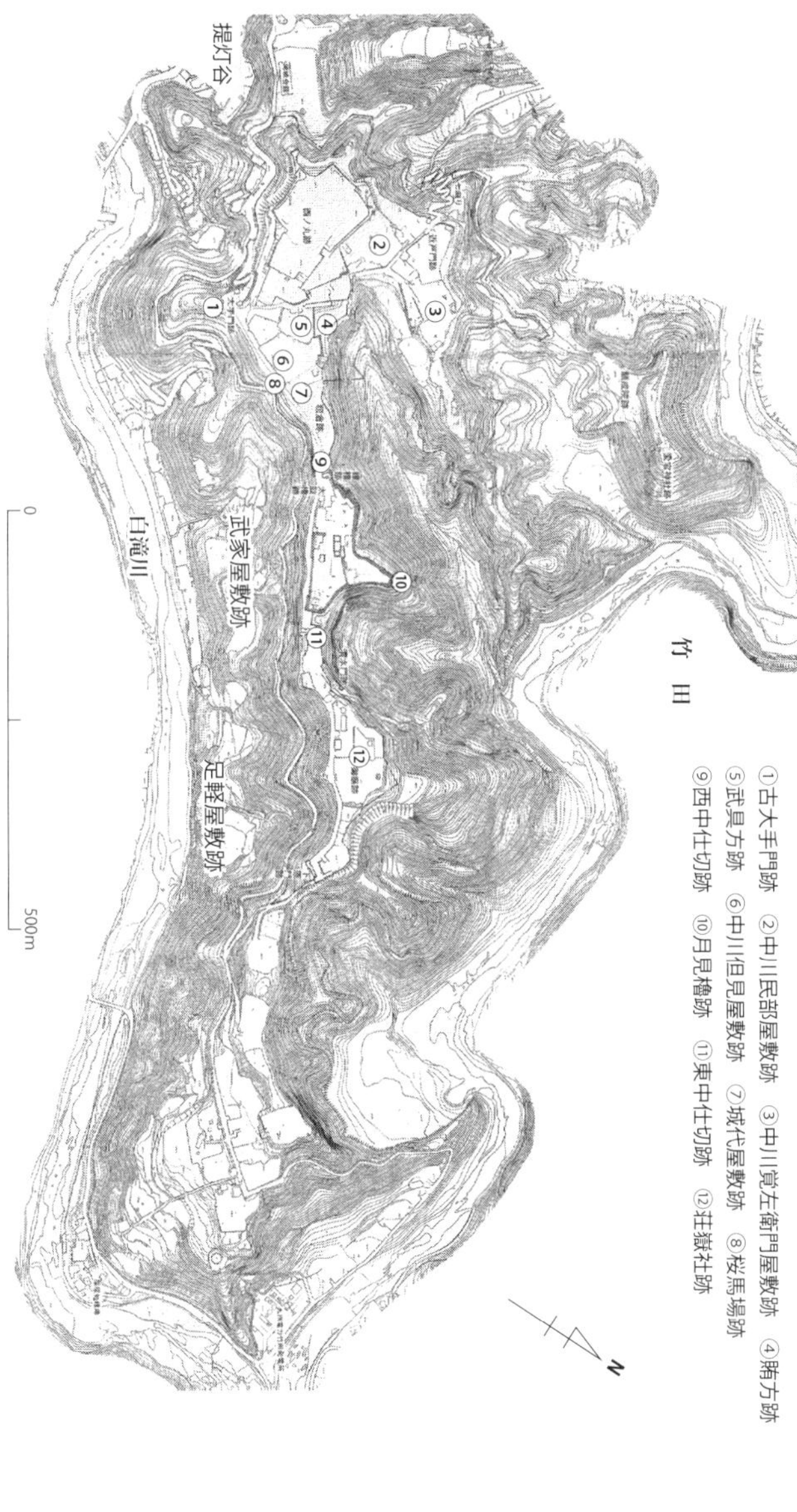

提灯谷
白滝川
武家屋敷跡
足軽屋敷跡
稲葉川
竹田
0
500m
N

①古大手門跡 ②中川民部屋敷跡 ③中川覚左衛門屋敷跡 ④賄方跡
⑤武具方跡 ⑥中川但見屋敷跡 ⑦城代屋敷跡 ⑧桜馬場跡
⑨西中仕切跡 ⑩月見櫓跡 ⑪東中仕切跡 ⑫荘嶽社跡

●—岡城全体図（竹田市『史跡 岡城跡』1988 より転載，改変）

【城の構造】 城跡は東西二・五キロ、南北最大幅三六二メートルの範囲に展開する。本丸に向かうには駐車場に整備されている総役所跡から登るとよい。料金所には珍しい巻物状の城跡パンフレットも販売されている。そこから右に向かうと売店などが並ぶ道路があり、左手に岡城の石垣石材である阿蘇溶結凝灰岩の岸壁が露頭している。さらに進むと「史跡岡城跡」の石碑があり、その先には大手門の櫓(やぐら)

台がみえる。石碑横の斜面の石垣上部にはカマボコ形の石材を置いた石塁がある。岡城特有の珍しいものだ。木製階段を登ると大手門の櫓台が左右に待ち構える。高さのある櫓台はみる者を圧倒する。門の内側は正面・左右に雁木（石段）を備えた桝形であり、左に折れると城内に向かうルートとなる。大手門の南には古大手門と呼ばれる跡がある。ここから延びる尾根には幅五メートルの堀切が構築されている。中世期の岡城の遺構と考えられ、西の丸御殿西の尾根にも残されているので確認しておきたい。

●―二の丸・三の丸の石垣（西中仕切跡から）

　大手門から桜馬場跡を北進すると本丸に至るが、少し寄り道をして西の丸御殿跡をみてみよう。ここは三代藩主久清により寛文四年（一六六四）に竣工した城内でもっとも広大な面積を誇る。当初は藩主の隠居所として利用されたが、後に主要な政務を行う場へと変化した。現在建物は残されていないが、絵図には所狭しと建物が描かれており、往時の壮麗さを偲ぶことができる。また、郭北側には中世期の宝篋印塔などの笠部が置かれている。

　御殿跡北東には家老中川民部屋敷跡がある。発掘調査成果を基に礎石が復元整備され、ベンチも設置されている。北側にある近戸門跡へ進む。近戸門は久清公により開けられた門跡であり、打ち込み接ぎ積みの櫓台が建つ。近戸門から城内に延びる道や中川民部屋敷門などの発掘調査では、中川クルス文瓦や平瓦に「瓦師菊池」とヘラ書きされた岡藩三宅村で造られた瓦などが発見されている。西の丸周辺の建物が明和八年の大火以降、それ以前の茅葺建物から瓦葺建物に変化したことが推定されている。また、近戸門付近の石垣には刻印石が約四四個確認され、その多くは「×」字が刻まれている。岡城の中で同門周辺に刻印石材が集中している理由は不明である。門を出て西に下ると「七曲り」と呼ばれる曲がりくねった道に出る。この部分の発掘調査では階段状石列や山側に排水溝がみつかった。階段状石列は岡城の各所に見受けられる当城の特徴の一つである。

ふたたび近戸門から城内方向に進むと、左手に中川覚左衛門屋敷跡がある。発掘調査では屋敷跡の礎石や束石などが確認され、当時の詳細な絵図面も参考にし、畳の面まで床立ちさせた状態の建物が復元整備されている。屋敷跡南石垣の埋門(うずみもん)も忘れずにチェックしたい。同門から南に進むと賄方(まかないかた)跡がある。西の丸の藩主に面会する際の待合の場としての性格が考えられている。現在トイレが整備されているが、その背後の石垣には、上部の武具方跡の増築を示す、石垣の目地が斜め方向に走る箇所があるので確認しておこう。

●—三の丸鏡石．左下に矢穴列あり．

賄方跡を辞し、中川但馬屋敷跡と城代屋敷跡の間の通路を通ると大手から延びる桜馬場跡に出る。左に進み城代(じょうだい)屋敷跡、籾倉(もみくら)跡間を通過すると、西中仕切跡に至る。本丸・二の丸・三の丸などの本丸部と西の丸を仕切る重要箇所であり、岡城の二の丸・三の丸の重層的な石垣を眺望できるビュースポットでもある。櫓台が二ヵ所残り、南側の櫓台が外（西側）に張り出す外桝形(そとますがた)虎口(こぐち)を形成する。外桝形は攻撃性を重視したものとされており、大手門の守備的な内桝形虎口とは対照的である。石垣は精緻な切り込み接ぎ積みであり、主要部の表玄関としての見栄えの意識が働いているものと考えられる。

三の丸へ進むと太鼓櫓門の石垣が残り、進むと正面に高さ二メートルの巨石が立つ。築城者の威厳を示すためメインストリートに造られる鏡石(かがみいし)と呼ばれる巨石だ。石の左下に注目してみよう。小さな長方形の穴が三つある。これは矢穴といって、岩から城郭用の石材を割り取る際に掘られたものである。ここに残る矢穴は割り取り作業を途中で放棄したものであるが、鏡石に残る例は珍しい。

太鼓門跡の内側は小さな内桝形を形成し、右手に幅五メートルの通用口、左手に藩主専用の御成門（幅一一メートル）の石段がある。三の丸には家臣などと面会する殿舎があった。

三の丸の北には政務と遊興の場として利用された二の丸がある。空井戸（深さ七四メートル）を経て月見櫓方向へ進むと、休憩所施設が設置されており、施設内から本丸へ上がる階段がつくられている。休憩所外からは久住連峰の山々の眺望を楽しむことができ、彫刻家・朝倉文雄による滝廉太郎の銅像が立つ。

本丸には空井戸付近の合坂から登ることができる。ここはかつて天神山と呼ばれた山のあった場所で、文禄三年（一五九四）に入部した中川秀成により切り開かれた地だ。南角に三重櫓跡（武具櫓）、北角に金倉跡などの石垣がある。本丸跡から東の白滝川方向も絶景であり、三の丸なども上から眺められる構造である。金倉跡付近から北方向を望むと、真下に尾根に食い込む堀切があるので押さえておきたい。

本丸から東のエリアに向かうには、三の丸まで下り三重櫓下の犬走りを進む。さきほど本丸金倉跡からみた堀切を過ぎると、本丸部と東の御廟跡エリアを区切る内桝形虎口の東中仕切跡に至る。藩主休息所である河内谷御茶屋に向かう清水門跡を過ぎると荘嶽社・御廟所跡に至る。藩主一族を祀る施設であり、聖域とみなされていたであろう。先述のようにこの地には志賀氏の館跡があったと伝わる。東端には下原門跡がある。築城当初この門が大手門であったが、加藤清正もしくは藤堂高虎の助言により、西端の現大手門へ機能が移されたという。下原門が大手の時代、城下町は門外の十川に形成されていた。熊本地震では隅角部を中心に被害が生じたが現在は復旧されている。

岡城は史跡整備が進み見どころが沢山ある。じっくりみる場合半日以上かかるので事前に心構えをしておきたい。また、城跡探訪後は岡城下町にも足を延ばしたい。二〇二〇年にリニューアルオープンした竹田市歴史文化館・由学館では、岡城についてジオラマや映像を通して学ぶことができる。特別室にある慶長十七年銘の国重要文化財サンチャゴの鐘は見逃せない。施設北には文人・田能村竹田の住んだ国指定史跡旧竹田荘も隣接している。ゆったりとした空気流れる屋敷内からみた城下の景色は最高だ。

【参考文献】竹田市教育委員会『史跡岡城跡』（一九八六）ほか

（浦井直幸）

大分

●大分県最大級の山城

山野城

〔竹田市史跡〕

〔所在地〕竹田市久住町大字仏原
〔比　高〕比高約二〇〇メートル
〔分　類〕山城
〔年　代〕一五～一六世紀
〔城　主〕朽網氏
〔交通アクセス〕大野竹田道路「竹田IC」から四五分。

【城の歴史】　一次史料・記録には朽網城・久多見城・九多網之城・山之城として登場し、永徳二年（一三八二）、九州探題今川了俊が都甲氏に朽網城攻めについて謝意を示した書状がもっとも古い。文明四年（一四七二）の志賀親家申状には「くたミの城」とある。時代は下り天正十四年（一五八六）、島津豊後侵攻時の島津家家臣の記録には、天正十四年十二月二十四日「九多細か居城」を繰おろしたこと、当方面軍大将の島津義弘がここに陣換えし、越年したことが記されている。義弘玖珠発向の際は、本城郭に留守番を残し、豊後退却時にも城番を務めた家臣数名の名がみえる。『救民記』（二次史料）によれば、島津侵攻時、城主朽網宗暦（鑑康）は、城内の普請を行い四〇〇〇騎で立て籠もり戦いが行われたという。宗暦は戦中に病死し、後を継いだ息子鎮則は島津氏に降伏し開城したという。

【構　造】　九重連山のひとつ黒岳から派生する標高七八〇～七三〇メートルの丘陵上に所在する。総延長八〇〇メートルを測る巨大城郭だ。北・南を河川が流れ、城郭の中心部を林道が通る。この道は黒岳裾部から由布市庄内方面へ向かうことのできる主要

●—道路横の石柱

ルートである。城内中央付近には城跡の石柱と看板があり、来訪者を迎えてくれる。

城郭は巨視的にみると、大きく三つのエリアに分けることができる。石碑付近のエリア（図中B）とその北西（図中A）、南エリア（図中C）である。城内には在地領主名を冠した堀や本丸などの名称が伝承された部位がある（図中の名称は廣田二〇一八による）。Bのエリアは長さ四四〇メートルを測る本城郭の五〇％以上の面積を誇る主要ゾーンであり、内部を南

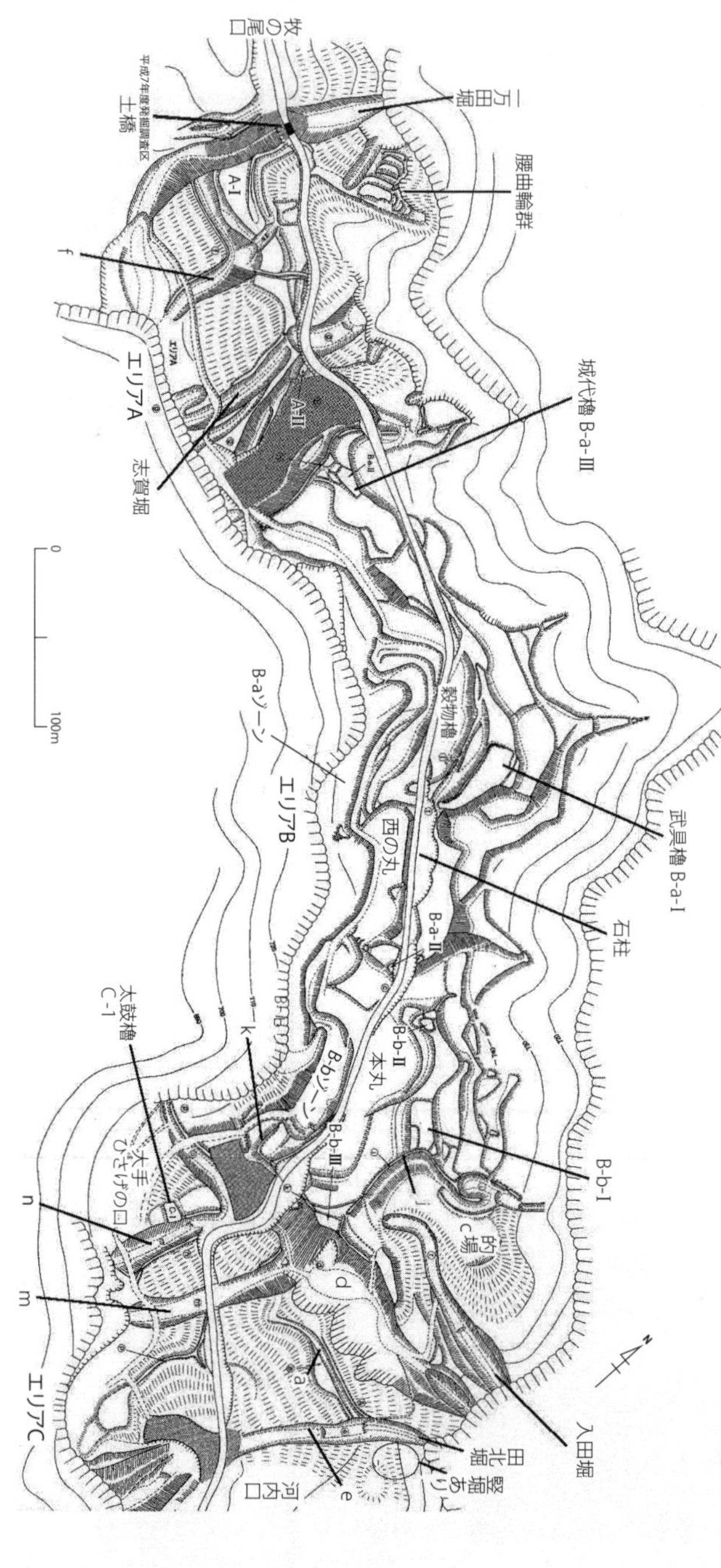

●—山野城縄張図（出典：大分県教育委員会 2004，改変）
※「本丸」などの呼称は廣田 2018 を参考.

北二区画に分けて考えることができる。北側のB−aゾーンは西の丸とされ、武具櫓跡というB−a−Iを中心曲輪とし、東側に幅の広い帯曲輪を西側は林道の前後に幅の狭い帯曲輪を配置している。中心曲輪はIに坂虎口を有する。南側のB−bゾーンはB−b−Iを中心曲輪とするエリアで、B−aゾーンより標高が少し低いが本丸と呼称される。中心曲輪の南はエリアCと接するが土塁j・kにより遮断線が設けられている。それに沿うように南には自然の谷を利用した幅約一五メートル、長さ約二四〇メートル、深さ約一五メートルの大規模な堀切dが構築されており、その方向からの侵入を防いでいる。堀切南側法面は、図では地形の崩落として描かれているが、現地で観察すると巨大な畝状竪堀群のようにもみえる。現場を訪れて確認してみてほしい。堀切を越えエリアCに出ると、斜面と平行に横堀aが掘られており、堀切dとの間の空間に兵士が待ち構えていた姿を想像することができる。横堀aの両サイドは大規模な竪堀e・mがあり、尾根を完全に遮断する。横堀aはこれらの竪堀と接続しており、兵員の連絡通路であった可能性がある。なお、田北堀という竪堀e東部は尾根頂部を越して東に降下しているが、今回踏査によりその地点の南側に新たに二本の竪堀を確認した。竪堀eと近接・並走しており、畝状竪堀とすれば一六世紀後半の構築とみなしてよく、島津氏来攻に備えた構築の可能性もある。

●—堀切e（南から）

竪堀mはB−bゾーン境の堀切dと接続し、mの西は竪堀nがあり、西側上部に太鼓櫓の名称のある櫓台状のC−Iが構築されている。竪堀nを通過する敵兵への射撃を想定した施設であろう。エリアC付近の林道は竪堀mや曲輪の中央部を走行しており、往時の道（城道）とは考えにくい。一方、竪堀m・n西端部には幅の狭い通路があり、そこを城道と想定した場合、竪堀n底を北進し、土塁k付近で西に曲げ、B−bゾーンの西端曲輪へ入るルートが想定できないだろうか。

C-Ⅰは大手とされ「ひさげの口」とも称される。

エリアBの石柱から林道を北へ約二八〇メートル進むとエリアB西端に櫓台B-a-Ⅲがあり、付近は城代櫓とされる。その西の谷を越えるとエリアAに入る。エリアAは尾根にA-Ⅰ・Ⅱの小空間をもち、前後に志賀堀や一万田堀の名のある竪堀が構築されている。南斜面にある竪堀fは屈曲する形状が特徴的だ。北斜面の端部は小さな腰曲輪が階段状に構築されており、城内他所の曲輪と比べて規模が小さく、築城初期の遺構の可能性がある。竪堀aの林道が通る部分は発掘調査により土橋が検出されている。A-Ⅰ・Ⅱの曲輪や櫓台B-a-Ⅲなどは現林道を北眼下に見下ろす位置にあり、エリアA付近の城道は現林道付近に構築されていたことが窺える。

●—志賀堀（南から）

再度本城郭を俯瞰的にみると、中心エリアBの前後を堀切群を主体としたエリアA・Cで挟んでいることがわかる。城内大手は大手伝承の残る標高のもっとも低いエリアCと考えられ、搦手は逆方向のエリアAと考えられる。また、城内の遺構に在地領主名が付けられていることは興味深い。「一万田」「田北」「入田」「志賀」は県南を代表する領主層であり、彼ら南郡衆の加勢により、永正十三年（一五一六）城は再構築されたという。苗字を冠する遺構の普請を彼らが実際に行ったのか不明だが、再築に南郡衆の多くが関与した可能性が高く、有事の際は南郡衆も朽網氏とともに籠城することを想定したかのような規模を誇り、現在城郭に残る遺構の多くは、島津氏攻撃以前に構築されたものと考えられる。一方、開城後は島津義弘が一時的に本陣を構え、豊後を退却するまで城番を置くなど重要視している。城郭にも何らかの手を加えた可能性があり、今後はその方面からの研究も期待される。

【参考文献】大分県教育委員会『大分の中世城館第一集・第四集』（二〇〇二、二〇〇四）、廣田敦『岡城と周辺の山城』（二〇一八）

（浦井直幸）

執筆者略歴

阿南　亨（あなみ　とおる）	1971年生まれ	菊池市教育委員会
浦井直幸（うらい　なおゆき）	1977年生まれ	別掲
岡寺　良（おかでら　りょう）	1975年生まれ	別掲
小野綾夏（おの　あやか）	1984年生まれ	大分市教育委員会
上髙原 聡（かみたかはら　さとし）	1975年生まれ	甲佐町教育委員会
嘉村哲也（かむら　てつや）	1985年生まれ	熊本城調査研究センター
岸田裕一（きしだ　ゆういち）	1981年生まれ	人吉市教育委員会
小柳和宏（こやなぎ　かずひろ）	1959年生まれ	別府大学非常勤講師
玉永光洋（たまなが　みつひろ）	1952年生まれ	大分県文化財保護指導委員
遠山　宏（とおやま　ひろし）	1980年生まれ	南関町教育委員会
永井孝宏（ながい　たかひろ）	1975年生まれ	多良木町役場
中尾征司（なかお　せいじ）	1976年生まれ	日出町教育委員会
中山　圭（なかやま　けい）	1976年生まれ	別掲
西　慶喜（にし　よしのぶ）	1976年生まれ	山都町教育委員会
野口典良（のぐち　のりよし）	1976年生まれ	玖珠町教育委員会
深川裕二（ふかがわ　ゆうじ）	1973年生まれ	芦北町教育委員会
福田　聡（ふくだ　さとし）	1982年生まれ	佐伯市教育委員会
福永素久（ふくなが　もとひさ）	1981年生まれ	佐伯市教育委員会
藤本貴仁（ふじもと　たかひと）	1975年生まれ	宇土市教育委員会
益永浩仁（ますなが　こうじ）	1968年生まれ	和水町教育委員会
宮﨑俊輔（みやざき　しゅんすけ）	1995年生まれ	天草市観光文化部 文化課
山内淳司（やまうち　あつし）	1971年生まれ	八代市経済文化交流部 文化振興課
吉田和彦（よしだ　かずひこ）	1972年生まれ	杵築市役所
米村　大（よねむら　だい）	1975年生まれ	合志市教育委員会

編者略歴

岡寺　良

一九七五年、大阪府に生まれる
一九九九年、大阪大学大学院文学研究科史学専攻修了
現在、立命館大学文学部（准教授）、博士（人間環境学、九州大学）

〔主要著書〕
『戦国期北部九州の城館構造』（吉川弘文館、二〇二〇年）、『九州戦国城郭史　大名・国衆たちの築城記』（吉川弘文館、二〇二一年）

中山　圭

一九七六年、広島県に生まれる
二〇〇二年、西南学院大学大学院国際文化専攻修了
現在、天草市観光文化部文化課（学芸員）

〔主要著書（論考）〕
「近世天草陶磁器の海外輸出」『世界とつなぐ　起点としての日本列島史』（清文堂出版、二〇一六年）、「天草衆の拠点」『九州の中世Ⅲ　戦国の城と館』（高志書院、二〇一九年）

浦井直幸

一九七七年、福岡県に生まれる
二〇〇二年、別府大学大学院文化財学専攻修了
現在、中津市歴史博物館（学芸員）

〔主要著書（論考）〕
「一ツ戸城跡石垣の矢穴調査」『九州の城２』（北部九州中近世城郭研究会、二〇一九年）、「城郭からみた天正15年豊前一揆の様相―下毛郡を中心に―」『大分県地方史第２４８号』（二〇二三年）

九州の名城を歩く
熊本・大分編

二〇二三年（令和五）六月一日　第一刷発行

編者　岡寺(おかでら)　良(りょう)
　　　中山(なかやま)　圭(けい)
　　　浦井(うらい)　直幸(なおゆき)

発行者　吉川道郎

発行所　株式会社　吉川弘文館

郵便番号一一三―〇〇三三
東京都文京区本郷七丁目二番八号
電話〇三―三八一三―九一五一（代）
振替口座〇〇一〇〇―五―二四四番
http://www.yoshikawa-k.co.jp/

組版・製作＝有限会社　秋耕社
印刷＝株式会社　平文社
製本＝ナショナル製本協同組合
装幀＝河村　誠

ISBN978-4-642-08431-4

佐伯哲也編
北陸の名城を歩く　富山編
名城五九を呉西・呉東に分け紹介。A5判・二六〇頁
二五〇〇円

向井裕知編
北陸の名城を歩く　石川編
名城五六を能登・加賀に分け紹介。A5判・二三二頁
二五〇〇円

中井　均・加藤理文編
東海の名城を歩く　静岡編
名城六〇を西部・中部・東部に分け紹介。A5判・二九六頁
二五〇〇円

中井　均・内堀信雄編
東海の名城を歩く　岐阜編
名城六〇を西濃・本巣郡、中濃・岐阜、東濃・加茂、飛騨に分け紹介。
A5判・二八〇頁／二五〇〇円

中井　均・鈴木正貴・竹田憲治編
東海の名城を歩く　愛知・三重編
名城七一を尾張・三河・三重に分け紹介。
A5判・三二〇頁／二五〇〇円

仁木　宏・福島克彦編
近畿の名城を歩く　大阪・兵庫・和歌山編
二府四県の名城一五九を紹介。A5判・平均三三二頁
二四〇〇円
近畿の名城を歩く　滋賀・京都・奈良編
二四〇〇円

上里隆史・山本正昭編
沖縄の名城を歩く
沖縄本島と島嶼部のグスク四六を紹介。A5判・一九六頁
一九〇〇円

吉川弘文館
（価格は税別）